企业经营ERP沙盘应用教程

主　编　王俊峰　李思锦　李婷婷
副主编　徐　雯　相　飞　袁　泉

东北大学出版社
·沈　阳·

图书在版编目（CIP）数据

企业经营ERP沙盘应用教程 / 王俊峰, 李思锦, 李婷婷主编. -- 沈阳 : 东北大学出版社, 2025. 8. -- ISBN 978-7-5517-3893-4

Ⅰ. F272.7

中国国家版本馆CIP数据核字第20259Y7E79号

出 版 者：东北大学出版社
地址：沈阳市和平区文化路三号巷11号
邮编：110819
电话：024-83683655（总编室）
024-83687331（营销部）
网址：http://press.neu.edu.cn
印 刷 者：辽宁一诺广告印务有限公司
发 行 者：东北大学出版社
幅面尺寸：210 mm × 285 mm
印　　张：21.75
字　　数：628千字
出版时间：2025年8月第1版
印刷时间：2025年8月第1次印刷
责任编辑：孙德海　张德喜
责任校对：郎　坤
封面设计：潘正一
责任出版：魏　巍

ISBN 978-7-5517-3893-4　　定价：68.00元

前　言

沙盘模拟实训课程强调理论与实践相结合，通过ERP沙盘模拟，使学员能够在虚拟但接近真实的商业环境中体验企业运营的全过程。课程注重培养学员的团队合作精神，要求学员分组扮演企业管理的不同角色，共同制定战略决策，增强团队沟通与协作能力，让学员在不断的决策和反馈循环中深刻理解企业管理中的因果关系及其复杂性。

本书由认识沙盘模拟、素质培养与经营攻略、ERP沙盘模拟理论升华、模拟实操等部分组成。其中，认识沙盘模拟部分主要包括ERP沙盘模拟概述、构建模拟企业、模拟运营规则、起始年运营、市场与选单；素质培养与经营攻略部分主要包括培养管理者素质以及ERP沙盘模拟成功之道；ERP沙盘模拟理论升华部分为本书特色，主要包括沙盘模拟经营过程中所涉及的战略管理、财务报告分析、风险管理、供应链管理等八个理论升华模块，旨在实现实操、理论升华、再实操、理论再升华的良性循环，为学习拓展、提升思维能力提供支持，同时，该部分内容及慕课资源能够支撑课程混合式教学需求；最后，模拟实操部分主要介绍了企业运营过程记录表及财务报表、竞标投入单、生产计划及采购计划单、资金预算及年度经营计划表等，另外，本书额外增加了数智企业经营管理沙盘实验指导书，满足最新版电子沙盘模拟的教学需求。

本书为辽宁省一流课程配套教材。经过多年的课程建设和改革，以及省教学创新大赛、西浦全国大学教学创新大赛的洗礼和专家指导，课程已经形成独特教学模式，注重实操感悟与理论深化的良性循环促进。本书作为课程教学改革成果的配套教材，在内容上具有以下特点。

系统全面：涵盖了从ERP基础知识到手工沙盘模拟、理论升华专题、数智企业经营管理沙盘模拟等内容，适合手工沙盘、电子沙盘、混合式教学等多种教学需求。

案例丰富：在理论专题部分，融入了一些教学案例和课程思政案例，帮助学员在更好地理解相关理论知识的同时，认识和解决沙盘实操过程中的深层专业问题以及塑造正确的价值观。

互动性强：除了传统的阅读材料外，在学银在线还配备了在线慕课资源和互动式学习平台，增强了学习的趣味性和参与度，为课程线上线下混合式教学改革提供了资源支持。

实用性强：内容紧密结合企业实际操作流程，旨在提高学员解决实际问题的能力，为其未来的职业生涯打下坚实的基础。

编写此书的目的在于提供一套系统、科学、实用的实训教学资料，不仅能够满足高校相关专业课程的教学需求，也能为企业内部培训提供有力支持。希望通过本书的学习，每一名读者都能对企业经营管理有更深入的理解，并能在自己的职业生涯中运用所学知识取得更大的成就。

本书由大连科技学院课程团队主要成员组织编写，王俊峰、李思锦、李婷婷担任主编，徐雯、相飞、袁泉担任副主编。课程团队其他成员亦给予了中肯的建议和帮助。

本书的ERP沙盘模拟以及数智企业经营管理沙盘部分的编写得到了新道科技股份有限公司的大力支持。除此之外，理论专题部分参考了相关书籍和网络资料，在此一并表示感谢。由于作者水平有限，本书难免存在不足和疏漏之处，真诚地希望读者朋友能够不吝赐教，提出您宝贵的建议和意见。期待与各位共同进步，不断提升本书的质量，为更多的学习者提供优质的知识资源。

编　者

2025年5月

目　录

第一篇　认识沙盘模拟

第一章　ERP沙盘模拟概述

第一节　ERP简介

一、ERP概念

企业资源计划（enterprise resource planning, ERP）系统是指建立在信息技术基础上，以系统化的管理思想，为企业决策层及员工提供决策运行手段的管理平台。ERP系统集信息技术与先进管理思想于一体，成为现代企业的运行模式，也是企业在信息时代生存、发展的基石。

关于ERP，可以从管理思想、管理软件、管理系统三个层次给出定义，如图1-1所示。

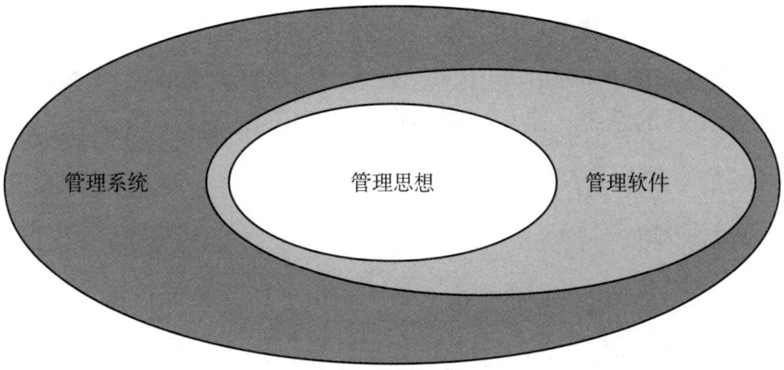

图1-1　ERP的定义

从管理思想的角度看，ERP是由美国著名的计算机技术咨询和评估集团（Gartner Group Inc.）提出的一整套企业管理系统体系标准，其实质是在制造资源计划（manufacturing resource planning, MRP Ⅱ）基础上进一步发展而成的面向供应链（supply chain）的管理思想。

从管理软件的角度看，ERP是综合应用了客户机/服务器体系、关系数据库结构、面向对象技术、图形用户界面、第四代语言（4GL）、网络通信等信息产业成果，以ERP管理思想为灵魂的软件产品。

从管理系统的角度看，ERP是整合了企业管理理念、业务流程、基础数据、人力物力、计算机硬件和软件于一体的企业资源管理系统。

二、ERP的产生

ERP是美国Gartner Group Inc. 在20世纪90年代初提出的。1990年4月12日，Gartner Group Inc. 发表了以《ERP: 下一代MRP Ⅱ的远景设想》为题，由L. Wylie署名的研究报告。这是第一次提出ERP的概念。这份研究报告虽然只有两页纸，但却包含了非常具有前瞻性的精辟设想。

这份报告中提到了两个集成，既是ERP的核心，也是实现“管理整个供需链”的必要条件——

内部集成和外部集成。

① 内部集成（internal integration）。实现产品研发、核心业务和数据采集三方面的集成。

② 外部集成（external integration）。实现企业与供需链上所有合作伙伴的集成。

之后，Gartner Group Inc. 又陆续发表了一系列的分析和研究报告，例如，J. Borelli署名的《ERP的功能性》、E. Keller署名的《实现MRP Ⅱ到ERP的跨越》以及多次对各软件商ERP产品的技术与功能的分析评价报告等。值得注意的是，这些研究报告都归于CIM（computer integrated manufacturing，计算机集成制造）类别中，说明ERP本来是一种用于制造业的信息化管理系统。

1993年，ERP的概念已经比较成熟并变得更为现实，Gartner Group Inc. 在以《ERP: 远景设想的定量化》为题的会议报告中，用了26页的篇幅论述了5个重点题目：

① 是什么促进了ERP的发展？

② 如何区别ERP与MRP Ⅱ？

③ 计算机技术对ERP的作用是什么？

④ ERP具有哪些功能？

⑤ 用户应如何采用ERP？

报告详尽地阐述了ERP的理念，深刻地阐明了ERP的实质和定义。

综合以上早期文献的精神，Gartner Group Inc. 最初对ERP的定义可以简明表达为：ERP是MRP Ⅱ的下一代，它的内涵主要是“打破企业的四壁，把信息集成的范围扩大到企业的上下游，管理整个供需链，实现供需链制造”。换句话说，ERP是一种企业内部所有业务部门之间，以及企业同外部合作伙伴之间交换和分享信息的系统；是集成供需链管理的工具、技术和应用系统，是管理决策和供需链流程优化不可缺少的手段，是实现竞争优势的同义语。

三、ERP的深远影响

1990年，在Gartner Group Inc. 的研究报告中，列出了“技术环境核对表”和“功能核对表”，前者所列的技术，如图形用户界面（GUI）、关系数据库、第四代语言（4GL）、客户机/服务器（C/S）等，早已不新奇，但功能核对表的内容至今仍有重要意义。当前，名目繁多的信息化系统可以说都是为了实现两个核对表中功能的要求陆续开发出来的。

功能核对表的第一条要求是，ERP系统要适应离散、流程和分销配送不同的类型，也就是说，囊括了各种类型的制造业。随后提出的第二条要求是，ERP系统要采用图解方法处理和分析各种经营生产问题。也就是说，ERP不再是简单的事务处理系统，而是要突出整体决策分析的功能。在这个设想指导下，陆续出现了数据仓库（data warehouse，DW）、数据挖掘技术（data mining，DM）、联机分析处理（on-line analytical processing，OLAP）以及商务智能（business intelligence，BI）等应用系统。

内部集成提到三个方面：产品研发的集成、核心业务的信息集成和数据采集的集成。当时外部集成的内容仅仅提到电子数据交换（electronic data interchange，EDI）。

在产品研发集成方面，在成组技术（group technology，GT）、计算机辅助设计（computer aided design，CAD）和计算机辅助工艺设计（computer aided process planning，CAPP）的基础上，陆续出现了产品数据管理（product data management，PDM）、产品生命周期管理（product lifecycle management，PLM）以及电子商务支持下的协同产品商务（collaborative product commerce，CPC）。

在核心业务信息集成方面，在MRP Ⅱ的基础上，发展了制造执行系统（manufacturing execution system，MES）、人力资源管理（human resource management，HRM）、企业资产管理（enterprise asset management，EAM）以及办公自动化（office automation，OA）等。

在数据采集集成方面，除了质量管理的统计过程控制（statistical process control，SPC）和结合流程控制的分散控制系统（distributed control system，DCS）等外，在条形码基础上，发展了射频识别技术（radio frequency identification，RFID）。

在外部集成方面，开发了客户关系管理（customer relationship management，CRM）、供应链管理（supply chain management，SCM）、供应商关系管理（supplier relationship management，SRM）、供应链事件管理（supply chain event management，SCEM）以及仓库管理系统（warehouse management system，WMS）等。

Gartner Group Inc. 对ERP的远景设想带有相当强的前瞻性。20世纪90年代初，互联网还处在萌芽期，直到1993年还称为“信息高速公路”。限于当时的技术条件和软件供应商的开发实力，没有哪一家软件公司能够单独完成Gartner Group Inc. 最初提出的全部宏伟远景设想。新开发的系统都是由不同的厂商分别完成的。不同厂商的产品要集成，又出现了企业应用集成（enterprise application integration，EAI）和中间件（middleware）技术。

这些后来分别开发的应用系统都没有跳出Gartner Group Inc. 最初的定义和设想，说明ERP原始定义的内涵是十分广泛的，有着深远的意义。

20世纪90年代，一些MRP Ⅱ软件供应商在增加了Gartner Group Inc. 最初提出的一些外扩功能，采纳了Gartner Group Inc. 最初对ERP提出的技术要求等，解决了跨世纪的“千年虫”（Y2K）问题之后，为了适应时代潮流和商业目的需要，把已有的MRP Ⅱ产品易名为ERP。这种易名实质上没有也不可能实现Gartner Group Inc. 对ERP系统的基本定义和设想——“管理整个供需链”；软件的基本内容还是停留在原有MRP Ⅱ的水平上。然而，这个“易名潮”却模糊了MRP Ⅱ同ERP的界限，使得一些从来没有接触过成熟MRP Ⅱ产品的人，自然而然地把从MRP Ⅱ易名而来的ERP看成“面向企业内部管理”的系统。“ERP是面向企业内部管理的系统”这样的认识，在国内外都似乎已经成为一种“定论”，于是，到了2000年，只好再提出一个ERP Ⅱ来解释最初定义的但又一直未能实现的ERP。

美国AMR Research公司在Extended ERP-Wiring the Supply Chain 课程里，把这种适量扩展了功能并易名为ERP的MRP Ⅱ系统，作为“ERP的一个良好的起点（a good start）”看待，一方面说明它毕竟还不是Gartner Group Inc. 最初定义的ERP的全部内容；另一方面说明制造业企业信息化管理最好是从ERP Ⅱ起步，也就是从内部集成起步。

第二节　ERP的发展历程及管理思想

MRP Ⅱ/ERP的发展经历了5个阶段：20世纪40年代的库存控制订货点法、20世纪60年代的时段式MRP、20世纪70年代的闭环MRP、20世纪80年代发展起来的MRP Ⅱ、20世纪90年代出现的ERP。

一、20世纪40年代的库存控制订货点法

在计算机出现之前，发出订单和进行催货是一个库存管理系统在当时所能做的一切。库存管理系统发出生产订单和采购订单，但是，确定对物料的真实需求却是靠缺料表，这种表上所列的是马上要用，但却发现没有库存的物料。然后，派人根据缺料表进行催货。

订货点法是在当时的条件下，为改变这种被动的状况而提出的一种按过去的经验预测未来的物料需求的方法。这种方法有各种不同的形式，但其实质都是着眼于“库存补充”的原则。“补充”的意思是把库存填满到某个原来的状态。库存补充的原则是保证在任何时候仓库里都有一定数量的存

货，以便需要时随时取用。当时，人们希望用这种做法来弥补不能确定近期内准确的必要库存储备数量和需求时间所造成的缺陷。订货点法依据对库存补充周期内的需求量预测，并保留一定的安全库存储备来确定订货点。安全库存的设置是为了应对需求的波动。一旦库存储备低于预先规定的数量，即订货点，则立即进行订货，以补充库存。订货点法如图1–2所示。

订货点的基本公式是：

$$订货点=单位时段的需求量\times订货提前期+安全库存量$$

如果某项物料的需求量为每周100件，提前期为6周，并保持2周的安全库存量，那么，该项物料的订货点可计算如下：

$$100\times6+200=800$$

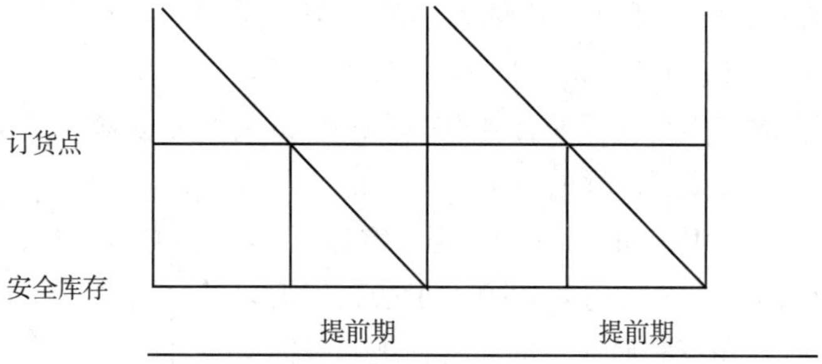

图1–2　订货点法

订货点法曾引起人们的广泛关注，对它进行论述的文献也有很多，按这种方法建立的库存模型曾被称为“科学的库存模型”。然而，在实际应用中却是不尽如人意，其原因在于订货点法是在某些假设之下追求数学模型的完美。这些假设主要包括以下4个方面。

第一，对各种物料的需求是相互独立的。订货点法不考虑物料项目之间的关系，每项物料的订货点分别独立地加以确定。因此，订货点法是面向零件的，而不是面向产品的。但是，在制造业中有一个很重要的要求，即各项物料的数量必须配套，以便能装配成产品。由于对各项物料分别独立地进行预测和订货，因此在装配时会发生各项物料数量不匹配的情况。这样，虽然单项物料的供货率提高了，但总的供货率却降低了。因为不可能对每项物料的预测都很准确，所以积累起来的误差反映在总供货率上是相当大的。

例如，用10个零件装配成一件产品，每个零件的供货率都是90%，而联合供货率却降到34.9%。一件产品由20个、30个甚至更多零件组成的情况是常有的，如果这些零件的库存量是根据订货点法分别确定的，那么，要想在总装配时不发生零件短缺，则只能靠碰巧。

应当注意，上述这种零件短缺并非由预测精度不高引起的，而是由这种库存管理模型本身的缺陷造成的。

第二，物料需求是连续发生的。按照这种假定，必须认为需求相对均匀，库存消耗率稳定。而在制造业中，对产品零部件的需求恰恰是不均匀、不稳定的，库存消耗是间断的。这往往是由下道工序的批量需求引起的。

比如，假定最终产品是活动扳手，零件是扳手柄，原材料是扳手毛坯。活动扳手不是单件生产的，当工厂接到一批订货时，就在仓库中取出一批相应数量的扳手柄投入批量生产。这样一来，扳手柄的库存量就要突然减少，有时会降到订货点以下。这时就要立即下达扳手柄的生产指令，于是又会引起扳手毛坯的库存大幅度下降。如果因此引起原材料库存也低于订货点，则对扳手毛坯也要进行采购订货。

由此可见，即使对最终产品的需求是连续的，由于生产过程中的批量需求，对零部件和原材料的需求也是不连续的。需求不连续的现象提出了一个如何确定需求时间的问题。订货点法是根据以往的平均消耗来间接地指出需求时间，但是对于不连续的非独立需求来说，这种平均消耗率的概念是毫无意义的。事实上，一方面，采用订货点法的系统下达订货的时间常常偏早，在实际需求发生之前，就有大批存货放在仓库造成积压；另一方面，又会由需求不均衡和库存管理模型本身的缺陷造成库存短缺。

第三，库存消耗之后，应被重新填满。按照这种假定，当物料库存量低于订货点时，必须订货，以重新填满库存。但如果需求是间断的，那么这样做不但没有必要，而且也不合理，因为很可能造成库存积压。例如，某种产品一年中可以得到客户的两次订货，那么，制造此种产品所需的材料不必因库存量低于订货点而立即填满。

第四，“何时订货”是一个大问题。“何时订货”被认为是库存管理的一个大问题。这并不奇怪，因为库存管理正是订货并催货这一过程的自然产物。然而，真正重要的问题却是“何时需要物料”，当这个问题解决以后，“何时订货”的问题也就迎刃而解了。订货点法通过触发订货点来确定订货时间，再通过提前期来确定需求日期，其实是本末倒置的。

从以上论述可以看出，订货点库存控制模型是围绕一些不成立的假设建立起来的。今天看来，订货点法作为一个库存控制模型是那个时代的理论错误，不再具有实用价值，但它提出了许多在新的条件下应当解决的问题，从而引发了MRP的出现。

二、20世纪60年代的时段式MRP

时段式MRP（material requirement planning，物资需求计划）是在解决订货点法缺陷的基础上发展起来的，亦称为基本MRP，或简称MRP。

MRP与订货点法的区别有三点：一是通过产品结构将所有物料的需求联系起来；二是将物料需求区分为独立需求和非独立需求，并分别加以处理；三是对物料的库存状态数据引入了时间分段的概念。

如前所述，传统的库存管理方法（如订货点法）是彼此孤立地推测每项物料的需求量，而不考虑它们之间的联系，从而造成库存积压和物料短缺同时出现的不良局面。MRP通过产品结构把所有物料的需求联系起来，考虑不同物料的需求之间的相互匹配关系，从而使各种物料的库存在数量和时间上均趋于合理。

另外，MRP还把所有物料按需求性质区分为独立需求项目和非独立需求项目，并分别加以处理。如果某项物料的需求量不依赖于企业内其他物料的需求量而独立存在，则称为独立需求项目；如果某项物料的需求量可由企业内其他物料的需求量来确定，则称为非独立需求项目或相关需求项目。如原材料、零件、组件等都是非独立需求项目；最终产品则是独立需求项目，独立需求项目有时也包括维修件、可选件和工厂自用件。独立需求项目的需求量和需求时间通常由预测和客户订单、厂际订单等外在因素决定，而非独立需求项目的需求量和需求时间则由MRP系统决定。

所谓时间分段，就是给物料的库存状态数据加上时间坐标，即按具体的日期或计划时区记录和存储库存状态数据。

在传统的库存管理中，库存状态的记录是没有时间坐标的，记录的内容通常只包含库存量和已订货量。当这两个量之和由于库存消耗而小于最低库存点的数值时，便是重新组织进货的时间。因此，在这种记录中，时间的概念是以间接的方式表达的。直到1950年前后，这种落后的方法才有了一些改进，在库存状态记录中，增加了两个数据项：需求量和可供货量。其中，需求量是指当前已知的需求量，而可供货量是指可满足未来需求的量。这样，物料的库存状态记录由4个数据组成，它们之间的关系可用下式表达：

库存量＋已订货量－需求量＝可供货量

例如，某项物料的库存状态数据如表1-1所示。

表1-1　某项物料库存状态数据

库存状态	库存量	已订货量	需求量	可供货量
数量	30	25	65	-10

其中，需求量可能来自客户订单，也可能来自市场预测，还可能是作为非独立需求推算出来的。当可供货量是负数时，就意味着库存储备不足，需要再组织订货。这样，一个经过改进的库存控制系统可以更好地回答“订什么货”和“订多少货”的问题，但却不能回答“何时订货”的问题。表面上看，当可供货量是负值时，就是订货时间，似乎已经回答了这个问题；其实不然，已发出的订货何时到货？是一次到达还是分批到达？什么时候才是对这批订货的需求实际发生的时间？该需求是一次满足还是分期满足？什么时候库存会用完？什么时候应完成库存补充订货？什么时候应该发出订货？对于这一系列问题，传统的库存控制系统是回答不出来的。当时的库存计划员只能凭经验做出决定。

时间分段法使所有库存状态数据都与具体的时间联系起来，于是上述关键问题可以迎刃而解了。下面通过例子来说明时间分段的概念。

若把前例中的库存状态数据以周为单位给出时间坐标，则如表1-2所示。

表1-2　某项库存状态数据

时间	第1周	第2周	第3周	第4周	第5周	第6周	第7周	第8周	第9周	第10周
库存量	30	30	10	10	-25	0	0	0	0	0
已订货量	0	0	0	0	25	0	0	0	0	10
需求量	0	20	0	35	0	0	0	0	0	20
可供货量	30	10	10	-25	0	0	0	0	0	-10

现在，便可以回答前面所提出的各个与时间有关的问题了。从记录中看到，这里有一批已发出的订货，总计25件，将在第5周到货；在第2周、第4周和第10周出现三次需求，其数量分别为20，35和20，总数为75。另外可以看出，库存总储备，即库存量和已订货量之和，在前9周是足够用的，但供应与需求在时间上不合拍，第4周可供货量出现负值，而已发出的订货在第5周才到达。如已发出的订货能够提前1周到达，则可以避免第4周的库存短缺。关于这一点，库存计划员可以提前4周从库存状态数据得知并采取相应的措施。第10周的库存短缺应通过新的库存补充订货来解决，其需求日期为第10周。下达日期即可由此根据提前期推算出来。

维护、更新按时间分段的库存状态记录所要进行的数据处理工作量是相当大的。这一方面是由于这类库存状态记录的数据项多；另一方面是由于既要处理数量关系，又要处理时间关系。在给出时间坐标之前，只用了4个数据项；而在给出时间坐标之后，则用了40个数据项。此时，虽然数量关系不变，时间关系却要重新处理。在一个典型的企业中，如果对2.5万项物料按周划分时间段，在计划期为一年的情况下，就要处理多达500万个基本数据，这样大量的信息处理只有计算机才能胜任。

目前，人们建立和使用的MRP系统已经成为一种标准形式。这种标准形式包含着系统运行所依据的某些前提条件和基本假设。

MRP系统的第一个前提是要求赋予每项物料一个独立的物料代码，这些物料包括原材料、零部件和最终产品。这些物料代码不能有二义性，即两种不同的物料不得有相同的代码，并且主生产计划、物料清单和库存记录都要通过物料代码来描述。

MRP系统的第二个前提是要有一个主生产计划。也就是说，要有一个关于生产什么产品和什么时候产出的权威性计划。该计划只考虑最终项目，这些项目可能是产品，也可能是处于产品结构中最高层次的装配件，这些装配件可根据总装配计划装配成不同的产品。主生产计划考虑的时间范围（即计划展望期）取决于产品的累计提前期，即产品所有零部件的生产提前期和采购提前期累计之和。计划展望期的长度应当等于或超过产品的累计提前期，通常为3～18个月。主生产计划的形式通常是一个按时区列出的各最终项目产出数据的矩阵。

MRP系统的第三个前提是在计划编制期间，必须有一个通过物料代码表示的物料清单（bill of material，BOM）。BOM是产品结构文件，它不仅罗列出某一产品的所有构成项目，同时指出这些项目之间的结构关系，即从原材料到零件、组件，直到最终产品的层次隶属关系。

MRP系统的第四个前提是要有完整的库存记录。也就是说，所有在MRP系统控制下的物料都要有相应的库存记录。

除了以上4个前提条件外，实施MRP系统还要满足以下5个隐含的假设条件：

第一，要想使系统能够有效地工作，就必须保证BOM和库存记录文件的数据完整性。确切地说，这个要求不是针对系统运行而言的。因为即使输入的数据不正确，系统也能输出技术上“正确”的报告。然而，正如计算机人员常讲的那样，“进去的是垃圾，出来的也是垃圾”。这样的垃圾数据当然不能实现有效的管理。因此，保证文件的数据完整性是针对管理效果提出的要求。

第二，MRP系统要求所有物料的订货提前期是已知的，至少是可以估算的。一般情况下，在编制计划时，每项物料的提前期都应该是一个固定的值。虽然提前期的值可以更改，但不允许一项物料的提前期同时具有两个或两个以上的数值。MRP系统无法处理订货提前期未定的物料。

第三，MRP系统要求所有受其控制的物料都要经过库存登记，从而有一个入库状态（即使是短暂的），然后才可以为满足某项订货而发放出去。这样，生产过程的每个阶段实质上是通过库存信息来监控的。

第四，MRP系统在计算物料需求时间时，假定用于构成某个父项的所有子项都必须在下达父项的订货时到齐。因此，子项的需求均在父项的订货下达时发生。

第五，MRP系统还假定每项物料的消耗都是间断的。例如，某父项物料由50个子项构成，那么，MRP在进行计算时，就恰好分配出50个项目，并假定它们被一次性地消耗掉。

MRP系统的目标是确定每项物料在每个时区内的需求量，以便能为正确地进行生产和库存管理提供必要的信息。虽然这并非MRP的唯一目标［例如，MRP还为能力需求计划（capacity requirement planning，CRP）提供输入等］，但这却是最主要的目标。从人们的主观愿望来说，这个目标同其他非MRP库存控制系统的目标并没有什么差别。

MRP系统与其他库存控制系统的差别仅仅反映在实现这种愿望的能力上。例如，用订货点法很难做到在恰当的时间对一项物料按恰当的数量订货，而要确定正确的到货期则更成问题。对已发出的订货作业进行修改，用订货点法则基本上办不到。

MRP系统从主生产计划、独立需求预测以及厂外零部件订货的输入可以确定“我们将要生产什么”，通过BOM可以回答“用什么来生产”，把主生产计划等反映的需求按照各产品的BOM进行分解，从而得知“为了生产所需的产品，我们需要用些什么”，然后和库存记录进行比较，从而确定物料需求，即回答“我们还需要再得到什么”。通过这样的处理过程，在MRP系统控制下的每项物料的库存记录都总能正确地反映真实的物料需求。这一过程如图1-3所示。

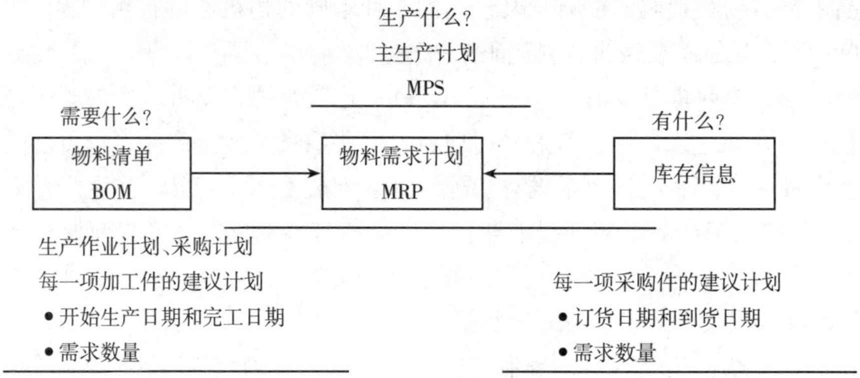

图1-3　基本MRP工作过程

MRP系统之所以能成为生产库存管理的得力工具，主要由于以下5个原因：① 可使库存投资减少到最低限度；② 可对生产中的变化做出灵敏的反应；③ 可对每项物料提供未来的库存状态信息；④ 库存控制是面向生产作业的，而不是面向台账登记的；⑤ 强调需求、库存储备和订货作业的时间性。

上述5个原因相辅相成，使得MRP系统的输出信息能够成为其他生产管理子系统的有效输入信息。这些子系统包括能力需求计划、车间作业管理、采购作业管理等。

三、20世纪70年代的闭环MRP

20世纪60年代的时段式MRP能够根据有关数据计算出相关物料需求的准确时间与数量，但它还不够完善，其主要缺陷是没有考虑到生产企业现有的生产能力和采购的有关条件的约束。因此，计算出来的物料需求的日期有可能因设备和工时的不足而没有能力生产，或者因原料的不足而无法生产。同时，它缺乏根据计划实施情况的反馈信息对计划进行调整的功能。

正是为了解决以上问题，MRP系统在20世纪70年代发展为闭环MRP系统。闭环MRP系统除了物料需求计划外，还将生产能力需求计划、车间作业计划和采购作业计划也全部纳入MRP，形成一个封闭的系统。

（一）闭环MRP的原理与结构

MRP系统的正常运行，需要有一个现实可行的主生产计划。它除了要反映市场需求和合同订单以外，还必须满足企业的生产能力约束条件。因此，除了要编制资源需求计划外，还要制订能力需求计划，同各个工作中心的能力进行平衡。只有在采取了措施做到能力与资源均满足负荷需求时，才能开始执行计划。

要保证实现计划，就要控制计划，执行MRP时，要用派工单来控制加工的优先级，用采购单来控制采购的优先级。这样，基本MRP系统进一步发展，把能力需求计划和执行及控制计划的功能也包括进来，形成一个环形回路，称为闭环MRP，如图1-4所示。因此，闭环MRP成为一个完整的生产计划与控制系统。

（二）能力需求计划

1. 资源需求计划与能力需求计划

在闭环MRP系统中，把关键工作中心的负荷平衡称为资源需求计划，或称为粗能力计划，它的计划对象为独立需求件，主要面向的是主生产计划；把全部工作中心的负荷平衡称为能力需求计划，或称为详细能力计划，而它的计划对象为相关需求件，主要面向的是车间。由于MRP和MPS（主生产计划）之间存在内在的联系，所以资源需求计划与能力需求计划之间也是一脉相承的，而后者正是在前者的基础上进行计算的。

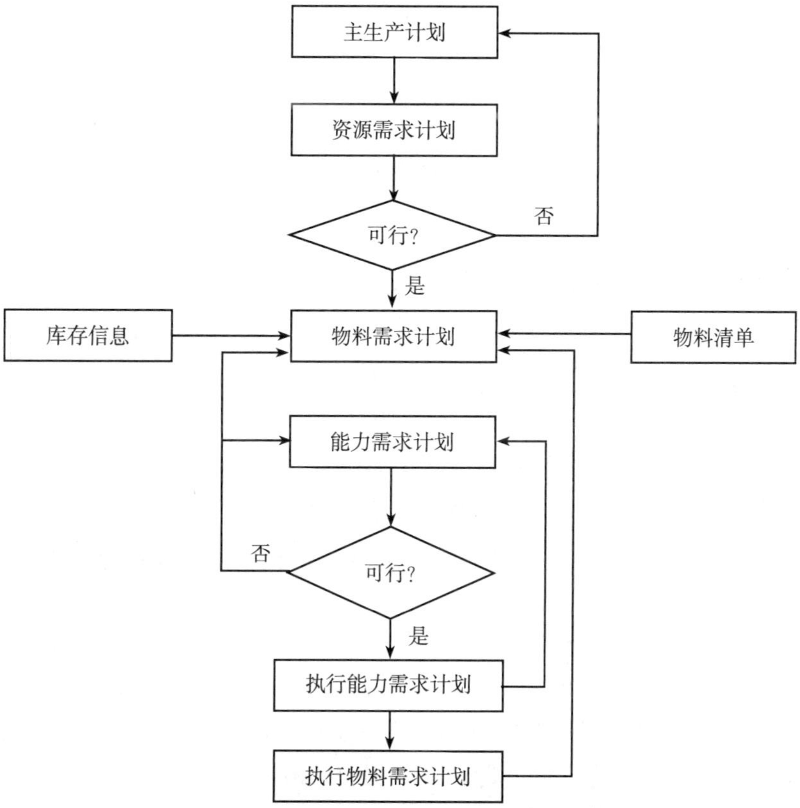

图1-4　闭环MRP逻辑流程图

2. 能力需求计划的依据

① 工作中心。是各种生产或加工能力单元和成本计算单元的统称。对工作中心都统一用工时来量化其能力的大小。

② 工作日历。是用于编制计划的特殊形式的日历，它是由普通日历除去每周双休日、假日、停工和其他不生产的日子，并将日期表示为顺序形式而形成的。

③ 工艺路线。是一种反映制造某项“物料”加工方法及加工次序的文件。它说明加工和装配的工序顺序、每道工序使用的工作中心、各项时间定额、外协工序的时间和费用等。

④ 由MRP输出的零部件作业计划。

3. 能力需求计划的计算逻辑

闭环MRP的基本目标是满足客户和市场的需求，因此，在编制计划时，总是先不考虑能力约束而优先保证计划需求，再进行能力计划。经过多次反复运算，调整核实，才转入下一个阶段。能力需求计划的运算过程就是把物料需求计划订单换算成能力需求数量，生成能力需求报表。这个过程可用图1-5来表示。

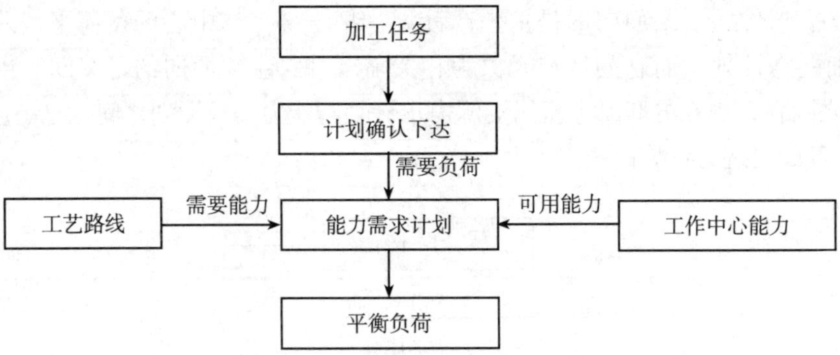

图1-5　能力需求报表生成过程

当然，在计划时段中也有可能出现能力需求超负荷或低负荷的情况。闭环MRP能力需求计划通常通过报表的形式（直方图是常用工具）向计划人员报告，但是并不进行能力负荷的自动平衡，这个工作由计划人员人工完成。

（三）现场作业控制

各工作中心能力与负荷需求基本平衡后，接下来的一步就是要集中解决如何具体地组织生产活动，使各种资源既能合理利用又能按期完成各项订单任务，并将客观生产活动进行的状况及时反馈到系统中，以便根据实际情况进行调整与控制，这就是现场作业控制。它的工作内容一般包括以下4个方面。

① 车间订单下达。订单下达是核实MRP生成的计划订单，并转换为下达订单。

② 作业排序。是指从工作中心的角度控制加工工件的作业顺序或作业优先级。

③ 投入产出控制。是一种以监控作业流（正在作业的车间订单）为工作中心的技术方法，利用投入/产出报告，可以分析生产中存在的问题，采取相应的措施。

④ 作业信息反馈。主要是跟踪作业订单在制造过程中的运动，收集各种资源消耗的实际数据，更新库存余额，并完成MRP的闭环。

四、20世纪80年代发展起来的MRP Ⅱ

闭环MRP系统的出现，使生产活动方面的各种子系统得到了统一。但这还不够，因为在企业的管理中，生产管理只是一个方面，它所涉及的仅仅是物流，而与物流密切相关的还有资金流。这在许多企业中是由财务人员另行管理的，这就造成了数据的重复录入与存储，甚至造成数据的不一致性。

于是，在20世纪80年代，人们把生产、财务、销售、工程技术和采购等各个子系统集成为一个一体化的系统，并称为制造资源计划（manufacturing resource planning）系统，英文缩写还是MRP，为了区别物料需求计划（亦缩写为MRP）而记为MRP Ⅱ。

（一）MRP Ⅱ的原理与逻辑

MRP Ⅱ的基本思想就是把企业作为一个有机整体，从整体最优的角度出发，运用科学方法对企业各种制造资源和产、供、销、财各个环节进行有效的计划、组织和控制，使它们得以协调发展，并充分地发挥作用。MRP Ⅱ的逻辑流程图如图1-6所示。

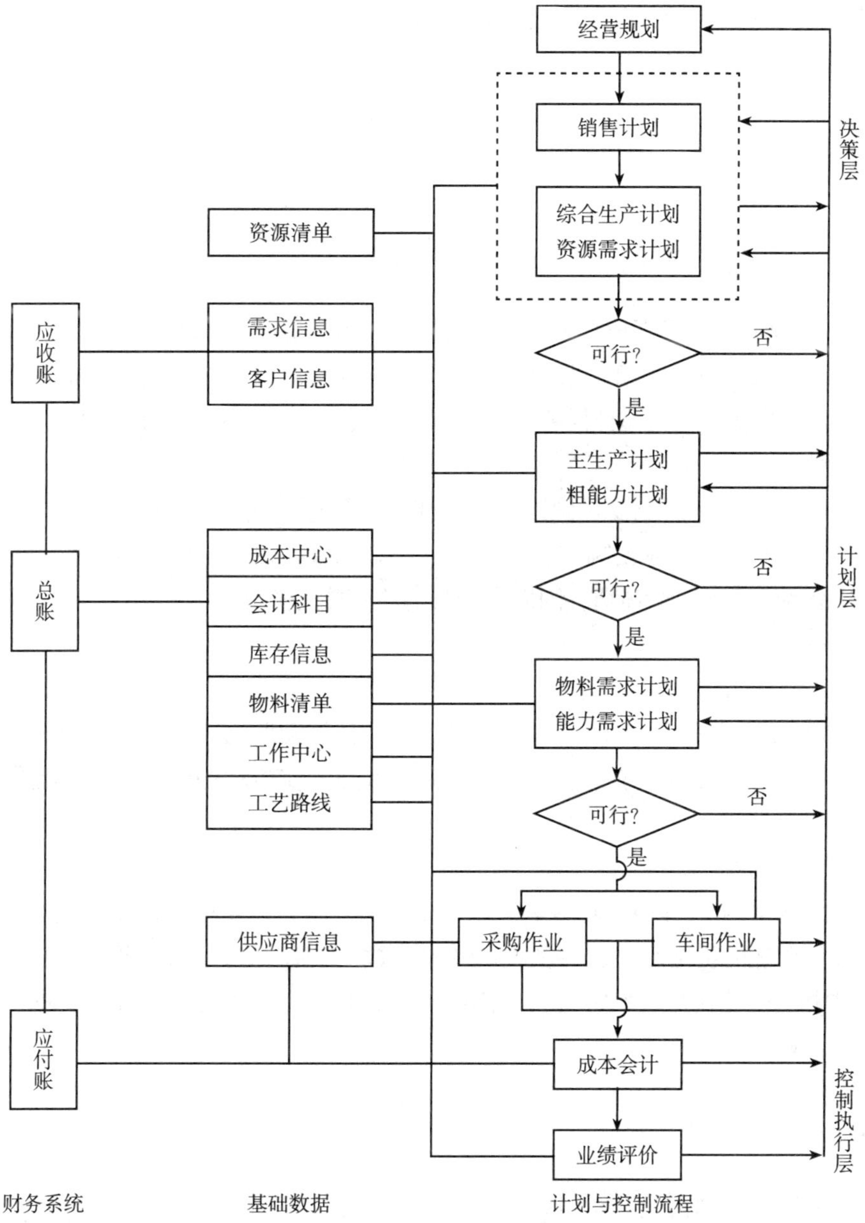

图1-6　MRP Ⅱ逻辑流程图

在流程图的右侧是计划与控制流程，它包括决策层、计划层和控制执行层，可以理解为经营计划管理的流程。中间是基础数据，要储存在计算机系统的数据库中，并且反复调用。这些数据信息的集成，把企业各个部门的业务沟通起来，可以理解为计算机数据库系统。左侧是主要的财务系统，这里只列出应收账、总账和应付账系统。各条连线表明信息的流向及相互之间的集成关系。

（二）MRP Ⅱ管理模式的特点

MRP Ⅱ管理模式的特点可以从以下6个方面来说明，每一项特点都含有管理模式变革和人员素质或行为变革两方面，这些特点是相辅相成的。

1. 计划的一贯性与可行性

MRP Ⅱ是一种计划主导型管理模式，计划层次从宏观到微观、从战略到技术、由粗到细逐层优化，但始终保证与企业经营战略目标一致。它把通常的三级计划管理统一起来，计划编制工作集中在厂级职能部门，车间班组只执行计划、调度和反馈信息。计划下达前，反复验证和平衡生产能力，并根据反馈信息及时调整，处理好供需矛盾，保证计划的一贯性、有效性和可执行性。

2. 管理系统性

MRP Ⅱ是一项系统工程，它把企业所有与生产经营直接相关部门的工作联结成一个整体，各部门都从系统整体出发做好本职工作，每个员工都知道自己的工作质量同其他职能的关系。只有在"一个计划"下，这些工作才能成为系统，条块分割、各行其是的局面应被团队精神所取代。

3. 数据共享性

MRP Ⅱ是一种制造企业管理信息系统，企业各部门都依据同一数据信息进行管理，任何一种数据变动都能及时地反映给所有部门，做到数据共享。在统一的数据库支持下，按照规范化的处理程序进行管理和决策，改变了过去那种信息不通、情况不明、盲目决策和相互矛盾的现象。

4. 动态应变性

MRP Ⅱ是一个闭环系统，它要求跟踪、控制和反馈瞬息万变的实际情况，管理人员可随时根据企业内外环境条件的变化迅速做出响应，及时进行决策调整，保证生产正常进行。它可以及时掌握各种动态信息，保持较短的生产周期，因而有较强的应变能力。

5. 模拟预见性

MRP Ⅱ具有模拟功能。它可以解决"如果怎样……将会怎样"的问题，可以预见在相当长的计划期内可能发生的问题，事先采取措施消除隐患，而不是等问题已经发生了，再花数倍的精力去处理。这可以使管理人员从繁杂的事务堆里解脱出来，致力于实质性的分析研究，提供多个可行方案供领导层决策。

6. 物流、资金流的统一

MRP Ⅱ包含了成本会计和财务功能，可以由生产活动直接产生财务数据，把实物形态的物料流动直接转换为价值形态的资金流动，保证生产和财务数据一致。财务部门及时得到资金信息，用于控制成本，通过资金流动状况反映物料和经营情况，随时分析企业的经济效益，参与决策，指导及控制经营和生产活动。

以上6个方面的特点表明，MRP Ⅱ是一个比较完整的生产经营管理计划体系，是实现制造业企业整体效益的有效管理模式。

五、20世纪90年代出现的ERP

进入20世纪90年代，随着市场竞争的进一步加剧，企业竞争空间与范围的进一步扩大，80年代MRP Ⅱ主要面向企业内部资源全面计划管理的思想逐步发展为90年代怎样有效利用和管理整体资源的管理思想，ERP随之产生。ERP在MRP Ⅱ的基础上扩展了管理范围，给出了新的结构。

ERP同MRP Ⅱ的主要区别如下。

1. 在资源管理范围方面的区别

MRP Ⅱ主要侧重对企业内部人、财、物等资源的管理。ERP系统在MRP Ⅱ的基础上扩展了管理范围，它把客户需求和企业内部的制造活动，以及供应商的制造资源整合在一起，形成企业一个完整的供应链，并对供应链上所有环节（如订单、采购、库存、计划、生产制造、质量控制、运输、分销、服务与维护、财务管理、人事管理、实验室管理、项目管理和配方管理等）进行有效管理。

2. 在生产方式管理方面的区别

MRP Ⅱ系统把企业归类为几种典型的生产方式进行管理，如重复制造、批量生产、按订单生产、按订单装配和按库存生产等，对每一种类型都有一套管理标准。而在20世纪80年代末90年代初，为了紧跟市场的变化，多品种、小批量生产以及看板式生产等是企业主要采用的生产方式，并由单一的生产方式向混合型生产发展，ERP能很好地支持和管理混合型制造环境，满足了企业这种多元化的经营需求。

3. 在管理功能方面的区别

ERP除了具有MRP Ⅱ系统的制造、分销、财务管理功能外，还增加了支持整个供应链上物料流通体系中供、产、需各个环节之间的运输管理和仓库管理，支持生产保障体系的质量管理、实验室管理、设备维修和备品备件管理，支持对工作流（业务处理流程）的管理。

4. 在事务处理控制方面的区别

MRP Ⅱ通过计划的及时滚动来控制整个生产过程，它的实时性较差，一般只能实现事中控制。而ERP系统支持在线分析处理、售后服务（即质量反馈），强调企业的事前控制能力，它可以将设计、制造、销售、运输等通过集成来并行地进行各种相关的作业，为企业提供了对质量、适应变化、客户满意度和绩效等关键问题的实时分析能力。

此外，在MRP Ⅱ中，财务系统只是一个信息的归结者，它的功能是将供、产、销中的数量信息转变为价值信息，是物流的价值反映。而ERP系统将财务计划和价值控制功能集成到整个供应链上。

5. 在跨国（或地区）经营事务处理方面的区别

当前，企业的发展使得企业内部各个组织单元之间、企业与外部的业务单元之间的协调变得越来越多和越来越重要，ERP系统应用完整的组织架构，从而可以支持跨国经营的多国家（或地区）、多工厂、多语种、多币制应用需求。

6. 在计算机信息处理技术方面的区别

随着IT技术的飞速发展和网络通信技术的应用，ERP系统得以实现对整个供应链信息进行集成管理。ERP系统采用客户机／服务器（C/S）体系结构和分布式数据处理技术，支持Internet/Intranet/Extranet、电子商务（E-business，E-commerce）、电子数据交换（EDI）。此外，还能实现在不同平台上的互操作。

六、ERP系统的管理思想

ERP的核心管理思想就是实现对整个供应链的有效管理，主要体现在以下三个方面。

1. 体现对整个供应链资源进行管理的思想

现代企业的竞争已经不是单一企业与单一企业之间的竞争，而是一个企业供应链与另一个企业供应链之间的竞争，即企业不但要依靠自己的资源，还必须把经营过程中的有关各方（如供应商、制造工厂、分销网络和客户等）纳入一个紧密的供应链中，才能在市场上获得竞争优势。ERP系统正是适应了这一市场竞争的需要，实现了对整个企业供应链的管理。

2. 体现精益生产、敏捷制造和同步工程的思想

ERP系统支持混合型生产方式的管理，其管理思想表现在两方面：其一是“精益生产（lean production）”的思想，即企业把客户、销售代理商、供应商、协作单位纳入生产体系，同它们建立起利益共享的合作伙伴关系，进而组成一个企业的供应链；其二是“敏捷制造（agile manufacturing）”的思想。当市场上出现新的机会，而企业的基本合作伙伴不能满足新产品开发生产的要求时，企业组织一个由特定的供应商和销售渠道组成的短期或一次性供应链，形成“虚拟工厂”，把供应和协作单位看成企业的一个组成部分，运用“同步工程（SE）”组织生产，用最短的时间将新产品打入市场，时刻保持产品的高质量、多样化和灵活性，这就是“敏捷制造”的核心思想。

3. 体现事前计划与事中控制的思想

ERP系统中的计划体系主要包括主生产计划、物流需求计划、能力计划、采购计划、销售执行计划、利润计划、财务预算和人力资源计划等。一方面，这些计划功能与价值控制功能已完全集成到整个供应链系统中；另一方面，ERP系统通过定义事务处理（transaction）相关的会计核算科目与核算方式，在事务处理发生的同时，自动生成会计核算分录，保证了资金流与物流的同步记录和数据的一致性，从而实现了根据财务资金现状，可以追溯资金的来龙去脉，并进一步追溯所发生的相关业务活动，便于实现事中控制和实时做出决策。

最后，作为总结，可以通过图1-7来对ERP发展的几个主要阶段进行简要回顾。

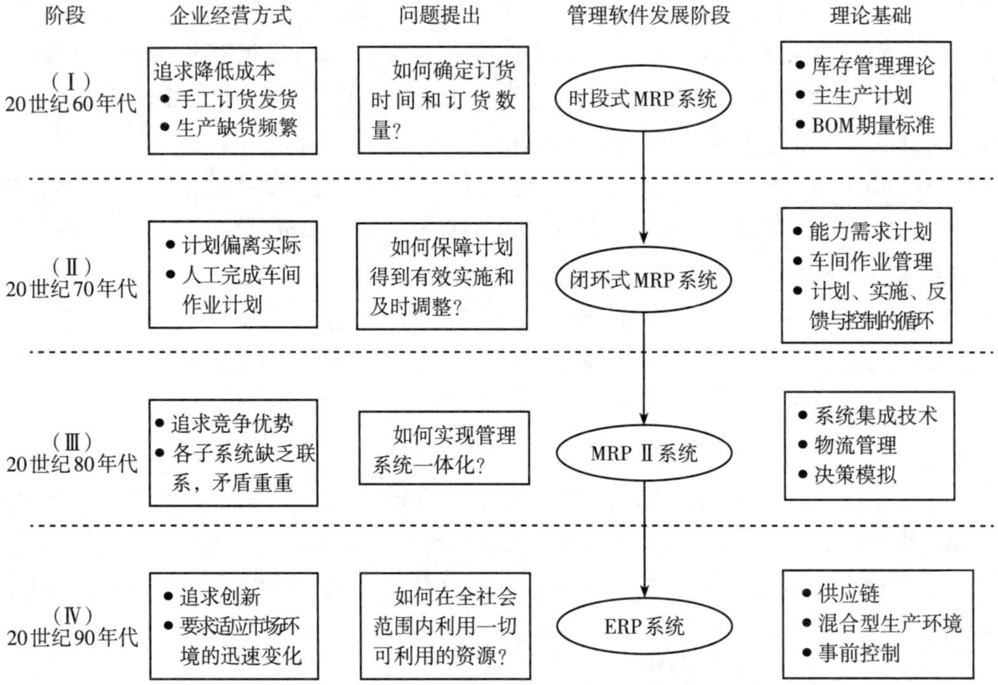

图1-7 ERP发展阶段

第三节 ERP的发展前景

经过多年发展，ERP作为最重要的管理软件，被国内外各类型企业所普遍接受。在我国，ERP行业已经进入成熟期。随着云计算、物联网等技术的推进，国内外竞争态势日益加剧，“后ERP时代”在以下三个方面表现出发展趋势。

一、商业智能化建设加强

经过多年运用，ERP系统中积累了大量的行业数据，这些数据对于企业的经营决策和预测意义重大，促使ERP软件开始涵盖商业智能系统（business intelligence，BI）的功能。BI通过对ERP中留存的数据进行抽取、挖掘、管理和分析，将数据转化为对决策过程有重大意义的信息，帮助企业实现从数据到信息、从信息到知识、从知识到利润的转化。

二、云计算不仅带来技术上的革新，也带来企业商业模式上的革新

2011年，云计算无疑成为最受瞩目的话题，云计算的发展使得从硬件到软件都在向云计算靠

拢。云计算可以轻松地实现不同设备间的数据与应用共享，为用户提供可靠、安全的数据存储中心，客户端仅通过终端就可以在云计算平台上定制各种所需的服务，解决了数据保管和病毒入侵等问题，最大限度地方便了用户，为人们使用网络提供了无限可能。面对这样的新兴技术，ERP也不能例外。在Oracle（甲骨文）和Google（谷歌）这样的大公司陆续推出软件即服务（SaaS）、平台即服务（PaaS）和基础设施即服务（IaaS）等模式的产品与服务，进而向云计算发展后，此前一直致力于ERP推广的公司也将云计算应用于在线ERP平台的建设，借云计算来实现盈利。

云计算模式成为软件行业新的增长点，软件厂商、应用企业等均将云计算作为新的突破口和动力引擎。以大型生产企业为例，其首要关注点是如何巩固和维系在同行业中的优势竞争地位。在上下游企业间建立“私有云”，既能利用云计算的技术先进性，又能加强其对上下游企业的掌控，巩固其在产业链上的核心地位。“私有云”模式必然成为各大生产企业的首选。

三、物联网的兴起，促进了互联互通的需求

首先，物联网对ERP的信息同步化要求提升，必须保证快速的信息传输速度、较高的信息质量。其次，网络无缝化要求ERP软件在供应链管理上更加精进，进一步缩短企业备货时间，提高生产效率。最后，物联网下供应链信息含量提升，如何加速有价值信息的共享和利用，成为ERP行业新的发展机遇。

为应对以上发展趋势，ERP厂商须做以下策略调整的思考。

第一，加强云计算技术的运用推进和BI系统的研发，提升ERP软件的商业决策分析价值。

第二，改变传统的软件许可销售模式。采取SaaS模式是云计算的关键因素之一，有利于企业形成长期稳定的收入。

第三，提升对兼并收购、国际化等企业发展趋势的理解。ERP的核心在于管理与技术的融合，随着外部环境建设的推进，企业面临转型需求，ERP厂商只有跟上企业转型的步伐，才能保证产品价值的实现。

第四节　ERP 沙盘模拟简介

一、课程相关基本概念

（一）沙盘

沙盘一词起源于军事模拟推演，主要采用各种模型来模拟战场的地形及武器装备的部署情况，通过模拟推演敌我双方在战略与战术上的对抗与较量，从而制定有效的作战方案。沙盘在日常生活中也有所应用，如房地产公司制作楼盘规划布局沙盘，就是利用沙盘清晰地模拟了真实的地形、地貌或格局，让其服务的对象不必亲临现场，也能对所关注的位置了然于胸。不仅如此，沙盘还可以帮助人们从宏观角度全面地审视所处的环境，从而运筹帷幄，制定决策。

企业运营沙盘仿真实验是瑞典皇家工学院的科拉斯·梅兰（Klas Mellan）于1978年开发的课程，其特点是采用体验式培训方式，遵循“体验—分享—提升—应用”的过程达到学习的目的。最初，该课程主要是从非财务人员的财务管理角度进行设计的，通过实物模型直观地了解企业经营的过程，利用企业运营的实物模型，增强培训人员对全局的把握。之后，沙盘模拟被不断地改进与完善，针对CEO（首席执行官或总经理）、CFO（财务总监）等职位的沙盘演练课程相继被开发出来。

"沙盘演练"课程逐渐被世界500强企业作为中高层管理者的必修培训课程之一，也被欧美的商学院作为EMBA的培训课程。目前，沙盘推演已经得到普遍推广，ERP沙盘模拟就是其中之一。

（二）ERP

企业资源包括厂房、设备、物料、资金、人员，甚至包括企业上下游的供应商和客户等。ERP的实质就是在资源有限的情况下，合理组织生产经营活动，降低经营成本，提高经营效率，提升竞争能力，力求做到利润最大化。可以说，企业的生产经营过程也是对企业资源的管理过程。

（三）模拟

模拟表明了所面对的是一种虚拟的仿真环境，而不是一个真实的企业。这一虚拟仿真环境具备一般真实企业所拥有的主要特性。

二、ERP沙盘模拟实训课程

ERP沙盘模拟实训课程主要内容包括企业运营的所有关键环节——战略规划、资金筹集、市场营销、产品研发、生产组织、物资采购、设备投资与改造、会计核算与财务管理等，并把企业运营所处的内外部环境抽象为一系列的规则。

最初，这一实训课程只是一种计算机辅助教学方式，Motorola（摩托罗拉）、IBM等跨国公司经常采用这种新颖的培训方式上课。首先由专家讲授相关理论，涉及企业管理中的市场营销、财务管理、信息技术、人力资源管理、战略管理等主要内容；然后把培训人员分成若干组，利用计算机进行企业竞争模拟。这种培训方式引起了培训人员的极大兴趣。20世纪80年代初期，ERP沙盘模拟实训课程开始在我国管理教学中采用，最初主要在高校的MBA教学中采用，另外一些培训公司也进行类似的沙盘培训。

2003年，软件公司率先引入沙盘版权课程应用于ERP实验教学中，同时在高等院校的本科教学中推广，并将其命名为ERP沙盘仿真对抗实验。由此，ERP沙盘仿真对抗实验被正式引入高校实训教学体系中。与一般的计算机辅助教学不同，ERP沙盘模拟实训课程主要是构建仿真企业环境，模拟真实企业的生产经营活动，并将实物沙盘和ERP管理软件的全面运用相结合。在实训过程中，让学生直接利用ERP管理软件对模拟企业的全部经营活动进行全面管理和控制。整个实训涉及企业整体运营过程，让学生全面了解企业生产经营的各个环节，有助于学生感受企业运营规律，感悟经营管理真谛，塑造复合型的管理人才。

课程的基础背景设定为某一离散型产品生产行业，同时存在若干个基础状况完全相同的竞争企业。此课程将参加模拟实训的学生分成若干组，每组3～5人，每组代表不同的模拟公司（每个公司互为同行业中的竞争对手），每个小组的成员分别担任公司中的重要职位（CEO、CFO、市场总监、生产总监等）。他们获得一定的投资（股东资本），在面对来自其他模拟公司（即其他实训学生小组）的激烈竞争中，协力创建并发展壮大公司。在模拟经营中，必须做出多项决策，如新产品的开发、生产设施的改造、新市场中销售潜能的开发等。每项独立的决策似乎容易做出，然而，当它们综合在一起时，许多不同的选择方案将自然产生。

模拟公司将存续若干年，在此过程中，各个公司将在客户、市场、资源及利润等方面进行一番真正的较量。这种竞争的模拟行为有助于学生形成宏观规划、战略布局的思维模式。随着模拟经营的步步深入，学生会逐渐面临多方面的激烈挑战，如充满风险的市场或者产品定位选择、生产时序优先安排的决策、市场信息的综合分析决策、参与市场竞标的策略选择、资源配置与规模发展的平衡、适应变化的财务方案等。模拟实训让学生体验在公司运营过程中，各职能机构掌握怎样的信息与工具，如何通过团队合作获得成功。通过这一平台，小组成员对公司业务达成一致的理性认识及感性认识，形成共通的思维模式，以及促进沟通的共同语言。

每一经营年度结束后，各小组成员都会对公司当年业绩进行综述与分析，发现公司决策、战略的成功与失败，并在下一年度中进行调整与改进，进而在不断的练习中提高自身的综合管理能力。同时，在这一过程中，将应用到各种分析工具，主要包括损益平衡表、收入报表、现金流量预测、预算及差异校准、生产计划与物料需求计划、竞争对手分析、市场分析、盈亏分析、比率分析等，内容涉及整体战略、产品研发、生产流程、市场与销售、财务、团队沟通与建设等多个方面。所有的工具都对竞争的结果有直接的影响，与真实商战并无差异。这样的模拟实训具有令人兴奋的驱动力，又真实地反映了“决策是如何影响结果的”。

三、ERP沙盘模拟的重要性分析

ERP沙盘模拟课程弥补了传统教学模式中理论与实践相脱节的缺憾，作为一种实践体验式的教学方式，增强了学生对企业实践的认识和感悟。借助ERP沙盘模拟实训，可以强化学生对课堂所讲授的管理知识、训练管理技能的真正理解和吸收，从而全面提高学生的综合素质。ERP沙盘模拟教学融理论与实践于一体、集角色扮演与职位体验于一身，可以使学生通过角色扮演和体验，在相互配合和共同努力下，完成知识从理性到感性、再从感性到理性的循环转化。

（一）应用综合性的知识体系

ERP沙盘模拟课程通过检验学生综合运用各学科知识的能力，提高学生解决实际问题的水平，在参与和体验中，使学生在以下5方面获益。

1. 战略管理

成功的企业一定有着明确的企业战略，包括战略的管理过程、战略分析、企业综合能力管理和核心竞争力分析。从最初的战略制定到最后的战略目标达成，学生经过不断的模拟，将学会用战略的眼光看待企业的业务和经营，保证业务与战略的一致，在未来的工作中，更多地获取战略性成功。

2. 营销管理

营销管理主要包括市场分析与决策、产品组合与市场定位、竞标和投标策略制定、营销策略等。市场营销就是为了实现企业目标，建立和保持与市场之间的互利的交换关系。营销管理的实质就是要管理企业的所有行为、所有资源，以满足客户的需求。在ERP沙盘模拟过程中，学生将学会如何分析市场、关注竞争对手、把握消费者需求、制订营销战略、定位目标市场，制订并有效地实施销售计划，最终实现企业战略目标。

3. 生产管理

生产管理即生产控制，是对企业生产系统的设置和执行的各项管理工作的总称。在ERP沙盘模拟中，学生需要对企业开展生产计划、生产组织和生产控制的管理工作，把企业的采购管理、生产管理、质量管理统一纳入生产管理领域，最终达到投入少、产出多的管理目标，有效地管理生产过程，从而提高企业的整体竞争力。

4. 财务管理

在ERP沙盘模拟过程中，学生将学习掌握经营、筹资、投资的管理；在一定的整体目标下，学习关于资产的购置（投资）、资本的融通（筹资）和经营中现金流量（营运资金）以及利润分配的管理；学习制定财务制度与风险管理，进行财务分析与协助决策，从而把握企业经营的全局。

5. 信息管理

在ERP沙盘模拟中，学生要对信息资源和信息活动进行管理。信息管理是指在整个管理过程中，收集、加工和输入、输出的信息的总称。信息管理的过程包括信息收集、信息传输、信息加工和信息储存。学生通过使用企业信息系统，能够时刻跟踪企业运行状况，对企业业务运行过程进行控制和监督，及时为企业管理者提供丰富的可用信息。通过沙盘信息化体验，可以感受到企业信息化的实施过程及关键点，从而合理规划企业信息管理系统，为企业信息化做好观念和能力上的铺垫。

（二）全面提高学生综合素质

ERP沙盘模拟作为企业经营管理模拟仿真教学系统，还可以用于综合素质训练，使学生在以下5方面获益。

1. 树立共赢理念

市场竞争是激烈的，也是不可避免的，但竞争并不意味着你死我活。寻求与合作伙伴之间的双赢、共赢才是企业发展的长久之道。这就要求企业知彼知己，充分分析市场和竞争对手，在竞争中寻求合作，只有这样，企业才会有无限的发展机遇。

2. 全局观念与团队合作

企业经营要求每个角色都要以企业总体最优为目标，各司其职，相互协作。通过ERP沙盘模拟课程的学习，学生可以在繁杂的经营过程中，深刻体会团队协作精神的重要性。在企业运营中，没有良好的协作分工，很难做出周全的决策。企业中每一个角色间的有效沟通，均要以企业总体利益最优为出发点，这样才能赢得竞争，实现目标。

3. 保持诚信

诚信是一个企业立足之本、发展之根。诚信原则在ERP沙盘模拟课程中体现为对“游戏规则”的遵守，如市场竞争规则、产能计算规则、生产设备购置以及转产等具体业务的处理规则。保持诚信是学生立足社会、发展自我的基本素质。

4. 个性与职业定位

个体因为拥有不同的个性而存在于社会之中，这种个性在ERP沙盘模拟对抗中会显露无遗。在分组对抗中，有的小组轰轰烈烈，有的小组稳扎稳打，还有的小组不知所措。虽然个性特点与胜任角色有一定的关联度，但在现实生活中，很多人并不是因为“爱一行”才“干一行”的，更多的情况是需要“干一行”就“爱一行”的。

5. 感悟人生

经营自己的人生与经营企业是相通的。市场的残酷与企业的经营风险，不仅是虚拟企业面临的问题，也是人生抉择中要面对的问题，由此可以培养学生对于挫败的承受能力，对于收获成功背后原因的深刻思考。

（三）实现从感性到理性的飞跃

在ERP沙盘模拟中，学生将经历一个从理论到实践再到理论的上升过程，把自己亲身经历的宝贵实践经验转化为全面的理论模型。学生借助ERP沙盘模拟推演自己的企业经营管理思路，每一次基于现场的案例分析及基于数据分析的企业诊断，都会使学生受益匪浅，达到磨炼商业决策敏感度、提升决策能力及长期规划能力的目的。

第二章　构建模拟企业

第一节　组建团队

一、企业及其组织结构

企业是指从事生产、流通、服务等经济活动，以生产或服务满足社会需要，实行自主经营、独立核算，依法设立的一种营利性的经济组织。经营是指企业以市场为对象，以商品生产和商品交换为手段，为了实现企业的目标，使企业的投资、生产、销售等经济活动与企业的外部环境保持动态均衡的一系列有组织的活动。作为一个以盈利为目的的组织，企业管理的目标可概括为生存、发展、盈利。而盈利的主要途径一是扩大销售（开源），二是控制成本（节流）。

企业组织结构描述了企业组织的框架体系，是企业组织内部各个有机构成要素相互作用的联系方式或形式，以求有效、合理地把企业成员组织起来，为实现共同目标而协同努力。组织结构是企业资源和权力分配的载体，它在人的能动行为下，通过信息传递，承载着企业的业务流动，推动或者阻碍企业使命的进程。

从组织结构设计的角度出发，可以把“组织”形象地理解为：“组”是分组的意思，“织”是编织的意思。企业为了实现发展战略和经营目标，首先要进行分组，即把企业发展战略目标和经营任务分解成一系列子目标、子任务，并按照精简、高效和节约的原则来设立部门、分配职务、配置人员，明确各自的职责和权利；然后，解决它们之间的配合、协调问题，即把分组形成的各个部分编织成一个有机的整体。合理的企业组织结构是企业实施有效管理的基本保证之一。

在ERP沙盘模拟中，简化了企业组织结构的形式，企业组织由几个主要角色代表，包括CEO（总经理）、财务总监、营销总监、生产总监、采购总监等。

二、模拟企业的人员分工与职能定位

1. 分组

进入ERP沙盘模拟课程的学习，首先要对教学班的学生进行分组。结合企业业务职能部门的划分，可以把学生按5～7人组成一个团队，构建一家企业，这样，将教学班全部学生分成6～12家相互竞争的模拟企业（视教学条件与学生人数而定），分别以大写英文字母A，B，C，D，E，F，……命名。在ERP电子沙盘模拟对抗中，则以U01，U02，U03，U04，U05，U06，……命名。

2. 角色及职能

在模拟企业中，团队成员通过推举或者协商，分别担任不同的角色，如CEO、财务总监、营销总监、生产总监、采购总监等。接下来，他们在面对来自其他企业（学习小组）的激烈竞争中，通过密切配合、协同作业，推进企业向前发展。在学习小组人数较少时，可以一人多职；在人数较多时，也可以增加相应的助理职务，如财务助理、营销助理等。

在ERP沙盘模拟课程中，不同角色除进行相关沙盘教具的操作外，还要填写有关表格，记录企

业运营的过程和结果，具体角色设置与分工如表2-1所示。

表2-1　角色设置与分工一览表

角色	主要职能	分管主要表格	表格编号
CEO	制定发展战略 控制运营流程	经营记录表(总控)	A1
营销总监	广告与选单 交货 应收款管理	广告费登记表 订单登记表 应收款明细表 产品销售汇总表 三项开发投资明细表	B1 B2 B3 B4 B5
采购总监	编制采购计划 仓储管理	经营记录表(原料)	C1
生产总监	编制生产计划 生产运作 设备管理	经营记录表(产品)	D1
财务总监	编制报表 现金预算 筹资规划	经营记录表(现金) 第×年会计报表 一般年度会计报表 贷款登记表 现金预算表	E1 E2 E3 E4 E5

第二节　ERP沙盘盘面的构成

一、ERP沙盘盘面的构成要素

ERP沙盘模拟课程的实践操作是在沙盘盘面上进行的，各模拟企业的经营决策执行情况和运行结果也将通过沙盘盘面体现出来。根据一般制造企业的运营规律，ERP沙盘盘面按企业内部各机构的职能划分为营销与规划中心、物流中心、生产中心和财务中心四大部分，如图2-1所示。各职能中心涵盖了企业运营的所有关键环节——战略规划、市场营销、生产运作、物资采购、设备投资与改造、库存管理、会计核算与财务管理等，是一家制造企业的缩影。

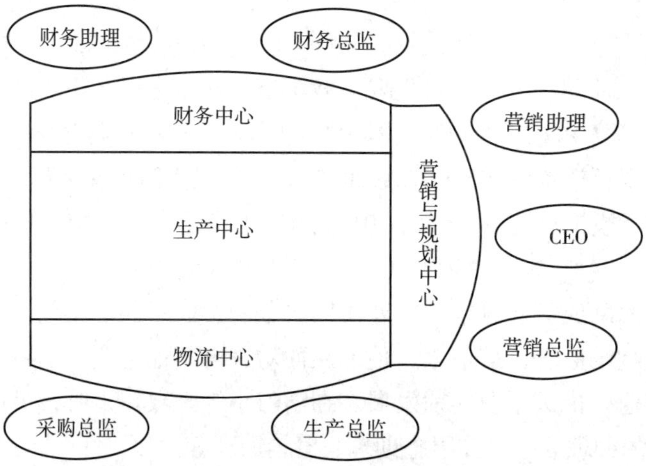

图2-1　ERP沙盘盘面——四大职能中心

ERP沙盘盘面构成要素一览表如表2-2所示。

表2-2　ERP沙盘盘面构成要素一览表

中心名称	关键环节	主要职能	简要说明
营销与规划中心	战略规划 市场营销	市场开拓规划	五大市场：本地、区域、国内、亚洲和国际
		产品研发规划	四种产品生产资格：P1，P2，P3和P4
		ISO认证规划	两类认证：ISO 9000和ISO 14000
物流中心	物资采购 库存管理	采购提前期管理	R1和R2的采购提前期为一个季度，R3和R4的采购提前期为两个季度
		原料订单管理	代表与供应商签订的采购合同，用空桶表示
		原料库存管理	四个原料库分别存放R1，R2，R3和R4
		产品库存管理	四个产品库分别存放P1，P2，P3和P4
生产中心	设备管理 生产运作	厂房购置	大厂房和小厂房
		生产线建设	手工生产线、半自动生产线、全自动生产线和柔性生产线
		产品生产	生产线可安排生产已研发完成的产品
财务中心	会计核算 财务管理	现金管理	设有现金库存，放企业的现金
		贷款管理	长期贷款、短期贷款和其他贷款，用空桶表示
		应收/应付款管理	应收应付款分账期
		费用管理	发生的期间费用

二、营销与规划中心

在盘面上，营销与规划中心包括三个区域：市场开拓规划区、产品研发规划区和ISO认证规划区，如图2-2所示。

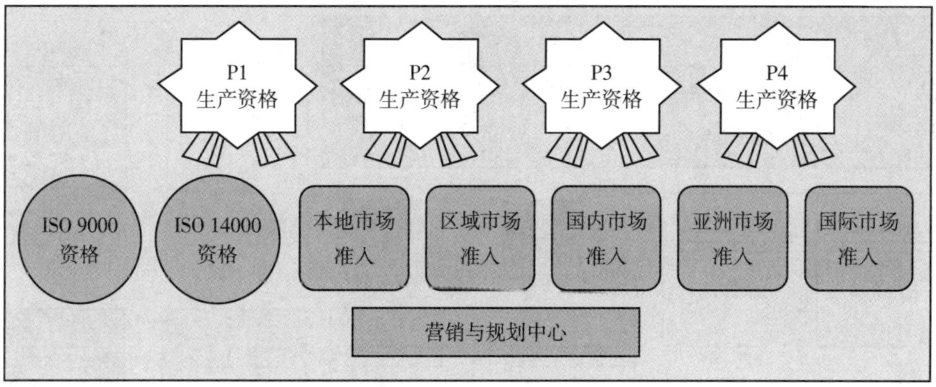

图2-2　营销与规划中心

1. 市场开拓规划区

确定企业需要开发哪些市场。模拟企业已经拥有了本地市场准入证，可供选择开拓的还有区域市场、国内市场、亚洲市场和国际市场。市场开拓投资完成后，可领取相应的市场准入证，如图2-3所示。在某个市场开拓完成之前，企业没有进入该市场销售的权利。

图2-3　市场准入证

2. 产品研发规划区

确定企业需要研发哪些产品。模拟企业已经取得了P1产品的生产资格，可供选择开发的还有P2，P3和P4产品。产品研发投资完成后，可领取相应的产品生产资格证，如图2-4所示。企业只有取得生产资格证后，才允许进行相应产品的生产制造。

图2-4　生产资格证

3. ISO认证规划区

确定企业需要争取获得哪些国际认证，包括ISO 9000质量认证和ISO 14000环境认证，分别代表企业在质量管理和环境保护方面的水平。认证投资完成后，可领取相应的ISO资格证，如图2-5所示。

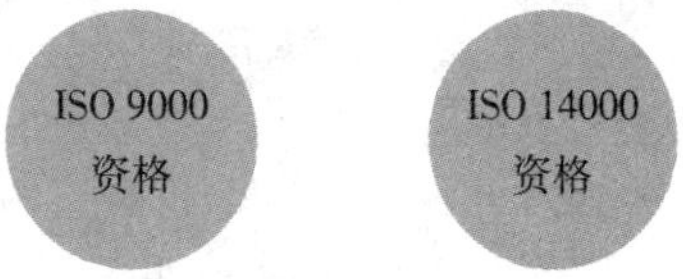

图2-5　ISO资格证

市场开拓、产品研发和ISO认证简称“三项开发”。

企业只有取得相应的资格证书，才能进入相应的市场，获得相应产品的生产资格。

三、物流中心

在盘面上，物流中心包括5个区域：原材料订单区、在途原材料区、原材料库区、产品库区和产品订单区，如图2-6所示。

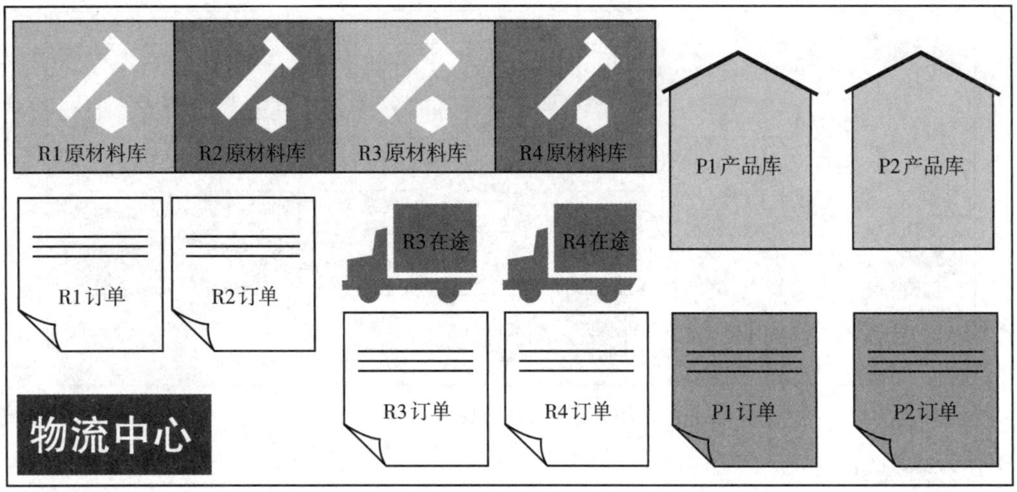

图2-6　物流中心

1. 原材料订单区

原材料订单代表与供应商签订的采购合同，订货数量用放在原材料订单处的空桶数量表示。原材料订单按R1，R2，R3和R4品种分别列示。

注意：空桶有多种含义，除了表示原材料订单外，如放在贷款区，则表示贷款，空桶还可以与筹码结合，表示在制品或产成品。空桶如图2-7所示。

2. 在途原材料区

R1和R2原材料的采购提前期为一个季度；R3和R4原材料的采购提前期为两个季度，这就导致R3和R4有一个季度为在途原材料，在盘面的“在途原材料”区域列示。

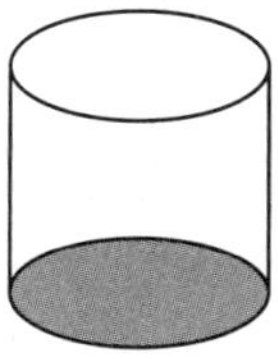

图2-7　空桶

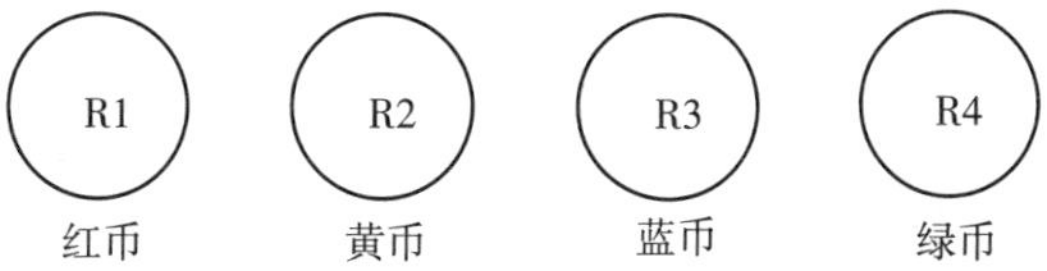

图2-8　彩币（原材料）

3. 原材料库区

原材料库分别按照原材料品种列示，用于存放R1，R2，R3和R4原材料，原材料用红、黄、蓝、绿四种彩币表示，每个价值100万元。这里，我们用大写字母M表示模拟货币单位名称，代表百万元，即1个筹码=100万元=1M，彩币如图2-8所示。

4. 产品库区

产品库分别按照产品品种列示，用于存放完工入库的P1，P2，P3和P4产成品。产品如图2-9所示。

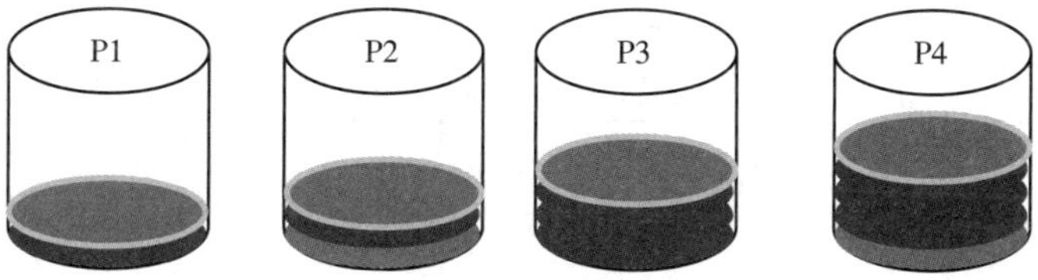

图2-9　产品

5. 产品订单区

产品订单分别按照产品品种列示，用于放置模拟企业取得的客户订单。

四、生产中心

在盘面上，生产中心包括四个区域：厂房区、生产线区、产品标识区和价值区，如图2-10所示。

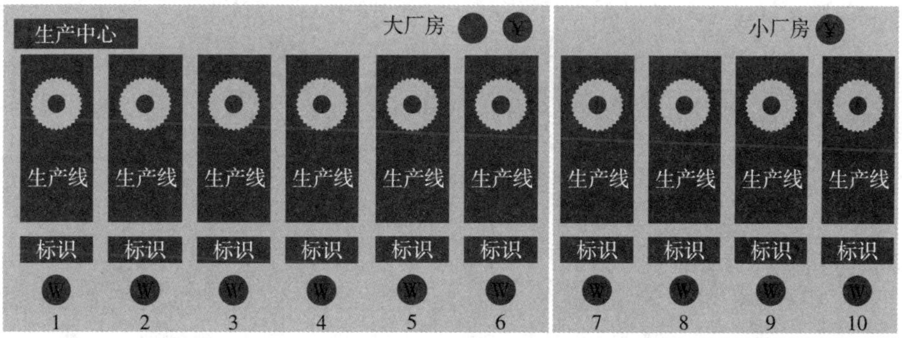

W——生产线净值

图2-10　生产中心

1. 厂房区

沙盘盘面上设计了大、小两种厂房，大厂房可以容纳6条生产线，小厂房可以容纳4条生产线。厂房的右上方为其价值区，用“¥”表示，若厂房是企业购买的，则将相应金额的灰币放置在该厂房的价值区上。

2. 生产线区

生产线的种类有手工生产线、半自动生产线、全自动生产线、柔性生产线，不同生产线生产效率及灵活性不同，企业拥有哪种生产线，就将对应的生产线标识放在厂房的机位上。生产线标识如图2-11所示。生产线上的方格表示生产周期，生产周期的时间单位为季度（以大写字母Q表示季度，下同）。

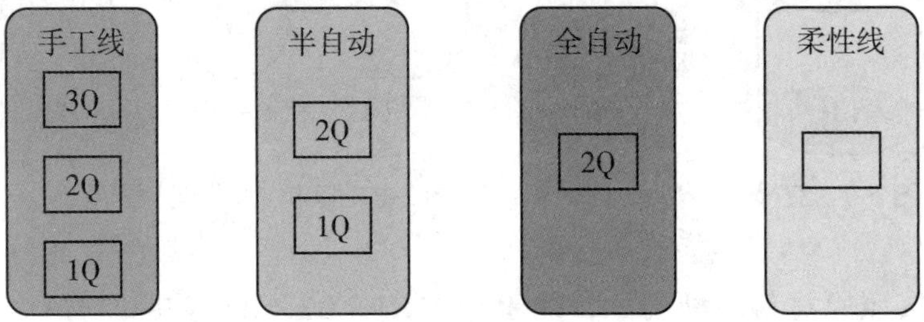

图2-11　生产线标识

3. 产品标识区

可供企业选择生产或研发的产品有四种，分别为P1，P2，P3和P4产品，企业的生产线生产哪种产品，就将相应的产品标识放置在生产线下方的产品标识处。产品标识如图2-12所示。

图2-12　产品标识

4. 价值区

在产品标识的下方，代表的是生产线的净值（生产线净值=原值-折旧），将企业拥有的生产线价值放在其对应的"生产线净值"位置上。

五、财务中心

在盘面上，财务中心包括四个区域：费用区、贷款区、现金库区、应收应付款项区，如图2-13所示。

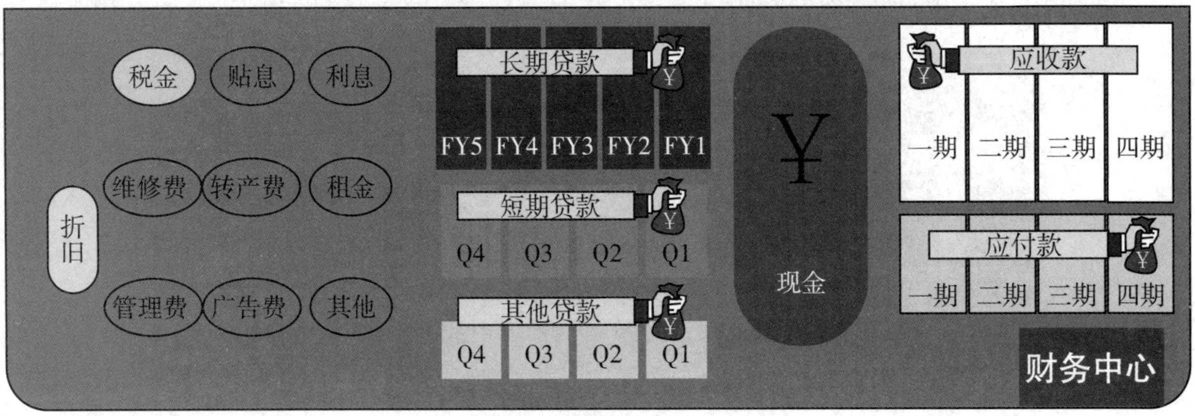

图2-13　财务中心

1. 费用区

费用主要有折旧、税金、贴息、利息、维修费、转产费、租金、管理费、广告费及其他费用等。当企业发生以上费用时，财务总监将同等费用金额的灰币放置在盘面上对应的费用名称处。

2. 贷款区

贷款主要有长期贷款、短期贷款和其他贷款。长期贷款按年度分期，盘面上长贷区的每个方格代表1年，离现金库最近的为1年，以此类推，最长为5年。短期贷款按季度分期，盘面上短贷区的每个方格代表一个季度，离现金库最近的为一季度，最远为四季度。企业贷款的金额必须是20M的倍数。当企业向银行申请取得20M贷款时，灰币放入现金库，并将盛放灰币的空桶倒置于贷款区相应的位置上。

3. 现金库区

用于存放企业的现金（货币资金），现金用灰币表示，每个价值1M，灰币如图2–14所示。

图2–14　灰币（现金）

4. 应收应付款项区

用于列示企业的应收应付款项，按照季度分为4个账期，账期的单位为季度，盘面上每个方格代表一个季度。离现金库最近的为1个账期，最远的为4个账期。应收账款是企业由于采用赊销方式销售商品而应向购货单位收取的款项，应收账款的金额用放在相应账期位置上的灰币表示。本书规则中不涉及应付款。

第三节　设定初始状态

ERP沙盘模拟不是从创建企业开始，而是接手一家已经运营了3年、总资产规模为1.05亿元的制造型企业，该企业长期以来一直专注于某行业P系列产品的生产与经营。目前，该企业拥有一座大厂房，其中安装了3条手工生产线和1条半自动生产线，运行状态良好。所有生产线全部生产P1产品，几年以来，一直只在本地市场进行销售，有一定的知名度，客户也很满意。

一、模拟企业财务状况

所谓财务状况，是指企业资产、负债、所有者权益的构成情况及其相互关系。企业的财务状况由企业对外提供的主要财务报告——资产负债表来表述。资产负债表是根据资产、负债和所有者权益之间的相互关系，即“资产=负债+所有者权益”的恒等关系，按照一定的分类标准和一定的次序，把企业某一特定日期的资产、负债、所有者权益三大会计要素所属项目予以适当排列，并对日常会计工作中形成的会计数据进行加工、整理后编制而成的，其主要目的是反映企业在某一特定日期的财务状况。通过资产负债表，可以了解企业所掌握的经济资源及其分布情况，了解企业的资本结构，分析、评价、预测企业的短期偿债能力和长期偿债能力，正确评估企业的经营业绩。

在ERP沙盘模拟中，我们通过模拟企业所涉及的业务对资产负债表中的项目进行了适当的简化，形成如表2–3所示的简易资产负债表。

表2–3　简易资产负债表

单位：M

资 产	年初数	负债和权益	年初数
现金	20	长期贷款	40
应收款	13	短期贷款	
在制品	8	应缴所得税	1
产成品	6	负债合计	41
原材料	3		
流动资产合计	50		
厂房	40	股东资本	50

表2-3（续）

资产	年初数	负债和权益	年初数
机器设备	15	利润留存	11
在建工程		年度净利	3
固定资产合计	55	所有者权益合计	64
资产总计	105	负债和权益总计	105

各小组根据表2-3所反映的企业资源状况，到交易台领取对应的沙盘教具，并摆放在沙盘盘面上，构建模拟企业。

二、模拟企业初始状态

1. 营销与规划中心

模拟企业已拥有本地市场准入证，已取得P1生产资格证。营销总监到交易台取回本地市场准入证和P1生产资格证，并放置在沙盘盘面上的对应位置。

营销与规划中心初始状态如图2-15所示。

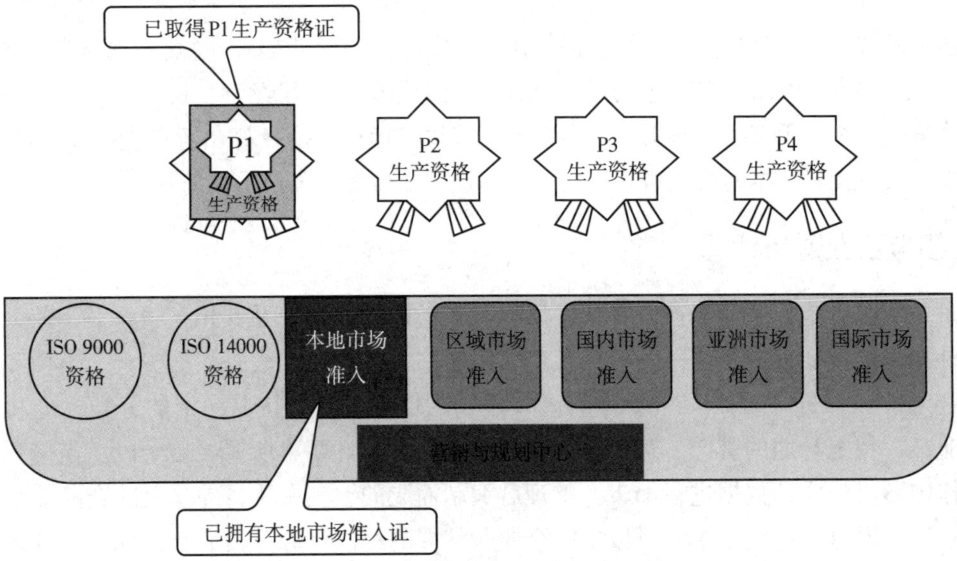

图2-15　营销与规划中心初始状态

2. 生产中心

（1）大厂房：40M

模拟企业拥有一座自主产权的大厂房，价值40M。

生产总监将40个灰币用桶装好，放置在大厂房价值区上。

（2）生产线：15M

模拟企业已购置了3条手工生产线、1条半自动生产线。扣除折旧后，每条手工生产线的净值为3M，半自动生产线的净值为6M。

生产总监取4个空桶，分别放入3M，3M，3M，6M的灰币，并置于生产线对应的“生产线净值”处。

（3）在制品：8M

在制品是指处于加工过程中，尚未完工入库的产品。

目前每条生产线上各有1个P1在制品，其中，3条手工生产线上的3个P1在制品分别位于第

一、第二、第三生产周期，半自动生产线上的P1在制品位于第一生产周期。

由生产总监制作4个P1在制品，并摆放到生产线上的相应位置。约定每个P1由1个R1原料（红币）和1M现金（灰币）构成，价值2M。

生产中心初始状态如图2-16所示。

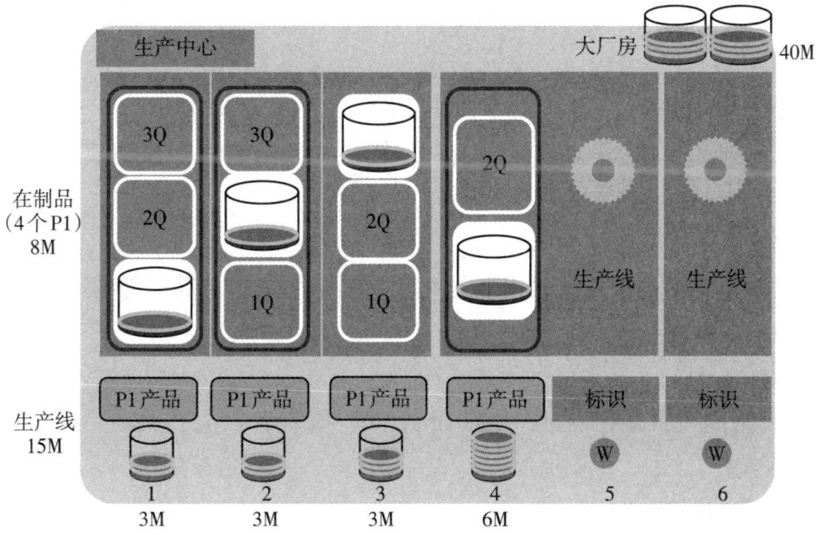

图2-16　生产中心初始状态

3. 物流中心

（1）产成品：6M

P1产品库中有3个产成品，由生产总监制作3个P1产成品，并摆放到"P1产品库"中。

（2）原材料：3M

R1原料库中有3个R1原料，由采购总监取3个空桶，每个空桶中分别放置1个R1 原料（红币），并摆放到"R1原材料库"中。

（3）订单：2个

模拟企业上季度已下了2个R1原料订单（签订的采购合同），用放在相应位置的空桶表示。采购总监将2个空桶放在"R1订单"处。

物流中心初始状态如图2-17所示。

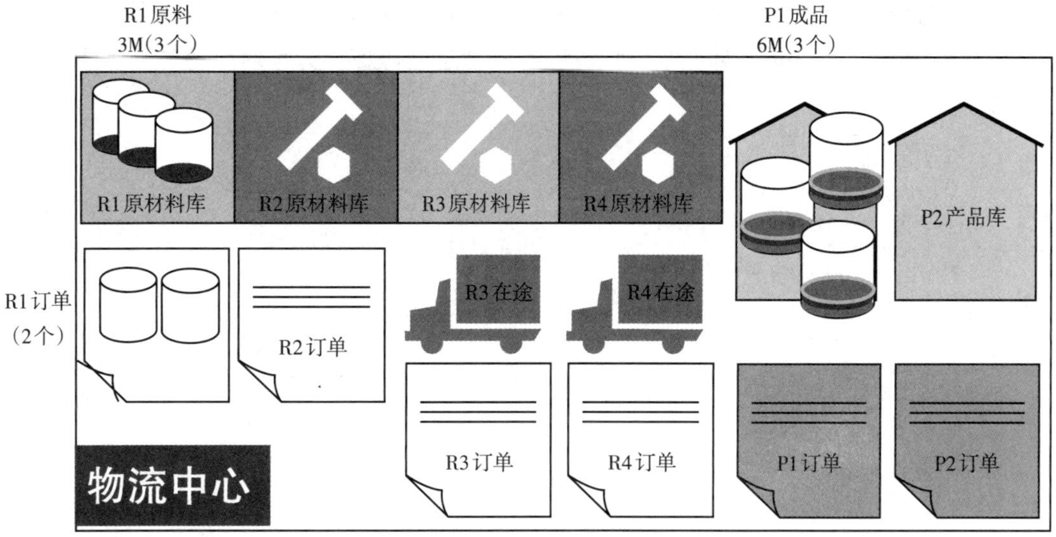

图2-17　物流中心初始状态

4. 财务中心

(1) 现金：20M

财务总监取20个灰币用桶装好，放在“现金库”位置。

(2) 应收款：13M

企业有3账期的应收款13M。财务总监取13个灰币，放在“应收款三期”位置上。

(3) 长期贷款：40M

模拟企业共有长期贷款40M。其中，4年期的20M，5年期的20M。

财务总监将2个空桶（约定每个空桶代表20M贷款）分别倒置于长期贷款区的4年和5年的位置上。

(4) 应缴所得税：1M

企业上一年税前利润4M，按税法规定须缴纳1M的所得税。应缴所得税期初余额只在会计报表中反映，沙盘盘面上不做对应操作。

(5) 所有者权益：64M

其中股东资本50M，利润留存11M，年度净利3M。所有者权益有关项目只在会计报表中反映，沙盘盘面上不做对应操作。

财务中心初始状态如图2-18所示。

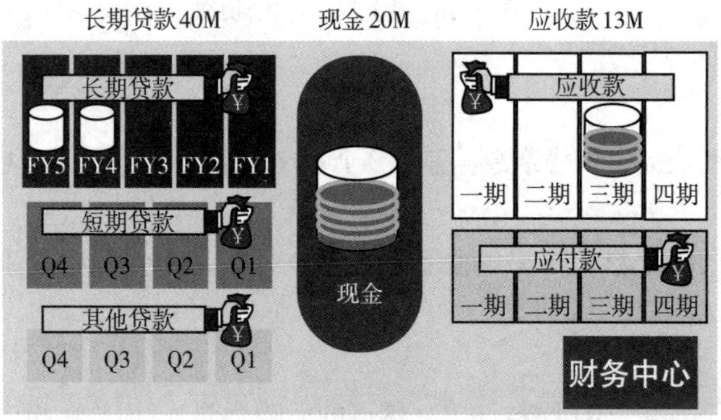

图2-18 财务中心初始状态

至此，模拟企业初始状态设置完成，初始财务报表中那些枯燥的数字鲜活地展现到沙盘盘面上，为下一步的企业运营做好了铺垫。通过初始状态设定，我们可以深刻感悟财务数据与企业业务的直接相关性，理解财务数据是对企业运营情况的一种总结提炼，为今后“透过财务看经营”做好观念上的准备。

第三章　模拟运营规则

第一节　模拟运营规则简介

现实生活中，企业经营、企业之间的竞争必须遵循一定的规则，这里的“规则”就是分门别类、名目繁多的各项法律、法规。例如，仅财务中的税收一项，其内容之多就可以编写一本《税务会计》。在ERP沙盘模拟中，不可能面面俱到，只能采用相对简化的方式，抓大放小，以简驭繁。规则是比较枯燥的，但必须学习，只有充分理解规则，才能胸有成竹、游刃有余。

一、筹资

资金是企业的血液，也是企业生产经营活动的支撑，处于发展中的企业更需要大量的资金，能否提供充足的资金，从根本上决定了企业的发展空间和发展速度。筹资就是通过一定渠道、采取适当方式筹措资金的财务活动。ERP沙盘模拟中，筹资类型有长期贷款、短期贷款和贴现，其规则如表3-1所示。

表3-1　筹资规则

筹资类型	筹资时间	筹资额度	财务费用	还款方式
长期贷款	每年年初	所有长贷和短贷之和不能超过上年年末所有者权益的3倍（以20M为基本贷款单位）	10%	年初付息，到期还本
短期贷款	每季度初		5%	到期一次还本付息
贴现	任何时间	视应收款额	10%	变现时扣贴息

二、厂房

ERP沙盘模拟中，每家企业最多可以使用大小两个厂房，其规则如表3-2所示。

表3-2　厂房规则

厂房	买价/M	租金/(M·年$^{-1}$)	售价/M	容量/条	说明
大厂房	40	5	40	6	厂房不计提折旧；厂房可以按买价出售，得到4个账期的应收款；厂房也可以随时贴现，在扣除贴现息后，直接得到现金
小厂房	30	3	30	4	

三、生产线

模拟企业可以选择的生产线有四种：手工生产线、半自动生产线、全自动生产线和柔性生产线，其规则如表3-3所示。

表3-3 生产线规则

生产线	买价/M	安装周期/Q	生产周期/Q	总转产费/(M·年)	转产周期/Q	维修费/(M·年)	出售价格/M	说明
手工线	5	无	3	0	无	1	1	投资完成后的下一个季度才算建成；生产线按其残值出售，净值与残值之差计入损失；只有空生产线方可转产；当年建成的生产线就需要支付维修费；生产线不允许在不同厂房间移动
半自动线	10	2	2	1	1	1	2	
全自动线	15	3	1	2	1	1	3	
柔性线	20	4	1	0	无	1	4	

四、折旧

ERP沙盘模拟中，厂房不计提折旧：生产线采用年限平均法计提折旧，年折旧额=（原值－残值）÷折旧年限，其规则如表3-4所示。

表3-4 折旧规则

生产线	原值/M	残值/M	折旧年限/年	折旧费/(M·年)	说 明
手工线	5	1	4	1	当年建成的生产线不计提折旧，从下一年起计提折旧；当净值等于残值时，生产线不再计提折旧，但可以继续使用
半自动线	10	2	4	2	
全自动线	15	3	4	3	
柔性线	20	4	4	4	

五、产品

模拟企业已经取得了P1产品的生产资格，可供选择开发的还有P2，P3和P4产品，其规则如表3-5所示。

表3-5 产品规则

名称	开发费用/(M·季)	开发周期/Q	加工费/(M·个)	直接成本/(M·个)	产品组成	说 明
P1	无	无	1	2	R1	只有空的生产线才能上线生产；每条生产线同时只能有一个产品在线
P2	1	4	1	3	R2+R3	
P3	1	6	1	4	R1+R3+R4	
P4	2	6	1	5	R2+R3+2R4	

六、原料

ERP沙盘模拟中，原料分为Rl，R2，R3和R4四种。R1和R2的采购分为两个环节，即下原料订单和验收入库；R3和R4的采购分为三个环节，即下原料订单、运输在途和验收入库，其规则如表3-6所示。

表3-6 原料规则

名称	买价/(M·个)	提前期/Q	说明
R1	1	1	用空桶表示下原料订单，一旦下订单后，就不能取消；下原料订单时不用支付现金，但要注意采购提前期；没有下订单的原料不能采购入库；原料入库时必须支付现金，不能拖延
R2	1	1	
R3	1	2	
R4	1	2	

七、市场开拓

企业的利润来自销售收入，销售实现是企业生存和发展的关键。企业既要稳定现有市场，还要积极开拓新市场，争取更大的市场空间，才能力求在销售量上实现增长。模拟企业已经拥有了本地市场准入证，可供选择开拓的还有区域市场、国内市场、亚洲市场和国际市场，其规则如表3-7所示。

表3-7　市场开拓规则

市场	开发费/(M·年)	时间/年	说明
区域	1	1	各个市场的开发可以同时进行，不允许加速投资，但资金短缺时可以中断或停止；市场开发完成后，领取相应的市场准入证
国内	1	2	
亚洲	1	3	
国际	1	4	

八、ISO认证

ERP沙盘模拟中，ISO认证包括ISO 9000认证和ISO 14000认证，其规则如表3-8所示。

表3-8　ISO认证规则

认证	ISO 9000	ISO 14000	说明
时间/年	2	2	两项认证可同时进行；认证完成后领取相应的ISO资格证；资金短缺情况下，可中断投资
费用/(M·年)	1	2	

九、其他规则

行政管理费及特殊任务的说明如表3-9所示。

表3-9　其他规则

项目	说明
行政管理费	每季支付1M行政管理费
紧急采购	付款即到货，原材料价格为标准价格的2倍，成品价格为直接成本的3倍。多付出的部分（实际买价－原料或产品价值）计入“损失”
选单顺序	①市场领导者；②本市场本产品广告额；③本市场广告总额；④本市场上年销售排名；⑤先投广告者先选
订单违约	按订单交货可以提前，但不可以推后，违约收回订单并按该订单金额的20%扣违约金，计入“损失”
破产标准	现金断流或权益为负
其他费用	生产线变卖、紧急采购、订单违约计入“损失”
取整规则	违约金扣除——向下取整；库存拍卖所得现金——向下取整；贴现息——向上取整；扣税——向下取整

第二节　筹资活动规则

一、长期贷款

当企业需要资金时，可以向银行申请长期贷款，长期贷款的使用期限最长为5年。长期贷款的额度取决于本企业上年年末所有者权益的多少。ERP沙盘模拟中约定：所有长期贷款和短期贷款之和不能超过上年年末所有者权益的3倍，并以20M为基本贷款单位。例如，某企业第一年年末所有者权益为49M，49M × 3 = 147M，按20的倍数向下取整，则该企业第二年的贷款额度为140M，即新申请的贷款加上已有的贷款不能超过140M；若目前该企业的贷款余额为60M，则最多可以再申请贷款80M。企业每年只有在年初有一次申请长期贷款的机会。长期贷款年利率为10%，每年年初支付利息，到期还本，并支付最后一年的利息。

在沙盘盘面上，长期贷款区域按年度分为5个方格，每个方格代表一年，离现金库最近的为1年，最远的为5年。模拟企业向银行申请长期贷款时，财务总监取整桶的灰币（1桶为20M）放入现金库，并将盛放灰币的空桶倒置于长贷区相应的位置上。从取得贷款的下一年，每年年初将空桶朝现金库方向移动1格，表示归还本金的期限缩短了1年，同时从现金库中取出与利息等值的灰币，放在费用区的“利息”位置上。当空桶移进现金库时，表示该批贷款到期，必须装满现金归还银行（交易台）。

二、短期贷款

企业也可以向银行申请短期贷款，短期贷款的使用期限为4个季度，所有长贷和短贷之和不能超过上年年末所有者权益的3倍，并以20M为基本贷款单位。企业每年有4次申请短期贷款的机会。短期贷款年利率为5%，到期一次还本付息。

在沙盘盘面上，短期贷款区域按季度分为4个方格，每个方格代表1个季度，离现金库最近的为1季，最远的为4季。模拟企业向银行申请短期贷款时，财务总监取整桶的灰币（1桶为20M）放入现金库，并将盛放灰币的空桶倒置于短贷区相应的位置上。从取得贷款的下一季，每个季度将空桶朝现金库方向移动1格，表示还款期限在缩短，当空桶移进现金库时，表示该批贷款到期，必须装满现金归还银行，同时从现金库中取出与利息等值的灰币，放在费用区的“利息”位置上。例如，企业有20M短期贷款到期，本金与利息共计21M，财务总监从现金库中取出21M灰币，其中20M还给银行（交易台），1M放在费用区的“利息”位置上。

三、紧急融资

1. 应收款贴现

应收款贴现就是将尚未到期的应收款提前兑换为现金，贴现需要支付贴现息。约定贴现率为1/10，即每10M应收款贴现，从中取出1M作为贴现息，放在费用区的“贴息”位置上，其余9M放入现金库。贴现息向上取整，贴现额不足10M也要承担1M贴现息。例如，13M应收款贴现，计算贴现息13M × 10% = 1.3M，向上取整为2M，所以贴现息就是2M，扣除贴现息后，实际得到现金11M。根据这一规则，应以10M为基数进行贴现比较有利。

2. 厂房贴现

在紧急情况下，厂房可以贴现，在扣除贴现息和厂房租金后，直接得到现金。例如，将大厂房贴现，贴现息为4M，大厂房每年租金为5M，实得现金为31M，财务总监将大厂房的价值分别转入“现金库”“贴息”“租金”处，沙盘操作如图3-1所示。

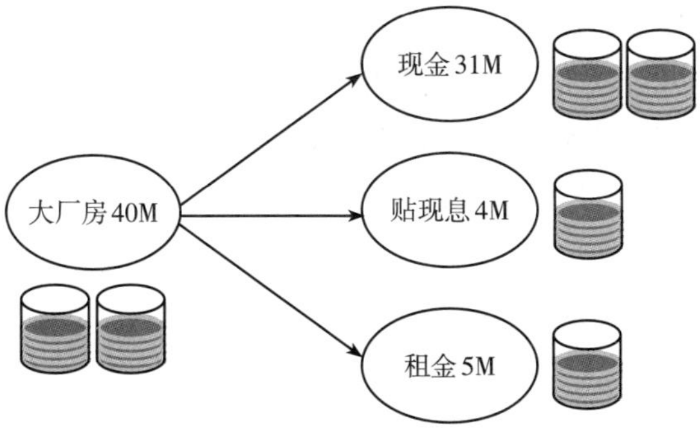

图3-1　大厂房贴现操作示意图

3. 出售库存

（1）库存原料按其成本的八折出售，取得现金（向下取整），折价部分计入有关报表的“损失”项。例如，出售6M原料，6M × 0.8 = 4.8M，向下取整后，只能换取4M现金，另外2M放在费用区的“其他”位置上。显然，出售库存原料会产生损失，通常情况下，不宜采用。

（2）库存产成品可以按其直接成本出售，取得现金。例如，出售1个P2产品，可以取得3M现金。以出售库存产品方式取得现金虽然无利可图，但亦无损失，当产品有大量库存，并且现金紧张时，也可以作为一种紧急的融资手段。

4. 特别贷款

在ERP沙盘模拟教学中，若出现模拟企业破产的情况，为保证教学秩序和顺利完成教学任务，授课教师可以灵活掌握，如提供给破产企业适当额度的特别贷款。特别贷款使用期限为4个季度，年利率为20%，在沙盘盘面上的“其他贷款”区列示。同时，还要对破产企业每年投放的广告总额等经营事项做出限制，并在课程考核中给予一定的扣分处理。

第三节　投资活动规则

企业筹资是为了投资，投资是企业对所持有资金的一种运用，是企业创造财富的必要前提。企业经营的目的是盈利，利润主要来自销售收入，而扩大销售收入就必须考虑三个因素——开拓新市场、研发新产品和提高产能，这三个方面都是要花钱的，即投资。

一、厂房投资

1. 厂房的类型——大小两种

每个企业最多可以使用大小两种厂房，大厂房可以容纳6条生产线，小厂房可以容纳4条生产线。

2. 厂房的取得——可买可租

厂房可以通过购买和租赁两种方式取得。若选择购买，大厂房买价40M，小厂房买价30M；购买厂房时，财务总监从现金库中取出与厂房价值相等的灰币放在该厂房的价值区上。若选择租赁，大厂房租金5M/年，小厂房租金3M/年；租入厂房时，财务总监从现金库中取出与厂房租金相等的灰币放在费用区的“租金”位置上，在支付租金后，取得厂房一年的使用权，一年后可以续租、租转买或退租。

3. 厂房出售

企业已购买的厂房可以按照其买价出售，得到4个账期的应收款。如果厂房中有生产线，还需要支付厂房租金，即“买转租”。例如，将模拟企业现有的大厂房出售，厂房价值40M放在“应收款四期”位置上，同时从现金库中取出5M灰币放在费用区的“租金”位置上。

厂房贴现与厂房出售的区别如下。

①厂房贴现可以随时进行，而厂房出售只能在经营流程的“厂房处理”节点操作。

②厂房贴现只能一次全额贴现，不允许部分贴现；而厂房出售得到的应收款可以视情况分次贴现，也可以不贴现。

二、生产线投资

（一）生产线类型

在ERP沙盘模拟中，生产线的类型包括手工生产线、半自动生产线、全自动生产线、柔性生产线。每种生产线都可以生产已取得生产资格的各种产品。不同类型生产线的主要区别在于生产效率和灵活性：生产效率是指单位时间生产产品的数量（产能）；灵活性是指转产新产品时设备调整的难易程度，如图3-2所示。

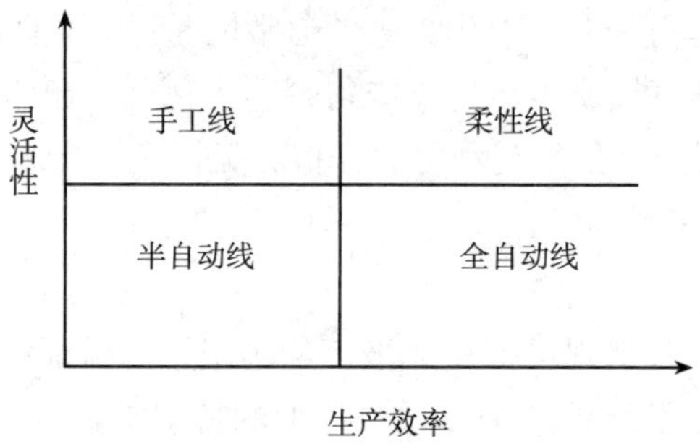

图3-2　各类生产线的生产效率和灵活性比较

（二）生产线新建与在建

投资额与安装周期介绍如下。

生产线建设的总投资额在安装周期内平均支付，全部投资到位后的下一个季度季初（除了手工生产线）方可开工生产。

下面以全自动生产线建设为例说明。

总投资额：15M；安装周期：3Q；每季支付：5M。

①开始建设的第一个季度：到交易台领取全自动生产线标识和拟生产的产品标识，背面向上放到厂房的某个空机位（以后不得移动）。生产线标识上面放3个空桶，从现金库取5M灰币放入第一个空桶中（一期投资）。

②第二个季度继续在建：从现金库取5M灰币放入第二个空桶中（二期投资）。

③第三个季度继续在建：从现金库取5M灰币放入第三个空桶中（三期投资）。

④第四个季度季初建设完工：把3个桶中的灰币（15M）集中到一个桶中，放在该生产线对应的“生产线净值”圆圈内。同时翻开标识牌，表示可以投产。

全自动生产线安装进程如表3-10所示。

表3-10　全自动生产线安装进程

时间/Q	进程	沙盘操作
1	新建	领取标识牌，投资5M，累计投资5M
2	在建	投资5M，累计投资10M
3	在建	投资5M，累计投资15M
4	建成	翻开标识牌，可以开工生产

说明：在新生产线建设过程中，如遇资金不足等原因，可以中断投资，待原因消除后，可以继续安装，原投资仍然有效，但整个安装期相应顺延。一条生产线最后一期投资到位后，下一季度的季初才算建成。

（三）生产线转产与变卖

1. 转产

转产是指生产线从生产某种产品转变为生产另一种产品。只有已经建成并且空闲的生产线才允许转产。半自动和全自动生产线转产时需要停工一个季度，并支付转产费，下个季度方可开工生产另一种产品。

下面以半自动生产线由P1转产P2为例说明。

① 开始转产的季度：将P1产品标识送到交易台，并将半自动生产线标识翻过来，背面向上放在原位置，停工一个季度，同时从现金库中取出1M灰币，放在费用区的“转产费”位置上。

② 下一季度的季初转产完工：到交易台领取P2产品标识，同时翻开生产线标识，准备开工生产。

半自动生产线转产进程如表3-11所示。

表3-11　半自动生产线转产进程

时间/Q	进程	沙盘操作
1	转产	交回P1产品标识，停止生产，并支付转产费1M
2	完成	领取P2产品标识，可以开工生产

注意：手工生产线和柔性生产线可以直接转产，不需要进行上述操作。

2. 变卖

淘汰旧生产线可以腾出厂房的空间，以便安装更适用的生产线，还可以收回残值现金，也节省了维修费用。

不论何时出售生产线，都是按其残值出售，净值大于残值的差额计入有关报表的“损失”项。当出售某条旧生产线时，首先把该生产线标识及其产品标识送还交易台，然后从该生产线净值桶中取出相当于残值的部分放入现金库，剩余部分放在费用区的“其他”位置上。

三、生产线维修与折旧

1. 维修

已经建成的生产线，不论是否开工生产，都必须缴纳维修费；正在进行转产的生产线也必须缴纳维修费。

当年在建的生产线和当年出售的生产线不用缴纳维修费。例如，某企业在第一年第二季度开始投资建设一条全自动生产线，尽管于第四季度完成投资，但还不算建成，所以第一年年末不需要缴纳维修费。

每条生产线维修费为1M/年，年末从现金库中取1M灰币放在费用区的“维修费”位置上。

2. 折旧

当年建成的生产线当年不计提折旧，从下一年起计提折旧，也就是计提折旧开始年恰好比支付维修费迟一年。

每条生产线单独计提折旧，折旧方法采用年限平均法，年折旧额 =（原值 – 残值）÷ 折旧年限，例如，每条手工生产线的年折旧额等于（5M – 1M）÷ 4 = 1M。

年末计提折旧时，从每条生产线的净值桶内取出与年折旧额等值的灰币，放在费用区的“折旧”位置上。

当净值等于残值时，生产线不再计提折旧，但可以继续使用。

四、三项开发投资

1. 产品研发投资

进行某种新产品研发投资时，从现金库中取出规定金额的灰币，放到“营销与规划中心”的对应“产品生产资格”位置。

全部投资完成后，用投入的灰币到交易台换取相应的产品生产资格证。

2. 市场开拓投资

在ERP沙盘模拟中，各个市场是相互独立的，不存在包含关系。进行某个新市场开拓投资时，从现金库中取出规定金额的灰币，放到“营销与规划中心”的对应“市场准入”位置。

全部投资完成，用投入的灰币到交易台换取相应的市场准入证。此后，可以在该市场上进行广告宣传，争取客户订单。

3. ISO认证投资

进行某类ISO认证投资时，从现金库中取出规定金额的灰币，放到“营销与规划中心”的对应“ISO资格”位置。

全部投资完成后，用投入的灰币到交易台换取相应的ISO资格证。

对于三项开发投资，需要注意以下几点。

① 任何一种资格证的取得，都需要投入一定的时间和资金，两个条件缺一不可。

② 开发投资额在规定开发周期内平均支付，不允许加速投资，但资金短缺时，可以中断或停止。

③ 全部投资完成后，换取相应的资质标识牌。

④ 各项开发投资可以同时进行。

第四节　营运活动规则

一、营运计划

计划是指管理者事先对未来应采取的行动所做的谋划和安排。计划是管理的首要职能，是各项工作执行的依据。每年年初，CEO都要带领管理团队，在企业战略指导下，制订生产设备更新改造、产品研发、市场开拓等投资计划，还要制订生产规划、采购计划及现金预算等营运计划。

1. 生产规划

生产规划是关于企业生产运作系统总体方面的计划，它对企业的生产任务做出统筹安排，规定企业在计划期内生产什么、生产多少、何时生产等指标。生产规划是企业经营战略的具体化，对企业各项活动起到“调节器”的作用，是制造企业最基本的管理和控制手段，企业管理者必须有效地管理好生产规划。

ERP系统生产规划的基本逻辑是：根据主生产计划（要生产什么）、物料清单（即产品结构文件，用什么生产）和库存记录（已经有什么），对每种物料进行计算（还需要什么），指出何时将会发生物料短缺，进而在恰当的时候（订货点）采购恰当的数量（订货量），如图3-3所示。

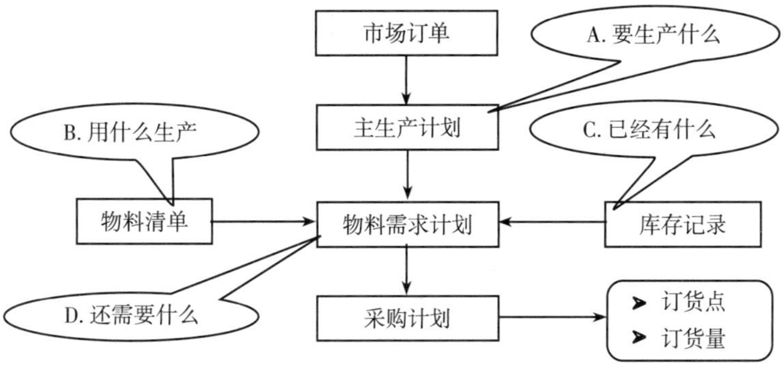

图3-3　ERP系统生产规划的基本逻辑

在图3-3中，A，B，C，D构成了制造业的基本方程式：A × B − C = D。

为了准确地计算生产线的产能，必须了解不同类型生产线的生产周期不同，年初在制品状态不同，本年度完成的产品数量也不同，如表3-12所示。

表3-12　生产线类型及产能表

生产线类型	年初在制品状态	产品完工下线				年生产能力
		1Q	2Q	3Q	4Q	
手工线 4种状态	□□□				●	1
	■□□			●		1
	□■□		●			1
	□□■	●			●	2
半自动线 3种状态	□□			●		1
	■□		●		●	2
	□■	●		●		2
柔性/全自动线 2种状态	□		●	●	●	3
	■	●	●	●	●	4

说明：□表示生产线上无在制品；■表示生产线上有在制品；●表示产品完工下线，同季开始下一批生产。

2. 采购计划

采购计划主要解决三个问题，即采购什么？采购多少？何时采购？

① 采购什么。从图3-3中不难看出，采购计划的制订与物料需求计划直接相关，并直接上溯到主生产计划。根据主生产计划，减去产品库存，并按照产品的物料清单，就可求得为满足生产所需还要采购哪些物料。

② 采购多少。采购多少与库存数量和采购批量有直接联系。

③ 何时采购。要结合生产线状态和原料采购提前期，进行排程计算，准确地下原料订单，达到“既不出现库存积压（过早），又不出现物料短缺（过晚）”的管理境界，实现“零库存”目标。

3. 现金预算

在企业经营中，成本费用的支付需要现金，各项投资需要现金，到期还债也需要现金，如果没有一个准确详尽的现金预算，管理者很快就会焦头烂额、顾此失彼。ERP沙盘模拟中的现金流如图3-4所示。企业可以出现亏损，但现金流不可以断裂。在ERP沙盘模拟中，一旦现金断流，模拟企业就将宣告破产。因此，每年年初编制现金预算是非常必要的。

现金预算就是运用一定的方法合理估测企业未来一定时期内的现金收支状况，并对预期差异采取相应对策的活动。现金预算的作用在于：可以揭示现金过剩或现金短缺的时期，以避免不必要的资金闲置或短缺；可以在实际收支实现以前，了解企业经营计划的财务结果；可以预测未来时期企业对到期债务的直接偿付能力等。通过编制现金预算，可以较为有效地预计未来现金流量，现金预算是现金收支动态管理的一种有效方法。

现金预算的编制方法主要有收支预算法和调整净收益法，读者可以参考相关专业课教材，在此不再赘述。

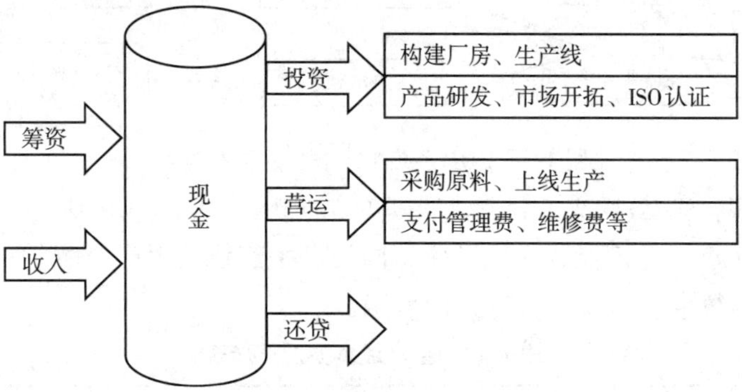

图3-4 ERP沙盘模拟中的现金流

二、存货管理

1. 原料入库

订货运抵企业时，企业必须无条件地接受货物，并支付料款。

采购总监将原料订单区中的空桶朝原料库方向推进1格，到达原料库时，向财务总监申请现金，支付给供应商（交易台），换取相应的原料。

2. 产品生产

（1）生产条件

产品生产必须具备4个要素——生产资格、生产线、原料、加工费。

生产线可以生产已取得生产资格的各种产品，但同时只能有一个产品在线，产品上线生产时，必须有原料，并且支付加工费（工人工资）。

（2）上线生产

按照拟生产产品的物料清单，从原料库中取出相应原料，从现金库中取出产品加工费，做成相应的产品，并摆放在空闲生产线的第一期格内。例如，上线生产P2产品时，生产总监向采购总监申请1个R2原料和1个R3原料，同时向财务总监申请1M灰币，做成1个P2在制品，放在空闲的生产线的第一期格内。要特别注意，执行上线生产任务，需要生产、采购和财务三个角色协同作业，否则很容易出错。

生产不同的产品需要的原料不同，但需要支付的加工费是相同的，均为1M现金。

（3）更新生产与完工入库

生产总监将各生产线上的在制品推进1格。产品下线表示产品完工，将产品放入对应的产品仓库。

（4）产品成本

在ERP沙盘模拟中，规定产品上线生产时一次性投入原料并支付加工费，所以在制品与产成品的成本是相同的。

3. 交货与收现

（1）交货

在ERP沙盘模拟中，必须按照订单中规定的数量一次性整单交货，一张订单不允许分批交货。

营销总监检查各产品库中产成品的数量是否满足客户订单要求，若满足要求，则按照订单约定数量交付给客户（交易台），同时确认收入实现，从交易台取回与该批货款等值的灰币。

（2）收现

若为现金（0账期）销售，直接将货款（灰币）置于现金库中；若为赊销，则将货款（灰币）放在应收款区的相应账期位置上。从下一季度开始，每个季度将应收款朝现金库方向推进1格，当应收款推进现金库时，自然表示收回现金。

4. 紧急采购

（1）紧急采购原料

在模拟运营中，如果采购总监没有下原料订单，就不能向供应商购买原料，可能会出现停工待料情况。为了不影响产品上线生产，可以紧急采购原料，也就是在没有预订的情况下，付款即到货，买价为其价值的2倍，多付出的部分计入有关报表的"损失"项。例如，紧急采购1个R1原料，R1原料的价值是1M，紧急采购价格就是2M。财务总监从现金库中取出2M灰币。其中，1M灰币换取1个R1原料，1M灰币放在费用区的"其他"位置上。

（2）紧急采购产品

在模拟运营中，如果由于产能不足、原料不足或现金不足等，不能按订单要求交货，则不仅无法实现销售收入，还要支付违约罚款。为避免违约，可以紧急采购产品，付款即到货，买价为其直接成本的3倍，多付出的部分计入有关报表的"损失"项。例如，紧急采购1个P2产品，P2产品的直接成本是3M，紧急采购价格就是9M。财务总监从现金库中取出9M灰币。其中，3M灰币换取1个P2产品，6M灰币放在费用区的"其他"位置上。

三、综合管理费用与税金

1. 综合管理费用

综合管理费用包括维修费、转产费、厂房租金、行政管理费、广告费、损失、新市场开拓投资、产品研发投资、ISO资格认证投资等，如图3-5所示。当模拟企业支付相关费用或投资款时，将规定金额的筹码摆放在盘面的对应位置上。期末，通过盘点这些位置上的筹码数量就可以编制"综合管理费用明细表"。其中，"其他"位置上的筹码计入"损失"项。

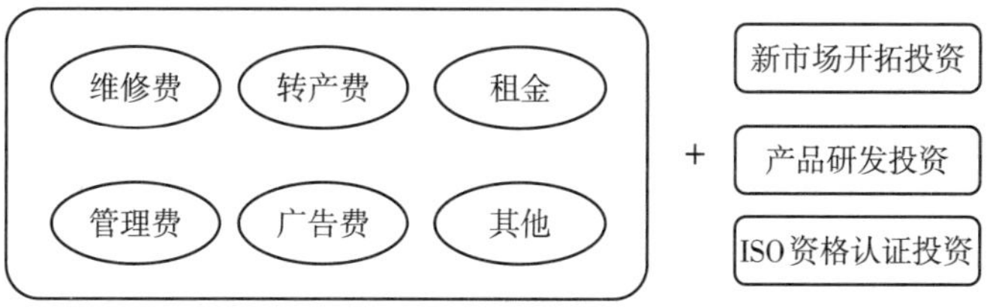

图3-5　综合管理费用构成要素

2. 所得税

企业实现的税前利润可以先弥补以前年度亏损，再按照25%的税率计算应交所得税（向下取整）。

① 当上年年末所有者权益小于66（第0年年末所有者权益）时，所得税计算公式为

$$税金=(上年年末所有者权益+本年税前利润-66)\times 25\%$$

例如，某企业上年年末所有者权益为57，本年税前利润为16，则

$$税金=(57+16-66)\times 25\%=1\ （向下取整）$$

② 当上年年末所有者权益大于66（第0年年末所有者权益）时，所得税计算公式为：

$$税金=本年税前利润\times 25\%$$

例如，某企业上年年末所有者权益为67，本年税前利润为21，则

$$税金=21\times 25\%=5（向下取整）$$

注意：每年计算出的所得税计入当年资产负债表的“应交所得税”项目，在下一年年初缴纳。

第四章　起始年运营

第一节　起始年简介

一、起始年的作用

新管理层接手企业，需要有一个适应阶段，原管理层总要将他们“扶上马，送一程”，因此，ERP沙盘模拟课程设计了起始年运营。

起始年也称第0年，由授课老师（相当于原管理层）带领学生们（新管理层）共同完成交接年的沙盘操作过程。起始年运营的目的是：顺利度过团队磨合期，进一步熟悉ERP沙盘模拟的规则，明晰企业经营流程以及沙盘教具的操作方法。

二、企业经营流程记录

企业经营流程记录代表了企业简化的工作流程，也是企业模拟运营中各项工作需要遵守的执行顺序。企业经营流程记录分为年初7项工作、按季执行的16项工作、年末4项工作及期末结算工作。

团队成员的角色意识和责任意识是模拟企业有条不紊运行的前提。执行企业经营流程时，由CEO主持全局，控制进度；财务总监要特别关注现金库；采购总监要特别关注原料库；生产总监要特别关注产品库。团队成员明确分工、各司其职，严格按照经营流程表中的任务顺序协同操作，体现管理的流程化。在填写经营记录时，若某项操作引起了资金运动，则在相应方格内记录其金额（或数量）；若某项操作发生了但没有资金运动，则在相应方格内打“√”；若某项操作没有发生，则在相应方格内打“×”。整个团队每执行完一项工作，CEO在相应方格内打“√”作为完成标志。

第二节　年初工作

1. 新年度规划会议

假定起始年年初支付1M广告费，该年度不申请任何贷款，不进行任何投资，只是维持原有的生产规模，每季度下了1个R1原料订单。会议结束，CEO在经营流程表的相应方格内打“√”。新年度规划会议在经营流程表中仅仅是一个方格，初学者常常忽视这个环节，而一支真正成熟的高水平团队，一般会用掉规定的四分之三以上时间进行年度规划。

2. 投放广告

营销总监在“广告费登记表”的本地市场P1产品方格中填写“1”，表示准备投放1M的广告费，如表4-1所示。

表4-1　广告费登记表

		第0年
本地市场	P1	1
	P2	
	P3	
	P4	

财务总监根据“广告费登记表”中填写的数据，从现金库中取出1个灰币，放在费用区的“广告费”位置上，同时记录现金“-1”。

3. 参加订货会选单/登记订单

由营销总监参加订货会，到交易台领取产品订单，如图4-1所示，将订单放在产品订单区的“P1订单”位置上，并根据订单信息填写“订单登记表”，如表4-2所示。在经营流程表的相应方格内打“√”。

第0年　本地市场　LP1-1/6

产品数量：6P1
产品单价：5.3M/个
总金额：32M
应收账期：2Q

图4-1　产品订单

说明：账期2Q表示应收款两个季度后才能收现；若应收账期为0Q，则表示现金销售，交货即收现。

表4-2　订单登记表

年度	订单号	市场	产品	数量	交货期	账期	销售额	成本	毛利	备注
第0年	×××	本地	P1	6	4Q	2Q				

说明：表中“销售额”“成本”“毛利”三项内容在交货时填写。

4. 支付上年所得税

根据会计报表的记录，上年度应缴所得税为1M，财务总监从现金库中取出1个灰币，放在费用区的“税金”位置上，同时记录现金“-1”（特别提示：当年缴的是上一年度产生的所得税）。

5. 支付长期贷款利息

长期贷款的还款方式是每年付息，到期还本。根据会计报表的记录，长期贷款余额为40M，年利率为10%，则年利息额为4M。财务总监从现金库中取出4个灰币，放在费用区的“利息”位置上，同时记录现金“-4”。

6. 更新长期贷款/长期贷款还本

财务总监将表示长期贷款的空桶朝现金库方向移动1格，代表1年，若到达现金库，则需要归还本金。财务总监将四年期的长期贷款移入三年期格内，将五年期的长期贷款移入四年期格内，在经营流程表的相应方格内打“√”。

7. 申请长期贷款

不申请长期贷款，在经营流程表的相应方格内打“×”（特别提示：长期贷款只有在这一时点上可以申请）。

第三节　日常工作

一、第一季度经营

1. 季初盘点

年初库存现金20M，支付广告费、所得税和长期贷款利息共计6M，余额14M，所以财务总监记录季初现金“14”，采购总监记录季初R1“3”，生产总监记录季初P1“3”。

2. 更新短期贷款/短期贷款还本付息

没有短期贷款，在经营流程表的相应方格内打“×”。

3. 申请短期贷款

不申请短期贷款，在经营流程表的相应方格内打“×”。

4. 原料入库/更新原料订单

采购总监将原料订单区的空桶朝原料库方向推进1格，到达原料库时，向财务总监申请2个灰币，到交易台换取2个R1原料放入原材料库。财务总监记录现金“-2”，采购总监记录R1“+2”（特别提示：订货运抵企业时，必须无条件接受货物，并支付现金，不能拖延）。

5. 下原料订单

采购总监取1个空桶，放在原料订单区的“R1订单”位置，表示下了1个R1原料订单，并记录R1“(1)”。下原料订单也就是与供应商签订采购合同，由于原料还没有实际入库，故此数字用括号标出。

6. 购买/租用厂房

在经营流程表的相应方格内打“×”。

7. 更新生产/完工入库

生产总监将生产线上的在制品推进1格。产品下线表示产品完工，将产品放入对应的产品仓库。有1个P1完工下线，放入“P1产品库”，并记录P1“+1”。

8. 新建/在建/转产/变卖生产线

在经营流程表的相应方格内打“×”。

9. 开始下一批生产

生产总监向采购总监申请1个R1原料，同时向财务总监申请1个灰币（加工费），做成1个P1在制品，放在空出的生产线的第一期格内。财务总监记录现金“-1”，采购总监记录R1“-1”。这项工作需要生产、采购和财务三个角色协同完成（特别提示：上线生产四要素——生产资格、生产线、原料、加工费）。

10. 更新应收款/应收款收现

财务总监将应收款朝现金库方向推进1格，13M应收款从三期移入二期位置，在经营流程表的相应方格内打“√”。

11. 按订单交货

盘点“P1产品库”中产成品的数量，不够交货数量（必须整单交货），在经营流程表的相应方格内打“×”。

12. 产品研发投资

在经营流程表的相应方格内打“×”。

13. 厂房处理

在经营流程表的相应方格内打“×”。

14. 支付行政管理费

财务总监从现金库中取出1个灰币，放在费用区的“管理费”位置上，并记录现金“-1”。

15. 支付厂房租金

在经营流程表的相应方格内打“×”。

16. 紧急融资/紧急采购

在经营流程表的相应方格内打“×”。

17. 季结

(30行)=(8行)+(28行)-(29行)

现金=14+0-4=10（M）

R1原料=3+2-1=4（个）

P1产成品=3+1-0=4（个）

二、第二季度经营

1. 季初盘点

财务总监记录季初现金“10”，采购总监记录季初R1“4”，生产总监记录季初P1“4”。

2. 更新短期贷款/短期贷款还本付息

没有短期贷款，在经营流程表的相应方格内打“×”。

3. 申请短期贷款

不申请短期贷款，在经营流程表的相应方格内打“×”。

4. 原料入库/更新原料订单

采购总监将原料订单区的空桶朝原料库方向推进1格，到达原料库时，向财务总监申请1个灰币，到交易台换取1个R1原料放入原料库。财务总监记录现金“-1”，采购总监记录R1“+1”。

5. 下原料订单

采购总监取1个空桶，放在原料订单区的“R1订单”位置，表示下了1个R1原料订单，并记录R1“(1)”。

6. 购买/租用厂房

在经营流程表的相应方格内打“×”。

7. 更新生产/完工入库

生产总监将生产线上的在制品推进1格。

有2个P1完工下线，放入“P1产品库”，并记录P1“+2”。

8. 新建/在建/转产/变卖生产线

在经营流程表的相应方格内打“×”。

9. 开始下一批生产

生产总监向采购总监申请2个R1原料，同时向财务总监申请2个灰币（加工费），做成2个P1在制品，分别放在空出的生产线的第一期格内。财务总监记录现金“-2”，采购总监记录R1“-2”。

10. 更新应收款/应收款收现

财务总监将应收款朝现金库方向推进1格，13M应收款从二期移入一期位置，在经营流程表的相应方格内打“√”。

11. 按订单交货

盘点“P1产品库”中产成品的数量，目前共有6个P1，营销总监将6个P1产成品连同订单送交易台。

财务总监从交易台取回32个灰币（应收款），放在“应收款二期”位置上。

生产总监记录P1“-6”。

这项工作需要营销、财务和生产三个角色协同完成。

营销总监将销售实现信息填入“订单登记表”和“应收款明细表”，如表4-3和表4-4所示。

表4-3　订单登记表

年度	订单号	市场	产品	数量	交货期	账期	销售额	成本	毛利	备注
第0年	×××	本地	P1	6	4Q	2Q	32	12	20	

表4-4　应收款明细表

订单信息							交货		收现		贴现				√
年度	订单号	产品	数量	交货期	账期	金额	年	季	年	季	年	季	金额	贴息	
第0年	×××	P1	6	4Q	2Q	32	第0年	2							

12. 产品研发投资

在经营流程表的相应方格内打“×”。

13. 厂房处理

在经营流程表的相应方格内打“×”。

14. 支付行政管理费

财务总监从现金库中取出1个灰币，放在费用区的“管理费”位置上，并记录现金“-1”。

15. 支付厂房租金

在经营流程表的相应方格内打“×”。

16. 紧急融资/紧急采购

在经营流程表的相应方格内打“×”。

17. 季结

现金＝10＋0－4＝6（M）

R1原料＝4＋1－2＝3（个）

P1产成品＝4＋2－6＝0（个）

三、第三季度经营

1. 季初盘点

财务总监记录现金“6”，采购总监记录R1“3”，生产总监记录P1“0”。

2. 更新短期贷款/短期贷款还本付息

没有短期贷款，在经营流程表的相应方格内打“×”。

3. 申请短期贷款

不申请短期贷款，在经营流程表的相应方格内打“×”。

4. 原料入库/更新原料订单

采购总监将原料订单区的空桶朝原料库方向推进1格，到达原料库时，向财务总监申请1个灰币，到交易台换取1个R1原料放入原料库。财务总监记录现金“-1”，采购总监记录R1“+1”。

5. 下原料订单

采购总监取1个空桶，放在原料订单区的“R1订单”位置，表示下了1个R1原料订单，并记录R1“(1)”。

6. 购买/租用厂房

在经营流程表的相应方格内打“×”。

7. 更新生产/完工入库

生产总监将生产线上的在制品推进1格。

有1个P1完工下线，放入“P1产品库”，并记录P1“+1”。

8. 新建/在建/转产/变卖生产线

在经营流程表的相应方格内打“×”。

9. 开始下一批生产

生产总监向采购总监申请1个R1原料，同时向财务总监申请1个灰币（加工费），做成1个P1在制品，放在空出的生产线的第一期格内。财务总监记录现金“-1”，采购总监记录R1“-1”。

10. 更新应收款/应收款收现

财务总监将应收款朝现金库方向推进1格，13M应收款从一期位置移入现金库中，32M应收款从二期移入一期位置。财务总监记录现金“+13”。

11. 按订单交货

在经营流程表的相应方格内打“×”。

12. 产品研发投资

在经营流程表的相应方格内打“×”。

13. 厂房处理

在经营流程表的相应方格内打“×”。

14. 支付行政管理费

财务总监从现金库中取出1个灰币，放在“管理费”位置上，并记录现金“-1”。

15. 支付厂房租金

在经营流程表的相应方格内打“×”。

16. 紧急融资/紧急采购

在经营流程表的相应方格内打“×”。

17. 季结

$$\text{现金} = 6 + 13 - 3 = 16\text{（M）}$$

$$\text{R1原料} = 3 + 1 - 1 = 3\text{（个）}$$

$$\text{P1产成品} = 0 + 1 - 0 = 1\text{（个）}$$

四、第四季度经营

1. 季初盘点

财务总监记录现金“16”，采购总监记录R1“3”，生产总监记录P1“1”。

2. 更新短期贷款/短期贷款还本付息

没有短期贷款，在经营流程表的相应方格内打“×”。

3. 申请短期贷款

不申请短期贷款，在经营流程表的相应方格内打“×”。

4. 原料入库/更新原料订单

采购总监将原料订单区的空桶朝原料库方向推进1格，到达原料库时，向财务总监申请1个灰币，到交易台换取1个R1原料放入原料库。财务总监记录现金“-1”，采购总监记录R1“+1”。

5. 下原料订单

采购总监取1个空桶，放在原料订单区的“R1订单”位置，表示下了1个R1原料订单，并记录R1“(1)”。

6. 购买/租用厂房

在经营流程表的相应方格内打“×”。

7. 更新生产/完工入库

生产总监将生产线上的在制品推进1格。

有2个P1完工下线，放入“P1产品库”，并记录P1“+2”。

8. 新建/在建/转产/变卖生产线

在经营流程表的相应方格内打“×”。

9. 开始下一批生产

生产总监向采购总监申请2个R1原料，同时向财务总监申请2个灰币（加工费），做成2个P1在制品，分别放在空出的生产线的第一期格内。财务总监记录现金“-2”，采购总监记录R1“-2”。

10. 更新应收款/应收款收现

财务总监将应收款朝现金库方向推进1格，此时有32M应收款从一期位置移入现金库中。财务总监记录现金“+32”。营销总监登记“应收款明细表”，如表4-5所示。

表4-5　应收款明细表

订单信息							交货		收现		贴现			
年度	订单号	产品	数量	交货期	账期	金额	年	季	年	季	年	季	金额	贴息
第0年	×××	P1	6	4Q	2Q	32	第0年	2	第0年	4				

11. 按订单交货

在经营流程表的相应方格内打“×”。

12. 产品研发投资

在经营流程表的相应方格内打“×”。

13. 厂房处理

在经营流程表的相应方格内打“×”。

14. 支付行政管理费

财务总监从现金库中取出1个灰币，放在“管理费”位置上，并记录现金“-1”。

15. 支付厂房租金

在经营流程表的相应方格内打“×”。

16. 紧急融资/紧急采购

在经营流程表的相应方格内打“×”。

第四节　年末工作

1. 支付设备维修费

现有4条生产线，每条生产线要支付1M的维修费。财务总监从现金库中取出4个灰币放在费用区的“维修费”位置上，并记录现金“-4”。

2. 计提折旧

根据规则，每条手工线年折旧费1M，每条半自动线年折旧费2M，因此，本年应计提折旧额为1 + 1 + 1 + 2 = 5M。财务总监从4条生产线的净值桶内共取出5个灰币，放在费用区的“折旧”位置上，并在经营流程表的相应方格内填入“(5)”，由于折旧费不实际支付现金，故此数字用括号标出。

3. 新市场开拓/ISO认证投资

起始年不进行任何投资，在经营流程表的相应方格内打“×”。

4. 缴纳违约订单罚款

无违约，在经营流程表的相应方格内打“×”。

5. 年结

现金 = 16 + 32 − 8 = 40（M）

R1原料 = 3 + 1 − 2 = 2（个）

P1产成品 = 1 + 2 − 0 = 3（个）

下面以财务总监角色为例，说明经营记录的填写过程，如表4-6所示。

表4-6　第0年财务总监经营记录

请按顺序执行下列各项操作	财务总监在方格内填写现金收支情况			
1. 新年度规划会议				
2. 投放广告	-1			
3. 参加订货会选单/登记订单				
4. 支付上年所得税	-1			
5.支付长期贷款利息	-4			
6. 更新长期贷款/长期贷款还本	√			
7. 申请长期贷款	×			
8. 季初盘点（填写现金余额）	一季度	二季度	三季度	四季度
	14	10	6	16
9. 更新短期贷款/短期贷款还本付息	×	×	×	×
10. 申请短期贷款	×	×	×	×
11. 原料入库/更新原料订单	-2	-1	-1	-1
12. 下原料订单			√	
13. 购买/租用厂房	×	×	×	×
14. 更新生产/完工入库	√	√	4	√
15. 新建/在建/转产/变卖生产线	×	×	×	×

表4-6（续）

请按顺序执行下列各项操作	财务总监在方格内填写现金收支情况			
16. 开始下一批生产	−1	−2	−1	−2
17. 更新应收款/应收款收现	√		13	32
18. 按订单交货	×	√	×	×
19. 产品研发投资	×	×	×	×
20. 厂房处理	×	×	×	×
21. 支付行政管理费	−1	−1	−1	−1
22. 支付厂房租金（续租）	×	×	×	×
23. 紧急融资/紧急采购	×	×	×	×
24. 支付设备维修费				−4
25. 计提折旧				（5）
26. 新市场开拓/ISO 认证投资				×
27. 缴纳违约订单罚款				×
28. 现金收入合计	0	0	13	32
29. 现金支出合计	−4	−4	−3	−8
30. 期末对账（填写现金余额）	10	6	16	40

起始年产品生产及设备状态的沙盘推演过程如表4-7所示。

表4-7　第0年生产及设备状态记录

生产线编号	1		2		3		4	
生产线类型	手工		手工		手工		半自动	
年初状态	P1	1Q	P1	2Q	P1	3Q	P1	1Q
在产	P1	2Q	P1	3Q	P1	1Q	P1	2Q
第一转产								
季末变卖								
新建/在建								
在产	P1	3Q	P1	1Q	P1	2Q	P1	1Q
第二转产								
季末变卖								
新建/在建								
在产	P1	1Q	P1	2Q	P1	3Q	P1	2Q
第三转产								
季末变卖								
新建/在建								
在产	P1	2Q	P1	3Q	P1	1Q	P1	1Q
第四转产								
季末变卖								
新建/在建								
产出合计　6P1	1P1		1P1		2P1		2P1	

第五节 编制报表

一、报表编制流程

会计报表的编制是财务总监的主要职责，更是团队协作的结晶，报表编制流程如图4－2所示。

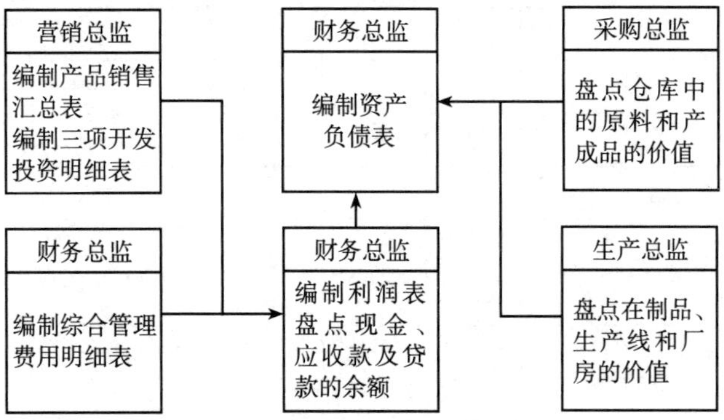

图4-2 报表编制流程

二、报表编制方法

1. 产品销售汇总表

营销总监根据“订单登记表”汇总编制“产品销售汇总表”，如表4－8所示。

表4-8 产品销售汇总表

年度	产品	P1	P2	P3	P4	合计
第0年	数量	6				6
	销售额	32				32
	成本	12				12
	毛利	20				20

2. 综合管理费用明细表

财务总监根据费用区中“维修费”“转产费”“租金”“管理费”“广告费”“其他”位置上的筹码数量以及营销总监提交的“三项开发投资明细表”中的相关数据（该表第0年无数据）填写“综合管理费用明细表”，如表4-9所示。

表4-9 第0年综合管理费用明细表 单位：M

项目	金额	备注
管理费	4	
广告费	1	
维修费	4	
损失		
转产费		
厂房租金		
新市场开拓		□区域 □国内 □亚洲 □国际
ISO资格认证		□ISO 9000 □ISO 14000
产品研发		□P2 □P3 □P4
合 计	9	

说明：若“三项开发投资”项目有数据，则需要在备注栏相应的复选框中打“√”。

3. 利润表

利润表属于动态报表，是反映企业在一定会计期间经营成果的报表。利润表一般采用多步式结构，通过以下5个步骤计算出当期净利润（或亏损）。

① 毛利 = 销售收入 – 直接成本。

② 折旧前利润 = 毛利 – 综合费用。

③ 支付利息前利润 = 折旧前利润 – 折旧。

④ 税前利润 = 支付利息前利润 – 财务费用。

⑤ 净利润 = 税前利润 – 所得税。

利润表各项目数据来源如表4–10所示。

表4–10　利润表各项目数据来源

项目	行次	数据来源
一、销售收入	1	产品销售汇总表
减：直接成本	2	产品销售汇总表
二、毛利	3	产品销售汇总表
减：综合费用	4	综合管理费用明细表
三、折旧前利润	5	3 ~ 4行
减：折旧	6	沙盘费用区的“折旧”数
四、支付利息前利润	7	5 ~ 6行
减：财务费用	8	沙盘费用区的“利息”和“贴息”数
五、税前利润	9	7 ~ 8行
减：所得税	10	税前利润×25%（向下取整）
六、净利润	11	9 ~ 10行

根据上述方法编制第0年利润表，如表4–11所示。

表4–11　第0年利润表　　单位：M

项目	上年数	本年数
一、销售收入	34	32
减：直接成本	12	12
二、毛利	22	20
减：综合费用	9	9
三、折旧前利润	13	11
减：折旧	5	5
四、支付利息前利润	8	6
减：财务费用	4	4
五、税前利润	4	2
减：所得税	1	
六、净利润	3	2

4. 资产负债表

资产负债表属于静态报表，是反映企业在某一特定日期的财务状况的报表。资产负债表各项目数据来源如表4–12所示。

表4-12　资产负债表各项目数据来源

资产	数据来源	负债和权益	数据来源
现金	盘点现金库灰币	长期贷款	盘点长期贷款区域空桶
应收款	盘点应收款区灰币	短期贷款	盘点短期贷款区域空桶
在制品	盘点在线产品价值	应交所得税	当年利润表中的"所得税"
产成品	盘点库存产品价值	负债合计	以上三项之和
原材料	盘点库存原料价值		
流动资产合计	以上五项之和		
厂房	盘点厂房价值	股东资本	初始投资额不变
机器设备	盘点建成生产线价值	利润留存	上一年度的利润留存+上一年度的净利润
在建工程	盘点在建生产线价值	年度净利	当年利润表中的"净利润"
固定资产合计	以上三项之和	所有者权益合计	以上三项之和
资产总计	流动资产+固定资产	负债和权益总计	负债+所有者权益

根据上述方法编制第0年资产负债表，如表4-13所示。

表4-13　第0年资产负债表

单位：M

资产	年初数	年末数	负债和权益	年初数	年末数
现金	20	40	长期贷款	40	40
应收款	13		短期贷款		
在制品	8	8	应缴所得税	1	
产成品	6	6	负债合计	41	40
原材料	3	2			
流动资产合计	50	56			
厂房	40	40	股东资本	50	50
机器设备	15	10	利润留存	11	14
在建工程			年度净利	3	2
固定资产合计	55	50	所有者权益合计	64	66
资产总计	105	106	负债和权益总计	105	106

每一年经营下来，需要反思我们的行为，分析实际与计划的偏差及其产生原因，聆听指导教师根据现场数据所做的分析与点评，记录收获，完善知识体系。

需要特别强调的是，编制并提交会计报表后，要将盘面上的"费用区"清空，为下一年的经营做准备。

第五章　市场与选单

第一节　市场预测

市场是企业进行产品营销活动的场所，标志着企业的销售潜力，也直接影响企业的经营成果。企业的生存和发展离不开市场这个大环境，谁赢得市场，谁就赢得了竞争。市场是瞬息万变的，这就增加了竞争的对抗性和复杂性。目前，模拟企业已经拥有了本地市场准入证，还有区域市场、国内市场、亚洲市场和国际市场有待开发。

常言道："凡事预则立，不预则废。"市场预测是企业经营的前提，一个成功的企业战略来源于对市场的正确分析。

在ERP沙盘模拟课程中，市场预测是各企业能够得到的关于产品市场需求的唯一可以参考的、有价值的信息，对市场预测的分析与企业的营销方案策划息息相关。在市场预测中，发布了近几年关于行业产品市场的预测资料，包括各市场、各产品的总需求量、价格情况、客户关于技术及产品的质量要求等，如图5-1所示。

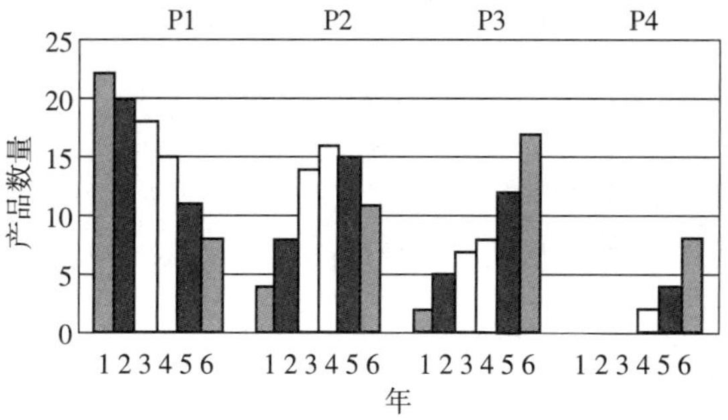

(a) 本地市场P系列产品需求量预测

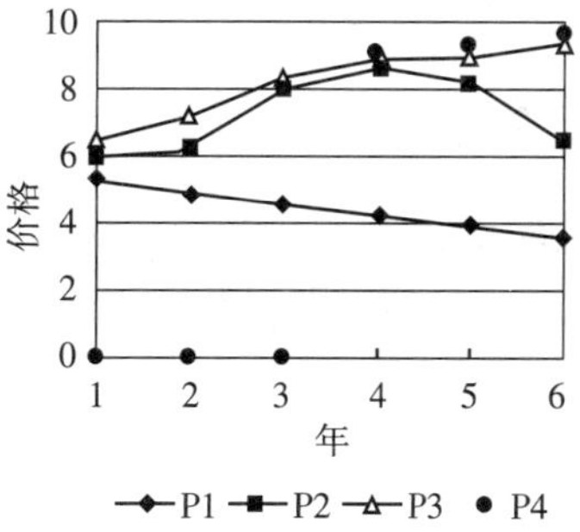

(b) 本地市场产品价格预测

图5-1　本地市场P系列产品需求预测

图5-1是1~6年本地市场P系列产品预测资料，由（a）柱形图和（b）折线图构成。在柱形图中用横坐标代表年，纵坐标上的数字代表产品数量，各产品对应柱形的高度代表该产品某年的市场预测需求总量。折线图上标识1~6年某产品的价格趋向，横坐标表示年，纵坐标表示价格。

在市场预测中，除了直观的图形描述外，还用文字形式加以说明，其中尤其需要注意客户关于技术及产品的质量要求等细节。

模拟企业采用"以销定产、以产定购"的经营模式，客户订单是企业生产的依据，因此客户订单的获得对企业至关重要。那么，企业如何才能拿到理想的订单呢？首先，营销总监要读懂市场预测；其次，对企业各种产品的可供销售量了如指掌（知己）；最后，要了解其他竞争对手的情况（知彼）。例如，其他企业研发了哪些产品？开拓了哪些市场？生产能力如何？财务状况如何？等等。只有这样，才能制定合理的广告投放策略，进而在选单博弈竞争中脱颖而出。从这个角度来说，营销总监无疑是模拟企业中最具挑战性的角色。

第二节　广告投放

投放广告是模拟企业得到客户订单的必要条件，如果不投放广告，就没有选单的机会。广告投放的规则包括：

第一，只有已获得某市场准入证时，才可以在该市场上投放广告，争取订单。

第二，广告是分市场、分产品投放的，"广告费登记表"中的一个方格即代表一个细分市场。

第三，投1M广告费有一次选单机会，此后，每多投2M，增加一次选单机会。例如，投5M最多可以有3次选单机会，但机会能否实现，则取决于市场需求和竞争态势等。投2M也仅有一次选单机会，只不过比投1M的优先选单而已。

第四，各个市场的产品需求数量是有限的，并非打广告一定能得到订单。

需要注意的是：市场尚未开发完成，不允许在该市场投放广告；产品生产资格尚未开发完成，可以投放广告。

执行投放广告任务时，营销总监填写"广告费登记表"，并提交到教师端；财务总监从现金库中取出等额的灰币，放在费用区的"广告费"位置上，同时记录现金支出。

第三节　选　单

选单是各个企业正面交锋、博弈拼杀的主战场，也是决定企业经营成功与否的关键点。营销总监只有在场外下大气力，并且善于观察、勤于思考，才能在订货会上做出快速反应、准确选单。

一、订货会

营销总监参加订货会之前，生产总监应结合生产线产能及库存情况，计算出可承诺量（available to promise，ATP），也称可供销售量，这是选单的基础。某种产品可承诺量的计算方法如下：

可承诺量＝年初库存量＋本年度完工量

值得注意的是，可承诺量并不是一个定数，而是一个区间，因为企业可以转产、紧急采购、加建生产线等。

在ERP沙盘模拟中，每年只有一次订货会，也就是企业每年只有一次拿订单的机会。选单应以企业的库存、产能、设备投资计划和原料供应等为依据，既要避免接单不足造成的设备闲置、产品积压，更要避免盲目接单导致无法按时交货，使本该拿到的应收账款变成违约罚款，给企业带来损失。

二、市场地位

市场地位是针对每个市场而言的。企业的市场地位根据上一年度各企业的销售额排列，在某个市场销售总额（包括P1，P2，P3和P4产品）最高的企业称为该市场的市场领导者，俗称"市场老大"。"市场老大"是按市场划分，而不是按产品划分。显然，第一年没有"市场老大"，刚出现的新市场也没有"市场老大"。

三、选单顺序

在ERP沙盘模拟中，选单顺序规则如下：

①“市场老大”优先选单；

②本市场本产品广告额；

③本市场广告总额；

④本市场上年销售排名；

⑤先投广告者先选。

所有按规定投放广告的企业按照上述规则排定顺序，依次选单。如图5-2所示，根据上述规则，C公司→B公司→A公司→D公司→F公司将依次选单。教师端按照“重新选单→放单→双击订单盖板→选单→取单”的顺序执行操作。

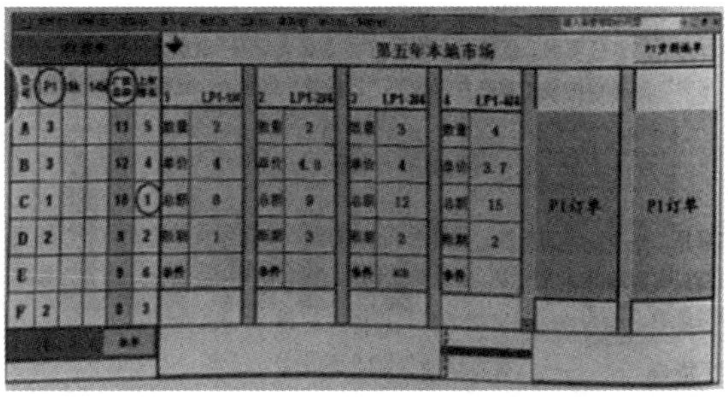

图5-2　选单界面

需要注意的是：

第一，每轮选单中，各企业按照规则排定的顺序依次选单，当所有企业都选完一次后，若还有订单，则开始进行第二轮选单，直到所有订单被选完为止。

第二，无论投入多少广告费，每次只能选择1张订单，然后等待下一次选单机会。

第三，可以放弃选单机会。

四、订单类型

市场需求用客户订单的形式表示，订单上标注了年份、所属市场、编号、产品数量、产品单价、总金额、应收账期以及特殊要求等要素。

1. 普通订单

普通订单可以在当年内任何一季交货，并且对ISO资格无要求。本书第四章中图4-1就是一张普通订单。

2. 特殊订单

特殊订单包括加急订单和ISO订单两种。

①加急订单。订单下方标注了“加急”字样，如图5-3所示，要求第一季度必须交货，否则属于违约。

②ISO订单。订单下方标注了“ISO 9000”或“ISO 14000”字样，如图5-4所示，要求接单企业必须已获得相应的ISO资格证，否则不允许接单。

第2年　本地市场　LP2-1/3
产品数量：3P2 产品单价：6M/个 总金额：18M 应收账期：3Q
加急!!!

图5-3　加急订单

第3年　本地市场　LP3-3/3
产品数量：1P3 产品单价：10M/个 总金额：10M 应收账期：2Q
ISO 9000

图5-4　ISO订单

五、订单违约

违约就是未按订单要求交货。按订单交货可以提前，但不可以推后，如某订单规定三季度交货，则在第一、二、三季交货均可以，收现时间（账期）从实际交货的季度开始算起。

发生违约的模拟企业将受到如下处罚：

第一，收回违约订单，并按该订单总金额的20%缴纳违约罚款，计入有关报表的“损失”项。

第二，下年市场地位下降一级，若是市场领导者，则取消领导者地位，且其他企业不能递补。

第四节 启 航

现在，新的管理团队将接过企业继续发展的重任，完全独立经营。这是一个全新的开始，充满机遇和挑战。团队成员不仅要各司其职、各负其责、团结合作、共谋发展，而且要随机应变，善于把握商机。只有这样，才能在危机出现时转危为安，才能在动态的市场竞争中找出制胜之道。总而言之，成功经营一家企业，不仅需要具备一定的管理知识，更需要有积极向上的心态和不屈不挠的精神。

一、6组模式市场预测

这是由一家权威的市场调研机构对未来6年各个市场需求的预测，应该说，这一预测有着很高的可信度。但根据这一预测进行企业的经营运作，其后果要由各企业自行承担。

P1产品是目前市场上的主流产品，P2作为对P1技术改良的产品，也比较容易获得大众的认同。P3和P4产品作为P系列产品里的高端产品，各个市场上对它们的认同度不尽相同，需求量与价格也会有较大的差异。

如图5-5所示，本地市场将会持续发展，客户对低端产品的需求可能要下滑。伴随着需求的减少，低端产品的价格很有可能会逐步走低。后几年，随着高端产品的成熟，市场对P3和P4产品的需求将会逐渐增大。同时随着时间推移，客户的质量意识将不断提高，后几年可能会对厂商是否通过了ISO 9000认证和ISO 14000认证有更多的要求。

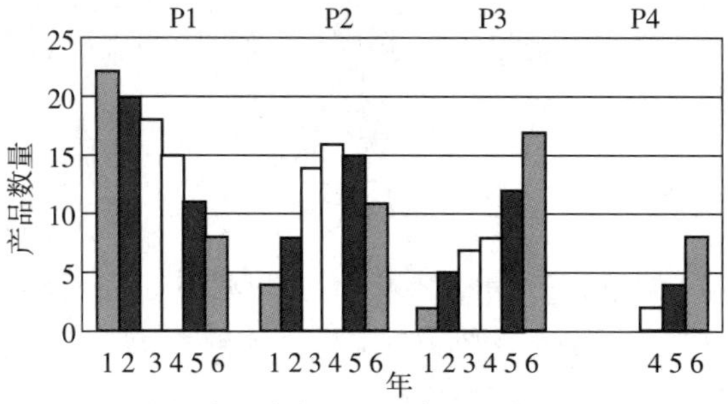

（a）本地市场P系列产品需求量预测

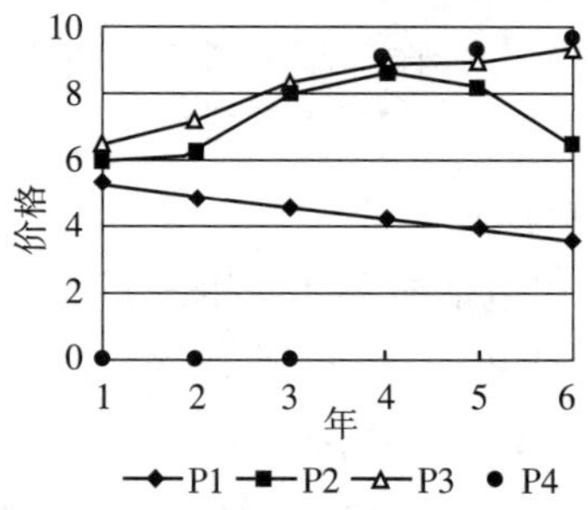

（b）本地市场产品价格预测

图5-5 本地市场P系列产品需求预测（6组模式）

如图5-6所示，区域市场的客户对P系列产品的喜好相对稳定，因此市场需求量的波动也很有可能会比较平稳。因其紧邻本地市场，所以产品需求量的走势可能与本地市场相似，价格趋势也应大致一样。该市场的客户比较乐于接受新的事物，因此对于高端产品也会比较有兴趣，但由于受到地域的限制，该市场的需求总量非常有限。并且这个市场上的客户相对比较挑剔，因此，在后几年客户会对厂商是否通过了ISO 9000认证和ISO 14000认证有较高的要求。

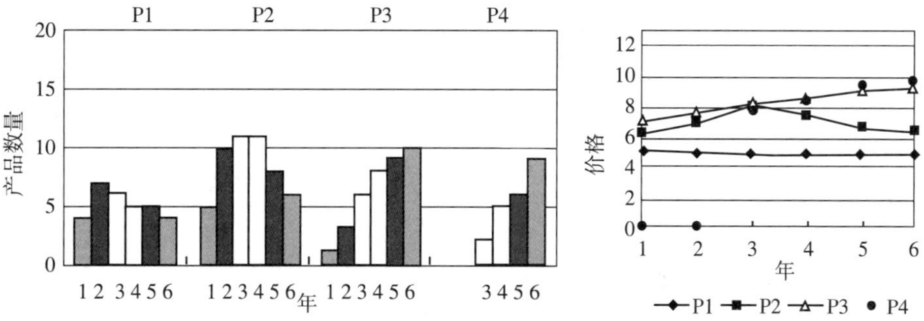

（a）区域市场P系列产品需求量预测　　（b）区域市场产品价格预测

图5-6　区域市场P系列产品需求预测（6组模式）

如图5-7所示，因P1产品带有较浓的地域色彩，估计国内市场对P1产品不会有持久的需求。但P2产品因为更适合国内市场，所以估计需求会一直比较平稳。随着对P系列产品新技术的逐渐认同，估计对P3产品的需求会发展较快，但这个市场上的客户对P4产品却并不是那么认同。当然，对于高端产品来说，客户一定会更注重产品的质量保证。

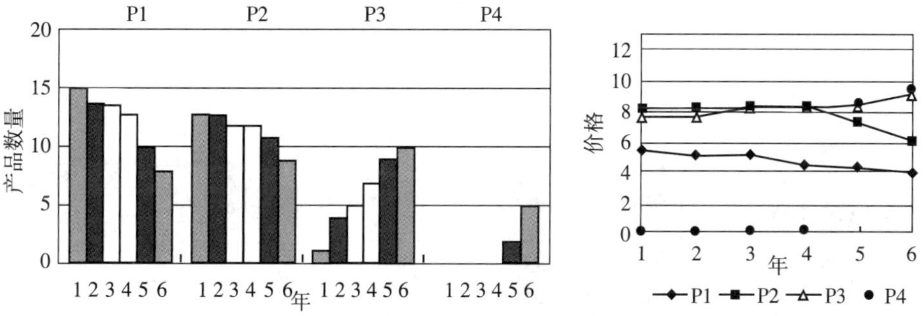

（a）国内市场P系列产品需求量预测　　（b）国内市场价格预测

图5-7　国内市场P系列产品需求预测（6组模式）

如图5-8所示，这个市场上的客户喜好一向波动较大，不易把握，所以对P1产品的需求可能起伏较大，估计P2产品的需求走势也会与P1相似。但该市场对新产品很敏感，因此估计对P3和P4产品的需求会发展较快，价格也可能不菲。另外，这个市场的消费者很看重产品的质量，所以在后几年里，如果厂商没有通过ISO 9000认证和ISO 14000认证，其产品可能很难销售。

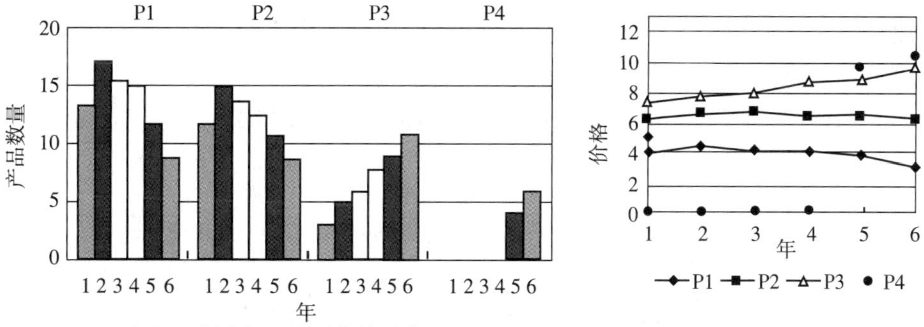

（a）亚洲市场P系列产品需求量预测　　（b）亚洲市场产品价格预测

图5-8　亚洲市场P系列产品需求预测（6组模式）

如图5-9所示，进入国际市场可能需要一个较长的时期。有迹象表明，这一市场上的客户对P1产品已经有所认同，需求也会比较旺盛。对于P2产品，客户将会谨慎地接受，但仍需要一段时间才能被市场所接受。对于新兴的技术，这一市场上的客户将会以观望为主，因此对于P3和P4产品的需求将会发展极慢。因为产品需求主要集中在低端，所以客户对于ISO的要求并不如其他几个市场那么高，但也不排除在后期会有这方面的需求。

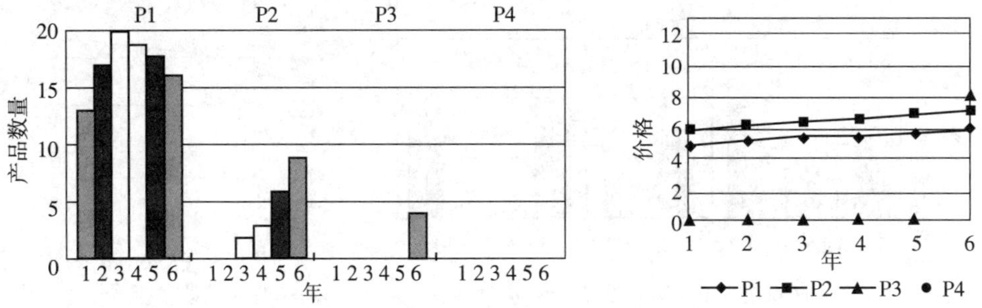

（a）国际市场P系列产品需求量预测　（b）国际市场产品价格预测

图5-9　国际市场P系列产品需求预测（6组模式）

二、8组模式市场预测

如图5-10所示，本地市场将会持续发展，对低端产品的需求可能要下滑，伴随着需求的减少，低端产品的价格很有可能走低。后几年，随着高端产品的成熟，市场对P3和P4产品的需求将会逐渐增大。由于客户质量意识不断提高，后几年可能对产品的ISO 9000认证和ISO 14000认证有更多的需求。

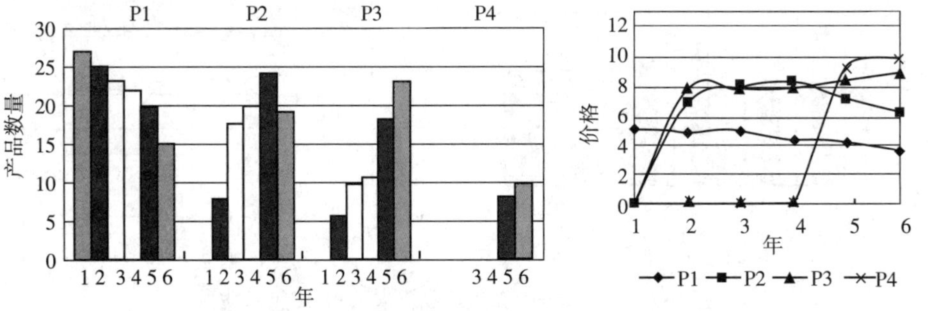

（a）本地市场P系列产品需求量预测　（b）本地市场产品价格预测

图5-10　本地市场P系列产品需求预测（8组模式）

如图5-11所示，区域市场的客户相对稳定，对P系列产品需求的变化很有可能比较平稳。因其紧邻本地市场，所以产品需求量的走势可能与本地市场相似，价格趋势也应大致一样。该市场容量有限，对高端产品的需求也可能相对较小，但客户会对产品的ISO 9000认证和ISO 14000认证有较高的要求。

如图5-12所示，因P1产品带有较浓的地域色彩，估计国内市场对P1产品不会有持久的需求。但P2产品因更适合国内市场，估计需求一直比较平稳。随着对P系列产品的逐渐认同，估计对P3产品的需求会发展较快。但对P4产品的需求就不一定像P3产品那样旺盛了。当然，对高价值的产品来说，客户一定会更注重产品的质量认证。

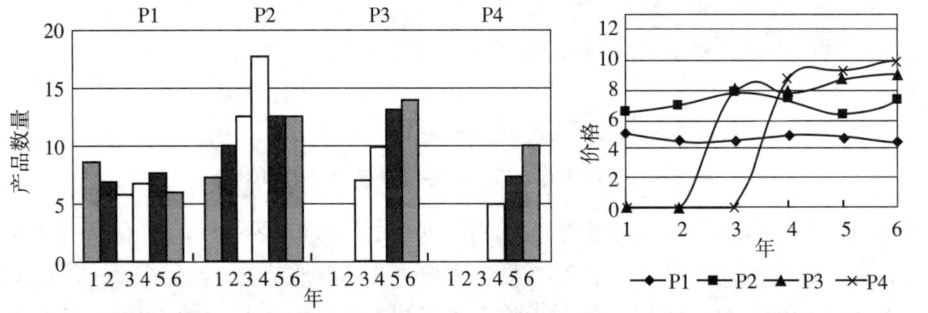

（a）区域市场P系列产品需求量预测　（b）区域市场产品价格预测

图5-11　区域市场P系列产品需求预测（8组模式）

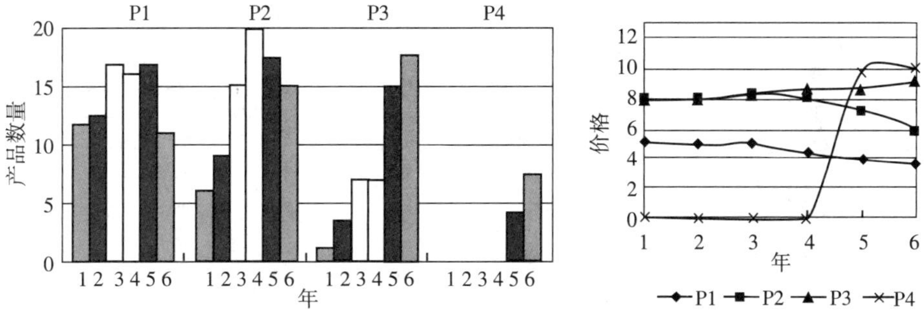

（a）国内市场P系列产品需求量预测　　（b）国内市场产品价格预测

图5-12　国内市场P系列产品需求预测（8组模式）

如图5-13所示，这个市场一向波动较大，所以对P1产品的需求可能起伏较大，估计对P2产品的需求走势与P1相似。但该市场对新产品很敏感，因此估计对P3和P4产品的需求量会发展较快，价格也可能不菲。另外，这个市场的消费者很看重产品的质量，所以没有ISO 9000认证和ISO 14000认证的产品可能很难销售。

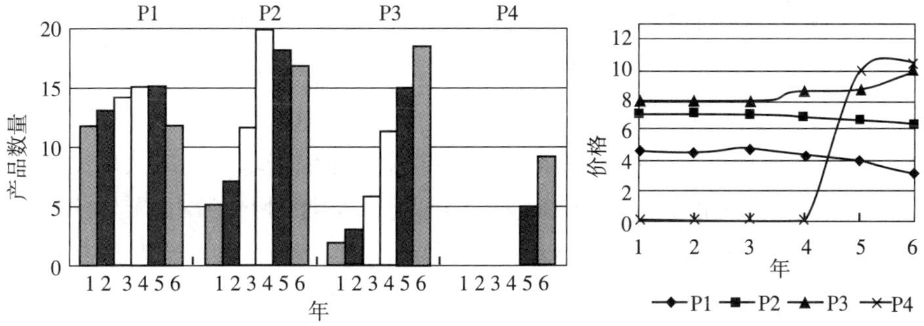

（a）亚洲市场P系列产品需求量预测　　（b）亚洲市场产品价格预测

图5-13　亚洲市场P系列产品需求预测（8组模式）

如图5-14所示，P系列产品进入国际市场可能需要一个较长的时期。有迹象表明，对P1产品已经有所认同，但还需要一段时间才能被市场接受。同样，对P2，P3和P4产品也会很谨慎地接受，需求发展较慢。当然，国际市场的客户也会关注具有ISO 9000认证和ISO 14000认证的产品。

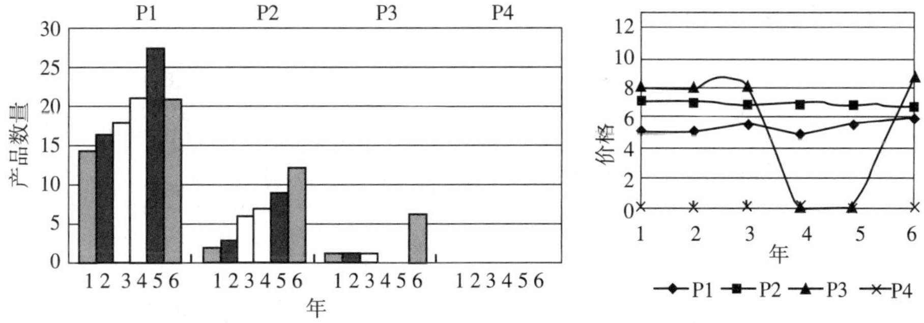

（a）国际市场P系列产品需求量预测　　（b）国际市场产品价格预测

图5-14　国际市场P系列产品需求预测（8组模式）

三、10组模式市场预测

如图5-15所示，本地市场将会持续发展，对低端产品的需求可能要下滑，伴随着需求的减少，低端产品的价格很有可能走低。后几年，随着高端产品的成熟，市场对P3和P4产品的需求将会逐渐增大。由于客户质量意识不断提高，后两年可能对产品的ISO 9000认证和ISO 14000认证有更多的需求。

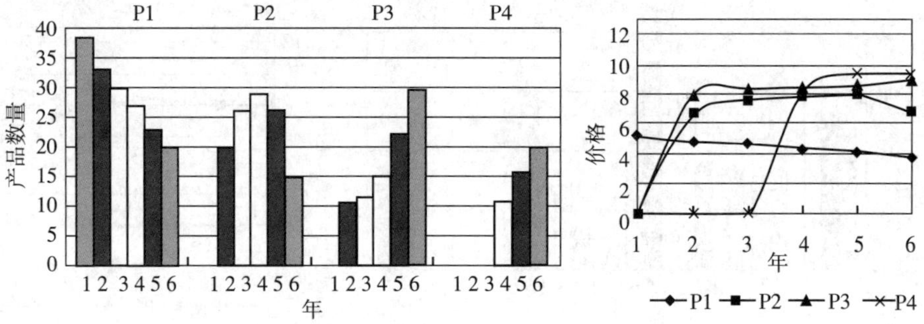

（a）本地市场P系列产品需求量预测　　（b）本地市场产品价格预测

图5-15　本地市场P系列产品需求预测（10组模式）

如图5-16所示，区域市场的客户相对稳定，对P系列产品需求的变化很有可能比较平稳。因紧邻本地市场，所以产品需求量的走势可能与本地市场相似，价格趋势也应大致一样。该市场容量有限，对高端产品的需求也可能相对较小，但客户会对产品的ISO 9000认证和ISO 14000认证有较高的要求。

如图5-17所示，因P1产品带有较浓的地域色彩，估计国内市场对P1产品不会有持久的需求。但P2产品因更适合国内市场，估计需求一直比较平稳。随着对P系列产品的逐渐认同，估计对P3产品的需求会发展较快。但对P4产品的需求就不一定像P3产品那样旺盛了。当然，对高价值的产品来说，客户一定会更注重产品的质量认证。

如图5-18所示，这个市场一向波动较大，所以对P1产品的需求可能起伏较大，估计对P2产品的需求走势与P1相似。但该市场对新产品很敏感，因此估计对P3和P4产品的需求量会发展较快，价格也可能不菲。另外，这个市场的消费者很看重产品的质量，所以没有ISO 9000认证和ISO 14000认证的产品可能很难销售。

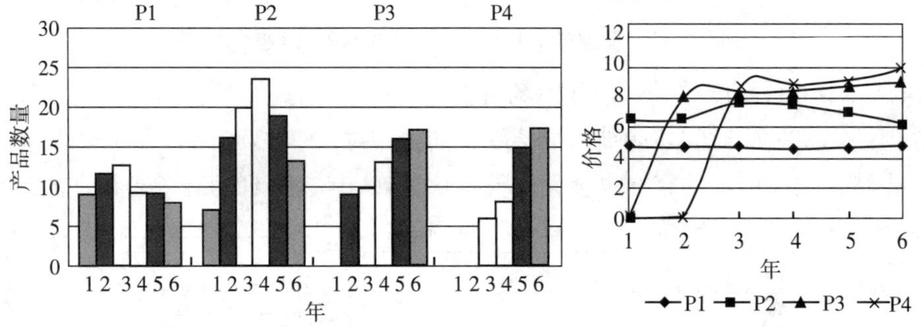

（a）区域市场P系列产品需求量预测　　（b）区域市场产品价格预测

图5-16　区域市场P系列产品需求预测（10组模式）

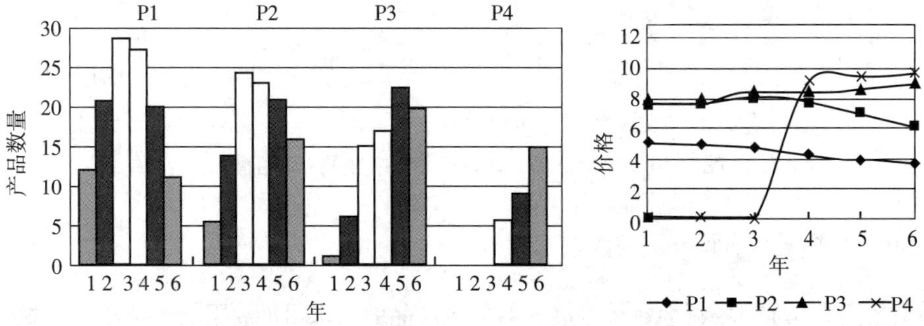

（a）国内市场P系列产品需求量预测　　（b）国内市场产品价格预测

图5-17　国内市场P系列产品需求预测（10组模式）

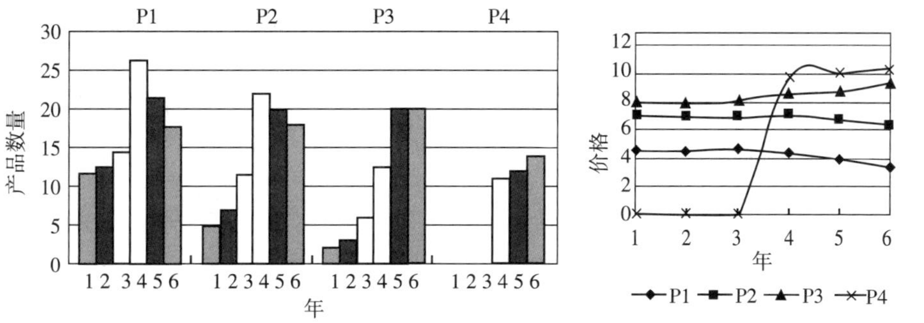

（a）亚洲市场P系列产品需求量预测　　（b）亚洲市场产品价格预测

图5-18　亚洲市场P系列产品需求预测（10组模式）

如图5-19所示，P系列产品进入国际市场可能需要一个较长的时期。有迹象表明，对P1产品已经有所认同，但还需要一段时间才能被市场接受。同样，对P2，P3和P4产品也会很谨慎地接受。需求发展较慢。当然，国际市场的客户也会关注具有ISO认证的产品。

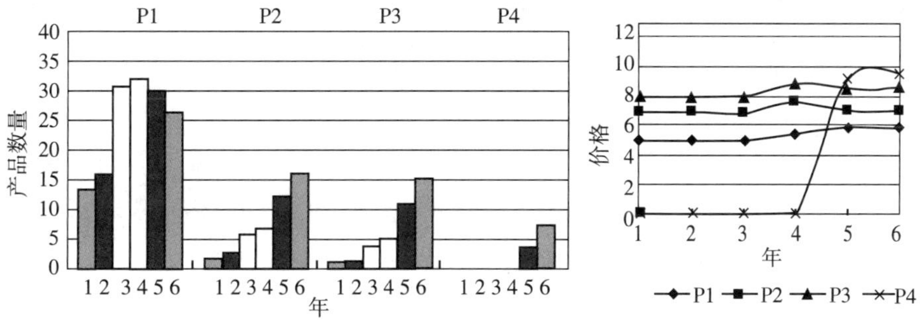

（a）国际市场P系列产品需求量预测　　（b）国际市场产品价格预测

图5-19　国际市场P系列产品需求预测（10组模式）

四、12组模式市场预测

如图5-20所示，本地市场将会持续发展，对低端产品的需求可能要下滑，伴随着需求的减少，低端产品的价格很有可能走低。后几年，随着高端产品的成熟，市场对P3和P4产品的需求将会逐渐增大。由于客户质量意识不断提高，后几年可能对产品的ISO 9000认证和ISO 14000认证有更多的需求。

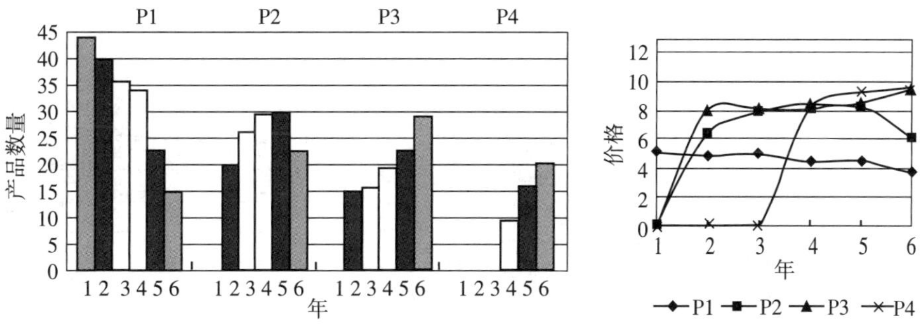

（a）本地市场P系列产品需求量预测　　（b）本地市场产品价格预测

图5-20　本地市场P系列产品需求预测（12组模式）

如图5-21所示，区域市场的客户相对稳定，对P系列产品需求的变化很有可能比较平稳。因其紧邻本地市场，所以产品需求量的走势可能与本地市场相似，价格趋势也应大致一样。该市场容量有限，对高端产品的需求也可能相对较小，但客户会对产品的ISO 9000认证和ISO 14000认证有较高的要求。

如图5-22所示，因P1产品带有较浓的地域色彩，估计国内市场对P1产品不会有持久的需求。但P2产品因更适合国内市场，估计需求一直比较平稳。随着对P系列产品的逐渐认同，估计对P3产品的需求会发展较快。但对P4产品的需求就不一定像P3产品那样旺盛了。当然，对高价值的产品来说，客户一定会更注重产品的质量认证。

如图5-23所示，这个市场一向波动较大，所以对P1产品的需求可能起伏较大，估计对P2产品的需求走势与P1相似。但该市场对新产品很敏感，因此估计对P3和P4产品的需求量会发展较快，价格也可能不菲。另外，这个市场的消费者很看重产品的质量，所以没有ISO 9000认证和ISO 14000认证的产品可能很难销售。

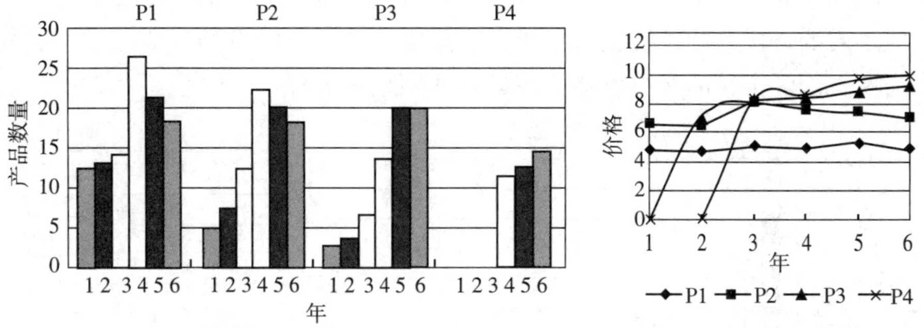

（a）区域市场P系列产品需求量预测　　（b）区域市场产品价格预测

图5-21　区域市场P系列产品需求预测（12组模式）

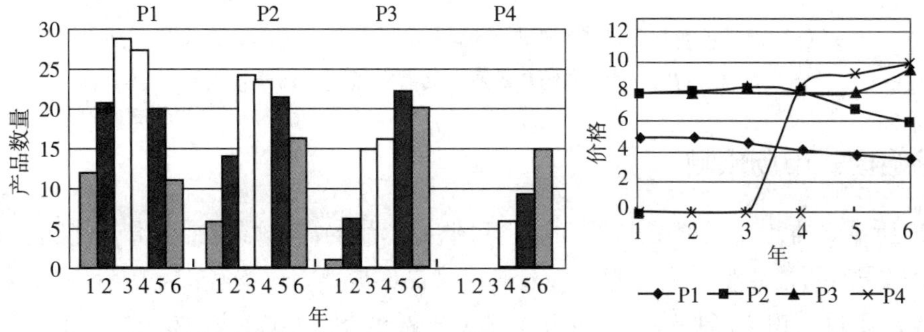

（a）国内市场P系列产品需求量预测　　（b）国内市场产品价格预测

图5-22　国内市场P系列产品需求预测（12组模式）

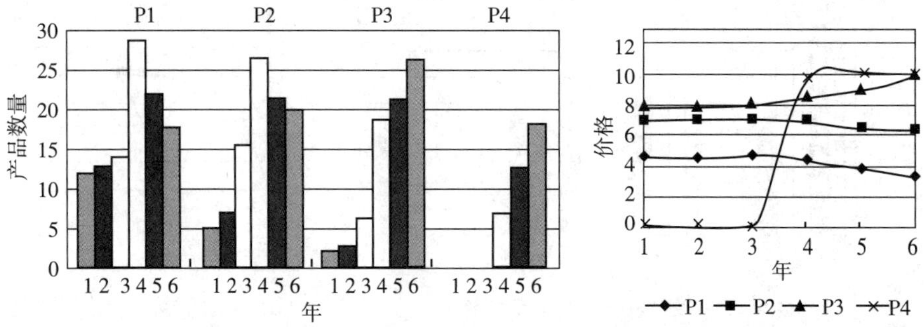

（a）亚洲市场P系列产品需求量预测　　（b）亚洲市场产品价格预测

图5-23　亚洲市场P系列产品需求预测（12组模式）

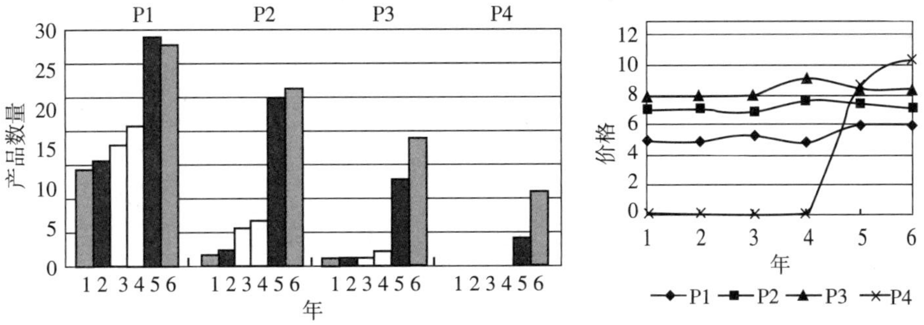

（a）国际市场P系列产品需求量预测　　（b）国际市场产品价格预测

图5-24　国际市场P系列产品需求预测（12组模式）

如图5-24所示，P系列产品进入国际市场可能需要一个较长的时期。有迹象表明，对P1产品已经有所认同，但还需要一段时间才能被市场接受。同样，对P2，P3和P4产品也会很谨慎地接受，需求发展较慢。当然，国际市场的客户也会关注具有ISO认证的产品。

第二篇　素质培养与经营攻略

第六章　培养管理者素质

第一节　提升战略意识

沙盘模拟企业经营是利用沙盘推演企业在生产经营过程中所发生的情况和面临的风险，在推演过程中发现企业在市场营销、生产运营和财务管理等方面出现的问题，并做出综合性决策，最终解决问题。在建设年，每个组都准备大显身手，精心策划本企业的成长之路，可是第二年的时候，已经有企业出现资金紧张的局面，随时面临破产的可能。那么决定企业经营成败的因素是什么呢？那就是长远的眼光，战略的眼光。

第一年制定的战略方案十分重要，需要用长远的眼光考虑企业的发展。企业的战略决定发展的全局和长远的重大问题，如企业的经营方向、市场开拓、产品研发、融资筹资、扩大生产等问题。在复杂多变的环境中，企业需要有战略管理，才能在激烈的市场竞争中立于不败之地。企业是一个由生产部门、财务部门、营销部门、采购部门等构成的相互联系、相互制约的有机整体，制定一个在未来一定时期内的战略目标和行动规划，本组成员都能够了解认知企业的共同目标，增强凝聚力和动力。通过战略管理可以使所有成员主动考虑全局决策，能够着眼大局，从全局出发，培养整体意识。

最初经营的时候，每一组制订的计划都很完美，但是在执行的时候，忽略了一些细节以及对操作不熟悉导致后面的一系列失误，所以，在执行六年方案的过程中，有很多问题需要我们重新考量。

① 筹集资金方面。什么时候贷款？贷款额是多少？长贷还是短贷？每一个季度贷款多少？如何通过长短贷结合使企业成本最低，效益最大？

② 厂房生产线方面。厂房是租还是买？买厂房没有厂房租金，会使综合费用降低，不过会占用大量现金，资金周转是否会有困难？租厂房会使综合费用升高，不过资金流转压力会减小。生产线是否需要扩建？如需扩线，资金是否充足？材料预订是否合理？一旦产能充足，订单就可以多拿，产品卖多了，权益自然就会上去；不过产能增加，如何多拿订单？

③ 广告方面。广告也要准备充分，按季度计算产量，严格把握成本，将产能计算控制在最精确的程度，严格把握资金的回流，减少资金浪费。同时，上年末一定要留存足够的现金，保证下年的广告费。广告费分布在哪几个市场？如何分布？重点在于哪个市场？同时，要关注竞争对手，知己知彼才能百战百胜，充分了解对手才能有效地占领市场而拿到高利润的订单。

④ 原料方面。原材料采购需要提前下达采购订单，而且只要下了订单，必须将订单的数量及种类入库。在下原材料订单时，需要考虑有没有随时转产的问题，如果有，应该怎么办？还需要考虑有没有扩线的问题，如果有，应该怎么办？

⑤ 产品研发。企业如果想六年持续经营，而且权益逐步攀升，那么仅生产单一产品或许是不太可能的。所以，在产品研发投资方面，需要提前预想好研发哪些产品，这样，在提前预算时，需要留出多余的资金，为企业的长远发展做打算。

⑥ 生产线维护和折旧方面。年末生产线的维护费和折旧费是综合费用必须发生的一部分，在年末结账前，要预留出这部分资金，不要由维护费造成资金压力。

⑦ 市场开拓和ISO方面。市场开拓和ISO资格认证的投资尤为重要。在选择订单时，有些利润较高的订单对ISO是有一定要求的，只有最大化地开拓市场，取得ISO资格认证，才能获取相对优质的订单，让企业更好地发展。

好的战略规划是企业良好发展的基础，想要保持优胜地位，必须认真谋划企业发展。如果企业扩张的速度过快，就会陷入急功近利的陷阱，盲目地扩大生产，导致原料产品积压过多，占用大量的流动资金。预算一旦失误，无法有足够的应收款贴现，企业会因为资金流断裂而破产。一味保守也不可取，只在原地踏步，循序经营，产能受到限制，企业很难向前发展。所以，要经营好企业，必须熟悉和遵守“游戏规则”，必须对产品开发设计、客户需求、竞争对手、市场规模有一定的客观认识和准确把握，不能盲目地自以为是，也不能被动盲从失去自我。不能求太快，也不能一味保守，要不断取舍调整，善于在创新发展中不断创造适应市场的商机。

注：研发产品的方向，不一定只有市场最大的，可能市场小的产品竞争者少，效益更好。

第二节　提高管理能力

管理能力是每个管理者必须拥有的基础能力。如果管理者不能管理好一个团队，那么这个管理者一定是失败的，这个团队也一定是失败的。沙盘的每一个小组代表着一家企业，所以管理能力也是沙盘推演中非常重要的一项能力。通过直观的企业经营沙盘来模拟企业运行状况，在分析市场、制定战略、组织生产、整体营销和财务结算等一系列活动中体会企业经营运作的全过程，认识到企业资源的有限性，并且学会如何使用有限的资源来达到经营目标，实现利润最大化。既能调动主观能动性，又可以身临其境，真正感受一个企业经营者直面的市场竞争的精彩与残酷、承担的经营风险与责任，从而深刻理解ERP的管理思想，领悟科学的管理规律，提升管理能力。

① 提交广告费，争抢订单。万事开头难，这个步骤是整个模拟中至关重要的一步。生产主管根据生产线的数量，预测产能，为销售主管的抢单做数据支持。销售主管根据市场情况和本公司的生产力，以及对竞争对手的预测分析，与财务主管沟通，确定广告费支出。当广告费排名出炉之后，便是销售主管根据手中的数据，在现有情况下，选择对本公司最有利的产品订单。

② 根据订单生产和交货。这个步骤是很好完成的，因为事先已经经过周密的预测，所以供应主管根据订单，从财务主管手中支出资金下料，生产主管根据生产线能力进行有序的生产，订单完成时交货，获得货款。

③ 生产规模的决策。这个步骤主要是由财务主管、生产主管和销售主管共同完成的。销售主管根据市场趋势分析预测出今后的市场需求，生产主管根据数据来决策生产线的数量、生产线的种类（手工线、半自动线、全自动线、柔性线），以及厂房的闲置或利用。

④ 市场拓展和产品研发。销售主管分析市场，预测未来时间内市场的走向和产品的趋势。根据分析结果，通过与财务主管沟通，对不同的市场（本地、区域、国内、亚洲、国际）、不同的产品（P1，P2，P3，P4）以及ISO 9000认证和ISO 14000认证做出不同的资金投入。

⑤ 资金的运作。可以说，整个模拟中，财务主管是最辛苦的。每一笔资金的流入和流出，都要经过财务主管的记录。财务主管在每年年初预测整年的资金状况，根据预测决定贷款（长贷、短贷）、贴现、高利贷，保证流动资金的持续。

⑥ 统领全局。在整个模拟过程中，总经理似乎是最轻松的，没有零碎的工作，只是对每个决策做出决定。实则不然，没有具体的职责范围，反而使总经理的工作量扩大化，每个步骤都要参与决策，并且要严格掌控公司的运作进度，贯彻队员的执行力度。

第三节　拓展知识结构

沙盘所代表的企业在正常运作中，包括生产、销售、财务、物流等多个方面，这就要求管理者具有完整的知识结构，只有这样，管理者才能从杂乱的信息中筛选出有用的信息。当然，管理者更应该有所特长，同时对其他方面都有所了解。

一、战略管理

成功的企业一定有着明确的企业战略，包括产品战略、市场战略、竞争战略及资金运用战略等。从最初的战略制定到最后的战略目标达成分析，经过几年的模拟，经历迷茫、挫折、探索，大家将学会用战略的眼光看待企业的业务和经营，保证业务与战略的一致，在未来的工作中，更多地获取战略性成功而非机会性成功。

二、营销管理

市场营销就是企业用价值不断来满足客户需求的过程。企业所有的行为、所有的资源，无非是要满足客户的需求。模拟企业几年中的市场竞争对抗，学会分析市场、关注竞争对手、把握消费者需求、制定营销战略、定位目标市场，制订并有效地实施销售计划，最终达到企业战略目标。

三、生产管理

在模拟中，把企业的采购管理、生产管理、质量管理统一纳入生产管理领域，则新产品研发、物资采购、生产运作管理、品牌建设等一系列问题背后的一系列决策问题自然地呈现在面前，其跨越了专业分隔、部门壁垒。充分运用所学知识，积极思考，在不断的成功与失败中获取新知。

四、财务管理

在沙盘模拟过程中，团队成员将清晰地掌握资产负债表、利润表的结构；掌握资本流转如何影响损益；解读企业经营的全局；预估长短期资金需求，以最佳方式筹资，控制融资成本，提高资金使用效率；理解现金流对企业经营的影响。

五、人力资源管理

沙盘模拟中每个团队经过初期组建、短暂磨合，逐渐形成团队默契，完全进入协作状态。在这个过程中，通过各自为战导致的效率低下、无效沟通引起的争论不休、职责不清导致的秩序混乱等情况，可以深刻地理解局部最优不等于总体最优的道理，学会换位思考。明确只有在组织的全体成员有着共同愿景、朝着共同的绩效目标努力、遵守相应的工作规范、彼此信任和支持的氛围下，企业才能取得成功。

六、基于信息管理的思维方式

通过ERP沙盘模拟，会真切地体会到构建企业信息系统的紧迫性。企业信息系统如同飞行器上的仪表盘，能够时刻跟踪企业运行状况，对企业业务运行过程进行控制和监督，及时为企业管理者提供丰富的可用信息。通过沙盘信息化体验，可以感受到企业信息化的实施过程及关键点，从而合理规划企业信息管理系统，为企业信息化做好观念和能力的铺垫。

ERP沙盘模拟培训将企业的主要流程缩小在整张沙盘上。企业的物流：下原料订单、原料入库、组织生产、接订单销售。企业的资金流：现金、贷款、应收账款、人工成本、设备维修、固定资产折旧等制造费用支出，广告投入、市场开拓、产品研发、ISO认证等管理费用支出，等等。企业的信息流：市场预测分析、竞争环境、竞争对手经营情况分析等。

七、利用财务分析数据

1. 销售多少才能赚钱

本量利分析法，也称产量成本利润分析，是根据成本、产量、利润三者之间的关系，预测利润、控制成本的一种分析方法，是企业经营决策中常用的一种定量确定型决策方法。

利润的计算公式：

$$利润 = 收入 - 成本$$

成本分为固定成本和变动成本。固定成本是产品、材料、人工的组成，P1是2M，P2是3M，P3是4M，P4是5M……而变动成本通常是在经营过程中发生的费用支出，如生产线的维护和折旧、管理费用、财务费用、广告费用，资金不足需要贴现、经营失误造成支付违约金等。我们要在众多数据中找到盈亏临界点，也就是利润等于零的状态。

$$盈亏临界点销售量 = 固定成本 \div (单位售价 - 单位变动成本)$$

例如，某团队准备做一套相对简单的战略方案，3条自动线做P1，买中厂房（无租金支出），无长贷，短贷三季共60M，广告费用总额9M。P1单位售价均价5M。

通过计算，这套方案的固定成本有：

$$2 \times 12 = 24\ (\text{M})$$

变动成本包括生产线的维护费和折旧，即

$$3 \times 5 = 15\ (\text{M})$$

广告销售费用9M，利息支出财务费用3M。

$$15 + 9 + 3 = 27\ (\text{M})$$

通过计算得知单位变动成本为

$$27 \div 12 = 2.25\ (\text{M})$$

由此得

$$\begin{aligned} 盈亏临界点销售量 &= 固定成本 \div (单位售价 - 单位变动成本) \\ &= 24 \div (5 - 2.25) \approx 8.73 \approx 9个 \end{aligned}$$

也就是说，P1产品的盈亏临界点销售量为9个左右，如果销量不足9个，本产品本年就会亏损。

2. 解密企业经营成功之道

$$销售净利润率 = 净利润/销售收入 \times 100\%$$

销售净利润率是反映企业利润总额与销售收入关系的比率，提高销售净利润率是提高企业盈利能力的关键所在。也就是销售净利润率越高，企业的盈利能力越强，发展前景越乐观。

通过公式分析，要想提高销售净利润率，主要途径有两条：一是扩大销售收入，销售收入越高，净利润也会越高；二是降低成本费用，在销售收入相对不变的前提下，成本费用越低，净利润越高。

思考一下，如何扩大销售收入？如何降低成本费用？

$$总资产周转率 = 销售收入/资产总额 \times 100\%$$

总资产周转率反映企业资产总额实现销售收入的综合能力，反映企业资产的营运能力，既关系企业获利能力，又关系企业偿债能力。

总资产周转率越高，反映企业资产的营运能力越强，则获利能力、偿债能力越强。如果想要提高总资产周转率，应当联系当年销售收入分析资产使用是否合理。流动资产（现金、材料、产品、应收账款等）体现企业的偿债能力和变现能力，非流动资产（厂房、生产线等）体现企业经营规模和发展潜力。如果现金持有超过经营需要，可能就会影响企业的扩大发展和获利能力；如果占用过多的存货和应收账款，既影响偿债能力，也会影响获利能力；如果盲目增加厂房生产线而不分析市场，会造成产品积压或停工现象，影响企业的资金周转和获利能力。

$$资产负债率 = 负债总额/资产总额 \times 100\%$$
$$权益乘数 = 1/(1 - 资产负债率)$$

权益乘数受资产负债率的影响，反映企业的负债能力。企业的权益乘数较高，说明负债在资产总额中占有很大比重，这样企业就会面临较高的财务风险，很容易出现贴现业务；权益乘数较低，说明企业财务形式比较平稳，负债较少，风险较小，同样，获取高额利润的机会也不会很多。这就要求团队成员准确计算，合理利用全部资产，安排好资本结构，这样既能避免出现财务风险，又能保证企业平稳获利。

3. 明确钱都花在哪里了

全成本分析是企业盈利能力分析指标之一，主要是分析各项费用支出占销售收入的比重，从花费较高的费用支出入手，分析发生的原因，找到控制费用的有效办法。

第一年是企业的建设年，没有销售业务，需要合理地安排产品研发、市场开拓和ISO认证，同时支付管理费用。

第二年应该是比较困难的一年，因为企业刚起步，资金有限、产能有限，还要继续进行研发、市场开拓和ISO认证，支付管理费用、生产线维护折旧费用、贷款的利息支出、产品销售的广告费用等。这就需要在经营过程中，合理安排每一季度的各项费用支出，尽量不要出现失误。

第三、四年应该是比较平稳的时期，企业逐步走向正轨，经营也基本正常，而且开始略有盈利，所有者权益开始上升，这时要把控住财务费用、广告费用等，尽量合理地利用现有资金，不要认为“不差钱”就不怕“花钱”。

第五、六年应该是企业迅速发展壮大的时期，如果资金允许，可以开始考虑扩大产能，这时大部分资金会投入购买厂房、生产线中。虽然产能扩大，不过随着生产线和产成品的增加，维护费、折旧费和广告费会上升较快，综合费用较高，如果订单不理想或单价不理想，毛利率也不会很高。

综上所述，在每一年的经营过程中，应当对所花的每一笔钱做到心中有数，同时要分析这些钱花得是否值得，是否收到了预期的效果。如果没有达到理想结果，应尽快调整思路，转变策略，形成投入产出比的合理化。

八、学会分析评价

对于本企业的评价应当考虑如下两个比较实际的因素。

1. “利润”

盈利多少是整个战略决策的综合客观结果。利润是利润留存与当年净利润之和，利润越大，意味着“钱越赚越多”。

2. 企业未来的发展

企业未来的发展应涵盖企业的各种有形资产和无形资产，购买厂房越多，意味着固定资产规模越大，减少租金费用，盈利能力增强；生产线决定了企业的生产能力，数量多、可转产，企业的产能会越来越大；ISO认证作为一种投资回报，有ISO认证需要的订单一般价格和账期较好，减少广告成本，增强获利；市场开拓也是企业的投资回报，市场宽广，选单易于达到“最大可销售量”，降低库存风险，加快资金周转；产品研发作为战略性投资回报，产品选择宽广，在市场开拓配合下，可更好地定位单价较高、毛利较大的产品，增强企业的盈利能力。

第四节　具备企业家素质

企业是面向市场的，而市场是多变的，有些时候甚至是不可预测、充满危机的，企业可能会因此陷入困境，进退两难。这就要求管理者要有良好的企业家素质，具体包括危机意识、责任心和抗压能力。

一、过分乐观资金状况

过分乐观资金状况是经营团队经常出现的状况之一。在完成销售之后，取得了不错的销售利润，这时就会觉得赚钱很简单，而且不会再为资金问题“发愁”，就容易出现盲目建线以期扩大产能而忽略分析市场，也会出现一味多投广告想要抢到相对理想订单而忽略分析对手。这样一来，很容易使辛苦打造的良好开局陷入被动。这就要求管理者在良好开局的情况下，也要时刻有危机意识，有长远的眼光，及时分析产品、市场的走势，及时了解对手的动态，在知己知彼的情况下，合理使用资金，逐步发展扩大企业经营规模。

二、选择了相对拥挤的产品和市场

这是每一个做沙盘的管理者最不愿意遇到的情况，但也是最逃避不了的情况。在看到市场预测和订单信息之后，每个团队都会选择市场相对宽松同时利润相对较高的产品和市场，这样就会造成某一种产品或市场相对拥挤，而其他产品和市场较为宽松。这时需要管理者千万要放平心态，切忌焦虑急躁。一方面合理运用现有资金和产品获取合理利润；另一方面分析产品和市场，寻求突破，在不利的情况下，也能很好地经营下去。

三、产品销售不理想，出现积压库存的情况

对于每个企业来说，全部选单满产，销售全部产品是最好的经营状态，用合理的投资换取理想的回报。如果出现市场过于拥挤或者产品交货期不理想，可能会出现积压库存的情况，这时作为管理者一定要稳定情绪，不能急躁灰心。在进行当年生产经营时，优先按照订单完成生产任务，剩余产品可以作为战略库存保留，并且在当年第四季生产产品时，优先考虑生产利润较高或者市场较为

拥挤的产品，保证下一年第一季能够选取理想订单销售库存。

第五节 培养团队合作精神

团队合作最重要。一个人无论多能干，也不可能面面俱到。一个团队的领导者最重要的能力就是协调，协调并有效地利用资源，调动团队的积极性和队友的热情。

整个ERP沙盘训练的组织中，需要总经理、财务主管、销售主管、生产主管、采购主管等岗位。总经理需要沉着冷静，监管进度，统领全局，且财务能力强，严把资金的出入；生产主管需要全程掌握生产动态、生产线的数量、产能的预测；销售主管需要时刻关注市场动态，取得市场产品的各种信息和对手的生产情况。总经理需要有胆识、敏锐的触角，市场分析能力强，预测能力强；生产主管需要根据订单及产能准确订购原材料，尽量少占用现金流，使资金利用合理，取得利润最大化；财务主管需要协助做好后勤保障工作，及时提供财务信息，合理进行贷款融资，确保企业能够正常运营。在强调“各司其职”的同时，应强调各个部门之间的“团结与协作”。如果生产主管没有对市场进行详细的分析，就不知道应该开发什么样的产品和开拓什么市场；不知道开拓什么产品和市场，生产主管就无法正确计算产量，也无法判断是否应该更新生产线；不知道排产和生产线的具体情况，采购主管就无法正确地更新材料订单；材料订单计算得不精准，又直接关系到财务主管的现金预算状况：这一切都需要总经理的统筹安排和规划。

由此可见，所有角色是环环相扣、缺一不可的，只有一起为了共同的战略目标而努力，才能达到最大的效用。那么如何才能达到效用最大？各个角色之间必须做好沟通和信任。需要沟通彼此的计划，沟通彼此的决策，沟通彼此的看法。一旦出现问题，首先想到的是如何解决目前面临的困境，尽快从恶性循环中解脱出来，为确保以后能够良好运营赢得宝贵的时间。其次是都要从自身找原因，敢于承认自己的错误，确保在以后的工作中尽量不出现犯过的错误。其他成员要以一颗宽容的心去对待同伴，要考虑到别人出现错误自己可能也有责任，因为他的工作与自己密切相关。在整个沙盘模拟过程中，并不是孤军奋战，也不是要凸显个人的超常能力，而是一个整体的团队在相互配合，在为了一个目标共同前进。

第六节 开拓创新思维

一、激发求知兴趣，培养创造性思维能力

1. 培养强烈的求知欲

竞争是一种互动关系，竞争参与者的决策往往取决于环境的变化和对竞争对手的分析结果。所以，无论选择何种方案进行运营，得到的结果都是不确定的；即使相同的规则预测、相同的产品市场、相同的对手、不变的方案，得到的结果也都是不同的。这种未知性的存在，使沙盘运营蒙上了一层神秘的色彩，也使经营者乐在其中，激发了无限的兴趣。在经营过程中，不停地去思考去应变，千方百计地适应当前的市场形势，或扩大自己的优势，或扭转自己的劣势。只有在这样不断的探索过程中，才会不断地激起好奇心和求知欲，使之不枯不竭、永为活水。

2. 发展直觉思维

在运营过程中，为了一些灵光一闪的想法，有时会提出比较奇怪的问题，有时可以有大胆的想法假设，有时会为了解决一个难题而设想出多种新奇的方法、方案等。当这些想法纷至沓来的时

候，可千万别怠慢了它们。有时候敏锐的感觉、活跃的想象，都有可能为我们打开另一扇通向成功的大门。对于这些可能出现的突如其来的新想法、新观念，要及时捕捉到这种信息，善于发展直觉思维，并随手记录下来。

二、开拓知识领域，培养创造性思维能力

1. 培养思维的流畅性、灵活性和独创性

在整个经营过程中，虽然是团队各主管的默契配合，但所有人都应该熟悉所有流程。在整个六年的经营过程中，完整流畅的思维至关重要，一旦出现偏差，很有可能使辛苦经营的良好局面陷入被动境地。所以，沙盘模拟经营可以用很好的流畅的思维方式，灵活地运用所学知识去完成六年的经营，并且可以将独到的想法加入其中，以取得意想不到的效果。

2. 培养系统整合知识的能力

在沙盘运营期间，不仅是会计专业知识的使用，整个过程还贯穿了物流专业、营销专业、统计专业等财经类学科的知识，需要团队所有成员对所有环节熟悉掌握，对所需财经专业知识灵活合理使用。从订购原材料、进行生产，到产品销售、填制报表、计算数据，其实就是各类知识的整合过程。在这个过程中，将各专业知识水到渠成地进行融合，发现新想法、新创意，会取得意想不到的效果。

三、鼓励探索求异，培养创造性思维能力

1. 展开“幻想”的翅膀

在整个思考过程中，如果没有想象的参与，思考就会产生困难。经营战略是依据不同的市场环境和竞争环境随时调整的，立足现有的环境，才能让预先的计划跟上现有的变化。在整个过程中，需要预先模拟各种可能出现的状况。例如，如果市场拥挤怎么办？如果产品交货期账期不理想怎么办？如果选单不理想，产品单价较低怎么办？预想到最糟糕的情形，才能临危不惧、处变不惊。

2. 培养发散思维

所谓发散思维，是指倘若一个问题可能有多种答案，那么就以这个问题为中心，思考的方向往外散发，找出适当的答案，越多越好，而不是只找一个正确的答案。这种思维中，可左冲右突，在各种合适的答案中，充分表现出思维的创造性成分。沙盘运营正是如此，虽然所有团队最终的目标只有一个，就是争取所有者权益最高，但是为了这个目标，过程不止一个，方案也不止一种，各种策略都会产生不同的效应，对手的细微变化也会造成不同的境况，这就要求我们不要一成不变地去看待、去经营，找出适合自己的，才是最好的。

第七章　ERP沙盘模拟成功之道

在ERP沙盘模拟课程起始阶段，所有的模拟企业都具有相同的背景，拥有相同的资源，并追求相同的目标——股东财富最大化。然而，经过若干期经营之后，结果却是千差万别。究其原因，我们能够发现很多规律性的现象和内在联系。在这里，笔者将多年ERP沙盘模拟教学、竞赛中积累的心得体会加以提炼和梳理，作为成功的经验与读者交流分享，同时希望能起到抛砖引玉的作用。

第一节　基本理念

理念是行为之魂，没有先进的理念就没有先进的实践。笔者认为，ERP沙盘模拟的成功之道应遵循以下理念。

一、从错误中学习，在失败中成长

在模拟经营过程中，不要怕犯错和失败。学习就是为了发现问题，并努力寻求解决问题的方法。在学习过程中，往往是谁犯的错误越多，谁的收获就越大，认识也越深刻。不会在失败中找出经验教训的人，通向成功的路是遥远的。所以，要保持积极乐观的心态，一个人如果心态积极，乐观地面对逆境和接受挑战，那么他就成功了一半。尤其是在竞赛中，冠军只有一个，除了冠军，也许其他人都会有些失意，这很正常，但失意只是暂时的，成长需要磨炼。

二、一切用数据说话

力求精通规则、计算深远，看懂市场预测和会计报表，科学的决策依靠周密严谨的计算和翔实可靠的数据支持。否则，一切跟着感觉走，结果只能沦为“四拍”式管理——拍脑袋决策、拍胸脯保证、拍大腿后悔、拍屁股走人。

三、知己知彼，百战不殆

在战略的制定和执行过程中，千万不要忘记竞争对手。竞争对手的市场开拓、产品研发、ISO认证、产能大小、现金多少，甚至广告投放习惯等都是必须关注的。只有对竞争对手有正确的评估，才能准确地推断出其战略意图，从而避实就虚，寻求战略优势。

四、细节决定成败

关注细节是一种习惯，要在平时点滴中培养。很多时候我们会说“运气不好”，由某个失误导致经营失败太可惜了。但究其根本，都是因为在细节上没有掌控好，犯了致命“失误”，从而满盘皆输。一个好的财务（计算）可以保证公司不死，一个好的市场（博弈）可以让公司壮大，在这两个条件差不多的情况下，不犯错或者少犯错的团队可以走得更远。高水平的巅峰对决，比的就是对细节的掌控。

五、稳中求进，不可贪胜

模拟经营的前期注重战略，后期讲究战术，但是如果战略不好，再好的战术也派不上用场，所以前三年是竞争的关键，此时企业资源较少，必须量力而行、循序渐进。产能的扩张必须以市场需求为依据，以现金预算为基础，以发展壮大为目标，以稳健适度为原则。可以说，能够自然流畅地展开各项资源的企业，必然会在竞争中占据优势地位。墨守成规、不思进取不可能发展企业，但那种急功近利、试图一蹴而就的心态更是经营的大忌。

六、办企业就是办人

在模拟企业中，CEO是灵魂，财务是核心，营销是关键，生产是基础，采购是保障，是五位一体的关系。企业经营得好坏，一方面取决于企业的决策，另一方面取决于团队成员的参与程度、默契程度和互补程度。团队成员之间不仅要敢于沟通，更要善于沟通。在制定决策时，团队成员应集思广益、畅所欲言；而一旦做出方案，就应该各司其职，认真履行好自己的职责，保证企业战略意图的贯彻执行。当企业运营出现问题时，最能考验团队的凝聚力，此时，不能推脱责任，更不能互相埋怨和指责，要学会以欣赏、尊重、宽容的态度对待同伴。企业的兴衰成败归根结底取决于人！

第二节　筹资活动攻略

一、负债经营原则

负债经营是现代企业的基本特征之一，其基本原理就是在保证财务稳健的前提下，充分发挥财务杠杆的作用，为股东谋求收益最大化。负债经营是一把双刃剑：一方面，如果企业经营状况良好，投资收益率大于负债利息率，则获得财务杠杆利益，达到“借鸡生蛋”的目的；另一方面，如果企业经营状况不佳，投资收益率小于负债利息率，则产生财务杠杆损失，甚至导致企业因不堪重“负”而濒临破产的边缘。

现实生活中，很多管理者缺乏财务管理知识，对企业运用负债理解不够，利弊认识不清，视负债风险为洪水猛兽，认为“冷在风里，穷在债里”，事实上，适度的负债经营可以提高企业的竞争力和获利能力，是现代企业为获得快速发展而采取的一种积极进取的经营手段。

当然，负债经营的比例究竟应该多高，这是财务管理学中确定最佳资本结构的关键问题，也是一个没有普遍适用模式的难题。企业必须结合自身资源、运作能力以及外部环境的各种因素，进行通盘考虑。

二、长短贷结构合理

在ERP沙盘模拟中，银行信贷资金是模拟企业的基本筹资渠道，长期贷款和短期贷款各有利弊，它们的资本成本和财务风险比较如表7-1所示。

表7-1　长期贷款和短期贷款的资本成本和财务风险比较

筹资类型	资本成本	财务风险
短期贷款	低	大
长期贷款	高	小

从表7-1中可以看出，使用短期贷款资本成本低，但财务风险大，很容易造成还不了到期的贷款而导致企业破产；使用长期贷款则相反，财务风险小，但较高的资本成本侵蚀了企业的利润空间，导致企业“干得很辛苦，就是不赚钱”。所以，在制定筹资策略时，必须合理安排长短贷的比例，使资本成本和财务风险达到均衡，让借来的钱创造出更多的利润。

三、控制贷款额度

1. 卡权益

根据规则，所有长贷和短贷之和不能超过上年所有者权益的3倍。在模拟经营的前两年，由于权益较低，卡权益数以保证下一年的贷款额度非常重要。同时规则规定，以20M为基本贷款单位（电子沙盘的长贷以10M为基本贷款单位），所以，权益的个位数卡在0，4，7时对计算贷款额度比较有利。例如，某年年末的权益是40M，那么，下年度贷款额度就是120M；若权益为39M，则下年度贷款额度只有100M（电子沙盘为110M），贷款额度的减少对企业经营势必造成一系列不良影响。

2. 保权益

为保证下年度融资能力，年末权益数一般不要低于40M，可以通过以下方式保权益。

① 推迟或放弃ISO认证投资。市场对ISO认证需求一般出现较迟，同时要求ISO 9000认证和ISO 14000认证的订单更稀少，因此，为保权益，首先要削减ISO投资额。

② 减少一个或两个市场开拓投资。市场并非越多越好，关键看能否提升企业的效益。那种“不管什么情况都要把市场全开”的思路是不正确的，因为市场准入资格的获得需要付出资金及时间代价，如果开发出的市场不能发挥应有的作用，则开发就是失败的。一般来说，并不需要把五大市场都开拓出来，尤其是亚洲和国际两个市场可以选择其一。例如，国际市场开拓的周期长、投资大，但我们通过市场预测发现，国际市场对P4产品的需求量很小，所以，主打P4产品的企业可以考虑放弃国际市场开拓。

四、出售厂房

关于常规的筹资方式，本书已经做了详尽的说明，这里介绍出售厂房的策略。笔者在教学实践中发现，厂房处理往往是“新手不会用、高手不需用”的方法，但事实上，出售厂房也是一种应急的筹资方式。

在电子沙盘第一年运营中，为了保权益，往往采用购买厂房的策略，第二年后，若预计资金周转会出现困难，可以主动提前出售厂房，根据模拟运营规则“厂房按买价出售”，得到4个账期的应收款。如果从收入的角度看，这就视同取得一笔销售收入；如果从筹资的角度看，也可以理解为申请了一笔长期贷款。例如，出售小厂房得到30M应收款，可以看作变相取得了30M长贷，小厂房的年租金3M，而30M长贷的年利息也是3M，显然，这两种方式对权益的影响是相同的；在现金充足的年份，还可以通过“租转买”购回厂房，从而节省租金、提高权益，而长贷是不能提前归还的，所以出售厂房比申请长贷要灵活。

第三节 投资活动攻略

一、资源展开符合“配称”原则

“竞争战略之父”迈克尔·波特教授指出，战略就是在企业的各项运营活动之间建立一种配称。

笔者认为，“配称”就是协调和匹配，包含着“恰好”的概念，类似于管理学中的“木桶定律”。资源“配称”可以有效地避免资源浪费，使企业的整体绩效最大化。具体到ERP沙盘模拟中，就是要求市场开拓、产品研发、生产线建设以及材料采购等环节要“配称”，如产品研发与生产线建设应该同期完成，原料入库与上线生产能够协调一致，产能扩张与市场开拓保持同步，投资需求与资金供给有效匹配等。

在ERP沙盘模拟中，产供销脱节现象比比皆是，这是很多模拟企业经营惨淡的根本原因。例如，有的小组开拓了广阔的市场，本应顺理成章地接到很多订单，却发现产能不足，即使生产线全力以赴，也无法满足订单的要求；有的小组花费大量的资金购置了自动线或柔性线，产能很高，但产品单一、市场狭小，导致产品积压和生产线闲置；有的小组营销、生产安排妥当，只等正常生产和交货即可有光明的前景，然而，库存原料又不够了，只能停工待料或者紧急采购，打乱了事先的部署。凡此种种，不一而足。

二、各种生产线的性价比

1. 手工线与自动线比较

就买价、产能和年折旧费而言，三条手工线等于一条自动线。但是，三条手工线的维修费是3M，一条自动线只需要1M维修费。另外，三条手工线比一条自动线还要多占两个机位，这会大大限制企业产能的扩张。所以，自动线的性价比优于手工线。

2. 半自动线与自动线比较

两条半自动线等于一条自动线的产能，但两条半自动线的买价是20M，一条自动线的买价是15M；同时，两条半自动线比一条自动线还要多1M折旧费和1M维修费，并多占一个机位。所以，自动线的性价比明显优于半自动线。

3. 柔性线与自动线比较

柔性线与自动线各有千秋，主要区别如表7-2所示。

表7-2 柔性线与自动线的主要区别

生产线	买价	转产费	残值	折旧费
柔性线	20M	0	4M	4M/年
自动线	15M	2M	3M	3M/年

从表7-2中可以看出，柔性线的买价比自动线多5M，柔性线的残值比自动线多1M，所以，总体来看，柔性线比自动线多支付4M现金，柔性线总的折旧费比自动线多4M，权益减少4M。柔性线的优势在于转产，自动线转产要停工1季并支付2M转产费，权益减少2M，由于柔性线的安装周期比自动线多1季，因此产能持平，此时自动线还比柔性线多2M权益。若自动线第二次转产，自动线又要停工1季并支付2M转产费，权益又减少2M，此时对权益的影响相同，但柔性线比自动线多出一个产能。显然，这种情况下柔性线更合算。

在企业采用多种产品组合模式时，一般应购置1～2条柔性线，从而灵活调整交单时间和顺序，尽量避免贴现。同时，如果打算购置柔性生产线，那么宜早不宜晚，因为越往后产品转产的概率越低，柔性线的优势得不到发挥，就浪费了优质资源，同时增加了现金压力。

基于以上分析，我们可以得出结论：自动线性价比最高，是首选生产线；若预计出现两次转产，则应考虑使用柔性线；手工线可用来应急。

三、生产线建设策略

1. 生产线开始建设的时点

生产线开始建设的最佳时点应该是保证产品研发与生产线建设投资同期完成。例如，P3产品研发周期是6个季度，自动线安装周期是3个季度，如果第一年第一季开始研发P3产品，第一年第四季开始建设生产P3产品的自动线，那么第二年第二季P3产品研发与自动线生产线建设投资恰好同期完成，第二年第三季上线生产P3产品。如表7-3所示。

表7-3 产品研发与生产线建设投资

任务	第一年				第二年			
	1Q	2Q	3Q	4Q	1Q	2Q	3Q	4Q
P3产品研发	1M	1M	1M	1M	1M	1M		
自动线1建设				5M	5M	5M	投产	
自动线2建设				5M	5M	5M	投产	
自动线3建设				5M	5M	5M	投产	
自动线4建设				5M	5M	5M	投产	

2. 建设产能灵活的生产线

在电子沙盘模拟经营第一年，由于竞争对手的情况不明朗，应尽量建设产能灵活的生产线，以便给第二年选单留有余地。根据表7-3例，如果企业第二年只接到3个P3产品的订单，那么，第4条自动线就可以延期投资，在第二年第四季完成投资，这条生产线第二年就不需要支付维修费了。生产线建设进程如表7-4所示。

表7-4 建设产能灵活的生产线

任务	第一年				第二年			
	1Q	2Q	3Q	4Q	1Q	2Q	3Q	4Q
自动线1建设				5M	5M	5M	投产	
自动线2建设				5M	5M	5M	投产	
自动线3建设				5M	5M	5M	投产	
自动线4建设				5M			5M	5M

四、巧用手工生产线

根据生产线的性价比分析，是不是意味着手工线没有任何用途呢？其实不然，手工线有一个重要作用——“救火队员”。在选单中，有时会遇到订单数量比实际产能多1个。如果接下这张订单，有两种方法解决燃眉之急：一种方法是紧急采购1个产品来弥补产能的不足；另一种方法是利用手工线即买即用的特点，在厂房机位有空余的情况下，第一季度买1条手工线并投产，可以在第四季度产出1个产品，同时将手工线立即出售。手工线出售的损失是4M，与紧急采购1个P1产品的损失相同，但比紧急采购P2，P3和P4产品要合算得多。当然，利用手工线救急还必须有满足上线生产的原料，若原料也需要紧急采购，那就另当别论了。

五、出售生产线的时机

从权益的角度看，当生产线还剩一期折旧费未计提时，出售生产线是有利的。根据模拟运营规则“生产线按其残值出售，净值与残值之差计入损失”，当出售的生产线还剩一期折旧费未计提时，残值变为现金，最后一期折旧费转入损失，但节省了1M维修费，提高了权益。例如，企业在某年年初有一条半自动线，其净值是4M，如果不出售该半自动线，那么年末折旧费是2M，维修费是1M；如果当年出售该半自动线，那么年末就不需要计提折旧费和支付维修费，只产生2M的损失，与前者相比，可以提高1M权益，同时得到2M现金。

在手工沙盘模拟经营的前两年，核心问题就是生产线的更新换代。事实上，对于产能较低的手工线和半自动线及时处理，空出的机位可以铺设产能较高的自动线或者柔性线，从权益上讲，也是有利的。至于自动线和柔性线，正常情况下不宜出售，只有前两年已建成且在第6年出售，才有利于权益的增加。

第四节　营运活动攻略

一、“三零”库存原则

1. 原料零库存

在ERP沙盘模拟中，产品的物料清单和原料的采购提前期都是确定的，因此可以通过明确的生产计划，准确地计算出所需原料的种类、数量以及采购时间。例如，P2产品的物料清单是“R2＋R3”，假设在第四季度有1个P2产品要交货，如果是安排自动线生产，那么第三季度就必须上线生产，此时需要1个R2原料和1个R3原料都已入库。因为R2采购提前期为一个季度，R3采购提前期为两个季度，所以需要在第一季度下1个R3原料订单，在第二季度下1个R2原料订单。这样，在第三季度上线生产P2时，刚好有足够的原料，从而保证第四季度P2产品完工，按时交货。这是最基本的采购排程，通过精确的排程计算，就可以做到准时生产（just in time，JIT），实现零库存的目标。

生产及采购排程的推算方法如表7-5所示。

表7-5　生产及采购排程的推算方法

状态		时间					
		1	2	3	4	5	6
手工线	开始生产			P2			P2
	下原料订单	R3	R2		R3	R2	
半自动线	开始生产			P2		P2	
	下原料订单	R3	R2	R3	R2		
全自动线	开始生产			P2	P2	P2	P2
	下原料订单	R3	R2+R3	R2+R3	R2+R3	R2	
合计	开始生产			3P2	1P2	2P2	2P2
	下原料订单	3R3	3R2+1R3	1R2+2R3	2R2+2R3	2R2	

当然，零库存还应符合灵活调整生产安排的要求。在有柔性线或者可能转产的情况下，第一季度需要按照各种生产方案原料需求的最大值购进各种原料。例如，企业有一条柔性线，第一季度需要根据接单情况，任意选择生产P2产品或者P3产品，这样就必须保证生产P2和P3产品所需的原料

齐全，对于多采购的原料，可以在以后各季逐渐消化掉，但年末必须实现零库存。

2. 产品零库存

企业将产品销售出去，便可取得收入，收回资金。在一定时期内，资金周转更快，就可以利用相同数量的资金生产出更多的产品，取得更多的收入，获得更多的利润。如果企业当年生产出的产品全部销售出去，年末实现产品零库存，那么说明企业资金周转状况好，资金利用效率高，体现了企业供、产、销的协同。但相对于原料零库存而言，产品零库存难度较大，因为它不仅需要采购与生产的密切衔接，而且需要合理的广告投放与选单相配合。

在"竞拍版"电子沙盘模拟经营比赛中，曾有队伍在竞拍会的年初有意保留一定的库存产品，这是一种高级战术，它与"扫单"一样，都是在高水平对抗时随机应变的策略，没有固定的规律可循。

3. 现金零库存

现金是企业的血液，一旦现金断流，企业生产经营活动将无以为继。如果一定要说企业运营中哪个失误最严重、是致命的，那就是现金不足。那么，是不是库存现金越多越好呢？答案是否定的。根据会计学知识，资产流动性（变现能力）越强，其营利性（获利能力）就越差，资产的流动性与营利性呈反方向变化。现金是流动性最强的资产，但同时是一种非营利性资产，不能给企业带来任何收益。除非企业的现金已经无处可以投资，否则持有过多的现金而不进行投资是非常不理智的行为。所以，现金管理就是在现金的流动性与营利性之间进行权衡选择的过程。现金管理的核心环节和方法是现金预算管理，编制现金预算要从分析现金流入手，ERP沙盘模拟涉及的现金流入与流出项目如表7–6所示。

表7–6　现金流入与流出项目一览表

现金流入项目	现金流出项目
1. 长贷和短贷 2. 到期应收款 3. 应收款贴现 4. 厂房贴现 5. 变卖生产线 6. 出售库存	1. 支付广告费 2. 支付上年所得税 3. 支付贷款利息 4. 偿还到期贷款本金 5. 原料入库支付现金 6. 厂房买价/租金 7. 生产线建设投资 8. 生产线转产费用 9. 支付工人工资 10. 产品研发投资 11. 支付行政管理费 12. 支付设备维修费 13. 市场开拓投资 14. ISO认证投资 15. 其他支出

从表7–6中不难发现，现金流入项目非常有限，而且其中只有"到期应收款"流入的现金对损益没有负面影响。长贷、短贷和贴现会增加财务费用，变卖生产线和出售库存也可能产生损失。所以，财务总监必须精打细算，保持现金预算与销售计划、生产计划、采购计划以及投资计划的协调一致。同时，如果市场形势、竞争格局发生改变，必须动态调整现金预算，以适应变化。

在ERP沙盘模拟中，只要现金够用，当然是越少越好。每期经营过程中，在现金流入前，使现金余额为零。这样，将现金的作用发挥到极致。但对于初学者不建议这样做。

二、紧急采购的奇效

很多人认为紧急采购会产生较大损失，是亏本买卖，不能用。事实上，如果敢于打破常规思维定式，紧急采购可以发挥出奇兵的作用。例如，通过市场预测发现，在第5年和第6年的国际市场上，P1产品订单的平均单价接近6M，几乎是P1产品成本的3倍，个别订单的单价肯定超过6M，而P1产品的紧急采购价格也就是6M，这意味着即便通过紧急采购来弥补产能不足的部分也是完全可行的。尤其是在“竞拍版”电子沙盘系统中，竞拍会环节允许以产品成本3倍的价格参与竞单，如果充分运用紧急采购的奇效，甚至能够后来居上，实现翻盘。

三、税务调整

1. 利用“向下取整”的计算规则

根据ERP沙盘模拟规则，计算应缴所得税时“向下取整”，可以利用这一规则合理“避税”。例如，某年的应税利润是20M（必须是4M的倍数），应缴所得税为5M，可以在当年进行一次贴现操作，主动增加1M贴息，使当年应税利润降为19M，利用“向下取整”规则，可以减少1M的所得税。这样的效果相当于将1M的税金变成了1M的财务费用，对于当年权益并没有影响，但通过贴现把应收款提前变成现金，增强了资产的流动性。

2. 电子沙盘中所得税计算的特殊问题

在电子沙盘中，如果首次达到应该缴税的情况，但应税所得小于4M，计算出的税金小于1M，按照“向下取整”规则，所得税是零。那么，是否真的避税了呢？答案是否定的。如果出现这种情况，当年应税利润要与下一年应税利润合并计算所得税。例如，某公司1~4年的税前利润如表7-7所示。

表7-7　某公司1~4年的税前利润

年份	第1年	第2年	第3年	第4年
税前利润	-11M	13M	19M	19M

第2年应税所得 = -11M + 13M = 2M，2M × 25% = 0.5M，向下取整，当年应缴所得税为零，但产生了2M应税利润，将和第3年的税前利润一并计算所得税。所以，第3年应缴所得税 = (19 + 2)M × 25% = 5M（向下取整），此为特殊情况，从下一年开始正常处理。第4年应缴所得税 = 19M × 25% = 4M（向下取整）。

第五节　市场营销攻略

一、广告投放原则

在ERP沙盘模拟中，投放广告是模拟企业年度经营的开始，广告投放策略对于企业本年度的经营成果起着决定性影响。投放广告是为了拿到客户订单，理论上说，广告投放得越多，获得订单的机会也越多。但企业的资源是有限的，市场上产品需求数量也是有限的。制定广告投放策略，主要是解决企业准备在哪些市场、哪些产品上投放广告以及投放多少的问题。科学合理的广告投放有助于企业拿到满意的订单而不造成资金浪费，提高广告收益率和资金使用效率。企业在制定广告投放策略时，应遵循以下原则。

1. 稳健性原则

稳健性原则就是在认真分析市场的前提下，有目的地投放广告，避免盲目投放广告而造成资金的浪费。企业经营需要理性，不能意气用事，更不能有“赌”的心理。实践证明，很多小组由于大肆投放广告，造成现金流出过多，从而不得不推迟产品研发、市场开拓以及生产线建设，最终导致产能无法扩张而丧失先前取得的优势。

2. 准确性原则

准确性原则就是通过对企业自身资源、市场和竞争对手情况等因素的全面分析，制定科学的广告投放策略，力争做到每1M广告投入都能收到成效。准确性原则要求做到以下三点：第一，明确企业每个季度各种产品的生产情况；第二，通过对市场预测的分析，正确估计每个市场不同年份的需求量和订单情况；第三，掌握主要竞争对手的资金与产能情况以及可能采取的策略等，尽量避开竞争激烈的细分市场。

3. 集中性原则

集中性原则就是当企业采用多种产品组合模式时，应将广告费集中投放在某个市场上，争取“市场老大”地位。在模拟经营后期，五大市场都已逐步打开，广告费则应尽量集中在其中几个有优势的细分市场上。集中性原则也可以理解为广告投放要“狠”，需要强调的是，基于周密计算的“狠”与靠“蛮力”狂砸广告费截然不同，那种狂砸广告费争抢“市场老大”的做法是得不偿失的。经验告诉我们，“市场老大”不是抢出来的，而是做出来的，凡是最终获胜的团队，不论开局如何，最后自然是“市场老大”。

4. 效益性原则

效益性原则就是使投放的广告费产生最大效益。反映广告投放效益的指标是广告投入产出比，广告投入产出比＝销售收入/广告费，也就是单位广告费取得的销售收入，该比率越大，说明广告投放效益越高。在产品数量一定的情况下，销售收入的多少取决于产品单价的高低。在实践中，很多企业一旦得到某个“市场老大”地位，便试图把它保持到底，其实，这是个误区。因为不同时期的主导产品是不同的，而在同一年份的不同市场上，产品单价却有较大差异。例如，通过市场预测可以发现，第4年P2产品在不同市场上的平均单价差距就很大。从效益性原则出发，就要敢于放弃鸡肋市场，而去争夺产品的最高价市场，从而增加企业的收益。

二、选单技巧

1. 抓住广告录入的时机

在选单前，教师端要将各组广告投放数据录入系统，一般会同步展示，以便确认广告录入是否正确。模拟企业可以利用这个机会，将其他企业的广告投放情况进行记录并加以分析，以便调整选单策略。

例如，企业分别在区域、国内和亚洲市场上投放了P3产品的广告费，通过观察其他企业的广告投放情况，发现亚洲市场只有本企业和另一家企业对P3产品投放了广告费，而且本企业是4M，对方是3M，又根据事先预测，亚洲市场上P3产品至少有3张订单，那么，说明本企业在亚洲市场上可以拿2张P3产品订单。在这种情况下，企业可以出于价格或其他因素的考虑，放弃前面某个市场的选单，而将选单机会重点放在亚洲市场上。如果企业没有做这种分析，就可能与更好的选单机会失之交臂。

2. 数量、单价与账期的选择

在选单时，经常会遇到令人纠结的情况：数量大的订单往往单价比较低，接下这样的单子毛利率较低，心有不甘；单价高的订单，往往是些数量小的订单，接下这样的单子又担心产品卖不完，造成库存积压。同时，每一张订单的应收款账期各不相同，为了避免贴现，当然要选择账期短的，这与订单的数量、单价又会发生冲突。

在模拟运营前期，市场狭小、产品单一、竞争激烈，企业应以尽可能多地销售产品为目标，选择数量大的订单，单价和账期则放在次要位置考虑；而随着市场开拓和产品研发的逐步完成，选择余地会越来越大。理论上，细分市场可多达20个，而每家企业的年生产能力最多只有40个产品。在这种情况下，很多时候，只要投1M广告就可以“捡到”订单，这时“卖完”已经不是最重要的任务，更多地应该考虑如何“卖好”，如果再一味地“抢大单”，显然是不合理的，单价成为选单时考虑的首要因素。

就账期而言，如果企业资金比较紧张，就应选择账期较短的订单；如果企业没有资金困扰的问题，就不需要考虑账期，尽量选择单价和数量合适的订单。

3. 利用好ISO资格优势

当订单有ISO条件限制，而竞争对手的ISO资格不全时，应针对竞争对手的劣势，合理利用选单规则挤压对手。例如，假设某市场P2产品有3张订单，如表7-8所示，毛利分别是10M，11M和3M。A和B两个组投放了广告，A组投放3M，B组投放4M，B组先选单。A组拥有ISO 9000认证和ISO 14000认证，而B组只有ISO 9000认证。

表7-8 某市场P2产品订单

订单	1号订单	2号订单	3号订单
数量	3	3	1
单价	6.4	6.6	6
总额	19	20	6
账期	2	3	2
条件	ISO 9000	ISO 14000	

在第一轮选单时，B组首先选择了1号订单，接下来，如果A组选择2号订单，那么，剩下的3号订单就会被B组拿到，这样选单的结果是：A组获毛利11M，B组获毛利13M。但是，A组注意到B组没有ISO 14000认证资格，无权选择2号订单，所以，在第一轮选单时，挑选了3号订单，这样就挤掉了B组二次选单的机会。在第二轮选单时，B组只好放弃选单，2号订单仍归A组所有。如此一来，结果逆转——A组获毛利14M，而B组仅获毛利10M。在高水平的模拟对抗中，这种差别往往可以影响最终的胜负。

三、交单技巧

合理安排好交单顺序，可以在一定程度上缓解资金压力，尽量减少由于应收款贴现而发生的财务费用支出。在选择交单顺序时，应结合企业事先编制的现金预算，计算出在某季度某步骤需要的现金量，使应收款在此节点前到期收现，从而避免贴现，起到“节流”效果，提高所有者权益。

1. 账期不同

相同数量的两张订单，由于账期不同，交单顺序会直接影响企业的现金回笼情况。在现金暂时无忧的情况下，可以先交账期长的订单，后交账期短的订单；在现金非常紧张、急需现金回笼时，应先交账期短的订单，以便缓解短期的资金压力，尽可能减少贴现。但是，当只有靠贴现才能解决现金断流问题时，应考虑先交账期长的订单。

2. 数量不同

通常情况下，企业在每季能交多少就交多少，尽可能多地交货。有些时候，也可以考虑将产品囤积一个季度，与下季度生产出的产品加起来，交数量大的订单，因为数量大的订单总金额也高。

3. 总金额不同

如果交单纯粹就是为了贴现，以解决现金不足问题，那么根据贴现息向上取整的规则，应以10M的倍数进行贴现较为有利（手工沙盘规则）。例如，企业有两张订单，产品、数量均相同，但总金额不同，一张订单总金额为18M，账期为2Q；另一张订单总金额为20M，账期为4Q。假如企业有12M的现金缺口，当季必须通过应收款贴现来弥补，这种情况下，从有利于贴现角度考虑，应先交总金额为20M的订单。

第三篇　ERP沙盘模拟理论升华

第八章　战略分析与选择专题

战略分析与选择是企业制定和实施长期发展规划的核心环节，旨在明确企业的竞争方向和资源配置方式。战略分析与选择不仅是企业经营管理的核心工具，也是ERP沙盘模拟经营课程的重要组成部分。通过系统地分析内外部环境、评估资源能力并制定合理战略，学生能够在模拟经营中更好地把握机遇、应对挑战，从而培养战略思维、全局思维。

第一节　战略与战略管理

【导入案例】

中国新能源汽车产业的战略分析与选择

近年来，随着全球对环境保护和可持续发展的重视，新能源汽车（NEV）产业迅速崛起。中国政府高度重视新能源汽车产业的发展，出台了一系列政策支持和引导该行业的创新与发展。中国已成为全球最大的新能源汽车市场，并在技术研发、生产制造和市场推广等方面取得了显著成就。

2010年以来，中国政府通过财政补贴、税收优惠、基础设施建设等政策措施大力推动新能源汽车产业发展。然而，面对国际市场的激烈竞争和技术壁垒，中国新能源汽车产业仍面临诸多挑战。特别是在电池技术、自动驾驶、智能网联等领域，如何在全球范围内保持竞争优势成为亟待解决的问题。

基于战略环境的深度分析，中国新能源汽车产业选择和实施了以下几项关键战略：

技术创新驱动：加大对电池技术、自动驾驶、智能网联等核心技术的研发投入，提升自主创新能力。例如，宁德时代在电池能量密度和安全性方面的突破，以及小鹏汽车在自动驾驶技术上的进展。

产业链协同发展：加强上下游企业的合作，形成产业集群效应。例如，比亚迪不仅在电池研发和生产方面处于领先地位，还在整车制造、充电桩建设和运营等多个环节实现了全产业链布局。

国际化布局：积极开拓海外市场，提升品牌的国际影响力。例如，蔚来汽车计划在欧洲市场推出新款车型，并建立本地化的销售和服务网络；长城汽车则通过收购和合资等方式扩大海外生产基地。

绿色低碳转型：响应国家碳达峰、碳中和目标，推动整个产业链的绿色化转型。例如，吉利汽车提出了“蓝色行动计划”，致力于实现全生命周期的碳排放减少。

用户体验优化：通过数字化手段提升用户购车和用车体验，打造智慧出行生态系统。例如，特斯拉通过OTA（空中升级）技术不断优化车辆性能，提供个性化服务；蔚来则推出了NIO House社区中心，增强用户黏性。

自2020年起，中国新能源汽车产业逐步实施上述战略调整，并取得了一定成效：

在技术创新方面，宁德时代的磷酸铁锂电池技术和比亚迪的刀片电池技术得到了广泛应用，大幅提升了新能源汽车的安全性和续航里程。

在市场拓展方面，蔚来、小鹏、理想等造车新势力在国内市场站稳脚跟后，开始向海外市场进军，提升了中国品牌的国际知名度。

在政策支持下，全国范围内的充电桩建设速度加快，公共充电设施覆盖率不断提高，解决了用户的“里程焦虑”问题。

通过绿色低碳转型，多家车企制定了明确的碳减排目标，并积极参与国际合作项目，共同应对气候变化挑战。

（资料来源：根据网络资料整理。）

上述案例展示了中国新能源汽车产业如何运用战略分析工具识别内外部环境中的机遇与挑战，强调了在动态变化的商业环境中灵活应变的重要性，并据此做出合理有效的战略选择。

一、战略的内涵

1. 战略的定义

战略是组织为了实现其长期目标而制定的整体性计划和行动方针。它是一种高层次的决策，旨在明确发展方向、优化资源配置并应对内外部环境的变化。战略具有全局性、长远性和指导性等特点，不仅关注当前的运营效率，还着眼于未来的竞争优势和发展潜力。

战略是为了战胜竞争对手而做出的一系列全局的、长期的选择。其主要特征有：

① 战略起源于竞争，没有竞争，就没有战略。

② 战略是全局的，集合全部资源去做一件事，而不是只关注一个点。

③ 战略是长期的，不是决定明天后天要做什么，战略是需要时间来布局和实践的。

④ 战略是一种意图，方向感、探索感、使命感是其显著特征。

在企业管理中，战略通常被理解为一种系统化的思考方式，用于解决“做什么”“如何做”“为什么这样做”的问题。例如，一家制造企业可能会通过战略分析发现市场对环保型产品的强烈需求，从而决定开发绿色产品线，并调整生产流程以减少碳排放。这种决策不仅影响企业的短期利润，更决定了其长期生存能力。

2. 战略的核心要素

战略的成功实施依赖多个核心要素的协调运作，以下是几个关键方面：

① 愿景与使命。这是战略的起点，也是组织存在的根本原因。愿景描述了组织希望在未来达到的理想状态，而使命则明确了组织当前的主要任务和价值主张。例如，特斯拉的愿景是“加速世界向可持续能源的转变”，而其使命则是通过电动汽车和可再生能源技术推动这一愿景的实现。

② 目标。将愿景具体化为一系列可衡量的目标是战略执行的关键步骤。这些目标可以分为财务目标（如收入增长、利润率提升）和非财务目标（如市场份额扩大、客户满意度提高）。目标的设定需要遵循SMART原则，以确保其实际操作性。

③ 资源与能力。任何战略的实施都需要依赖特定的资源和能力支持。资源包括有形资产（如资金、设备、原材料）和无形资产（如品牌、专利、人才），而能力则指组织在研发、生产、营销等方面的核心竞争力。例如，谷歌之所以能够在搜索引擎领域占据主导地位，离不开其强大的算法技术和海量数据积累。

④ 竞争策略。面对激烈的市场竞争，企业必须选择合适的竞争策略以突出自身优势。根据迈克尔·波特的经典理论，竞争策略主要分为三种类型：

- 成本领先策略。通过规模化生产和高效运营降低单位成本，从而以更低的价格吸引消费者。
- 差异化策略。通过提供独特的产品或服务满足特定需求，形成难以模仿的竞争壁垒。
- 集中化策略。专注于某一细分市场或特定客户群体，深入挖掘其潜在价值。

【链接案例】

差异化战略：蔚来汽车的用户体验创新

蔚来汽车（NIO）成立于2014年，是一家专注于智能电动汽车设计、制造和销售的中国公司。作为新能源汽车领域的后起之秀，蔚来凭借其独特的品牌定位和用户体验创新，在竞争激烈的市场中脱颖而出。本文将详细介绍蔚来如何通过实施差异化战略，成功打造了一个以用户体验为核心的高端品牌。

案例背景：

自成立以来，蔚来就面临着来自特斯拉等国际品牌的强大竞争压力。为了在市场中找到自己的位置，蔚来选择了“用户至上”的差异化战略，致力于为消费者提供超越预期的产品和服务体验。这一策略不仅帮助蔚来在市场上站稳了脚跟，还为其赢得了良好的口碑和忠实的用户群体。

差异化战略的具体措施：

1. 用户社区与互动

NIO House和NIO Space：蔚来在全国各大城市开设了NIO House和NIO Space，这些不仅是展示和销售车辆的地方，更是用户交流和社交的场所。NIO House通常位于城市中心的繁华地段，内部设有咖啡厅、图书馆、会议室等多种功能区，用户可以在这里享受免费的服务，甚至举办私人活动。

NIO App：蔚来开发了一款集成了购车、用车、社交等功能的手机应用。用户可以通过App预约试驾、定制车辆配置、查看充电状态，还可以与其他车主进行互动，分享使用心得和生活点滴。这种全方位的数字化体验极大地增强了用户的参与感和归属感。

2. 个性化服务

电池租用服务（Battery as a Service，BaaS）：蔚来推出了电池租用服务，用户可以选择不购买电池而只租赁电池，从而降低购车成本。此外，蔚来还提供了换电服务，用户可以在几分钟内完成电池更换，无须长时间等待充电。

一键加电服务：蔚来提供了一键加电服务，用户只需通过App下单，蔚来就会派遣移动充电车或安排附近的换电站为用户提供加电服务。这项服务解决了用户的“里程焦虑”，提升了用车便利性。

3. 技术创新与产品升级

自动驾驶技术：蔚来在自动驾驶领域投入巨大，旗下车型配备了先进的辅助驾驶系统（NIO Pilot），包括自动泊车、车道保持、自适应巡航等功能。同时，蔚来还在研发更高阶的自动驾驶技术，并计划在未来几年内实现L4级别的自动驾驶。

智能座舱体验：蔚来注重车内智能化体验，配备了大尺寸中控屏、语音助手、远程升级（OTA）等功能。用户可以通过语音控制车辆的各项功能，并且车辆软件可以通过OTA进行定期更新，确保用户始终使用最新的功能和技术。

4. 品牌文化与社会责任

环保理念：蔚来倡导绿色出行，致力于减少碳排放。公司不仅在生产过程中采用环保材料和技术，还积极参与植树造林等公益活动，践行企业社会责任。

用户共创：蔚来鼓励用户参与到品牌建设中来，通过用户反馈不断优化产品和服务。例如，蔚来的部分车型设计灵感来源于用户的建议，这种开放式的合作模式增强了用户的认同感和忠诚度。

实施成效：

通过上述一系列差异化战略措施，蔚来取得了显著的市场表现。

销量增长：自2017年底首款量产车型ES8上市以来，蔚来的销量逐年攀升。2021年，蔚来全年交付量达到91429辆，同比增长109.1%；2022年，尽管受到新冠病毒感染疫情和供应链问题的影响，蔚来依然实现了超过12万辆的交付量；2024年，蔚来公司共交付新车超过22万辆，同比增长38.7%。

品牌认可度提升：蔚来的用户满意度持续保持在较高水平，品牌知名度和美誉度不断提升。根据第三方调研机构的数据，蔚来在中国市场的品牌认知度已经超过了许多传统豪华汽车品牌。

国际市场拓展：蔚来不仅在国内市场取得了成功，还积极开拓海外市场。2021年，蔚来宣布进入挪威市场，并计划逐步扩展到更多欧洲国家。此举标志着蔚来正式迈向国际化发展道路。

（资料来源：根据网络资料整理。）

蔚来汽车通过实施差异化的用户体验战略，在竞争激烈的新能源汽车市场中找到了自己的独特定位。其成功经验表明，除了产品本身的性能和质量外，卓越的用户体验和强大的品牌文化同样能够成为企业的核心竞争力。对于正在学习本课程的学生来说，该案例展示了如何通过深入了解用户需求，制定并执行有效的差异化战略，从而在市场中获得竞争优势。

3. 战略的层次

战略可以分为三个主要层次，每个层次都有其独特的功能和作用：

① 公司层战略。这是最高层级的战略，涉及企业的整体业务布局和发展方向。例如，多元化战略是指企业在不同行业中拓展业务范围；一体化战略是指企业通过纵向或横向整合增强协同效应；收缩战略则是指企业在不利环境下主动缩减规模以保存实力。

② 竞争层战略。针对特定行业或市场制定的具体竞争策略，属于中观层面的战略。这类战略通常需要结合行业特点和竞争对手情况，设计出既能发挥自身优势又能规避风险的行动方案。

③ 职能层战略。这是最低层级的战略，侧重于各部门或职能领域的具体操作。例如，在营销领域，职能层战略可能包括广告投放计划、渠道建设方案等；在生产领域，则可能涉及排产安排、质量控制措施等。

二、战略管理的概念与流程

1. 战略管理的定义

战略管理是一个动态的、连续的过程，涵盖了从战略分析到战略评估的完整闭环。它的核心目标是通过系统化的规划和执行，确保组织能够适应外部环境变化并实现其长期目标。战略管理不仅是高层领导的任务，而且是需要全体员工共同参与和支持的集体行动。

2. 战略管理的主要内容

战略管理过程通常被划分为4个关键阶段，每个阶段都有其特定的任务和工具：

① 战略分析。这是战略管理的起点，也是最基础的部分。通过对内外部环境的深入研究，识别机会与威胁、优势与劣势，为后续决策提供依据。

② 战略制定。基于分析结果，设计具体的行动方案以完成目标。这一步骤要求决策者具备全局视野和创新思维，能够综合考虑各种因素并权衡利弊。例如，一家零售企业可能会选择开设线上商城以扩大销售覆盖面，同时关闭部分低效门店以降低成本。

③ 战略实施。将战略转化为具体的行动计划，并分配资源以确保执行。这一阶段强调执行力和协作能力，需要各部门紧密配合，克服可能出现的各种障碍。例如，为了推广新产品，企业可能需要同步开展市场调研、广告宣传、渠道铺设等多项工作。

④ 战略评估。监控战略执行过程中的绩效，及时调整以应对新情况。评估不仅关注最终成果，

还注重过程中的偏差纠正和持续改进。例如，如果发现某项营销活动效果不佳，应及时调整预算分配或更换执行团队。

3. 战略管理的重要性

战略管理对于组织的长期发展至关重要，其重要性体现在以下几个方面：

① 明确方向。在复杂多变的商业环境中，战略管理帮助组织确定清晰的发展路径，避免盲目扩张或过度保守。例如，阿里巴巴在成立初期就确立了“让天下没有难做的生意”的使命，并围绕这一使命不断扩展业务边界。

② 优化资源。通过科学的分析和规划，战略管理能够确保资源的有效配置，避免浪费和重复投入。例如，华为每年将销售收入的约20%投入研发领域，正是基于对其核心竞争力的深刻理解。

③ 提升灵活性。战略管理强调动态调整和快速反应，使组织能够更好地适应外部环境变化。例如，新冠病毒感染疫情期间许多传统零售商迅速转型为电商平台，展现了强大的应变能力。

④ 强化执行力。通过明确责任分工和建立激励机制，战略管理能激发员工的积极性和创造力，推动战略目标的顺利实现。例如，谷歌采用扁平化管理模式，鼓励员工自主提出创新想法并付诸实践。

三、战略管理的应用场景与案例

战略管理在企业经营中的应用非常广泛，根据不同发展阶段的特点，其侧重点也会有所差异。

① 初创期。在这个阶段，企业通常面临资金有限、市场认知不足等问题，因此需要制定清晰的商业模式和发展方向。例如，滴滴出行在创立初期通过补贴司机和乘客的方式快速积累用户，并逐步建立起覆盖全国的网约车平台。

② 成长期。随着业务规模的扩大，企业需要优化资源配置，加强内部管理，以巩固市场地位。例如，小米在成长期推出了多种智能硬件产品，并建立了完善的生态系统，进一步增强了用户黏性。

③ 成熟期。在这个阶段，企业往往面临增长放缓的压力，因此需要通过创新和多元化维持发展势头。例如，索尼在消费电子领域遭遇挑战后，积极拓展游戏、影视等娱乐业务，实现了新的突破。

④ 衰退期。当市场需求萎缩或竞争加剧时，企业需要采取收缩或转型策略，降低损失并寻找新的增长点。如诺基亚在智能手机市场失利后，果断退出终端业务，转而专注于网络设备和服务领域。

【链接案例】

海底捞的品牌创新与服务战略管理案例整合

海底捞自1994年成立以来，凭借其卓越的服务质量和独特的管理模式迅速成为中国乃至全球餐饮业的标志性品牌。截至2024年末，海底捞已在全球范围内开设超过1000家门店，并持续进行品牌创新和服务优化以适应不断变化的市场需求。本文将从强化顾客体验为核心的战略定位、技术驱动的数字化转型、社会责任与可持续发展以及品牌扩张与国际化布局四个方面详细探讨海底捞的成功之道。

一、强化顾客体验为核心的战略定位

以顾客为中心的服务理念是海底捞成功的关键因素之一。具体措施如下：

1. 超预期服务。海底捞通过提供超出常规的服务来创造难忘的顾客体验。例如，在等待区提供免费的小吃、饮料及美甲服务等，让顾客在等待时也能享受到舒适的体验。

2. 个性化关怀。注重每个顾客的独特需求，如生日庆祝、特殊饮食要求等。这种个性化关怀不仅增强了顾客满意度，还促进了口碑传播。

3. 环境氛围营造。店内装修风格和整体氛围设计温馨舒适，为顾客提供了愉悦的就餐环境。良好的用餐氛围有助于提升顾客的整体体验感。

这些举措极大地提升了顾客的忠诚度，并帮助海底捞树立了优质服务的品牌形象。

二、技术驱动的数字化转型

科技赋能的高效运营是海底捞保持竞争优势的重要手段。具体措施如下：

1. 智能化设备应用。引入智能点餐系统、机器人送餐等高科技手段，不仅提高了工作效率，还增加了用餐乐趣。例如，海底捞的部分门店已经开始使用机器人服务员，这不仅节省了人力成本，还吸引了大量好奇的顾客前来体验。

2. 大数据分析。收集并分析顾客数据，了解消费习惯，实现精准营销。通过数据分析，海底捞能够更好地预测顾客的需求，并据此调整菜单和服务策略。

3. 线上平台建设。建立完善的移动应用程序，方便顾客在线预订座位、查看菜单及获取优惠信息。此举大大简化了顾客的订座流程，同时也增加了与顾客之间的互动频率。

数字化转型显著提高了餐厅的运营效率和服务质量，进一步巩固了海底捞的品牌地位。

三、社会责任与可持续发展

积极承担社会责任有助于树立正面的企业形象，增强品牌的公众信任度。具体措施如下：

1. 绿色供应链管理。海底捞坚持选用绿色环保原料，确保原材料来源合法合规且符合环保标准。此外，公司还推行减少塑料使用的政策，鼓励使用可降解材料。

2. 节能减排措施。采取有效措施降低能源消耗，减少碳排放。例如，海底捞在其部分门店中采用了节能灯具和其他环保设施。

3. 公益活动参与。定期组织员工参与社区志愿服务活动，积极履行企业公民责任。这些活动不仅提升了员工的社会责任感，也增强了社区对海底捞的好感度。

通过一系列环保和社会公益行动，海底捞成功塑造了一个负责任的企业形象，赢得了消费者的广泛认可和支持。

四、品牌扩张与国际化布局

稳健的国际化发展战略是海底捞实现全球化品牌影响力的重要步骤。具体措施及成效如下：

1. 本地化策略实施。根据不同国家的文化特点调整菜品结构和服务方式。例如，在海外市场的某些分店中，海底捞会根据当地口味偏好调整菜单，推出适合当地人口味的新菜品。

2. 跨文化团队组建。招募当地员工，加强跨文化交流能力。这不仅有助于解决语言障碍问题，还能更好地理解和满足当地消费者的需求。

3. 品牌形象维护。无论是在国内还是在国外市场，海底捞都致力于保持统一的品牌形象，传递一致的品牌价值观。这种一致性使海底捞能够在不同文化背景下依然保持强大的品牌号召力。

通过稳健的国际化扩张策略，海底捞成功地将其中式火锅文化传播至世界各地，进一步扩大了品牌的国际影响力。

海底捞以其独特的服务文化和前瞻性的战略布局，在激烈的餐饮市场竞争中脱颖而出。未来，海底捞将继续深化品牌建设和技术创新，探索更多可能性，进一步巩固其在中国乃至世界餐饮行业的领导地位。

（资料来源：根据相关网络资料整理。）

这个案例展示了如何通过细致入微的服务设计和技术支持，结合强烈的社会责任感，构建一个深受消费者喜爱且具有广泛影响力的餐饮品牌。海底捞的成功为其他企业在品牌管理和战略规划方面提供了宝贵的经验。

战略管理是现代组织实现可持续发展的核心驱动力。通过科学的分析方法和系统的实施步骤，组织能够更好地把握机遇、应对挑战并实现既定目标。无论是企业还是其他类型组织，都需要将战略管理融入日常运营中，以不断提升自身的竞争力和适应能力。未来，随着人工智能、大数据等新技术的广泛应用，战略管理将进一步向智能化、精细化方向发展，为组织创造更大的价值。

第二节　战略分析与选择的深度探讨：从理论到实践

一、战略分析的全面解析

战略分析是制定有效战略的基础，其核心在于系统地研究组织所处的内外部环境，识别机会与威胁、优势与劣势。通过科学的方法和工具，战略分析能够为决策者提供清晰的方向指引。

（一）外部环境分析：洞察宏观与微观因素

外部环境分析是战略管理的重要组成部分，它帮助组织理解外部世界的变化及其对自身的影响。以下是几种常用的分析工具及其应用案例。

1. PEST分析

PEST分析是一种经典的宏观环境分析方法，旨在评估影响组织发展的政治、经济、社会和技术因素。每个维度的具体内容如下：

（1）政治因素

政治因素包括政府政策、法律法规、国际贸易关系等。例如，近年来各国政府对环保政策的支持推动了新能源汽车行业的快速发展。特斯拉正是抓住这一机遇，通过自主研发电池技术和建设超级工厂，成功占据了全球电动车市场的领先地位。

（2）经济因素

经济因素涉及经济增长率、通货膨胀率、汇率波动等宏观经济指标。例如，在全球经济复苏期间，消费需求的增长可能为企业带来新的市场机会；而经济衰退则可能导致消费者购买力下降，从而增加企业的经营压力。

（3）社会因素

社会因素涵盖人口结构、文化价值观、消费者偏好等方面。例如，随着年轻一代逐渐成为消费主力，越来越多的企业开始注重社会责任感和可持续发展。星巴克就是一个典型例子，它不仅销售咖啡饮品，还致力于推动公平贸易和环境保护，赢得了大量忠实顾客。

（4）技术因素

技术因素关注技术创新速度、研发投入水平以及数字化转型趋势。人工智能、大数据和物联网等新兴技术正在深刻改变多个行业的生产和服务模式。例如，阿里巴巴通过建立庞大的云计算平台，为中小企业提供了强大的技术支持，同时也增强了自身的竞争力。

2. 五力模型

五力模型由迈克尔·波特提出，用于分析行业内的竞争格局。这五种力量包括：

（1）行业内现有竞争者的竞争程度

这是五力模型中最直接的一种力量，反映了同行业内企业之间的竞争激烈程度。以下因素会加剧或缓解这种竞争：

行业增长速度。如果行业处于快速增长阶段，企业可以通过扩张市场份额来获得收益，竞争相对缓和；但如果行业增长放缓甚至萎缩，则可能导致价格战等恶性竞争。

固定成本比例。高固定成本行业（如航空业）通常面临更大的竞争压力，因为企业在低迷时期难以削减成本。

产品差异化程度。如果产品高度同质化（如大宗商品市场），企业只能通过价格竞争吸引客户；而如果产品具有显著差异性（如奢侈品市场），则竞争相对温和。

退出壁垒。如果企业退出某一行业需要承担高昂的成本（如专用设备的折旧损失），这将迫使它们继续留在行业中参与竞争。

例如，在智能手机行业中，苹果、三星、华为等品牌之间的竞争非常激烈。由于技术更新速度快且用户忠诚度较高，企业必须不断推出新产品以保持竞争优势。

（2）潜在进入者的威胁

潜在进入者的威胁取决于新企业进入某一行业的难易程度。以下因素会影响这一威胁的大小：

规模经济效应。如果行业存在显著的规模经济效应（如汽车制造业），则新进入者需要投入巨额资金才能与现有企业竞争，从而降低了进入的可能性。

资本需求。某些行业（如半导体制造）需要大量的初始投资，这对潜在进入者构成了较高的门槛。

分销渠道控制。如果现有企业已经建立了完善的分销网络（如可口可乐在全球范围内的销售体系），则新进入者很难快速打开市场。

政府政策限制。某些行业受到严格的监管（如银行业、医疗行业），新进入者必须满足复杂的审批程序。

例如，在中国的快递物流行业，顺丰速运凭借强大的自有飞机机队和高效的配送网络，形成了较高的进入壁垒。尽管近年来出现了许多新兴玩家，但要撼动顺丰的地位仍需付出巨大努力。

（3）替代品的威胁

替代品是指能够满足相同或类似需求的其他产品或服务。替代品的存在会对现有产品的价格和利润空间造成压力。以下因素决定了替代品的威胁程度：

替代品的性能与价格比。如果替代品的价格更低且性能相当甚至更优，则会对现有产品构成严重威胁。例如，在照明领域，LED灯正在逐步取代传统白炽灯。

客户的转换成本。如果客户从现有产品转向替代品需要支付较高的转换成本（如重新培训员工或更换设备），则替代品的威胁相对较小。

市场需求结构。在某些情况下，替代品的需求可能与现有产品完全不重叠。例如，虽然电动车被视为燃油车的替代品，但在短期内两者仍服务于不同的消费群体。

例如，在饮料行业中，瓶装水对碳酸饮料的替代作用日益明显。随着消费者健康意识的增强，越来越多的人选择饮用天然矿泉水而非含糖饮料。

（4）供应商的议价能力

供应商的议价能力决定了企业能否以合理的价格获取所需资源。以下因素会影响供应商的议价能力：

供应商集中度。如果少数几家供应商掌控了大部分市场份额（如芯片行业中的台积电），它们往往拥有较强的议价能力。

替代供应来源的可用性。如果企业可以从多个供应商处采购原材料，则供应商的议价能力较弱。例如，在纺织行业中，棉花的来源较为分散，则供应商无法轻易抬高价格。

供应商的产品重要性。如果某种原材料对最终产品质量至关重要（如手机屏幕之于智能手机），则供应商可能会要求更高的溢价。

前向一体化可能性。如果供应商有能力直接进入下游市场并与企业竞争，则其议价能力将进一步增强。

例如，在汽车行业，轮胎制造商米其林和普利司通对整车厂的议价能力较强，因为高质量的轮胎直接影响车辆的安全性和舒适性。

（5）购买者的议价能力

购买者的议价能力决定了企业能否以理想的价格出售其产品或服务。以下因素会影响购买者的议价能力：

购买量占比。如果某单一客户销售额占企业总销售额的比例较高（如大型零售商对供应商的关系），则该客户的议价能力较强。

替代产品的可用性。如果市场上存在大量替代产品，则购买者可以轻松切换供应商，从而削弱企业的定价权。

信息透明度。随着互联网的发展，消费者更容易获取产品的价格和质量信息，这增强了他们的议价能力。

后向一体化可能性。如果购买者有能力自行生产所需产品，则其议价能力将进一步提升。

在零售行业中，沃尔玛等大型连锁超市对供应商的议价能力极强，因为它们掌握着庞大的销售渠道和海量客户资源。以奢侈品行业为例，由于品牌忠诚度较高且产品独特性较强，潜在进入者的威胁相对较低。然而，随着仿冒品市场不断扩大，替代品的威胁日益增加。因此，奢侈品品牌需要不断创新设计并加强知识产权保护，以维持竞争优势。

【链接案例】

小米汽车的五力模型分析

1. 行业内现有竞争者的竞争程度

（1）竞争对手

传统汽车制造商：大众、丰田等。这些公司拥有成熟的生产设施、广泛的销售网络和深厚的品牌忠诚度。

新兴电动汽车品牌：特斯拉、蔚来、小鹏等。这些公司在电动汽车技术和用户体验上具有领先优势，并且已经在市场上积累了大量用户。

（2）竞争手段

技术创新。小米需要在自动驾驶技术、车联网功能等方面进行大量投资，以区别于现有竞争者。

品牌建设。小米可以利用其在消费电子领域的品牌影响力，吸引年轻消费者和技术爱好者。

价格策略。小米可能通过规模经济降低成本，提供性价比高的产品，类似于其在智能手机市场的策略。

特斯拉在中国市场的成功表明，高端智能电动汽车有很大的市场需求。然而，这也意味着小米将面临来自特斯拉的强大竞争压力。

2. 潜在进入者的威胁

（1）进入壁垒

资本需求。开发一款成功的电动汽车需要巨额资金投入，包括研发、生产设施建设和市场营销。

技术门槛。电池技术、自动驾驶系统等核心技术的研发难度大，新进入者难以短期内突破。

法规要求。各国对汽车安全标准和排放要求严格，增加了进入难度。

（2）政策支持

中国政府的支持。新能源汽车产业是国家重点扶持对象，提供了多项优惠政策，如购车补贴、税收减免等。这可能会吸引更多企业进入该领域，增加潜在进入者的数量。

3. 替代品的威胁

（1）替代技术

氢燃料电池汽车。虽然目前还处于发展初期，但氢燃料电池汽车作为一种清洁能源解决方案，未来可能成为电动汽车的有力替代品。

混合动力车。对于那些不愿意完全放弃燃油车的消费者来说，混合动力车是一个不错的选择。

共享出行模式。滴滴出行、Uber等平台。随着共享经济的发展，越来越多的人选择租车或使用共享出行服务而非购买私家车。这对于依赖个人购车的电动汽车制造商构成了一定威胁。

4. 供应商的议价能力

（1）关键零部件依赖

电池供应商。电池是电动汽车中最昂贵的部分之一，也是最重要的组成部分。如果小米不能有效控制供应链，或者无法建立自己的电池生产能力，那么供应商的议价能力将会很高。

芯片短缺问题。全球范围内的芯片供应紧张已经影响了许多行业，包括汽车行业。小米需要确保稳定的芯片供应，避免由供应链问题导致生产中断。

（2）多样化采购

多供应商策略。为了降低风险，小米可能会采用多供应商策略，与多家电池和芯片制造商合作，确保供应链的安全性和稳定性。

垂直整合。小米也可能考虑投资或收购产业链上的相关企业，实现部分关键部件自给自足。

5. 购买者的议价能力

（1）消费者偏好变化快

新技术接受度高。智能电动汽车市场的消费者通常对新技术接受度较高，他们愿意尝试最新的车型和功能，这对小米既是机遇也是挑战。

信息透明度增加。互联网的发展使消费者能够轻易获取不同品牌和车型的信息，提高了他们的议价能力。

（2）品牌忠诚度低

转换成本低。相较于传统燃油车市场，电动车市场的品牌忠诚度较低，这意味着小米需要不断努力提升产品质量和服务水平以维持客户关系。

用户体验至上。小米可以通过提供卓越的用户体验（如智能化的驾驶辅助系统、便捷的售后服务）来提高用户满意度，从而增强品牌忠诚度。

小米可以通过构建一个开放的生态系统，让用户能够在车内轻松接入智能家居设备和其他智能终端，提供无缝连接的智能生活体验，从而增强用户的黏性和满意度。

（资料来源：根据网络相关资料整理。）

3. SWOT分析

SWOT分析是一种用于评估组织或项目内外部环境的战略规划工具。它通过识别并列出组织的优势（Strengths）、劣势（Weaknesses）、机会（Opportunities）和威胁（Threats），帮助决策者理解当前状况，并据此制定战略计划。SWOT分析不仅适用于企业，也广泛应用于非营利组织、政府部门和个人职业规划等。

（1）优势（Strengths）

优势是指组织内部所拥有的资源和能力，这些因素有助于实现组织目标。它们通常是组织独有的，使其在竞争中占据有利位置。优势可以包括但不限于：

核心竞争力：如专有技术、专利、独特的生产工艺等。

财务健康度：良好的现金流、稳健的财务结构。

品牌价值：强大的品牌形象和市场认知度。

人力资源：高素质的员工队伍、有效的管理团队。

客户基础：忠诚度高的客户群体、长期的合作关系。

地理位置：优越的地理位置带来的物流便利或其他竞争优势。

（2）劣势（Weaknesses）

劣势是指组织内部存在的不足之处，可能阻碍其实现目标的因素。了解自身劣势可以帮助组织找到改进的方向。劣势包括：

资源短缺：资金不足、缺乏关键技术和人才。

效率低下：过时的生产流程、低效的管理系统。

品牌形象问题：负面的品牌形象或声誉不佳。

市场局限性：市场份额小、市场渗透率低。

创新能力弱：产品或服务创新速度慢，难以跟上市场需求变化。

依赖单一供应商或客户：过度依赖某一供应商或主要客户。

（3）机会（Opportunities）

机会是外部环境中存在的积极因素，可以通过适当的策略加以利用来增强组织的竞争地位。机会通常来自市场趋势、政策变化、技术创新等方面，例如：

新兴市场：未被充分开发的新市场或细分市场。

政策支持：政府出台的支持性政策、补贴或税收优惠。

技术进步：新技术的应用可以降低成本、提高效率或创造新产品。

消费者偏好变化：消费者对环保、个性化定制等新需求的增长。

合作伙伴关系：与其他企业的合作可能带来新的销售渠道或资源共享。

行业整合：并购活动带来的规模效应或进入新市场的契机。

（4）威胁（Threats）

威胁是指外部环境中可能对组织造成负面影响的因素。认识到这些威胁有助于提前准备应对措施，减少潜在损失。常见的威胁包括：

竞争对手的压力：新进入者的挑战、现有竞争对手的价格战或营销攻势。

经济衰退：宏观经济形势恶化导致消费能力下降、融资困难。

法律法规的变化：更严格的法规要求增加了合规成本。

供应链中断：自然灾害、地缘政治冲突等因素可能导致原材料供应不稳定。

替代品威胁：市场上出现性价比更高的替代品或服务。

社会文化变迁：公众价值观的转变影响了产品的接受度或销售量。

如何进行SWOT分析？

（1）数据收集

首先需要广泛收集关于组织内外部环境的信息。这可以通过内部审计、市场调研、专家访谈等方式完成。

（2）分类整理

将收集到的信息按照S，W，O，T四个维度进行分类整理，确保每个因素都能准确归类。

（3）优先级排序

根据各因素对组织目标的影响程度，确定其重要性和紧急性，以便后续制定针对性策略。

（4）制订行动计划

基于SWOT分析结果，设计相应的战略举措。例如，针对优势应考虑如何进一步强化；对于劣势则需寻找改善方法；抓住机会以扩大市场份额；防范威胁以降低风险。

（5）持续监控与调整

由于内外部环境不断变化，定期回顾和更新SWOT分析是非常必要的，以确保战略始终适应最新情况。

SWOT分析提供了一种系统化的方法来审视组织现状，通过综合考量内部条件和外部环境，为制定科学合理的战略决策奠定了坚实基础。

【链接案例】

华为的全球化战略管理与数字化转型

华为技术有限公司是中国领先的通信设备制造商和全球最大的电信基础设施供应商。2018年以来，华为面临着复杂的国际环境挑战，包括美国政府对其实施的技术封锁和制裁。然而，在如此严峻的外部压力下，华为通过一系列战略性调整和管理创新，不仅成功应对了危机，还进一步巩固了其在全球市场的地位。

一、外部环境分析

1. PEST分析

政治因素：美国政府对华为实施了一系列限制措施，包括将其列入“实体清单”，禁止美国公司向其出口关键技术（如芯片）。此外，许多西方国家在5G网络建设中排除了华为设备。

经济因素：全球经济复苏乏力，但数字经济蓬勃发展，为华为提供了新的增长机遇。云计算、人工智能和物联网等新兴领域成为其重要发展方向。

社会因素：消费者对高科技产品的需求持续增长，尤其是年轻一代更倾向于选择具有创新性和社会责任感的品牌。

技术因素：半导体技术和通信技术的快速发展推动了行业的变革，但也加剧了竞争。华为需要加快自主研发步伐以保持领先地位。

2. 五力模型分析

行业内现有竞争者的竞争程度：在通信设备市场，华为的主要竞争对手包括爱立信、诺基亚和三星。尽管面临制裁，华为仍凭借强大的研发实力和技术积累占据较大市场份额。

潜在进入者的威胁：由于行业壁垒较高（如高研发投入和复杂的技术要求），新进入者的威胁相对较小。

替代品的威胁：替代品主要来自其他通信技术标准（如Wi-Fi 7），但在大规模部署场景下，5G技术仍具有不可替代的优势。

供应商的议价能力：在被限制使用美国芯片后，华为加大了对本土供应链的支持力度，逐步降低了对外部供应商的依赖。

购买者的议价能力：政府客户和运营商是华为通信设备的主要购买群体，它们通常拥有较强的议价能力。因此，华为需要提供更具性价比的产品和服务。

二、内部资源与能力分析

1. 核心竞争力

强大的研发能力：华为每年将销售收入的约20%投入研发，拥有超过11万名研发人员。

广泛的专利储备：截至2023年，华为已申请超过11万项专利，其中许多涉及5G核心技术。

完善的全球布局：华为在170多个国家和地区开展业务，建立了庞大的销售和服务网络。

2. SWOT分析

优势（Strengths）：技术创新能力突出；全球化运营经验丰富；品牌知名度高。

劣势（Weaknesses）：对高端芯片的依赖性较强；面临部分国家的政治抵制。

机会（Opportunities）：数字经济时代的到来带来了新商机；新兴市场对通信基础设施的需求旺盛。

威胁（Threats）：国际政治环境不确定性增加；技术封锁可能影响长期发展。

三、战略选择

1. 公司层战略

面对外部压力，华为采取了以下战略调整：

多元化战略：拓展业务范围，从传统的通信设备制造向云计算、智能汽车解决方案等领域延伸。

本地化战略：加强与各国本地企业的合作，提升品牌形象并规避政治风险。

自主创新战略：加大对半导体设计和制造的投资，减少对国外技术的依赖。

2. 竞争层战略

差异化战略：通过提供定制化解决方案满足不同客户的需求。例如，华为为企业客户开发了专属的云服务平台。

成本领先战略：通过规模化生产和高效运营降低单位成本，从而在价格上保持竞争优势。

3. 职能层战略

研发战略：设立多个研发中心，重点突破关键核心技术。例如，华为在上海建立了专注于芯片设计的研究所。

营销战略：加强品牌宣传，强调技术创新和社会责任。例如，华为推出了“绿色5G”计划，致力于降低碳排放。

生产战略：优化供应链管理，确保原材料供应稳定。例如，华为与国内企业合作开发国产芯片。

四、战略实施

1. 组织结构调整

为了更好地适应新形势，华为对公司架构进行了优化：成立了多个BG（Business Group），分别负责不同的业务领域。设立了专门的数字化转型部门，推动企业内部信息化升级。

2. 人才管理

加大对高端人才的引进力度，特别是在芯片设计和人工智能领域。推行“狼性文化”，鼓励员工积极创新并快速响应市场需求。

3. 资源配置

将更多资金投入研发领域，确保技术领先地位。在新兴市场加大投资，扩大市场份额。

五、战略评估

1. 短期成效

在遭受制裁的情况下，华为2022年的营收仍达到6423亿元人民币，同比增长0.9%。

云服务业务收入快速增长，成为新的利润增长点。

2. 长期影响

华为的成功转型为中国企业在国际市场上树立了榜样，证明了自主创新的重要性。

通过加强与本地企业的合作，华为形成了更加多元化的业务格局。

（资料来源：根据相关网络资料整理。）

华为的战略管理案例充分展示了企业在复杂多变的环境中如何通过科学分析和灵活调整实现可持续发展。面对外部压力，华为没有选择被动应对，而是主动出击，通过多元化战略、本地化战略和自主创新战略开辟了新的增长路径。这一案例不仅为中国企业提供了宝贵的经验，也为全球范围内的企业管理实践贡献了重要的参考价值。

（二）内部资源与能力分析：挖掘核心竞争力

内部资源与能力分析关注组织自身的实力和局限性，确保战略目标与实际能力相匹配。以下是几种常用方法及其应用场景：

1. 价值链分析

价值链分析由迈克尔·波特提出，用于识别企业内部各环节的价值创造活动。例如，一家制造企业的价值链可能包括研发、采购、生产、营销、售后服务等多个阶段。通过对每个环节的成本效益进行评估，企业可以发现优化空间并提升整体竞争力。

以苹果公司为例，其价值链的关键环节包括：

研发：投入巨额资金开发创新产品，如iPhone、iPad等。

采购：与顶级供应商合作，确保原材料质量和供应稳定性。

生产：采用外包模式降低制造成本，同时严格控制质量标准。

营销：通过强大的品牌宣传和零售网络吸引消费者。

售后：提供优质的客户服务体验，增强用户黏性。

通过对价值链的深入分析，苹果公司能够精准定位每个环节的核心价值，并采取针对性措施提升效率。

2. 核心竞争力评估

核心竞争力是指企业在某一领域具备的独特且难以模仿的能力。识别和强化核心竞争力有助于企业在竞争中脱颖而出。例如：亚马逊的核心竞争力在于其庞大的物流网络和精准的数据分析能力，这使其能够在电商领域保持领先地位；谷歌的核心竞争力则是其强大的搜索算法和海量用户数据，这些优势帮助其在广告投放和信息服务领域占据主导地位。

3. 财务健康状况分析

内部资源分析还涉及对企业财务状况的评估，包括资产负债表、利润表和现金流量表等关键指标。例如：

流动比率和速动比率：用于判断企业的短期偿债能力。较高的比率表明企业有足够的流动性应对突发情况。

毛利率和净利率：用于衡量盈利能力。较高的利润率通常意味着企业具有较强的定价权或成本控制能力。

通过财务健康状况分析，企业可以及时发现潜在风险并采取预防措施。例如，如果发现应收账款周转率下降，可能预示着客户的支付能力出现问题，需加强信用管理。

（三）战略分析的意义与挑战

战略分析的重要性在于它能够帮助企业更好地适应外部环境变化并充分利用内部资源。然而，在实际操作中，战略分析也面临诸多挑战：

① 信息不对称。由于数据获取难度大或分析能力不足，企业可能无法准确把握外部环境的变化。

② 动态性与复杂性。现代商业环境瞬息万变，单一的分析工具往往难以全面反映实际情况。

③ 主观偏差。决策者在进行战略分析时可能存在个人偏好或认知偏差，导致结论不够客观。

为了克服这些挑战，企业需要建立完善的分析体系，结合多种工具和方法进行交叉验证，并定期更新数据以确保分析结果的时效性和准确性。

二、战略选择的设计与实施

战略选择是在战略分析的基础上，根据组织的目标和资源状况，设计具体的行动方案以取得预期成果。这一过程需要充分考虑外部环境的变化和内部条件的限制，确保战略既具有可行性又具备前瞻性。

（一）公司层战略：明确业务范围与发展路径

公司层战略决定了企业的业务范围和发展方向，通常包括以下几种类型：

1. 多元化战略

多元化战略指企业进入新的行业或市场，拓展业务范围。根据相关性和风险程度，多元化可分为：

① 相关多元化。新业务与现有业务存在一定的关联性。例如，宝洁公司同时经营日化用品和保健品，利用其品牌影响力和销售渠道实现协同效应。耐克也是一个成功的相关多元化案例。耐克从最初的运动鞋制造扩展到运动服装、运动配件乃至数字健康应用领域。这种扩展基于其强大的品牌影响力和对消费者需求的理解，通过共享的设计理念和技术平台（如Nike+跑步应用），实现了跨品类的协同效应。

企业在实施相关多元化时应注重资源的共享与整合，包括但不限于研发能力、供应链管理、销售渠道等，确保新旧业务之间形成良性互动，提升整体运营效率。

② 非相关多元化。新业务与现有业务无明显联系。例如，通用电气涉足金融、航空发动机等多个领域，通过分散投资降低整体风险。伯克希尔・哈撒韦公司是全球最著名的非相关多元化企业之一，它旗下公司属于保险、铁路运输、能源等多个看似毫无关联的行业。巴菲特通过精准的投资决策和严格的财务控制，使各子公司在保持独立运作的同时为母公司贡献稳定收益。

对于追求非相关多元化的公司来说，关键在于建立有效的投资评估体系和风险管理体系。此外，还需关注如何在不同性质的企业间实现文化融合及知识转移，以最大化集团的整体价值。

【链接案例】

比亚迪的多元化发展之路

一、背景介绍

比亚迪股份有限公司（BYD）成立于1995年，最初是一家专注于电池制造的企业。随着全球能源结构转型和技术革新的加速，比亚迪逐步从单一的电池制造商转型为横跨多个领域的多元化企业集团。目前，比亚迪的业务范围涵盖新能源汽车、轨道交通、电子代工、储能系统和光伏等多个领域。多元化战略的成功实施，不仅帮助比亚迪在激烈的市场竞争中保持领先地位，还为其开辟了新的增长点。

二、比亚迪的多元化战略

1. 相关多元化：依托核心能力扩展业务

比亚迪在早期以电池制造起家，积累了丰富的电池技术研发经验。在此基础上，比亚迪将业务扩展到与电池技术密切相关的新能源汽车和储能系统领域，形成了高度协同的相关多元化布局。

（1）新能源汽车

比亚迪利用其在电池技术上的优势，推出了多款插电式混合动力汽车（PHEV）和纯电动汽车（BEV），迅速成为中国乃至全球新能源汽车市场的领导者。例如，比亚迪的“王朝系列”（如汉、唐、宋等车型）凭借长续航里程、高性价比和智能化体验，赢得了消费者的广泛认可。

（2）储能系统

随着可再生能源发电比例的提高，储能系统成为平衡电网负荷的重要工具。比亚迪将其电池技术应用于储能领域，开发了适用于家庭、企业和工业场景的储能解决方案。这些产品不仅在国内市场取得了成功，还出口到欧美等发达国家，进一步巩固了其全球竞争力。

（3）轨道交通

比亚迪还创造性地将电池技术和车辆制造经验应用于轨道交通领域，推出了“云轨”和“云巴”两种新型轨道交通系统。这些系统具有建设成本低、环保性能好、适应性强等特点，特别适合中小城市和旅游景区使用。例如，巴西圣保罗市就采用了比亚迪的云轨系统，用于缓解当地的交通拥堵问题。

比亚迪通过相关多元化战略，实现了技术、供应链和市场的共享。例如，其电池技术不仅是新能源汽车的核心组件，也是储能系统和轨道交通车辆的重要组成部分。这种协同效应显著降低了研发和生产成本，提升了整体运营效率。

2. 非相关多元化：探索新领域，分散风险

除了围绕电池技术展开的相关多元化外，比亚迪还涉足一些与其核心业务关联度较低的领域，实施非相关多元化战略，以分散经营风险并寻找新的利润增长点。

（1）电子代工业

比亚迪旗下的电子代工部门（BYD Electronics）是全球领先的电子制造服务提供商之一，为苹果、三星、华为等知名品牌提供精密零部件和组装服务。这一业务不仅为比亚迪带来了稳定的现金流，还帮助其积累了先进的制造技术和管理经验。

（2）光伏产业

比亚迪进入光伏行业，生产和销售太阳能电池板及组件，致力于推动清洁能源的应用。尽管光伏市场竞争激烈，但比亚迪通过整合自身的技术优势和渠道资源，在国内外市场上占据了一席之地。例如，比亚迪的光伏产品被广泛应用于分布式光伏发电项目和大型地面电站。

通过非相关多元化，比亚迪有效规避了单一业务波动带来的风险。例如，当新能源汽车市场需求放缓时，电子代工业务和光伏业务可以为公司提供额外的收入来源，确保整体财务状况的稳定性。

3. 国际化拓展：全球化视野下的多元化布局

比亚迪在实施多元化战略的同时，积极开拓国际市场，将业务触角延伸至全球各地。这种国际化布局不仅扩大了市场份额，还增强了品牌的国际影响力。

（1）新能源汽车出口

比亚迪的新能源汽车已经出口到欧洲、东南亚、南美等多个地区。例如，比亚迪与挪威政府合作，向当地市场投放了大量电动公交车；在泰国，比亚迪的电动出租车车队已成为城市公共交通的重要组成部分。

（2）储能系统和光伏产品输出

比亚迪的储能系统和光伏产品也广泛应用于海外市场。例如，美国加利福尼亚州的一个大型储能项目采用了比亚迪的解决方案，以支持该州的可再生能源发展目标。

（3）轨道交通输出

比亚迪的"云轨"和"云巴"系统已成功进入多个国家和地区，成为解决城市交通问题的创新方案。例如，巴西萨尔瓦多市和菲律宾伊洛伊洛市都引入了比亚迪的轨道交通技术，获得了良好的社会反响。

比亚迪通过国际化拓展，实现了不同业务板块之间的协同发展。例如，其新能源汽车和储能系统可以共同服务于海外市场的绿色能源转型需求，形成一体化的解决方案。

三、成功因素总结

1. 核心技术驱动

比亚迪始终坚持技术创新，尤其是在电池技术领域的深厚积累，为其多元化战略奠定了坚实基础。

2. 协同效应最大化

比亚迪在相关多元化领域中注重资源共享和技术复用，显著提高了整体运营效率和盈利能力。

3. 灵活应对市场变化

通过非相关多元化，比亚迪能够快速响应市场变化，分散经营风险，并抓住新兴行业的增长机会。

4. 国际化视野

比亚迪在全球范围内布局多元化业务，不仅扩大了市场规模，还增强了品牌竞争力和抗风险能力。

（资料来源：根据相关网络资源整理。）

比亚迪的多元化战略展示了企业在面对复杂多变的商业环境时，如何通过合理规划和资源整合实现可持续发展。无论是依托核心能力的相关多元化，还是探索新领域的非相关多元化，都体现了比亚迪的战略眼光和执行力。未来，随着全球对清洁能源和智能交通需求的不断增长，比亚迪有望继续深化其多元化布局，在更多领域取得突破性进展。

2. 一体化战略

一体化战略指企业通过纵向或横向整合增强协同效应，具体包括：

① 纵向一体化。控制上下游产业链，减少对外部供应商的依赖。例如，苹果公司自建芯片工厂，确保核心技术自主可控。特斯拉不仅自建芯片工厂来保障核心零部件供应，还在电池生产方面进行了深度布局，如建设Gigafactory超级电池工厂。这不仅降低了成本，提高了供应链稳定性，还有助于推动技术创新，增强公司在电动汽车领域的竞争力。

纵向一体化需要企业具备较强的资本实力和技术能力，并且要充分考虑市场变化带来的不确定性。因此，在决定是否实施纵向一体化之前，企业应当进行全面的成本效益分析，并制定灵活的应对方案。

② 横向一体化。收购或合并同行业企业，扩大市场份额。例如，微软通过收购LinkedIn，增强

了其在企业社交领域的竞争力。Facebook收购Instagram和WhatsApp也是典型的横向一体化案例。此举不仅扩大了用户基础，还增强了社交网络生态系统内的连接性和互动性，提升了用户体验，从而巩固了Facebook在全球社交媒体市场的领导地位。

在执行横向一体化过程中，企业应注意避免垄断嫌疑，并妥善处理好并购后的企业文化整合问题。同时，需确保新加入的业务单元能够与现有业务形成互补，而非简单叠加，这样才能真正发挥规模经济和范围经济的优势。

3. 收缩战略

收缩战略指企业主动缩减规模或退出某些业务领域，以集中资源应对挑战。例如，诺基亚在智能手机市场竞争失利后，果断退出终端业务，转而专注于网络设备和服务领域。诺基亚的例子说明了收缩战略的重要性。当诺基亚意识到在智能手机硬件市场上难以与苹果和三星竞争时，迅速调整战略，出售手机部门，并将业务重点转向网络基础设施服务。如今，诺基亚已成为全球领先的通信设备供应商之一。

采取收缩战略的企业必须明确哪些业务是最具潜力或最具战略意义的，果断剥离那些不符合未来发展方向或者表现不佳的部分。与此同时，企业还需要制定清晰的转型计划，确保员工理解和接受变革，维持团队士气。

（二）竞争层战略：构建差异化优势

1. 成本领先战略

成本领先战略是指通过实现比竞争对手更低的成本结构，使企业能够在市场上以更低的价格提供产品或服务，从而吸引价格敏感型消费者。该策略的核心在于规模经济、供应链管理优化和技术效率提升。其实施要点包括：

① 规模化生产。通过大规模采购和生产来降低单位成本。例如，沃尔玛利用其庞大的销售网络和全球采购能力，能够从供应商处获得更优惠的价格，并通过高效的物流系统减少库存成本。

② 技术投资。采用先进的信息技术和自动化设备提高生产效率。如丰田汽车公司通过精益生产和持续改进（Kaizen）方法，减少了浪费并提高了生产速度。

③ 严格的成本控制。在所有运营环节上实行严格的成本控制措施，包括人力资源管理、原材料采购、制造流程等。例如，宜家家居通过模块化设计简化了家具组装过程，降低了运输成本。

中国有很多企业是以低成本战略起家的。如小米公司是一个实施成本领先战略的典型例子。通过一系列策略，小米成功地降低了成本，并以极具竞争力的价格向市场提供高质量的产品，赢得了广大消费者的青睐。

2. 差异化战略

差异化战略旨在通过提供与众不同的产品或服务来满足消费者的特殊需求，建立品牌忠诚度，并形成难以复制的竞争优势。这种策略通常需要较高的研发投入和创新精神。其实施要点包括：

① 独特的产品特性。无论是功能上的创新还是外观设计的独特性，都能帮助企业在市场上脱颖而出。例如，苹果公司的iPhone以简洁优雅的设计和用户体验著称，吸引了大量忠实粉丝。

② 卓越的服务体验。除了产品本身外，优质的服务也是差异化战略的重要组成部分。星巴克不仅仅是在卖咖啡，更是创造了一个舒适惬意的社交空间，让顾客愿意花更多的时间停留，增加了消费频率。

③ 品牌形象塑造。通过广告宣传和社会责任活动树立正面的品牌形象，增强消费者对品牌的认同感。例如，耐克长期赞助体育赛事和运动员，传递积极健康的生活方式理念，提升了品牌价值。

星巴克的成功在于它不仅仅是卖咖啡，更是提供了一种生活方式的选择。店内环境温馨舒适，音乐轻柔悦耳，服务员热情友好，这一切都使星巴克成为人们休闲聚会的理想场所。同时，星巴克不断推出季节限定饮品和会员奖励计划，增强了顾客黏性和品牌忠诚度。

3. 集中化战略

集中化战略专注于某一特定细分市场或客户群体，深入挖掘这一领域的潜在价值。这种方式可以让企业在资源有限的情况下，更加精准地满足目标市场的特定需求，建立起较强的市场地位。其实施要点包括：

① 深入了解目标市场。研究目标客户的偏好、购买行为和未被满足的需求，以便更好地定制产品和服务。例如，路易威登针对高端消费者设计了一系列限量版手袋，这些手袋不仅是时尚单品，更是身份象征。

② 个性化营销。根据目标客户的特征制定个性化的营销方案，如一对一的客户服务、专属活动邀请等。例如，豪华酒店会为VIP客人提供私人订制的旅游行程安排，增加顾客满意度。

③ 建立社区关系。在特定区域内建立深厚的社区联系，有助于增强品牌的本地影响力。例如，一些地方性的精品店虽然规模不大，但由于与当地居民建立了良好的关系，仍然能保持稳定的客源。

路易威登作为奢侈品品牌，始终聚焦于高净值人群，为其提供高品质的皮具、服装及其他配饰。品牌注重工艺细节和材质选择，每一件产品都体现了极致的奢华感。此外，路易威登还经常与知名艺术家合作推出联名系列，既保持了品牌的艺术气息，又激发了收藏爱好者的兴趣，巩固了其在奢侈品市场的领先地位。

【链接案例】

蜜雪冰城的低成本战略

蜜雪冰城作为中国知名的茶饮品牌，凭借其独特的低成本战略在竞争激烈的茶饮市场中脱颖而出。通过多年的发展，蜜雪冰城已经成为全球最大的现制饮品企业之一。截至2024年9月30日，蜜雪冰城已拥有超过4.5万家门店，覆盖中国及海外11个国家。通过精细化的成本控制和高效的运营模式，蜜雪冰城实现了高性价比的产品供应，赢得了广大消费者的青睐。以下是对其低成本战略的具体阐述。

一、供应链管理优化

1. 集中采购与规模化生产

集中采购：蜜雪冰城通过集中采购原材料，利用大规模采购的优势，获得更低的采购价格。例如，茶叶、水果、奶制品等主要原材料都由总部统一采购，并与供应商建立长期合作关系，确保稳定的供应和优惠的价格。

规模化生产：蜜雪冰城拥有自己的中央工厂，进行部分核心原材料的加工和生产，如珍珠、布丁等配料。这种规模化生产不仅提高了效率，还降低了单位成本。

2. 本地化采购

因地制宜：根据不同地区的市场需求和资源禀赋，蜜雪冰城采取本地化采购策略，减少运输成本和时间。例如，在某些地区可以直接从当地采购新鲜水果，既保证了产品质量，又降低了物流费用。

二、门店运营成本控制

1. 标准化运营模式

标准化流程：蜜雪冰城采用高度标准化的运营模式，从店面装修、设备配置到员工培训都有统一的标准。这不仅提升了运营效率，还减少了由操作不规范带来的浪费。

简化菜单：蜜雪冰城的菜单相对简洁，主打几款经典产品，减少了复杂多样的产品线带来的库存压力和操作难度，从而进一步降低了成本。

2. 小店模式

选址灵活：蜜雪冰城通常选择在人流量较大的商业街、学校附近或社区周边开设小店，这些位置租金相对较低，但客流量大，能够有效降低开店成本。

精简空间：门店面积一般较小，减少了租金和装修成本。同时，店内布局紧凑合理，最大化利用每一寸空间，提高效率。

三、营销与品牌建设策略

1. 社交媒体营销

口碑传播：蜜雪冰城注重社交媒体平台上的口碑传播，通过用户自发分享和互动，形成良好的品牌形象。相比传统广告投放，这种方式成本低且效果显著。

线上活动：定期举办线上促销活动，如新品试喝、限时折扣等，吸引消费者参与，增加品牌曝光度，同时也能带动线下销售。

2. 统一的品牌形象

视觉识别系统（VI）：蜜雪冰城建立了统一的品牌视觉识别系统，包括标志、色彩、字体等元素，确保所有门店的形象一致。这种标准化的品牌形象不仅增强了品牌的辨识度，还降低了品牌推广的成本。

四、人力资源管理

1. 简化人员结构

高效团队：蜜雪冰城的门店通常配备数量较少的员工，但每名员工都经过严格培训，能够胜任多个岗位的工作。这种灵活的人力资源配置方式提高了工作效率，减少了人力成本。

兼职为主：为了应对高峰时段的需求，蜜雪冰城大量使用兼职员工，特别是在学校附近的门店，这使公司在非高峰期可以减少人力支出。

2. 内部培训体系

标准化培训：蜜雪冰城建立了完善的内部培训体系，所有新入职员工都需要接受统一的标准化培训，确保服务质量的一致性。这种培训模式不仅降低了培训成本，还能更好地传承企业文化。

五、技术创新与信息化管理

1. 自主研发的信息系统

ERP系统：蜜雪冰城自主研发了一套涵盖采购、仓储、销售等多个环节的企业资源计划（ERP）系统，实现了全流程的信息化管理。通过该系统，公司可以实时监控各门店的运营情况，及时调整经营策略，减少不必要的损耗。

移动支付与会员系统：蜜雪冰城大力推广移动支付方式，并建立了会员积分系统，鼓励消费者多次消费。通过大数据分析，公司能够精准把握消费者需求，优化产品结构和服务体验。

2. 智能设备应用

自动化设备：蜜雪冰城在部分门店引入了智能制作设备，如自动封口机、自动搅拌机等，提高了制作效率，减少了人工操作失误，降低了运营成本。

（资料来源：根据网络资料整理。）

蜜雪冰城的成功在于其全面而深入的低成本战略。通过优化供应链管理、控制门店运营成本、创新营销手段、精简人力资源以及运用信息技术，蜜雪冰城能够在保证产品质量的前提下，提供具有竞争力的价格，满足了广大消费者对高性价比饮品的需求。

（三）职能层战略：细化执行计划

职能层战略是指企业内部各个职能部门为了支持和实现公司的总体战略目标而制定的具体操作策略。这些策略确保了企业在市场调研、生产管理、财务管理等关键领域能够高效运作，从而增强竞争力并推动持续发展。

1. 营销战略

营销战略是关于如何识别、吸引和服务客户的计划，旨在通过有效的市场推广活动来提升品牌知名度、增加市场份额，并最终实现销售增长。它涵盖了市场调研、品牌建设、渠道开发等多个方面。其实施要点包括：

① 市场调研。深入了解市场需求、竞争对手动态及消费者行为模式，为产品定位和营销决策提供依据。例如，华为在全球各地设立了多个研发中心，不仅进行技术研发，还开展本地化的市场调研，了解当地消费者的偏好和需求。

② 品牌建设。通过一致的品牌形象塑造和传播，建立强大的品牌认知度和忠诚度。华为通过赞助国际体育赛事（如英格兰足球超级联赛）以及参与全球科技展会等活动，提升了品牌的国际影响力。

③ 渠道开发。选择合适的销售渠道以覆盖目标市场，包括线上电商平台、线下零售店等。华为根据不同国家和地区的实际情况，采用了多元化的销售渠道策略，比如在一些新兴市场加强与运营商的合作，在发达国家则侧重于直营店和官方网站销售。

华为在全球范围内建立了多个研发中心，从而不仅能够获取前沿技术，还能更好地理解各地市场的独特需求。此外，华为还采取了本地化营销策略，针对不同区域推出符合当地文化特点的产品和服务，赢得了广泛的认可和支持。例如，在欧洲市场，华为推出了多款设计精致、功能强大的智能手机，满足了当地消费者对高端产品的追求；而在非洲市场，则推出了价格亲民且具备长续航能力的机型，适应了当地电力供应不稳定的情况。

2. 生产战略

生产战略主要关注如何最有效地利用资源、优化生产工艺流程以及保证产品质量。其核心是在提高效率、降低成本的同时确保产品和服务的质量达到或超过客户期望值。其实施要点包括：

① 资源配置。合理分配人力、物力和财力资源，确保生产线顺畅运行。丰田汽车公司采用准时生产（just in time，JIT），即只在需要的时候按需生产所需数量的产品，减少了库存积压和浪费现象。

② 工艺改进。不断探索新的制造技术和方法，提高生产效率。丰田还推行了“Kaizen”（持续改进）理念，鼓励员工提出改进建议，共同优化工作流程。

③ 质量控制。建立健全的质量管理体系，从原材料采购到成品出厂的每一个环节都严格把关。丰田以其严格的品质检测标准闻名于世，确保每一辆出厂的汽车都符合最高标准。

丰田公司凭借其独特的精益生产方式取得了巨大成功。该模式强调减少浪费、提高效率，使其能够在保持高质量的同时大幅降低生产成本。具体做法包括：精确计算每一道工序所需的时间和材料，避免过度生产和库存积压；通过标准化作业指导书规范员工操作，确保每个步骤都能准确无误地执行；设立快速响应机制，一旦发现问题立即调整生产线，防止问题扩大化。这种精细化管理不仅提高了生产效率，也增强了企业的灵活性和适应性。

3. 财务战略

财务战略涉及资金筹集、资本结构优化、投资回报管理和风险管理等方面，目的是确保企业拥有足够的资金支持日常运营和发展项目，并在此基础上实现股东价值最大化。其实施要点包括：

① 资本结构优化。根据企业发展阶段和风险承受能力，合理安排债务与股权的比例。阿里巴巴在其成长过程中灵活运用了多种融资工具，既通过上市募集资金，也积极寻求银行贷款和其他形式的债务融资，以维持健康的资产负债表。

② 投资回报管理。通过对投资项目进行全面评估，选择那些预期收益高且风险可控的机会。阿里巴巴设立了专项基金，专门用于扶持初创企业和创新项目。这种做法不仅带来了直接的投资回报，还促进了整个电商生态系统的繁荣发展。

③ 风险管理。识别潜在的风险因素，制定相应的应对措施。例如，面对汇率波动可能带来的外汇风险，阿里巴巴采取套期保值等金融工具加以防范；对于市场竞争加剧导致的业务下滑风险，则通过多元化布局（如云计算服务、数字媒体娱乐等新业务领域）分散经营风险。

阿里巴巴作为全球领先的电子商务和科技公司，一直致力于推动技术创新和创业精神的发展。为了促进生态系统的繁荣，并为初创企业提供必要的资金支持和技术资源，阿里巴巴设立了多个专项基金，帮助这些企业克服早期的资金瓶颈，加速成长。

【链接案例】

阿里巴巴创业者基金

一、设立目的

阿里巴巴创业者基金成立于2015年，旨在为有潜力的初创企业提供种子轮到A轮融资的支持，特别是在电子商务、金融科技、云计算等领域。该基金不仅提供资金援助，还提供阿里巴巴丰富的资源网络，包括技术指导、市场渠道以及品牌影响力等，助力初创企业快速成长。

二、投资策略与重点领域

1. 投资领域

阿里巴巴创业者基金重点关注能够与阿里巴巴现有业务产生协同效应的企业，如电商解决方案提供商、物流服务创新者、AI驱动的服务平台等。

2. 地域覆盖

除了中国市场外，该基金还积极布局海外市场，尤其是在东南亚地区，如新加坡、马来西亚等地，以拓展阿里巴巴在全球范围内的影响力。

三、成功案例——Lazada

Lazada是一家总部位于新加坡的电商平台，专注于东南亚市场的在线零售业务。阿里巴巴于2016年开始逐步投资Lazada，并最终成为其控股股东。Lazada不仅通过这笔投资获得了充足的资金支持，更重要的是，借助阿里巴巴在电商运营方面的丰富经验和技术实力，Lazada得以迅速扩展其市场份额，优化用户体验，并引入更多国际品牌入驻。

技术支持。阿里巴巴向Lazada开放了其先进的技术和数据处理能力，帮助后者改进搜索算法、个性化推荐系统及支付安全措施。

市场推广。利用阿里巴巴的品牌优势和营销资源，Lazada成功举办了多次大型促销活动，如“双11”购物节，极大提升了品牌的知名度和用户参与度。

四、另一个成功案例——AntChain

AntChain是蚂蚁集团旗下的区块链技术平台，它得到了阿里巴巴创业者基金的支持。通过这一平台，许多小型企业和初创公司能够利用区块链技术提高透明度、降低成本并增强信任度。例如，某家从事跨境贸易的初创公司利用AntChain实现了货物追踪和供应链管理的数字化转型，显著提高了工作效率和服务质量。

五、影响与成效

1. 经济效益

据统计，自成立以来，阿里巴巴创业者基金已累计投资超过10亿美元，支持了数百家初创企业，其中不乏成长为独角兽级别的公司。

2. 生态系统构建

通过扶持初创企业，阿里巴巴进一步完善了自己的商业生态系统，增强了在新兴领域的竞争力。同时，也为社会创造了大量就业机会，促进了经济的健康发展。

3. 社会责任

阿里巴巴还将部分资金用于支持社会公益项目，如教育扶贫、环保倡议等，体现了企业对可持续发展的承诺。

阿里巴巴通过设立专项基金支持初创企业的做法，不仅为企业自身带来了丰厚的投资回报，更为整个行业注入了新的活力。这种双赢的合作模式，既有利于初创企业获得必要的启动资金和发展资源，也有助于阿里巴巴巩固其在数字经济时代的领导地位。未来，随着更多创新型企业的加入，阿里巴巴将继续扮演推动全球科技进步和社会发展的关键角色。

（资料来源：根据相关资料整理。）

（四）战略选择的评价与调整

在动态变化的商业环境中，企业制定的战略需要不断地被评估和调整，以确保其能够适应市场变化、技术进步及内部资源变化。有效的战略评估机制不仅有助于及时发现问题，还能为企业提供必要的反馈信息，以便进行必要的调整。以下是几种常见的战略评价方法及其详细阐述：

1. 平衡计分卡（balanced scorecard）

平衡计分卡是一种综合性的绩效管理工具，它从四个不同的维度来衡量企业的表现：财务、客户、内部流程和学习成长。这种方法强调全面性和均衡性，确保企业在追求短期财务目标的同时，也不忽视长期发展和可持续竞争力的建设。其实施要点包括：

① 财务维度。关注利润增长、成本控制、投资回报率等指标，确保企业的财务健康状况良好。例如，一家互联网公司可能会设定年度营收增长率、毛利率或净利润率作为关键财务指标，定期监控这些数据以评估公司的盈利能力。

② 客户维度。注重顾客满意度、市场份额、客户忠诚度等方面的提升，旨在增强客户体验并建立长期关系。如通过定期的客户满意度调查了解客户对产品和服务的看法，并根据反馈改进产品功能或服务流程。同时，跟踪新客户的获取速度以及老客户的流失率，以评估客户保留策略的有效性。

③ 内部流程维度。优化业务流程，提高运营效率，减少浪费，确保高质量的产品和服务交付给客户。如采用精益生产方式或六西格玛质量管理方法，持续改进生产流程中的每一个环节，降低错误率，缩短交货周期。

④ 学习成长维度。关注员工培训与发展、组织文化建设、知识管理系统等方面的投资，促进创新能力和团队协作精神的发展。如设立专门的学习和发展计划，鼓励员工参加行业会议、在线课程或内部培训；创建一个开放的知识共享平台，让员工可以轻松地分享经验和最佳实践。

2. 关键绩效指标（KPI）

关键绩效指标是用于衡量特定目标达成情况的具体量化标准，能够帮助企业聚焦于最重要的任务，确保所有部门和个人的工作都朝着共同的目标前进。KPI通常与企业的战略目标紧密相关，并且具有明确的目标值和时间框架。其实施要点包括：

① 选择合适的KPI。每个部门或项目都应该有一组适合其特性的KPI。例如，在新产品发布阶段，互联网公司可能重点关注日活跃用户数（DAU）、月活跃用户数（MAU）、转化率（conversion rate）和客户留存率（customer retention rate）等指标。例如，如果一款新的移动应用程序上线后，DAU没有达到预期的增长曲线，这可能是由推广不足或者用户体验不佳造成的。此时，团队需要重新审视营销策略或优化应用界面设计。

② 设定SMART原则下的目标。即具体（specific）、可测量（measurable）、可实现（achievable）、相关性（relevant）和时限（time-bound）的目标。这样可以使KPI更具操作性和指导意义。例如，设定“在未来三个月内将网站的平均加载时间缩短至2秒以内”，这是一个符合SMART原则的目标，因为它明确了具体的改进方向、可量化的标准、现实的可能性、与用户体验的相关性以及明确的时间限制。

③ 定期监测与分析。建立定期报告制度，如每周、每月或每季度汇报一次KPI进展。利用数据分析工具深入挖掘背后的原因，找出成功因素和问题所在。例如，使用Google Analytics或其他类似工具跟踪网站流量来源、用户行为路径以及转化漏斗的表现，帮助识别哪些页面最吸引人、哪些环节导致了较高的跳出率。

④ 采取纠正措施。一旦发现某些KPI未达标或出现异常波动，应立即启动应急响应机制，分析原因并迅速调整策略。例如，如果发现某次促销活动带来的新注册用户数量远低于预期，可以通过A/B测试不同的广告文案或优惠方案，寻找更有效的营销手段。

第三节　ERP沙盘模拟经营中的战略分析与选择

ERP沙盘模拟经营是一门高度仿真的企业管理课程，学生通过模拟运营一家虚拟企业，学习如何制定战略、分配资源并实现盈利。在这一过程中，战略分析与选择的重要性尤为突出。

一、ERP沙盘模拟经营中的战略分析

在ERP沙盘模拟中，团队需要通过对内外部环境的深入分析，明确企业发展方向并制定合理战略。以下是几个关键环节：

1. 外部环境分析

模拟环境中，市场环境和竞争对手行为会对企业经营产生重大影响。例如：

市场需求分析。通过观察订单数量和产品规格，了解目标市场的需求特点。

竞争态势分析。密切关注竞争对手的产能扩张、价格调整等动作，提前做好应对准备。

2. 内部资源评估

团队需要全面盘点企业的初始条件，包括资金、生产设备、原材料库存等。例如：如果某小组的资金充足但生产能力有限，可以选择优先升级生产线以提高效率；如果某小组的原材料储备丰富但市场需求疲软，则应适当减少生产规模以避免积压。

3. SWOT分析

基于上述内外部因素，团队可以进行SWOT分析，明确自身优势与劣势、机会与威胁。例如：

优势：拥有多条先进生产线，产品质量稳定。

劣势：市场营销能力较弱，品牌知名度不高。

机会：新兴市场对高端产品需求旺盛。

威胁：竞争对手大幅降价促销，抢占市场份额。

二、ERP沙盘模拟经营中的战略选择

在ERP创业模拟课程中，学生通过模拟企业运营来学习如何制定和实施有效的战略。以下是对公司层战略、竞争层战略和职能层战略的详细阐述。

1. 公司层战略

（1）多元化战略

在ERP沙盘模拟课程中，假设某小组发现市场上对某类产品的需求逐渐增加，而现有的产品线无法满足这一需求。为了拓展收入来源并提高市场竞争力，该小组决定开发一条新的环保产品线。实施步骤可包括：

① 市场调研。利用ERP系统中的市场分析模块，了解当前市场需求和竞争对手的产品情况。确定环保产品的潜在市场规模和增长趋势。

② 资源评估。检查现有资金、生产线和技术能力是否足以支持新产品的研发和生产。如果资源不足，可以考虑申请贷款或寻找合作伙伴。

③ 产品研发。使用ERP系统中的研发模块，投入一定数量的资金进行新产品研发。确保研发周期和成本控制在合理范围内。

④ 市场推广。利用ERP系统的营销模块，制订详细的广告投放计划，提升品牌知名度。可以通过线上线下结合的方式进行推广，如社交媒体广告、展会活动等。

如某小组发现市场上对某类产品的需求正在上升，而他们现有的产品线主要是传统制品。经过市场调研，他们决定开发一款新型可降解塑料袋。通过ERP系统中的研发模块，投入必要资金进行研发，并在接下来的几个季度内逐步推向市场。同时，利用广告模块加大线上广告投放力度，最终成功打入了产品市场，增加了收入来源。

（2）收缩战略

假设某小组在模拟过程中遇到了现金流紧张的问题，需要暂停部分低效生产线，集中资源保障核心业务的正常运转，以避免资金链断裂。实施步骤可包括：

① 财务分析。分析各项业务的盈利能力，找出低效或亏损的生产线或项目。

② 资源调整。停止或减少对这些低效业务的资金投入，将资源重新分配到高效益的核心业务中。例如，暂停某些生产线的生产，减少库存积压。

③ 优化运营。对核心业务进行优化管理，提高生产效率和产品质量，确保企业能够持续盈利。

如某小组发现其某类产品销售不佳，导致库存积压和资金占用，他们决定暂停这些型号的生产，并将资源集中投入到畅销型号的生产和市场推广中。这样优化了生产流程，减少了库存积压，最终实现了现金流的改善。

2. 竞争层战略

（1）差异化战略

在ERP沙盘模拟课程中，假设某小组希望在市场上脱颖而出，采取与众不同的“蓝海”策略，通过创新的产品和服务赢得市场份额。实施步骤可包括：

① 需求挖掘。利用ERP系统中的市场分析模块，深入了解客户需求，寻找未被满足的市场需求点。

② 产品创新。通过技术创新、设计改进或服务升级等方式，打造具有差异化的竞争优势。可以

利用ERP系统中的研发模块进行新产品开发。

③ 品牌建设。加强品牌宣传，塑造独特的品牌形象，提升品牌认知度和美誉度。通过ERP系统的营销模块，制订详细的广告投放计划。

如某小组发现市场上大多数竞争对手都在争夺传统市场，而高端市场尚未完全开发。他们决定专注于这一细分市场，推出一系列高品质、个性化定制的家具产品。通过ERP系统的研发模块投入资金进行产品研发，并利用营销模块进行精准广告投放，最终成功建立了稳定的客户群体。

（2）集中化战略

假设某小组希望通过专注于某一细分市场和某一类产品，精耕细作，成为该领域的专家，从而提高市场占有率和盈利能力。实施步骤可包括：

① 市场细分。利用ERP系统中的市场分析模块，对市场进行细致划分，找到一个具有潜力但竞争相对较小的细分市场。例如，专注于高端婴儿用品市场。

② 产品聚焦。集中资源开发针对该细分市场的特定产品，确保产品在质量、功能等方面具有明显优势。可以利用ERP系统的研发模块进行产品研发。

③ 深度营销。针对细分市场的特点，制定精准的营销策略，建立稳固的客户群体。通过ERP系统的营销模块，制订详细的广告投放计划。

如某小组发现某高端市场虽然规模不大，但利润丰厚且竞争相对较小。他们决定专注于这一细分市场，推出了一系列高品质产品。通过ERP系统的研发模块投入资金进行产品研发，并利用营销模块进行精准广告投放，最终建立了稳定的客户群体，提高了市场占有率。

3. 职能层战略

（1）营销战略

在ERP沙盘模拟课程中，假设某小组希望通过加大广告投放力度，提升广告投放精准性，赢得目标市场的足够订单。实施步骤可包括：

① 市场调研。利用ERP系统中的市场分析模块，了解目标市场的特点和需求，确定最有效的广告渠道和形式。

② 广告策划。制订详细的广告策划方案，明确广告内容、投放时间和预算分配。可以利用ERP系统的营销模块进行广告投放。

③ 效果评估。定期评估广告效果，根据反馈调整广告策略，确保广告投放达到预期效果。可以通过ERP系统的数据分析模块进行效果评估。

（2）生产战略

在ERP沙盘模拟课程中，假设某小组希望通过合理的生产计划和库存管理，确保生产的顺利进行和资金的有效利用。实施步骤可包括：

① 供应链管理。利用ERP系统的供应链管理模块，建立稳定的供应链体系，确保原材料供应的及时性和稳定性。

② 生产计划。根据市场需求预测和生产能力，制订合理的生产计划，避免产能过剩或不足。可以利用ERP系统的生产管理模块进行生产计划安排。

③ 库存控制。采用先进的库存管理方法，如JIT（准时生产），降低库存成本，提高资金周转率。可以通过ERP系统的库存管理模块进行库存控制。

（3）财务战略

在ERP沙盘模拟课程中，假设某小组希望通过合理的财务规划和融资管理，确保企业的资金链安全，避免资金链断裂导致企业破产。实施步骤可包括：

① 财务规划。利用ERP系统中的财务报表功能，制定详细的财务规划，明确各项业务的资金需求和时间安排。

② 融资管理。根据企业的实际需求，选择合适的融资渠道，如银行贷款等，确保资金充足。

③ 风险控制。建立完善的风险预警机制，及时发现并解决潜在的财务风险，确保企业稳健运营。

如某小组在发展初期面临资金短缺问题，通过详细的资金需求分析，选择了银行贷款作为主要融资渠道，并制订了合理的还款计划，确保资金链安全。同时，他们建立了严格的财务管理制度，定期进行财务审计，及时发现并解决了潜在的资金风险。

ERP沙盘模拟经营不仅是对理论知识的实践演练，更是培养战略思维和决策能力的有效途径。通过系统的战略分析与选择，学生可以学会如何在复杂多变的环境中把握机遇、应对挑战，为未来的职业生涯奠定坚实基础。

第九章　财务报告分析专题

在ERP创业模拟课程的经营过程中，财务分析与财务报告分析发挥着至关重要的作用。它们不仅帮助管理者理解企业的财务健康状况和运营效率，还为制定战略决策提供了坚实的数据支持。通过细致分析资产负债表、利润表及现金流量表等关键财务报表，管理者能够准确评估公司的盈利能力、偿债能力和现金流情况，识别潜在的财务风险，并据此调整经营策略以优化资源配置和提升企业价值。具体而言，在ERP模拟环境中，财务报告分析使管理者可以实时监控财务表现，预测未来趋势，比如及时发现成本超支或销售下滑的早期迹象，从而迅速采取行动进行纠正，确保企业在竞争激烈的市场中保持优势并实现可持续发展。

第一节　盈利能力分析

【导入案例】

中国企业500强盈利能力的衡量

财富中文网于北京时间2022年7月20日发布了最新的《财富》中国500强排行榜。该榜单由《财富》（中文版）与中金公司财富管理部合作编制，考量了全球范围内最大的中国上市企业在过去一年的业绩和成就。2021年中国500家上榜的上市公司总营业收入达到53万亿元，较上年增长5%；净利润达到4.3万亿元，较上年增长约2%。与上年的榜单相比，2021年上榜公司营业收入和净利润增幅均大幅下降（作为对比，2020年营业收入增幅为11%，净利润增幅为16%）。受到新冠病毒感染疫情影响，2021年上榜公司的年营业收入门槛接近174亿元，相比上年近178亿元的门槛降低了2.3%。

榜单头部公司依然是：中石化、中石油和中国建筑。前十名中的两家保险业巨头之一——中国平安位列第四，仍是非国有企业第一位。两家民营上市企业京东和阿里巴巴的排名均有提升，其中，京东升至第11位，阿里巴巴名列第14位。

2021年一共有31家新上榜和重新上榜公司，其中贝壳首次上榜，并以704.8亿元的总收入排名第164位。农夫山泉也首次上榜，并以约228.8亿元的营业收入位列第421位。

在盈利能力方面，最赚钱的10家上榜公司除了几大商业银行和保险公司之外，仍是阿里巴巴、中国移动和腾讯控股。这10家公司在2021年的总利润约为1.74万亿元，超过全部上榜公司利润总和的40%。

此外，榜单中共计有26家上市企业未能盈利，亏损总额约1675亿元，为上一年的2倍。居亏损榜首位的是海南航空，亏损额超过640亿元。同样因为受疫情影响，另外3家航空公司——中国航空、东方航空、南方航空位列亏损榜第2至第4位。这4家航空公司共计亏损超过1010亿元。

从利润率来看，在所有上市公司中，牧原股份利润率居榜首，达到48.78%，贵州茅台、长江电力利润率分别为47.65%和45.51%，位列第2名和第3名。阿里巴巴进入前40名，腾讯控股在利润率榜中的排名也有所提升。相比前几年利润率整体有所下降。

从净资产收益率（ROE）来看，在所有上榜公司中，牧原股份位居榜首，得益于2020年猪肉价格的走高，该公司ROE接近54.5%。ROE榜第2位是刚刚重组改名的冠捷电子，ROE超过49%。ROE最高的10家企业中房地产企业占了5家，其中仁恒置地ROE为35%，位居ROE榜第3位。

（资料来源：根据相关资料整理。）

从中国企业500强排行榜可以看出，盈利能力是评价企业实力的重要依据。那么应当如何对企业的盈利能力进行全面、深入、综合的分析？同行业企业的盈利状况对本企业盈利能力的判断有怎样的参考作用？解决这些问题需要我们了解并掌握盈利能力分析的技术和方法。

一、盈利能力分析

（一）盈利能力分析的目的

盈利能力通常是指企业在一定时期内赚取利润的能力。盈利能力的大小是一个相对的概念，即利润与一定的资源投入或一定的收入相比较的结果。盈利能力的大小可以用利润率来衡量：利润率越高，盈利能力越强；利润率越低，盈利能力越差。企业经营业绩的好坏最终可以通过盈利能力反映。无论是企业的投资者、债权人，还是管理者，都非常关心企业的盈利能力，并重视对利润率及其变动趋势的分析与预测。

1. 对于投资者而言，企业盈利能力的强弱至关重要

在市场经济下，投资者往往认为企业的盈利能力比财务状况、营运能力更重要。投资者的直接目的就是获得更多的利润，因为对于信用相同或相近的几个企业，投资者更倾向于将资金投向盈利能力较强的企业。投资者关心企业赚取利润的多少并重视对利润率的分析，是因为他们获取股息多少与企业的盈利能力紧密相关。此外，企业盈利能力增强还会使股票价格上升，从而使股东获得资本收益。

2. 对于债权人来讲

利润是企业偿债的重要资金来源，特别是偿还长期债务。盈利能力的强弱直接影响企业的偿债能力。企业举债时，债权人势必审查企业的偿债能力，而偿债能力的强弱最终取决于企业的盈利能力。因此，盈利能力是企业偿债能力的保障，债权人非常重视分析企业的盈利能力。

3. 从经营者的角度来看

企业从事各种经营活动，直接目的是最大限度地赚取利润并维持企业持续稳定的经营和发展。企业持续稳定的经营和发展是获取利润的基础，而最大限度地获取利润又是企业持续稳定发展的目标和保证。只有在不断地获取利润的基础上，企业才可能发展；同样，盈利能力较强的企业比盈利能力较弱的企业具有更大的活力和更好的发展前景。因此，盈利能力是企业经营者最重要的业绩衡量标准，也是发现问题、改进企业管理的突破口。

（二）盈利能力分析的基础

从不同角度或从不同分析目的看，利润率指标有多种形式。不同层次、不同性质的企业经营方式不同，反映企业盈利能力的指标形式也会有所不同。经营方式是盈利能力分析的基础。按照经营方式划分，可以将经营分为资本经营、资产经营、商品经营和产品经营四种类型。

1. 经营方式与盈利能力

（1）资本经营及其盈利能力

资本经营是与资本经营型企业的经营方式紧密联系的。资本经营型企业的特点是围绕资本保值增值进行经营管理，把资本收益作为管理的核心，资产经营、商品经营和产品经营都服从于资本经营目标。资本经营型企业的管理目标是资本保值与增值或追求资本盈利能力最大化。因此，资本经营的内涵是企业以资本为基础，通过优化配置来提高资本经营效益的经营活动。其活动领域包括资本流动、收购、重组、参股和控股等能实现资本增值的领域，其活动目的是使企业以一定的资本投入，取得尽可能多的资本收益。

（2）资产经营及其盈利能力

资产经营是与资产经营型企业的经营方式紧密联系的。资产经营型企业的特点是把资产作为企业资源投入，并围绕资产的配置、重组、使用等进行管理。在资产经营情况下，产品经营或商品经营要以资产经营为基础，即围绕资产经营进行商品经营和产品经营。资产经营型企业的管理目标是追求资产的增值和资产盈利能力的最大化。因此，资产经营的基本内涵是合理配置与使用资产，以一定的资产投入，取得尽可能多的收益，为资本经营盈利能力奠定基础。

（3）商品经营及其盈利能力

商品经营是与生产经营型企业的经营方式紧密联系的。所谓生产经营型，其基本特点是围绕产品生产进行经营管理，包括供应、生产和销售各环节的管理及相应的筹资与投资管理。生产经营型企业管理的目标是追求供产销的衔接及商品的盈利性。因此，商品经营的基本内涵是企业以市场为导向，组织供产销等经营活动，以一定的人力、物力消耗，生产与销售尽可能多的社会需要的商品，为资产经营盈利能力奠定基础。

（4）产品经营及其盈利能力

商品经营中涉及的供产销环节的核心是产品经营。产品经营的基本特点是只管生产，不管供应与销售，更不管筹资、投资等。因此，产品经营的基本内涵就是在企业计划指导下，组织产品生产，以一定的人力、物力消耗按时、保质、保量生产出更多的产品，为商品经营盈利能力奠定基础。

2. 四种经营方式之间的联系

（1）资本经营与资产经营

人们在使用“资本经营”与“资产经营”概念时往往会产生一定程度的混淆。这种混淆从表面看主要源于对“资本”和“资产”概念的不同认识。因此，要搞清资本经营与资产经营的关系，首先应搞清资本与资产的内涵。从经济学角度来看，资本的内涵与我们通常所说的资产的内涵基本相同，但是它侧重于揭示企业所拥有的经济资源，而不考虑这些资源的来源和特征。从这个角度来看，资本经营实际上等同于上述资产经营。从会计学角度看，狭义的资本通常是指企业所有者投入的资本（自有资本或所有者权益），它与资产是不同的。广义的资本是由狭义资本（自有资本或所有者权益）和负债（他人资本）构成的。会计学中的资本实质上揭示了企业经济资源的来源及特征。从这个角度看，资本经营与资产经营是不同的。研究资产经营与资本经营的关系，正应从这个角度并且在这个前提下进行。它们之间的区别主要表现在以下两个方面：第一，经营内容不同。资产经营主要强调资产的配置、重组及有效使用；资本经营主要强调资本流动、收购、重组、参股和控股等。第二，经营出发点不同，资产经营从整个企业出发，强调全部资源的运营，而不考虑资源的产权问题；资本经营则在产权清晰的基础上从企业所有者出发，强调资本（主要指自有资本或所有者权益）的运营，把资产经营看作资本经营的环节或组成部分。它们之间的联系主要表现在以下两个方面：第一，资本与资产的关系决定了二者之间相互依存、相互作用，资本经营要以资产经营为依托，资本经营不能离开资产经营而孤立存在；第二，资本经营是企业经营的最高层次，资本经营是资产经营的进步。

（2）资产经营与商品经营

资产经营与商品经营既相互联系，又相互区别，主要体现在以下几个方面：第一，资产经营不能离开商品经营而独立存在，没有有效的商品经营就不能取得好的资产经营效果。第二，资产经营是商品经营的进一步发展，它不仅考虑了商品本身的消耗与收益，还考虑了资产的投入与产出及周转速度，并以此作为经营的核心。第三，资产经营目标比商品经营目标更综合。实现商品经营目标是实现资产经营目标的基础，但不是全部。要实现资产经营目标，应在商品经营的基础上，进一步搞好资产的重组与有效使用，加快资产周转速度。

（3）商品经营与产品经营

商品经营和产品经营既相互联系，又有所区别。二者的联系和区别主要体现在以下几个方面：第一，产品经营是商品经营的一个环节，且是一个最基本的环节；商品经营是产品经营的扩展。第二，产品经营主要侧重于产品实物经营，而不强调投入品与产出品的价格；商品经营不仅重视产品实物经营，而且强调价值经营，即考虑投入品与产出品的价格。第三，商品经营目标比产品经营目标更综合。因此，要实现商品经营盈利能力，既要提高产品经营盈利能力，又要重视供产销的衔接及价值管理。

（三）盈利能力分析的内容

盈利能力分析是企业财务分析的重点。财务结构分析、偿债能力分析等分析工作的根本目的是通过分析及时发现问题，改善企业财务结构，提高企业偿债能力、经营能力，最终提高企业的盈利能力，促进企业持续稳定发展。对企业盈利能力的分析主要指对利润率的分析。因为尽管利润额的分析可以说明企业财务成果的增减变动状况及原因，为改善企业经营管理指明方向，但是，由于利润额受企业规模或投入总量的影响较大，因此，利润额一方面不便于在不同规模的企业之间进行对比，另一方面也不能准确地反映企业的盈利能力和盈利水平。所以，仅进行利润额分析一般不能满足各方面对财务信息的要求，还必须对利润率进行分析。

二、资本经营盈利能力分析

（一）资本经营盈利能力的内涵与指标

资本经营盈利能力，是指企业所有者投入的资本通过经营取得利润的能力。反映资本经营盈利能力的基本指标是净资产收益率，即企业本期净利润占净资产平均余额的比率，其计算公式是：

$$净资产收益率=\frac{净利润}{净资产平均余额}\times 100\%$$

上式中，净利润是指企业当期税后利润；净资产是指企业资产减去负债后的余额，包括实收资本、其他权益工具、资本公积、其他综合收益、盈余公积、未分配利润和少数股东权益等，也就是资产负债表中的所有者权益总额。对于净资产平均余额，一般取期初与期末的平均值。

净资产收益率是反映盈利能力的核心指标。因为企业的根本目标是所有者权益或股东价值最大化，而净资产收益率既可直接反映资本的增值能力，又影响着企业股东价值的大小。该指标越高，反映企业盈利能力越好。评价标准通常包括社会平均利润率、行业平均利润率或资本成本等。

（二）影响资本经营盈利能力的因素

影响净资产收益率的因素主要有总资产报酬率、负债利息率、资本结构和所得税税率等。

1. 总资产报酬率

净资产是企业全部资产的一部分，因此，净资产收益率必然受企业总资产报酬率的影响。在负债利息率和资本构成等其他条件不变的情况下，总资产报酬率越高，净资产收益率就越高。

2. 负债利息率

负债利息率之所以影响净资产收益率，是因为在资本结构一定的情况下，如果总资产报酬率高于负债利息率，负债利息率越低，投资人（股东）获得的杠杆利益越大；反之，杠杆利益越小。如果总资产报酬率低于负债利息率，负债利息率越高，投资人（股东）的杠杆损失越大；反之，杠杆损失越小。

3. 资本结构或负债与所有者权益之比

当总资产报酬率高于负债利息率时，提高负债与所有者权益之比，净资产收益率也会随之提高；反之，降低负债与所有者权益之比，净资产收益率则随之降低。

4. 所得税税率

因为净资产收益率的分子是净利润，即税后利润，因此，所得税税率的变动必然引起净资产收益率的变动。通常情况下，所得税税率提高，净资产收益率下降；反之，净资产收益率上升。

净资产收益率与各影响因素之间的关系，可用计算公式表示：

$$净资产收益率=\left[总资产报酬率+(总资产报酬率-负债利息率)\times\frac{负债平均余额}{净资产平均余额}\right]\times(1-所得税税率)$$

三、资产经营盈利能力分析

（一）资产经营盈利能力的内涵与指标

资产经营盈利能力，是指企业运营资产而产生利润的能力。反映资产经营盈利能力的指标是总资产报酬率，即息税前利润占总资产平均余额的比率。其计算公式是：

$$总资产报酬率=\frac{利润总额+利息支出}{总资产平均余额}\times 100\%$$

$$总资产平均余额=(期初资产总额+期末资产总额)\div 2$$

为什么计算总资产报酬率指标包括利息支出？因为，既然采用全部资产，没有从利润中扣除自有资本的等价报酬股息和红利，那么，同样也不应扣除借入资本的等价报酬——利息，何况从企业对社会的贡献来看，利息同利润具有同样的经济意义。

总资产报酬率高，说明企业资产的运用效率高，也意味着企业的资产盈利能力强，所以，这个比率越高越好。但是在评价总资产报酬率时，还需要与本企业前期的比率、同行业其他企业的这一比率等进行比较，进一步找出影响该指标的不利因素，以利于企业加强经营管理。

（二）影响资产经营盈利能力的因素

根据总资产报酬率指标的经济内容，可将其做如下分解：

$$总资产报酬率=\frac{营业收入}{总资产平均余额}\times\frac{利润总额+利息支出}{营业收入}\times 100\%$$
$$=总资产周转率\times销售息税前利润率\times 100\%$$

可见，影响总资产报酬率的因素有两个：一个是总资产周转率；另一个是销售息税前利润率。总资产周转率表示企业的每一单位资产能够带来的营业收入，该指标作为反映企业资产运营能力的指标，能够反映企业资产的运用效率，是企业资产经营效果的直接体现。有时，这一指标也可以用它的倒数表示，即总资产平均余额/营业收入，表示企业每产生1元的营业收入所需要投入的资产。销售息税前利润率表示企业每1元的营业收入所能带来的利润额，该指标反映了企业商品经营盈利能力，商品经营盈利能力越强，销售息税前利润率越高。可见，资产经营盈利能力受商品经营盈利能力和资产运营效率两方面的影响。

四、商品经营盈利能力分析

（一）商品经营盈利能力的内涵与指标

商品经营是相对资产经营和资本经营而言的。商品经营盈利能力不考虑企业的筹资或投资问题，只研究利润与收入或成本之间的比率关系。因此，反映商品经营盈利能力的指标可分为两类：一类是各种利润额与收入之间的比率，统称收入利润率；另一类是各种利润额与成本之间的比率，统称成本利润率。

（二）收入利润率分析

反映收入利润率的指标主要有营业收入利润率、毛利率、总收入利润率、销售净利润率、销售息税前利润率等。不同的收入利润率，内涵不同，揭示的收入与利润的关系不同，在分析评价中的作用也不同。

① 营业收入利润率。指营业利润占营业收入的比率。

② 毛利率。指毛利（即营业收入与营业成本的差额）占营业收入的比率。

③ 总收入利润率。指利润总额占总收入的比率，企业总收入包括营业收入、其他收益、投资净收益、公允价值变动净收益、资产处置净收益和营业外收支净额。

④ 销售净利润率。指净利润占营业收入的比率。

⑤ 销售息税前利润率。指息税前利润额占营业收入的比率，息税前利润额是指利润总额与利息支出之和。

收入利润率指标是正指标，指标值越高越好。分析时应根据分析的目的与要求，确定适当的标准值，如可用行业平均值、全国平均值、企业目标值等。

（三）成本利润率分析

反映成本利润率的指标有很多，主要有：营业成本利润率、营业费用利润率、全部成本费用利润率等。

① 营业成本利润率。指营业利润占营业成本的比率。

② 营业费用利润率。指营业利润占营业费用总额的比率。营业费用总额包括营业成本、税金及附加、期间费用、研发费用、资产减值损失和信用减值损失。期间费用包括销售费用、管理费用、财务费用等。

③ 全部成本费用利润率。该指标可分为全部成本费用总利润率和全部成本费用净利润率两种形式：全部成本费用总利润率指利润总额占全部成本费用的比率；全部成本费用净利润率指净利润占全部成本费用的比率。全部成本费用包括营业费用总额和营业外支出。

以上各种利润率指标反映企业投入产出水平，即所得与所费的比率，体现了增加利润是以降低成本及费用为基础的。这些指标的数值越高，表明生产和销售产品的每1元成本及费用取得的利润越多，劳动耗费的效益越高；反之，则说明每耗费1元成本及费用实现的利润越少，劳动耗费的效益越低。所以，成本利润率是综合反映企业成本效益的重要指标。

成本利润率也是正指标，即指标值越高越好。分析评价时，可将各指标实际值与标准值进行对比。标准值可根据分析的目的与管理要求确定，如可用行业平均值、全国平均值、企业目标值等。

第二节　营运能力分析

【导入案例】

海康威视轻资产运营模式转型

轻资产运营模式是一种以较低有形资产规模获取较高企业价值的商业模式，近年来受到广泛关注。在这种价值驱动的新型资本战略模式下，企业流动资产，尤其是现金类资产较多，固定资产和存货相对较少，企业将更多资金投入技术、品牌、营销等高附加值环节，通过“轻”资产形态来获取“高”利润回报，并提升财务绩效。

海康威视是安防产业的龙头企业，为及时应对市场变化、实现可持续发展，2012年正式进行轻资产运营模式转型，2015年后进入轻资产运营模式转型深化期。在轻资产转型过程中，海康威视通过平衡独立生产与外部承包提高生产运营效率，通过强化内部流程控制，预测并协调产品生产，通过建设智能库存管理基地提高库存管理灵活性，提升了资产运营效率，使资产布局呈现出存货占比低、流动资产占比高、固定资产占比低、现金储备量高的特点。自推进轻资产运营模式以来，海康威视不断调整供应结构，存货占比被控制在10%左右，整体保持较低水平；海康威视重视提升流动资产的储备量，释放现金流量使流动资产大幅增加，流动资产规模自2012年到2020年扩大了8倍多，占资产总额的比例维持在80%以上；同时，海康威视还注重产品研发和营销等高附加值环节，减少对厂房和生产线的固定资产投资，增加对研发创新产品的固定资产投资。因此，企业固定资产规模持续保持在较低水平，在2020年末固定资产仅占总资产的6.61%。另外，海康威视由重资产运营模式逐渐转型，现金流量通过较强的销售能力保持增长，经营现金流量净额除2019年由于采购备货降低外，均呈现增长趋势，自由现金流总体也呈现增长趋势。海康威视通过多元方式储备现金，为资本运营提供自由现金流支持，有利于企业顺利完成轻资产模式转型。

实施轻资产运营模式转型战略前，海康威视的企业价值呈现增长状态，但EVA值相对较低。由于加大资金投入，现金情况由上市后的现金剩余转变为现金短缺。海康威视实施轻资产运营模式转型战略后，经济增加值持续增长，企业价值不断提升，现金不足的情况得到缓解，2018年后企业转变为现金剩余状态。海康威视轻资产运营模式转型对其财务绩效产生了正向影响。

（资料来源：曾蔚，鲁畅，唐雨，等：《海康威视轻资产运营模式转型的财务绩效评价》，《财务与金融》2021年第3期。）

一、营运能力分析的目的与内容

（一）营运能力分析的目的

营运能力是指企业在经营过程中使用资产获取回报的效率。企业的营运资产，主体是流动资产和固定资产。尽管无形资产是企业资产的重要组成部分，并随着工业经济时代向知识经济时代转化，在企业资产中所占比重越来越大，而且在提高企业经济效益方面发挥了巨大的作用，但无形资产的作用多数情况下必须通过或依附于有形资产才能发挥出来。从这个意义上说，流动资产和固定资产构成了企业营运资产的主体，其营运状况将从根本上决定企业的经营状况和经济效益。

进行企业营运能力分析的主要目的如下。

（1）评价企业资产的营运效率

生产企业的经营活动从采购原材料、购买固定资产开始，此时货币资金转化为实物资产。原材料被领用投入生产过程后，原材料存货转化为在产品存货。生产过程结束之后，在产品存货转化为产成品存货。产品被销售之后，如果是信用销售，便进入应收账款阶段。最后，应收账款被收回，实物资产又重新回到货币资金状态，也就实现了资金周转。资产在各种形态之间的转化速度越快，资产营运的效率也就越高。

（2）评价企业资产的营运效益

公司制企业经营的根本目的是获取收益。通过开展经营活动以较少的投入获取较多的产出，从而实现收益最大化。在企业周转使用资产进行经营活动的过程中，如果是在周转获利的情况下，那么周转速度越快，一定时期内周转次数越多，获利越多。当把前序周转过程中的获利投入后序周转中，企业便扩大了经营规模，每次周转的获利水平得到提高，由此便可实现资产营运效益的增长。

（3）寻找资产营运能力提升的路径

企业总体资产营运能力的高低，不仅取决于各类资产营运能力的高低，还受到企业资产配置结构的影响。通过企业营运能力分析，可以了解企业各类资产利用效率方面的不足，以及资产配置结构的不合理之处。企业可以从这两方面积极采取措施，提高企业全部资产的营运能力。

（二）营运能力指标的计算方法

企业营运能力通常使用资产周转速度指标来衡量。资产周转速度指标包括资产周转率（次数）和资产周转期（天数）。资产周转率指标是一定时期资产平均占用额与周转额的比率，是用资产的占用量与运用资产所完成的工作量之间的关系来表示营运效率的指标。资产周转期指标是用周转额的计算期除以计算期内资产周转次数，表示资产周转使用一次所经历的时间。

资产周转速度的计算公式是：

$$资产周转率=\frac{资产周转额}{资产平均余额}$$

$$资产周转期=\frac{计算期天数}{资产周转率(次数)}=\frac{资产平均余额\times计算期天数}{资产周转额}$$

其中，计算期天数，是指周转额的计算期间所涵盖的天数。从理论上说，应使用计算期间的实际天数，但为了计算方便，实务中一般全年按360天计算，季度按90天计算，月度按30天计算。

资产平均余额，也称资产平均占用额或平均运用额。资产平均余额是反映企业一定时期资产占用的动态指标，从理论上说，应是计算期内每日资产余额的平均额，但为了计算方便，通常按期初和期末的算术平均数计算。

资产周转额，是指计算期内完成周转的资产金额。以存货为例，其周转额是指结束存货存在形式，销售转为营业成本的金额。不同资产周转率的计算所使用的周转额是不同的，对此，将在具体分析时予以说明。

资产周转次数和资产周转天数从两个不同的角度表示资产的周转速度。资产周转次数表示在一定时期内完成几个从资产投入到资产收回的循环，而资产周转天数则表示完成一个从资产投入到资产收回的循环需要多长时间。资产周转次数和资产周转天数呈相反方向变动：在一定时期内，资产周转次数越多，资产周转天数越少，周转速度就越快，营运效率就越高；反之，则周转速度越慢，营运效率越低。

虽然以上两种形式均可以表示资产周转速度，但在实务中更多地使用资产周转天数这一形式。这是因为，当企业为提高生产技术水平，改善生产组织等而使资产周转速度加快时，明显地表现为资产占用时间的缩短，用资产周转天数来表示，易于看出资产周转与生产技术和生产组织的依存关系，直观且易于理解。此外，如果采用资产周转次数，不同时期（如年度、季度和月度）的周转速度不能直接进行比较。采用资产周转天数则可以消除期限长短对周转速度的影响，可以使不同计算期间的资产周转速度直接进行比较。

（三）营运能力分析的内容

企业营运能力分析的主要内容如下。

1. 总资产营运能力分析

通过对总资产产值率和总资产周转率的分析，评价总资产营运能力。从资产配置结构的角度，分析流动资产比重、不良资产比重、投资性资产比重和轻资产化对总资产营运能力的影响。

2. 流动资产营运能力分析

通过对流动资产周转率和周转期、流动资产垫支周转率和周转期、存货周转率和周转期、应收账款周转率和周转期、营业周期，以及现金周期等指标的计算分析，评价全部流动资产以及存货、应收账款等流动资产的营运能力，并分析导致上述资产营运能力发生变化的可能原因以及可能对上述评价产生影响的因素。

3. 固定资产营运能力分析

通过固定资产产值率和固定资产收入率等指标的计算分析，评价固定资产的营运能力，揭示固定资产利用效率变动的原因，分析固定资产更新、磨损和退废等因素对固定资产营运能力分析的影响。

二、总资产营运能力分析

（一）总资产营运能力指标

总资产营运能力，是指企业运用全部资产开展经营活动的效率。反映总资产营运能力的指标主要有总资产周转率和总资产产值率。

1. 总资产周转率的计算与分析

总资产周转率体现了企业利用全部资产获取收入的效率。其计算公式是：

$$总资产周转率=\frac{营业收入}{总资产平均余额}$$

总资产周转效率也可以用周转期（天数）来表示。其计算公式是：

$$总资产周转天数=\frac{总资产平均余额\times计算期天数}{营业收入}$$

2. 总资产产值率的计算与分析

总产值是指工业企业在一定时期内生产的工业产品或提供工业性劳务活动的总价值量。总资产产值率反映了企业总资产与总产值之间的对比关系。其计算公式是：

$$总资产产值率=\frac{总产值}{平均总资产}\times100\%$$

总资产产值率反映了企业生产过程中资产的利用效果，该指标数值越高，说明企业资产的投入产出率越高，企业总资产运营状况越好。在利用该指标评价企业总资产利用效果时应该注意到，企业总产值在按不变价格计算时，可以把总产值理解为企业在一定时期内生产的按价值计算的全部产品总量，是企业利用全部资产为社会创造的物质产品。但由于总产值中既包括完工产品，又包括在产品，所以总产值仅仅表示本期生产的价值，并不能表明其是否将得到市场的认可。企业生产的产品如果不能在市场上进行交易，则无法实现其价值，前期生产投入也就无法收回。分析时，要将该指标与总资产周转率结合起来，才能作出正确的评价。

总资产周转率反映出企业整个经营过程中资产的利用效果。收入的实现表明企业的产品得到了社会的认可，满足了社会需求。总资产产值率反映了企业生产过程中资产的利用效果。下面的分解式可以反映出这两个指标之间的关系：

$$总资产周转率=\frac{总产值}{平均总资产}\times\frac{营业收入}{总产值}=总资产产值率\times产品销售率$$

从以上分解式可以看出，提高总资产周转率可以采取两方面措施：一是提高资产的生产效率，这是提高企业资产营运能力的基础，没有产品，就谈不上销售，更谈不上效益；二是提高产品销售率，把生产出来的产品尽快、尽可能多地销售出去。

（三）总资产营运能力与盈利能力关系分析

提高资产营运能力最终要为盈利能力这个目标服务，通过综合对比分析总资产营运能力与盈利能力之间的关系，可以解释总资产盈利能力变动的原因，为提高总资产盈利能力指明方向。二者之间的关系可用下式反映：

$$\begin{aligned}总资产报酬率&=\frac{息税前利润}{平均总资产}\times100\%\\&=\frac{营业收入}{平均总资产}\times\frac{息税前利润}{营业收入}\times100\%\\&=总资产周转率\times销售息税前利润率\end{aligned}$$

上式表明企业总资产盈利能力受到总资产营运能力和产品盈利能力两个因素的影响。在销售息税前利润率一定（且为正）的情况下，总资产报酬率和总资产周转率成正比，企业可以通过提高资产运营效率的方式提高盈利能力。

三、流动资产营运能力分析

（一）全部流动资产营运能力分析

企业的营运过程，实质上是资产的转换过程，流动资产和固定资产的性质和特点不同，决定了它们在这一过程中的作用也不同。企业经营成果的取得，主要依靠流动资产的形态转换。尽管固定资产的整体实物形态都处在企业营运过程之中，但从价值形态上讲，相当于折旧的那部分资金需参与企业当期的营运，它的价值实现（或者说价值回收）要依赖流动资产的价值实现。一旦流动资产的价值实现（或者说形态转换）出现问题，不仅固定资产价值不能实现，企业的所有经营活动都会受到影响，因此，流动资产营运能力分析是企业营运能力分析最重要的组成部分。

1. 流动资产营运能力指标的计算

流动资产完成从货币到商品，再到货币这一循环过程，表明流动资产周转了1次，以产品实现销售为标志。表示销售实现的指标有两个，即营业收入和营业成本。一般来说，使用营业成本这一指标作为周转额是用来说明垫支的流动资产周转速度，反映出流动资产的纯粹周转速度。如果使用营业收入这一指标，由于营业收入中包括了垫支资金以外的部分，如税金和利润等，因此，计算出来的流动资产周转速度是一种扩大形式的周转速度，既反映了流动资产的纯粹周转速度，又反映了流动资产利用的效益。实务中，在计算流动资产周转速度指标时，究竟是使用营业收入还是营业成本，应视分析的具体目的而定。流动资产周转速度指标的具体计算公式如下：

$$\text{流动资产周转率}=\frac{\text{营业收入}}{\text{流动资产平均余额}}$$

$$\text{流动资产周转期}=\frac{\text{流动资产平均余额}\times\text{计算期天数}}{\text{营业收入}}$$

$$\text{流动资产垫支周转率}=\frac{\text{营业成本}}{\text{流动资产平均余额}}$$

$$\text{流动资产垫支周转期}=\frac{\text{流动资产平均余额}\times\text{计算期天数}}{\text{营业成本}}$$

2. 流动资产周转率指标分析

为了分析流动资产周转速度变动的原因，找出加速流动资产周转的途径，根据流动资产周转速度指标的经济内容和内在联系，可将流动资产周转速度指标作如下分解：

$$\begin{aligned}\text{流动资产周转率}&=\frac{\text{营业收入}}{\text{流动资产平均余额}}\\&=\frac{\text{营业成本}}{\text{流动资产平均余额}}\times\frac{\text{营业收入}}{\text{营业成本}}\\&=\text{流动资产垫支周转率}\times\text{成本收入率}\end{aligned}$$

以上分解式表明，影响流动资产周转率的因素有两个：一是流动资产垫支周转率；二是成本收入率。流动资产垫支周转率反映了流动资产的真正周转速度，成本收入率说明了所费与所得之间的关系，反映出流动资产的利用效果。加速流动资产垫支周转速度是手段，提高流动资产利用效果才是目的，因此，加速流动资产垫支周转速度必须以提高成本收入率为前提。当成本收入率大于1时，流动资产垫支周转速度越快，企业获利能力越强；反之，如果成本收入率小于1，企业所得补偿不了所费，流动资产垫支周转速度越快，企业亏损越多。

（二）存货营运能力分析

1. 存货周转率计算与分析

存货周转速度通常用存货平均余额与营业成本的比率来表示，以反映企业存货规模是否合适、周转速度如何。其表示方式有两种：

$$\text{存货周转率}=\frac{\text{营业成本}}{\text{存货平均余额}}$$

$$\text{存货周转期}=\frac{\text{存货平均余额}\times\text{计算期天数}}{\text{营业成本}}$$

存货周转速度下降或偏低，可能由以下原因引起：

① 存货管理方法落后；

② 产品滞销，存货积压；

③ 预测存货将升值，囤积居奇；

④ 企业销售政策发生变化；

⑤ 会计核算范围或方法发生变化；

⑥ 存货账实不符，虚假挂账。

但存货周转速度偏高也不一定代表企业经营出色。当企业为了扩大销路而降价销售或大量赊销时，营业利润会受到影响或产生大量的应收账款。一个适度的存货周转率除参考企业的历史水平之外，还应参考同行业的平均水平。

【链接案例】

水井坊困境与对策——存货篇

四川水井坊股份有限公司（以下简称“水井坊”）主要从事酒类产品的生产和销售。（2012年底中央反腐工作重拳出击，有关政策相继出台，对白酒行业造成了很大的影响。）水井坊的产品并没有太强的竞争优势，白酒行业低迷导致业绩连续下滑。2012年水井坊营业收入为16.36亿元，净利润3.40亿元，但2013年营业收入断崖式下降至4.86亿元，净利润亏损1.52亿元，2014年营业收入进一步下降至3.65亿元，亏损额高达4.18亿元。在经历了2013年、2014年连续两年亏损之后，2015年水井坊成为中国白酒行业第一家被ST的公司，更名为“ST水井”。

水井坊的存货在企业的资产中占了很大一部分，2010年至2012年末存货金额持续增长，并于2012年达到峰值12.31亿元，占资产比重46.42%。2013年水井坊产能持续扩大而市场需求缩减，使得存货不断积压，再加上公司2013年底开始在部分重点区域取消原来的总代模式实行扁平化直营，收回的总代库存进一步加剧了存货积压。2014年水井坊开始优化库存结构，努力降低不可用和滞销品库存以促进公司现金流的高效运转。这使得公司的库存管理得到加强，但因为公司为了适应市场变化在一些省份实行了扁平化营销模式，受到营销策略改变使得库存继续积压的反面影响，企业的存货相比2013年还是增加了1.47%，存货周转率也降低了，从2013年的0.19次降到了2014年的0.15次。2015年水井坊加强了财务预算管理，这在一定程度上也加强了存货管理，再加上这一年市场回暖，公司存货周转率提升到了0.29次，基本与同水平企业无差异。

（资料来源：根据相关资料整理。）

2. 存货营运能力分项分析

存货是企业最重要的经营资产之一，企业经营状况发生恶化时，存货周转往往最先表现出异常。对存货周转情况进行分析，不仅要使用存货周转率分析全部存货资金的周转效率，还要对存货周转率进行分解，分析存货各组成部分周转情况。存货一般由材料存货、在产品存货和产成品存货三部分组成。所以，存货周转期又可以分为材料周转期、在产品周转期和产成品周转期三项分指标。其计算公式分别为：

$$材料周转天数=\frac{材料平均余额\times 计算期天数}{当期材料费用}$$

$$在产品周转天数=\frac{在产品平均余额\times 计算期天数}{当期生产成本}$$

$$产成品周转天数=\frac{产成品平均余额\times 计算期天数}{营业成本}$$

企业存货的周转是从投入货币资金购入生产经营所需的材料物资形成材料存货开始；然后将其投入生产经营过程中进行加工，形成在产品存货；当加工结束之后则形成产成品存货，通过销售取得货币资金，表示存货的一个循环完成。当存货从一种形态转化为另一种形态的速度较快时，存货的周转速度就快。

（三）应收账款营运能力分析

1. 应收账款周转率计算与分析

企业的应收账款在流动资产中具有举足轻重的地位，是除存货外的另一重要项目。应收账款周转率是指企业一定时期赊销收入净额与应收账款平均余额的比率，用以反映应收账款的收款速度，一般以周转次数来表示。其计算公式是：

$$应收账款周转率=\frac{赊销收入净额}{应收账款平均余额}$$

其中，应收账款是指因商品购销关系而产生的债权资产，而不是单指会计核算上的应收账款科目，一般包括应收账款和应收票据。

应收账款周转率说明了年度内应收账款转化为现金的平均次数。应收账款周转率越高，体现了应收账款的变现速度越快，企业的收账效率越高。加速应收账款周转能够缩短收账期，减少坏账风险，节省收账费用，还能够提高资产流动性，降低财务风险，提高资产收益或者降低筹资成本。反映应收账款周转效率的另一个指标是应收账款周转期，也称作应收账款周转天数或应收账款平均收账期。其计算公式是：

$$应收账款周转期=\frac{计算期天数}{应收账款周转率}$$

$$=\frac{应收账款平均余额\times计算期天数}{赊销收入净额}$$

$$=\frac{应收账款平均余额}{平均每日赊销净额}$$

应收账款周转期表示从产品销售至现金收回所经历的时间。应收账款周转期越短，说明应收账款收回的速度越快，企业资金被客户占用的时间越短，应收账款的管理效率越高。通过以上指标本期数与前期数、计划数、同类企业先进水平的比较，可以了解应收账款周转率的变动情况、计划完成情况、与先进水平的差距等。周转率和周转期指标紧密联系，在分析时可替换使用。但是在使用周转率进行比较分析时，要注意分析期长度一致时才具有可比性。

应收账款周转率计算公式中所采用的周转额从理论上说应为赊销净额，不包括现销收入，但赊销净额作为企业的内部信息并不对外公布，外部分析者难以取得赊销收入的资料，因此，一般用营业收入代替，即：

$$应收账款周转率=\frac{营业收入}{应收账款平均余额}$$

$$应收账款周转期=\frac{应收账款平均余额\times计算期天数}{营业收入}$$

【链接案例】

水井坊困境与对策——应收账款篇

2013年，因为经销商欠款增加和公司取消商业汇票结算方式，水井坊应收账款年末余额较上年增加了380.15%。为了加强应收账款管理，2014年水井坊开始注重合规内控，完善、健全了KYBP（了解你的商业合作伙伴）、KYC（了解你的客户）专项尽职调查与流程控制，并持续强化对公司“业务合作伙伴”与“客户”的合规风险排查工作，使公司应收账款风险得到了有效控制。水井坊要求大部分客户在发运货物之前以现金或票据预付货款，这在一定程度上增加了企业的资金流动性，并且有助于企业早日回款，降低应收账款的余额和坏账风险。企业还适时调整了信用政策。根据客户的财务状况、外部评级以及银行资信记录，对客户进行信用评估，并据此确定该客户的赊销额度与信用期限。应收款项自出具账单日起90天内到期，这使得应收账款周转率得到提高。除此之外，还加强了收账管理，对应收款项逾期的债务人实行书面催款及取消赊销额度的措施。为了监控企业的信用风险，还按照账龄、到期日等要素对企业的客户进行分析。这一系列措施使得应收账款金额相比2013年下降了89.91%，显著提高了水井坊的应收账款周转率，从2013年的4.32次提升到32.12次。由于措施得当，水井坊的应收账款管理取得了显著效果，在一定程度上促进了营运资本管理效率的提高。但与同行业企业相比较，此时水井坊应收账款金额还是偏高，应收账款周转率偏低，应收账款管理水平仍有继续提升的空间。2015年水井坊在2014年的基础上，全面完成了专项尽职调查，并持续完善对公司“业务合作伙伴”与“客户”的合规风险排查工作，进一步提升合规内控风险管理水平，确保企业的整体信用风险在可控范围内。2015年合规风险排查工作的完善使得水井坊应收账款金额同比下降了26.08%，应收账款周转率更是提升到101.82次。

水井坊采取的应收账款和存货管理措施，有效提高了应收账款和存货周转效率，提高了营运资本管理水平。水井坊在行业的寒冬中受到了很大冲击，但其通过积极自救在短时期内实现了扭亏为盈，从根本上改变了自身陷入财务困境的状态。所以，聚焦自身陷入财务困境的根本，努力提高营运资本管理效率是非常有助于企业脱困的。

（资料来源：根据相关资料整理。）

2. 应收账款周转分析应注意的问题

（1）经营季节性特征的影响

应收账款周转率计算公式的分母是应收账款期末余额和期初余额的算术平均数，这是基于企业应收账款在一个会计期间内呈线性增加或者减少的假设。但是有些企业的业务会呈现出明显的季节性特征，应收账款占用额会由于季节因素呈非线性波动。对于这类企业，应收账款周转率指标的分析效力会受到影响。假设A公司生产销售羽绒服，销售活动主要发生在冬季，其1月份和12月份的应收账款余额处于全年的高位。而B公司生产销售驱蚊产品，主要在夏季销售，其1月份和12月份的应收账款余额处于全年的低位。按照年度报告计算的应收账款的平均占用额，A公司会被高估，而B公司会被低估，因此，A公司应收账款周转率被低估，B公司被高估。

（2）应收账款变化趋势的影响

这又是一个计算应收账款余额算术平均数带来的问题。假设甲公司应收账款的期初余额是100万元，期末余额是200万元；而乙公司应收账款的期初余额是200万元，期末余额是100万元，如果两个公司的销售收入是一样的，那么计算所得的应收账款周转率将是相同的，无法显示出乙公司应收账款回收变化趋势好于甲公司的情况。

（3）增值税的影响

增值税属于价外税，不包括在企业所确认的收入中，也就不包括在应收账款周转率计算公式的分子中。但是计算公式的分子——应收账款，不仅包括销售货物的价款，还包括向购货方代收的增值税销项税额。增值税所导致的分子和分母口径不一致，会使应收账款周转率指标偏低。

四、固定资产营运能力分析

固定资产是指企业为生产产品、提供劳务、经营管理或者出租而持有的、使用时间超过1年的、价值达到一定标准的非货币性有形资产，包括房屋、建筑物、机器设备、运输工具以及其他与生产经营活动有关的器具等。固定资产是企业的劳动手段，也是企业赖以生产经营的主要资产。企业固定资产使用效率水平是企业生产效率水平的集中体现。

企业资产利用的直接成果可以用产品产量或销量来衡量，通过产量（产值）和销量（营业收入）与资产的对比，可以反映出企业资产的利用效率。本节将从这两个角度，分别使用固定资产产值率和固定资产收入率指标评价固定资产营运能力。

（一）固定资产周转率计算与分析

固定资产周转率是指一定时期实现的营业收入与固定资产平均余额的比率。其计算公式是：

$$固定资产周转率=\frac{营业收入}{固定资产平均余额}$$

固定资产周转期的计算公式是：

$$固定资产周转期=\frac{固定资产平均余额\times 计算期天数}{营业收入}$$

公式中的分母既可以使用固定资产原值，也可以使用固定资产净值，究竟采用什么数值取决于分析的目的和要求。如果从固定资产规模和生产能力方面来分析，应使用原值指标，如果从固定资产资金占用方面分析，则以净值为宜。该指标意味着每1元的固定资产所产生的收入。

固定资产周转率变动原因的分析，可依据下面的分解式进行：

$$固定资产周转率=\frac{总产值}{固定资产平均余额}\times\frac{营业收入}{总产值}=固定资产产值率\times 产品销售率$$

由此可见，要想提高固定资产周转率，在提高固定资产产值率的基础上，还要做到产销均衡。

（二）固定资产产值率计算与分析

固定资产是企业的主要生产手段，固定资产的利用效率可以直接通过所生产的产品价值（产值）表现出来，将一定时期按不变价格计算的产值与固定资产平均总值进行对比，就可以计算出固定资产产值率。其计算公式是：

$$固定资产产值率=\frac{总产值}{固定资产平均总值}\times 100\%$$

该指标意味着每1元的固定资产可以创造出多少元价值的产品。不同的行业，由于技术装备不同，每元固定资产创造的产值也有很大差别，所以该指标在不同行业不具可比性。

企业的固定资产在生产经营活动的不同环节，发挥着不同的功能和作用。企业的固定资产既包括生产用固定资产，也包括非生产用固定资产。生产用固定资产直接为生产产品服务，其所占比重越高，周转速度越快，企业创造价值的效率和效果越好。因此，固定资产产值率可作如下分解：

$$\begin{aligned}全部固定资产产值率&=\frac{总产值}{生产用固定资产}\times\frac{生产用固定资产}{固定资产平均总值}\times 100\%\\&=生产用固定资产产值率\times 生产用固定资产占固定资产的比重\end{aligned}$$

该因素分析表明，固定资产产值率受生产用固定资产产值率和生产用固定资产比重的影响。生产用固定资产中的核心部分是生产设备，生产设备是生产价值的直接手段，所以生产用固定资产产值率可作如下分解：

$$\begin{aligned}生产用固定资产产值率&=\frac{总产值}{生产设备平均总值}\times\frac{生产设备平均总值}{生产用固定资产平均总值}\times 100\%\\&=生产设备产值率\times 生产设备占生产用固定资产的比重\end{aligned}$$

该因素分析表明，生产用固定资产产值率受生产设备产值率和生产设备占生产用固定资产比重的影响。

综上可得：

$$\begin{aligned}固定资产产值率&=\frac{总产值}{生产设备}\times\frac{平均总值}{生产用固定资产}\times\frac{资产平均总值}{固定资产}\times 100\%\\&=生产设备产值率\times 生产设备占生产用固定资产的比重\times 生产用固定资产占固定资产的比重\end{aligned}$$

从以上分解式可以看出，全部固定资产产值率的变动原因有两方面：生产设备的利用效率和固定资产结构状况。其中，固定资产结构通过生产设备占生产用固定资产比重和生产用固定资产占全部固定资产比重两个指标来表示。这说明在全部固定资产中，应首先提高生产用固定资产比重，降低非生产用固定资产比重。其次要注意在提高生产用固定资产比重时，重点放在增加生产设备方面。

（三）固定资产营运能力的影响因素

固定资产营运能力的影响因素除了前面分析中提到的固定资产结构和各部分固定资产的使用效率外，还包括固定资产更新、磨损和退废等方面。

固定资产使用期限较长，其价值在使用的过程中逐步转移。会计根据特定的方法所计算出的每期计入产品成本或者期间费用的固定资产价值称为折旧。固定资产的原始成本减去以前期已经累计计提的折旧后的金额称为固定资产净值。通常情况下，随着时间的推移，固定资产的生产能力变化并不显著，但是固定资产的净值却会随着折旧计提而逐渐减少，导致以固定资产净值计算的固定资产周转率不断提高。因此，在进行固定资产营运能力分析时，应该关注固定资产成新率或者固定资产磨损率。固定资产成新率以及固定资产磨损率相差较大的公司之间以固定资产净值计算的固定资产周转率可比性降低。

$$固定资产成新率=\frac{固定资产净值}{固定资产原值}\times 100\%$$

$$固定资产磨损率=\frac{累计折旧}{固定资产原值}\times 100\%=1-固定资产成新率$$

企业为了具备长久竞争力，需要不断研发新产品。伴随着产品更新换代，固定资产往往也面临着更新改造的需要。为了保持先进生产能力而进行的固定资产更新改造会使固定 资产周转率有所下降，但可能增强产品竞争力，在未来为企业创造更多收入。固定资产更新率指标可以反映企业进行固定资产更新的状况。

$$固定资产更新率=\frac{当期新增固定资产原值}{固定资产原值}\times 100\%$$

【实事链接】

上市公司营运能力提升，供给侧结构性改革见成效

2015年11月10日，习近平总书记在中央财经领导小组第十一次会议上首次提出“供给侧结构性改革”的重要思想。此后，这一战略部署迅速成为指导中国经济工作的重要主线和核心任务。我国供给侧的结构性矛盾，突出表现为部分行业产能严重过剩、部分地区房地产库存高、企业杠杆率偏高、实体经济成本过高、经济社会发展领域某些短板突出。抓好“三去一降一补”（去产能、去库存、去杠杆、降成本、补短板）是推进供给侧结构性改革的重要任务。长期以来，我国煤炭和钢铁产业发展注重产量，质量不高。粗放的增长方式已成为制约煤炭和钢铁产业发展的重要因素之一。根据中央精神，钢铁行业和煤炭行业是化解过剩产能的重点领域。去产能，即化解产能过剩，通过淘汰和退出落后产能，解决产品供过于求而引起产品恶性竞争的不利局面。去产能一方面会使公平竞争的市场环境得到完善，价格机制有效运行，由“恶性”竞争导致的一直处于低位运行的产品价格回归正常；另一方面去除了低效率供给，它们的市场份额将由高效率供给填充，先进生产能力得

以更加充分地发挥作用。落后产能的“退”意味着先进产能的“进”。我国的上市公司集中了各行业的先进、优质生产力，它们在去产能政策的影响下，生产能力得以更加充分的发挥。国家经济领域的各项政策的实施必将对上市公司产生影响。通过选用合理的财务分析方法，对上市公司的财务数据予以分析，能够检验政策实施效果，验证国家政策制定的有效性。

（资料来源：根据网络资料整理。）

第三节 偿债能力分析

【导入案例】

债台高筑，地产巨头深陷债务泥潭

2021年，中国恒大集团（以下简称恒大集团）爆发了严重的财务危机，社会上有关企业破产、项目停工、催债催楼的负面舆情沸沸扬扬。2021年中期报告显示恒大集团负债总额近2万亿元，资产负债率高达82.71%，债务规模之大令人咋然。虽然目前恒大集团已经采取售卖资产、成立风险化解委员会等一系列方式降低负债，但由于其2万亿元的债务过于庞大、法律诉讼频繁爆发、企业信誉受损以及房地产行业政策调整等因素，恒大集团仍深陷泥潭，四面楚歌。

根据东方财富网披露的数据，恒大集团2015—2020年的经营活动现金流量净额分别为−237.49亿元、−586.1亿元、−1509.73亿元、547.49亿元、−673.57亿元、1100.63亿元，仅在2018年和2020年为正值，其余4年均为负值，2021年财务报告无法按时披露。这些数据表明恒大集团的经营活动造血能力很差，必须依靠其他融资渠道才可维持企业的正常运转。恒大集团近6年净利润总额为1743.4亿元，但连续6年投资活动现金流量净额均为负值，说明企业一直处于扩张状态，投资活动没有产生合理的收益反哺集团。而且，2015年以来，恒大集团的资产负债率始终维持在80%以上，2017年资产负债率高达86.25%。2020年恒大集团流动负债占负债总额的比重高达77.27%，流动比率为1.26，速动比率为0.22，这在一定程度上反映出恒大集团长期以来以流动负债为主，对短期资金的依赖程度较高，存货对短期偿债能力影响大，速动比率较低，短期偿债风险较大，一旦企业资金供应不足，将面临严峻的财务危机。

恒大集团陷入债务危机的主要原因有三点：首先，恒大集团自成立以来就采取“高负债、高周转”的经营模式，稳定的现金流量是企业正常运转的根基，然而随着恒大集团积年累月的疯狂扩张式发展，经营活动造血能力又跟不上，企业自身经营必须依靠庞大的资金外援，长此以往，恒大集团的债务“雪球”越滚越大。其次，2020年国家提出了“三道红线”融资监管新规，恒大集团2020年剔除预收账款后的资产负债率为84%，净负债率为152.89%，现金短债比为0.47，三道红线全部踩中，当年无法新增有息负债，偿债风险急剧增加。最后，恒大集团的多元化经营投入了较大的人力、财力、物力，却并没有给恒大集团带来较大的现金回流，反而成为恒大集团债台高筑的一大推力。其实，恒大集团的“高负债、高周转”经营模式在房地产企业中十分常见，但是恒大集团忽视了过度负债容易引发经营资金链断裂，以致一旦银行收缩贷款，无法从其他融资渠道获取资金，企业就面临经营困难甚至走向破产的困境。

（资料来源：根据相关资料整理。）

由此可见，偿债能力对于企业来说十分重要，债务管理工作不到位会给企业带来不小的财务风险，负债累累加上经营困境会使企业长期以来积累的风险瞬间爆发，最终陷入严重的财务危机。那么，除了债权人特别关注企业的偿债能力，企业的其他利益相关者还有谁直接或间接地关注企业的偿债能力？偿债能力包括哪些内容？哪些因素会影响到企业的偿债能力？如何分析企业的短期偿债能力和长期偿债能力？反映企业偿债能力的指标有哪些？这些都是本节要介绍的重点内容。

一、偿债能力分析的目的与内容

（一）偿债能力分析的目的

偿债能力是指企业偿还各种债务的能力。负债是企业资金来源的重要组成部分，企业的负债按偿还期限的长短，可以分为流动负债和非流动负债两大类。其中，反映企业偿付流动负债能力的是短期偿债能力；反映企业偿付非流动负债能力的是长期偿债能力。

偿债能力是反映企业财务状况的重要内容，是企业经营者、投资人、债权人等利益相关者都十分关心的问题，具有非常重要的意义与作用，站在不同的角度，偿债能力分析的目的也有区别。

（1）企业偿债能力分析有利于投资者进行正确的投资决策

投资人非常重视企业的盈利能力，他们认为，良好的财务环境和较强的偿债能力更有助于提高企业的盈利能力。因此，他们同样会关注企业的偿债能力。对于投资人来说，投资的目的在于资本的保值和增值，如果企业的偿债能力发生问题，就会使企业的经营者花费大量精力去筹措资金以应付还债，这不仅会增加筹资难度，加大临时性紧急筹资的成本，还会使企业管理者难以全神贯注地进行企业经营管理，使企业盈利受到影响，最终影响到投资人的预期利益甚至投资成本。

（2）企业偿债能力分析有利于债权人进行正确的借贷决策

债权人对企业偿债能力非常重视，因为及时收回本金并取得利息是债权人借贷需要考虑的最基本因素。债权人会从切身利益出发来研究企业的偿债能力，他们不愿意将资金借给偿债能力很差的企业。只有企业有较强的偿债能力，债权人才能及时收回债权，并按期取得利息。可以通过对企业资金的主要来源和用途以及资本结构的分析，再加上对企业过去盈利能力的分析和对未来盈利能力的预测来判断企业的偿债能力。

商品和劳务供应商主要是指赊销商品和劳务给企业的单位和个人。商品和劳务供应商最关心的是能否尽快安全地收回资金。从该角度来说，商品和劳务供应商必须判断企业能否及时支付商品和劳务的价款。对企业偿债能力的分析和债权人类似。

（3）企业偿债能力分析有利于经营者进行正确的经营决策

任何一家企业要想维持正常的生产经营活动，手中必须持有足够的现金或者能随时变现的流动资产，以支付各种到期的费用账单和其他债务。其分析的目的如下。

第一，了解企业的财务状况。企业的财务状况可以从三个方面来定义，即偿债能力、 企业发展的稳定性和企业近期业务增长状况。可见，企业偿债能力的强弱是反映企业财务状况的重要标志。对于小规模企业而言，投资者和经营者对企业的财务状况了如指掌，而银行和其他债权人则需要通过分析企业的财务资料，了解企业的偿债能力，进而判断企业的财务状况。大企业由于经营业务繁杂多样，因此更加突出了偿债能力分析的重要性。

第二，揭示企业所承担的财务风险程度。企业所承担的财务风险与负债筹资直接相关，负债必须按期归还，而且要支付利息。企业只要通过举债筹集资金，就等于承担了契约性质的责任或义务，不管经营是盈是亏，其义务必须履行。当企业举债时，有可能出现债务到期不能按时偿付的情况，这就是财务风险的实质所在。而且，企业的负债程度越高，不能按时偿付的可能性就越大，企业所承担的财务风险也越大。如果企业有足够的现金或有随时可以变现的资产，则企业偿债能力强，其财务风险相对较低；反之，财务风险相对较高。

第三，预测企业筹资前景。企业生产经营所需的资金通常需要从不同渠道以各种方式取得。当企业偿债能力强时，说明企业财务状况较好、信誉较高，债权人就愿意将资金借给企业。否则，债权人的债权得不到保障，债权人就不愿意将资金借给企业。因此，当企业偿债能力较弱时，企业筹资前景不容乐观，除非企业愿意付出较高的代价，才有可能举借到生产经营所需的资金，这样会使企业承担更高的财务风险。

第四，为企业进行各种理财活动提供重要参考。企业的理财活动集中表现在筹资、用资和资金分配三个方面，企业在什么时候取得资金、其数额是多少，取决于生产经营活动的需要，这里也包括偿还债务的需要。如果企业偿债能力不强，特别是近期内有需要偿付的债务时，企业就必须及早地筹措资金，以便在债务到期时能够偿付，使企业信誉得以维护。如果企业偿债能力较强，则可能表明企业有充裕的现金或其他能随时变现的资产，在这种情况下，企业就可以利用暂时闲置的资金进行其他投资活动，以提高资产的利用效率。

可见，企业偿债能力如何，不仅是企业本身所关心的问题，也是各利益相关者都非常重视的问题。

二、偿债能力分析的内容

偿债能力分析主要包括以下两个方面的内容：

（1）短期偿债能力分析

短期偿债能力是指企业通过流动资产的变现偿还到期短期债务的能力。短期偿债能力分析首先应明确影响短期偿债能力的因素，在此基础上，通过对反映短期偿债能力的主要指标和辅助指标的分析，了解企业短期偿债能力的高低和短期偿债能力的变化情况，揭示企业的财务状况和风险程度。

（2）长期偿债能力分析

长期偿债能力是指企业偿还非流动负债的能力。应结合非流动负债的特点，在明确影响长期偿债能力因素的基础上，通过对反映企业长期偿债能力指标的分析，了解企业长期偿债能力的高低及变动情况，揭示企业整体财务状况、债务负担及长期偿债能力的保障程度。

三、短期偿债能力分析

（一）影响短期偿债能力的因素

短期偿债能力的高低对企业的生产经营活动和财务状况有重要影响。若一家企业拥有良好的营运能力和较强的盈利能力，但短期偿债能力不强，就会因资金周转困难影响正常的生产经营，进而降低企业的盈利能力，严重时还会出现财务危机，甚至导致企业因不能按期偿债而“黑字破产”。企业短期偿债能力不足对企业生产经营的影响还表现在：无法取得购货折扣；不能按期支付货款而使材料供应不能得到保证；影响职工薪酬的正常发放或不能按期加薪使企业在人才市场上失去竞争力。短期偿债能力不足对企业的另一影响，就是造成企业信誉下降，这更是一种无法估计的损失。可见，企业必须十分重视短期偿债能力的分析和研究。而了解影响短期偿债能力的因素，对于分析企业短期偿债能力的变动情况、变动原因及促进企业短期偿债能力的提高十分有用和必要。总的来说，影响短期偿债能力的因素可以分为企业内部因素和企业外部因素两大方面。

1. 企业内部因素

影响企业短期偿债能力的内部因素主要是指企业自身经营业绩、流动资产的规模和结构、流动负债的规模与结构、企业的融资能力和经营活动现金流量水平等。

（1）企业自身经营业绩。良好的经营业绩意味着企业具备持续的盈利能力和稳定的营业收入，能够通过正常经营活动产生充足的现金流入，为偿还短期债务提供可靠的资金来源。同时，优秀的业绩通常反映出企业在成本控制、资产运营效率和市场竞争力方面的优势，这些都有助于提升资金周转速度和财务稳定性。反之，若经营业绩不佳，出现亏损或收入下滑，企业不仅难以依靠自身造血功能偿还债务，还可能被迫依赖外部融资或资产变现，进而加剧流动性压力。因此，企业的盈利能力、收入质量与运营效率等经营表现，直接决定了其短期偿债能力的强弱。

（2）流动资产的规模与结构

在企业的资产结构中，如果流动资产所占比重较高，则企业短期偿债能力相对较强，因为流动负债一般要通过流动资产变现来偿还。如果流动资产所占比重较高，但其内部结构不合理，则其实际短期偿债能力也会受到影响。流动资产从变现能力角度看，通常可分为速动资产和存货资产两部分。速动资产包括货币资金、交易性金融资产、应收款项等，它们的特点是变现能力强，如货币资金通常可直接用于支付；交易性金融资产可以立即在证券市场出售，转化为现金；应收票据和应收账款通常也能在短期内变为现金。存货相对于其他流动资产而言流动性较差，变现时间较长，而且有些存货由于品种、质量等原因变现能力较差，甚至无法变现。如果存货占比较高，而存货的变现速度通常又低于其他流动资产，则其短期偿债能力要打折扣。从这个意义上讲，流动资产中的应收账款、存货资产的周转速度也是反映企业短期偿债能力强弱的辅助性指标。

（3）流动负债的规模与结构

流动负债的规模是影响企业短期偿债能力的重要因素。因为短期负债规模越大，短期内企业需要偿还的债务负担就越重。企业的流动负债有些必须以现金偿付，如短期借款、应交税费等；有些则要用商品或劳务来偿还，如合同负债等。需要用现金偿付的流动负债对资产的流动性要求更高，企业只有拥有足够的现金才能保证其偿债能力。此外，流动负债中各种负债的偿还期限是否集中、强制性的程度等因素，都会对企业短期偿债能力产生影响。分析时不仅要看各种反映短期偿债能力指标的数值，还要根据各种因素考察其实际偿债能力。

（4）企业的融资能力

单凭各种短期偿债能力指标还不足以判断企业的实际偿债能力。有些企业各种偿债能力指标都较好，但却不能按期偿付到期的债务；而另一些企业因为有较强的融资能力，如与银行等金融机构保持良好的信用关系，随时能够筹集到大量的资金，即使其各种偿债能力指标不高，却总能按期偿付债务和支付利息。可见，企业的融资能力也是影响短期偿债能力的一个重要因素。

（5）企业的经营活动现金流量水平

企业的短期债务通常用现金偿还。因此，现金流量是决定企业短期偿债能力的重要因素。企业的现金流量状况如何，主要受企业经营状况和融资能力两方面的影响，且企业的经营状况是主要影响因素。当企业经营状况好时，就有持续稳定的现金流入；当企业经营状况差时，现金流入不足以弥补现金流出。如果没有充足的现金流量，即使盈利的企业也可能因无法及时偿还到期债务而导致信用危机甚至破产倒闭。海尔公司在内部确定了一个原则："没有现金流支持的利润就不算利润，没有利润支持的销售额就不算销售额。"很多企业不是赤字破产，而是"黑字破产"，就是因为现金流量出现了问题。

2. 企业外部因素

影响企业短期偿债能力的外部因素是指与企业所处经济环境相关的因素，如宏观经济形势、证券市场的发育与完善程度、银行的信贷政策等。

（1）宏观经济形势

宏观经济形势是影响企业短期偿债能力的重要外部因素。当一个国家经济持续稳定增长时，社会的有效需求也会随之稳定增长，产品更加畅销。由于市场条件良好，企业的产品和存货可以较容易地通过销售转化为货币资金，从而提高企业的短期偿债能力。如果国家经济进入迟滞阶段，国民购买力不足，就会使企业产品积压，资金周转不灵，企业间货款相互拖欠，形成所谓“三角债”，企业的短期偿债能力就会受到影响，反映短期偿债能力的指标也不真实。

（2）证券市场的发育与完善程度

在企业的流动资产中，常常会包括一定比例的交易性金融资产，在分析企业短期偿债能力时，交易性金融资产可视同等量的现金。事实上，这样计算的短期偿债能力指标与企业的实际偿债能力有区别。因为，对于以公允价值计量的交易性金融资产，其与转让价格之间必然有一定的差异，且在转让时要支付一定的转让费用。另外，如果证券市场发达，企业随时可将持有的交易性金融资产转换为现金；如果证券市场不发达，企业转让交易性金融资产就很困难，或者不得不以较低的价格出售。这些都会对企业的短期偿债能力产生影响，特别是当企业把投资交易性金融资产作为资金调度手段时，证券市场的发育和完善程度对企业短期偿债能力的影响就更大。

（3）银行的信贷政策

国家为保证整个国民经济的健康发展，必然要通过宏观调控，利用金融、税收等宏观经济政策的制定，调整国家的产业结构和经济发展速度。企业生产的产品如果是国民经济急需的且发展方向是国家政策鼓励的，就会较容易取得银行借款，其短期偿债能力也会提高。此外，当国家采取较宽松的信贷政策时，所有企业都会在需要资金时较容易取得银行信贷资金，其实际短期偿债能力就会提高。

除以上主要因素外，还有许多因素会影响企业的短期偿债能力，如企业的财务管理水平，母公司与子公司之间的资金调拨等。有些因素对企业短期偿债能力的影响往往难以通过指标的高低来表达，分析时必须结合各有关因素做出综合判断。

（二）短期偿债能力指标计算与分析

短期偿债能力的高低通常以财务指标来衡量。由于财务比率本身的缺陷以及时空条件的变化，各种财务比率所反映的短期偿债能力只是综合的、大致的、仅供参考的信息，并非百分之百准确，这是分析时应特别注意的问题。

企业短期偿债能力可以从两个方面进行分析评价。一是根据资产负债表进行静态分析评价；二是根据现金流量表和其他有关资料进行动态分析评价。

1. 短期偿债能力的静态分析

根据资产负债表，可以了解一家企业的流动资产和流动负债规模，但流动资产规模仅仅表现企业资产的流动性，而不能说明其短期偿债能力。流动负债规模也只能表明企业目前所承担的短期债务，同样不能说明企业的短期偿债能力。最能反映企业短期偿债能力的指标，建立在对企业流动资产和流动负债关系分析的基础上，主要有流动比率、速动比率和现金比率。

（1）流动比率的计算与分析

① 流动比率的内涵和计算。流动比率是指流动资产与流动负债之间的比率，表示每1元的流动负债，有多少流动资产作为偿还支付保证。其计算公式是：

$$流动比率 = \frac{流动资产}{流动负债}$$

流动比率是衡量企业短期偿债能力的重要指标，反映企业流动资产在短期债务到期时可变现用于偿还流动负债的能力。一般来说，从债权人立场上看，流动比率越高越好，因为流动比率越高，债权越有保障，借出的资金越安全。但从经营者和所有者角度看，并不一定流动比率越高越好，在偿债能力允许的范围内，根据经营需要，进行负债经营也是现代企业经营的策略之一。经验标准认为，该指标应达到2以上，但这样的经验标准并不适用于所有行业和企业。该指标越高，表示企业的偿付能力越强，企业所面临的短期流动风险越小，债权人安全程度越高。由于流动资产减去流动负债后的余额就是企业的营运资本，所以该指标还可以反映企业在目前及今后的生产经营中提供现金、偿还短期债务、维护正常经营活动的能力。

② 流动比率的优缺点。流动比率能被普遍采用，作为衡量企业短期偿债能力高低的主要指标，是因为该指标有以下优点。

流动比率可以揭示企业用流动资产抵补流动负债的程度，流动比率越高，对流动负债的保证程度越高，就越能保证债权人的权益。流动比率计算方法简单，资料来源比较可靠，即使企业外部关系人也能很容易地计算，以对企业的短期偿债能力作出判断。

流动比率可以表明一家企业所拥有的营运资本与短期负债之间的关系，可以反映企业的营运资本是否充足，是否足以抵偿企业一旦发生风险的损失，并保证按期偿还债务；也可以判断企业抵抗经营中发生意外风险的能力。

流动比率超过1的部分，可以对流动负债的偿还提供特殊的保证，显示债权人安全边际的大小。由于交易性金融资产和存货资产等在变现时可能会发生损失，所以，流动比率超过1的部分越大，债权人的安全边际越大，全额收回债权的可靠程度越高。

（2）速动比率的计算与分析

①速动比率的内涵和计算。速动比率是指企业速动资产与流动负债之间的比率，用来衡量企业几乎可以立即变现流动资产偿付流动负债的能力。该指标从流动比率演化而来，所以常常和流动比率一起用于判断和评价企业的短期偿债能力。其计算公式是：

$$速动比率=\frac{速动资产}{流动负债}$$

速动资产是指几乎可以立即变现用来偿付流动负债的资产，一般包括货币资金、交易性金融资产、应收票据、应收账款、应收款项融资、合同资产、其他应收款和其他流动资产。计算速动资产之所以要排除存货和预付账款等，是因为存货是流动资产中变现速度最慢的资产，而且存货在销售时受到市场价格的影响，使其变现价值带有很大的不确定性，在市场萧条或产品不对路时，又可能成为滞销货而无法转换为现金。至于预付账款，只能减少企业未来时期的现金支出，其流动性实际很低。速动资产的另一种简单表达方式是流动资产减存货。

用速动比率评价企业的短期偿债能力，消除了存货等变现能力较差的流动资产项目的影响，可以部分地弥补流动比率存在的缺陷。当企业流动比率较高时，如果流动资产中可以立即变现用来支付债务的资产较少，其偿债能力依然较差；反之，即使流动比率较低，但流动资产中的大部分都可以在较短的时间内转化为现金，其偿债能力也很强。所以用速动比率评价企业的短期偿债能力相对更准确一些。一般认为，在企业的全部流动资产中，存货大约占50%。所以，速动比率的经验标准为1，即每1元的流动负债，有1元几乎可以立即变现的资产来偿付；如果速动比率低于1，一般认为偿债能力较差。由于经验标准不适用于所有行业和企业，因此，分析时还要结合其他因素进行评价。

② 速动比率分析评价时应注意的问题。对速动比率的分析，还应结合应收款项的收账期进行。因为速动比率的计算隐含着一个十分重要的假设条件，即所有应收款项都能在其回收期内如数转化为现金，即使有坏账损失，其数额也非常小，可以忽略不计。但事实并非如此，企业可能有相当一部分应收款项不能按期收回，当有些应收款项超过回收期一定期限后，其发生坏账损失的可能性会非常大。换言之，按全部应收款项计算的速动比率含有一定的水分，不能真实地反映企业的短期偿债能力。为此，有必要将可能形成坏账损失的应收款项金额从速动资产中剔除，对速动比率进行适当调整。

需要特别指出的是，企业的流动比率和速动比率较高，虽然能够说明企业有较强的短期偿债能力，反映企业财务状况良好，但过高的流动比率和速动比率会影响企业的盈利能力。当企业大量储备存货时，特别是有相当大比例的超储积压物资时，流动比率就会较高，但存货的周转速度会降低，形成流动资金的相对固定化，会影响流动资产的利用效率。过高的货币资金存量能使速动比率提高，但货币资金的相对闲置会使企业丧失许多能够获利的投资机会。所以，对流动比率和速动比率必须辩证分析，进行风险和收益的全面权衡。另外，一些企业的存货周转很快，产品畅销，存货对流动比率影响不大，即使剔除存货，速动比率也不能弥补流动比率的缺陷，因此，还需要分析现金比率。

（3）现金比率的计算与分析

现金比率是指现金类资产与流动负债之间的比率，该指标有两种表示方式。第一种表示方式，即现金类资产仅指货币资金。其计算公式是：

$$现金比率=\frac{货币资金}{流动负债}\times 100\%$$

第二种表示方式，即现金类资产除包括货币资金以外，还包括现金等价物，即企业持有的期限短、流动性强、易于转换为已知金额的现金、价值变动风险很小的投资。其理由是，企业进行短期投资只是资金调度的一种手段，当企业有暂时闲置的货币资金时，即投资于价值变动风险很小的有价证券，以提高资金的盈利水平。一旦企业需要现金，就可以通过转让有价证券将其转化为现金。所以在管理上，现金和现金等价物并无实质区别。其计算公式是：

$$现金比率=\frac{现金+现金等价物}{流动负债}\times 100\%$$

现金比率可以准确地反映企业的直接偿付能力，当企业在支付薪酬日或大宗进货日等需要大量现金时，该指标更能显示出其重要作用。由于现金比率的两种表示方式都没有考虑企业流动资产中的存货和应收款项。所以，对于应收款项和存货变现存在问题的企业，这一指标尤为重要。

现金比率越高，表示企业可立即用于支付债务的现金类资产越多。由于企业现金类资产的盈利水平较低，企业不可能也没有必要保留过多的现金类资产。如果该比率过高，表明企业通过负债方式所筹集的流动资金没有得到充分的利用，所以并不鼓励企业保留更多的现金类资产。一般认为该比率应在20%左右，在这一水平上，企业的直接支付能力不会有太大的问题。流动比率、速动比率和现金比率是以流动资产和流动负债的相互关系反映企业短期偿债能力的主要指标，三者分母相同，但分子的口径与范围不同。

以全部流动资产作为偿付流动负债的基础，所计算的指标是流动比率。它包括变现能力较差的存货和基本不能变现的预付款项等。如果存货中有超储积压物资，会造成企业短期偿债能力较强的假象。速动比率以扣除变现能力较差的存货和预付款项作为偿付流动负债的基础，弥补了流动比率的不足。现金比率以现金类资产作为偿付流动负债的基础，但现金持有量过大会对企业资产利用效果产生副作用，所以该比率不宜过大。因此，这一指标相对流动比率和速动比率来说，作用较小。

在分析企业短期偿债能力时，流动负债是关键因素，是计算以上三个指标的基础。流动负债的结构、规模不同，对流动资产的需要程度不同。如当企业合同负债占比较大时，对流动比率的要求就相对高些；短期借款和应付票据占比较大时，对速动比率和现金比率的要求就相对高些。从以上三个指标的计算中可以看出，流动负债结构对短期偿债能力的影响并没有反映出来，所以分析评价企业短期偿债能力时，还要结合流动负债的规模和结构来进行。

2. 现金到期债务比率的计算与分析

现金到期债务比率是指经营活动现金流量净额与本期到期债务之间的比率，用来衡量企业本期到期债务用经营活动所产生的现金流量净额支付的程度。其计算公式是：

$$现金到期债务比率=\frac{经营活动现金流量净额}{本期到期债务}$$

当该指标等于或大于1时，表示企业有足够的能力以生产经营活动产生的现金来偿还当期的短期债务；如果该指标小于1，表示企业生产经营活动产生的现金不足以偿还当期到期的债务，必须采取其他措施才能满足企业当期偿还到期债务的需要。

需要说明的是，由于上述指标中一些数据难以获取，如本期到期债务等，这些指标往往适用于企业内部分析。

3. 反映企业短期偿债能力的辅助指标分析

流动比率、速动比率和现金比率都是以企业某一时点上的流动资产存量和流动负债相比较，以反映企业的短期偿债能力，对各项流动资产和流动负债的流动性和周转性等动态变化并没有反映。所以，通过对各项流动资产和流动负债周转效率与流动情况的分析，进一步反映企业短期偿债能力的动态变化，可以弥补流动比率、速动比率和现金比率的不足。

（1）应收账款周转率和应付账款周转率的比较分析

流动资产中的应收账款（包括应收票据），是因为企业赊销商品产生的，其占用额不仅取决于企业的销售政策，而且取决于企业的信用政策和收账政策。在销售政策既定的情况下，企业采取较宽松的信用政策和收账政策，其应收账款占用额就比较大，周转速度就比较缓慢。利用应收账款周转率指标可以反映企业应收账款转化为现金的速度。流动负债中的应付账款（包括应付票据），是因为企业赊购商品产生的，其占用额的大小从主观因素来考察，取决于企业支付货款的速度和企业赊购金额的大小。赊购金额越大，支付货款的速度越慢，其占用额就越大。利用应付账款周转率指标可以反映企业以现金支付应付账款的速度。

流动比率实际上是企业流动资产和流动负债周转速度的函数。流动资产周转速度越快，企业流动资产规模越小，流动比率越小。流动负债的周转速度越慢，企业的流动负债规模越大，流动比率就越小。在流动资产中，应收账款占有相当大的比例；在流动负债中，应付账款也占有相当大的比例：所以将二者联系起来比较分析对分析企业短期偿债能力很有意义。

企业购入材料等物资的目的，在于通过企业的加工制成产品，然后通过销售收回现金，并实现价值增值。从这个意义上讲，由赊购商品所产生的应付账款应用赊销商品收回的现金偿付，在资金周转上，二者与资金周转期有关系，而且必须相互配合。应收账款与应付账款的这种相互关系会对企业的短期偿债能力产生以下影响。

① 应收账款与应付账款的周转期相同。在这种情况下，通过赊销商品所收回的现金恰好能满足偿付因赊购业务而产生的债务，不需动用其他流动资产来偿还，企业的短期偿债能力指标不会因应收账款和应付账款的存在而改变。

② 应收账款的周转速度快于应付账款的周转速度。假定企业应收账款的平均收账期为30天，而应付账款的平均付款期为60天，在这种情况下，企业的流动比率就会降低，以流动比率反映的企业静态短期偿债能力就相对差一些。但是由于流动资产中的应收账款周转速度快，而流动负债中的应付账款周转速度慢，从动态上看，企业的实际偿债能力较强，因为在企业的应收账款回收两次的情况下，才支付一次现金偿付应付账款。

③ 应收账款的周转速度低于应付账款的周转速度。假定企业应收账款的平均收账期为60天，而应付账款的平均付款期为30天，在这种情况下，企业的流动比率较高，以流动比率反映的企业静态短期偿债能力就比较强。如果从动态上看，企业的实际短期偿债能力低于以流动比率表示的企业短期偿债能力水平。这是因为，每当企业将其赊销商品所产生的应收账款转化为现金一次，就要支付两次现金去偿付因赊购业务产生的应付账款。这样，只有在动用其他流动资产的情况下，才能按期偿付其因赊购而形成的债务。

以上仅就周转速度进行了分析，当企业流动资产和流动负债规模不同时，也会相对增强或减弱因周转速度不同对短期偿债能力的影响。

这种对比不仅可以就流动资产与流动负债之间的对应项目进行分析，也可以按流动资产和流动负债的结构进行分析。

（2）存货周转率对短期偿债能力的影响

存货周转速度对存货规模有较大影响，当其他条件不变时，存货周转速度越快，存货规模越小；反之，存货规模越大。流动比率是按流动资产在某一时点上的规模计算的，当存货规模较大时，其流动比率相对较高，从静态方面反映的短期偿债能力也较强，实际上这很可能是存货周转速度偏低引起的假象。结合存货周转速度对企业短期偿债能力进行评价，就需要对按流动比率做出的评价加以修正。在流动比率一定的情况下，如果企业预期存货周转速度加快，则企业短期偿债能力将会因此而提高；相反，如果预期存货周转速度减慢，则企业短期偿债能力将会下降。

流动比率是按既定的流动资产存量和流动负债计算的，这里也包括一个隐含条件，即存货周转率也是既定的。存货周转率的变化是在该时点之后的，所以存货周转率的变化对短期偿债能力的影响反映在动态上，是今后企业短期偿债能力可能会发生的变化。换言之，对短期偿债能力的分析，不仅要从静态上反映企业某一时点上的偿债能力，还要分析短期偿债能力可能发生的变化及变化趋势，而应收账款周转率、应付账款周转率和存货周转率分析为反映企业短期偿债能力的动态变化提供了重要参考。

此外需要说明的是，对企业短期偿债能力分析时，不能孤立地根据某一指标的分析下结论，而应当根据分析的目的和要求，结合企业的实际情况，将各项指标综合起来考虑，同时结合资产负债表分析，这样才有利于得出正确的结论。

四、长期偿债能力分析

（一）影响长期偿债能力的因素

长期偿债能力是指企业偿还非流动负债的能力，或者企业偿还非流动负债的保障程度。影响企业长期偿债能力的主要因素如下。

1. 企业的盈利能力

对于企业短期偿债能力，主要考虑流动资产结构、流动负债结构、企业变现能力以及流动资产与流动负债的对比关系，从资产变现角度来分析。长期偿债能力则不同，由于所衡量的时间较长，对未来较长时间内的现金流量很难做出可靠的预测，而且所包含的因素更加复杂，所以难以通过资产变现情况做出判断。

从企业的偿债义务来看，包括按期偿付本金和支付利息两个方面。短期债务可以通过流动资产变现来偿付，因为流动资产的取得往往以短期负债为资金来源。企业的非流动负债大多用于非流动资产投资，形成企业的非流动资产，在正常生产经营条件下，企业不可能以出售资产作为偿债的资金来源，而只能依靠企业生产经营所得。从举借债务的目的来看，企业使用资金成本较低的负债是为了获取财务杠杆利益，增加企业收益，其利息支出自然要从所融通资金创造的收益中予以偿付。因此，企业的长期偿债能力与盈利能力密切相关。就一般情况而言，企业的盈利能力越强，长期偿债能力越强；反之，则长期偿债能力越弱。如果企业长期亏损，则必须通过变卖资产才能清偿债务，否则企业的正常生产经营活动就不能进行，最终影响投资人和债权人的利益。因此，企业的盈利能力是影响长期偿债能力最重要的因素。

2. 企业的投资效果

企业所举借的长期债务，主要用于固定资产等方面的长期投资，投资的效果决定了企业是否有能力偿还长期债务。特别是当某项具体投资的资金全部依靠非流动负债来筹措时，情况更是如此。当然，作为对债权人的一种保障，企业必须有一定比例的权益资金，不能因为某项投资的效果不佳而损害债权人利益。但如果企业每一项投资都不能达到预期目标，即使有一定比例的权益资金作为保证，其偿债能力也会受到相当大程度的影响。

3. 企业权益资金的增长和稳定程度

尽管企业的盈利能力是影响长期偿债能力最重要的因素，但如果企业将绝大部分利润都分配给投资者，权益资金增长很少，就会降低偿还债务的保障性和可靠性。对于债权人来说，将大部分利润留在企业，会使权益资金增加，减少利润外流，这对投资人并没有实质性的影响，相当于投资人将分配的股利继续投资于企业，价值的提升会体现在未来的股价中，但减少利润分配却会增加偿还债务的可靠性，从而提高企业的长期偿债能力。同时，权益资金的实际价值是影响企业最终偿债能力最重要的因素。当企业结束经营时，最终的偿债能力取决于企业权益资金的实际价值。如果资产不能按其账面价值处理，就有可能损害债权人的利益，使债务不能全部清偿。

4. 企业的经营活动现金流量

企业的债务最终还是用货币资金进行清偿，虽然企业的盈利能力是偿还债务的根本保证，但是企业盈利毕竟不等同于现金流量充足。企业只有具备较强的变现能力，拥有充裕的现金，才能保证具有真正的偿债能力。因此企业的现金流量状况是决定偿债能力保证程度的关键所在。

（二）长期偿债能力指标的计算与分析

从资产、盈利能力以及现金流量的内容、特点和作用可以看出，这些因素从不同角度反映企业的偿债能力。资产是清偿债务的最终物质保障，盈利能力是清偿债务的经营收益保障，现金流量是清偿债务的支付保障。只有将这些因素加以综合分析，才能真正揭示企业的偿债能力。所以，长期偿债能力分析应从以下三个方面进行。

1. 资产规模对长期偿债能力影响的分析

负债表明一个企业的债务负担，资产则是偿债的物质保证，单凭负债或资产不能说明一个企业的偿债能力，负债规模小并不等于企业偿债能力强；同样，资产规模小也不一定表明企业偿债能力弱。企业的偿债能力体现在资产与负债的对比关系上。由这种对比关系反映的企业长期偿债能力的指标主要有资产负债率、有形资产负债率、股东权益比率、权益乘数、产权比率等。

（1）资产负债率和有形资产负债率的计算与分析

① 资产负债率的内涵与计算。资产负债率是企业负债总额占资产总额的比率，是综合反映企业偿债能力的重要指标。该指标能够反映在企业的全部资产中由债权人提供的资产所占比重的大小，能够反映债权人向企业提供信贷资金的风险程度和企业举债经营的能力。其计算公式是：

$$资产负债率=\frac{负债总额}{资产总额}\times 100\%$$

资产负债率越高，说明企业的债务负担越重；反之，说明企业的债务负担越轻。该指标既可用于衡量企业利用债权人资金进行经营活动的能力，也可反映债权人发放贷款的安全程度。对债权人来说，该指标越低越好，因为企业的债务负担越轻，其总体偿债能力越强，债权人权益的保证程度越高。特别是在企业清算时，资产变现价值很可能低于账面价值，而所有者一般只承担有限责任，因此，该指标越高，债权人蒙受损失的可能性就越大。对于企业来说，该指标在适度情况下越高越好，虽然这样会使企业债务负担加重，但企业也可以通过扩大举债规模获得较多的财务杠杆利益，但是该指标不应过高，否则会影响企业的筹资能力。因为债权人认识到，当经济衰退或不景气时，如果企业的财务风险较大，企业经营活动所产生的现金流量可能满足不了利息支出的需要，所以，债权人不会再向企业提供借款或购买其发行的债券。经验标准认为，资产负债率的适宜水平是40%~60%，如果该指标超过100%，则表明企业已资不抵债，视为达到破产的警戒线。

从稳健原则出发，特别是考虑到企业在清算时的偿债能力，资产负债率可以保守些计算，即从资产中扣除无形资产等，计算有形资产负债率。

② 有形资产负债率的内涵与计算。有形资产负债率是指企业负债总额占有形资产总额的比率。该指标是资产负债率的延伸，能够更加客观地评价企业长期偿债能力。企业的无形资产，如商标权、专利权、非专利技术等，不一定能用来偿还债务，可以将其视为不能偿债的资产，从资产总额中扣除。该指标的作用及分析方法与资产负债率基本相同。其计算公式是：

$$有形资产负债率=\frac{负债总额}{资产总额-无形资产}\times 100\%$$

此外，商誉较多的企业还可以考虑将其在有形资产负债率分析时予以剔除。

【链接案例】

“增收不增利”——恒盛地产资产负债率高达1389.4%

万联证券报告显示：2021年，房地产行业基本面仍处于底部，但由于疫情影响政策效果，宏观经济承压，经济“稳增长”诉求预期进一步加强，房地产行业政策环境正持续改善中。作为衡量企业经营活动能力的重要财务指标之一，多家房企负债率维持下降趋势。根据申万行业分类标准（2021年版），房地产行业中72家核心企业2021年整体净负债率为69.44%，较2020年下降了3.80%；剔除预收账款后的资产负债率为71.29%，较2020年下降了0.97%。然而，上市房地产企业普遍采用高杠杆、高资金成本驱动的以债养债模式，加上“不惜一切代价高价拿地”的行为，使得一些房地产企业负债总额不断上升，资产负债率屡创新高。

其中，资产负债率排名最高的三家房企分别为恒盛地产、福晟国际和银城国际控股，分别为1389.4%、226.3%和174.4%。事实上，2021年恒盛地产取得33.18亿元综合销售收入，较2020年的28.08亿元增长18.16%。然而，恒盛地产2021年综合销售收入的增长并没能带动利润和毛利一同增长。截至2021年12月31日，恒盛地产净亏损40.86亿元，毛利率为-29.4%。对此，恒盛地产表示大额毛利亏损主要归因于对物业提取的重大减值准备金额。不过，即便是撇开物业减值准备的影响，恒盛地产的毛利率也仅为0.1%。说明恒盛地产“增收不增利”，同时，资产负债率风险攀上新高。

面对楼市调整的“寒冬”，房地产企业主要靠贷款来应对。不过，这些借来的“粮草”，其实不足以应对企业销售下降带来的困窘。2021年4月以来，银保监会连发10道“金牌”，银行业全面落实宏观审慎评估体系（MPA）考核，直指同业和理财等非标投融资，并打击借助资管计划、基金子公司等绕开监管为地产项目和融资平台违规输血的行为。为了更好地管理和控制行业健康发展，国家也陆续出台了相关政策，对房地产企业发展设置了“三条红线”，分别是：剔除预收账款的资产负债率不得大于70%；净负债率不得大于100%；现金短债比不得小于1倍。正是在“三道红线”政策下，杠杆水平被收缩，导致房地产企业整体降低负债。由于房地产企业具有特殊的行业性质，其资产负债率没有固定的标准。资产负债率过低，将不能起到较好的财务杠杆作用，会使得企业筹资成本较高；资产负债率过高，企业财务风险较大，将造成企业偿债能力较弱，甚至可能导致企业资不抵债，最终破产。

根据国研网报告，从房地产行业的未来发展趋势来看，房地产企业去杠杆、降负债已经成为一项长期化的任务；同时也要加强资本市场的融资力度，通过长债置换短债、低成本融资置换高成本融资优化债务结构，从而保持成本费用的合理性，加大回款力度，逐步改善现金流量，进而提升房地产企业盈利能力和偿债能力。

（资料来源：根据相关网络资料整理。）

（2）股东权益比率和权益乘数的计算与分析

① 股东权益比率的内涵和计算。股东权益比率是指股东权益总额占资产总额的比率，是反映长期偿债能力保证程度的重要指标，反映企业全部资产中所有者投入所占的比重。其计算公式是：

$$\begin{aligned}股东权益比率 &= \frac{股东权益总额}{资产总额} \times 100\% \\ &= 1 - 资产负债率\end{aligned}$$

股东权益比率越高，说明企业资产中由所有者投资所形成的资产越多，偿还债务的保证程度越大。从“股东权益比率=1-资产负债率”来看，该指标越高，资产负债率越低。债权人对该比率非常感兴趣。当债权人将其资金借给股东权益比率较高的企业时，由于有较多的企业自有资产作偿债保证，债权人全额收回债权就基本不会有问题，即使企业清算时资产不能按账面价值收回，债权人也不会有太大损失。假如企业资产的50%来源于所有者投资，50%通过负债取得，那么，即使企业的全部资产按一半的价格转换为现金，依然能付清所有负债，并且还有剩余。可见，债权人利益受保障的程度较高。再如，企业资产的80%来源于所有者投资，只有20%通过负债取得，那么，只要企业资产价值不暴跌80%以上，即每1元资产只要转换成0.20元以上的现金，债权人就不会受到任何损失。相反，如果企业资产的80%是通过各种负债资金融通而得，只要企业资产价值下跌20%以上，债权人就不能全额收回其债权。由此可见，股东权益比率高低能够明确反映企业对债权人的保护程度。如果企业处于清算状态，该指标对偿债能力的保证程度就显得更加重要。

② 权益乘数的内涵和计算。权益乘数是指资产总额相当于股东权益总额的倍数，表示企业的股东权益支撑着多大规模的投资，用来衡量企业的负债程度和财务风险，是股东权益比率的倒数。其计算公式是：

$$\text{权益乘数}=\frac{\text{资产总额}}{\text{股东权益总额}}$$

$$=\frac{1}{\text{股东权益比率}}$$

$$=1\div(1-\text{资产负债率})$$

权益乘数越大，说明股东投入的资本在资产中所占比重越小，企业对负债利用得越充分，企业负债程度越高，财务风险也就越大。

（3）产权比率的计算与分析

产权比率也称净资产负债率，是指负债总额占股东权益总额的比率。表明由债权人和投资者提供的资金来源的相对关系，反映企业基本财务结构是否稳定。其计算公式是：

$$\text{产权比率}=\frac{\text{负债总额}}{\text{股东权益总额}}\times 100\%$$

同为衡量企业长期偿债能力的指标，如果说资产负债率是反映企业债务负担的指标，股东权益比率是反映偿债保证程度的指标，产权比率则是反映债务负担与偿债保证程度相对关系的指标。产权比率和资产负债率、股东权益比率具有相同的经济意义，但该指标更直观地表现出负债受到股东权益的保护程度。一般来说，产权比率可以反映股东所持股权是否过多或者尚不够充分等情况，从另一个侧面表明企业借款经营的程度，该指标是企业财务结构稳健与否的重要标志。

产权比率可以比照资产负债率和股东权益比率的分析思路和方法进行案例分析。

2. 盈利能力对长期偿债能力影响的分析

资产固然可以作为偿债的保证，但企业取得资产的目的并不是偿债，而是通过利用资产进行经营以获取收益，所以债务的清偿要依赖资产变现，资产的变现更主要的是要通过产品销售来实现。因此，盈利能力对偿债能力的影响更为重要。从盈利能力角度分析，评价企业长期偿债能力的指标主要有销售利息比率和已获利息倍数。

（1）销售利息比率的内涵和计算

销售利息比率是指一定时期的利息费用占营业收入的比率。反映企业销售状况对偿付债务的保证程度。其计算公式为：

$$\text{销售利息比率}=\frac{\text{利息费用}}{\text{营业收入}}\times 100\%$$

企业的负债最终需要用其经营所得偿还，如果企业经营状况不佳，在经营期间偿付债务就缺少根本的保证，而企业权益资金的多少对偿债的保证只有在企业处于清算状态时才真正发挥作用。在企业负债规模基本稳定的情况下，销售状况越好，偿还到期债务可能给企业造成的冲击越小。销售利息比率越小越好，该指标越小，说明通过销售所得现金偿付利息的比例越小，企业的偿债压力越小。

(2) 已获利息倍数的内涵和计算

已获利息倍数是指企业息税前利润相对于利息支出的倍数，反映企业盈利与利息支出之间的特定关系。其计算公式是：

$$已获利息倍数=\frac{利润总额+利息支出}{利息支出}$$

公式中的利息支出包括财务费用中的利息费用和资本化利息，通常用财务费用中的利息费用表示。公式中的分子之所以包括利息支出，是因为利息已经从营业收入中予以扣除，利润总额是扣除了利息之后的余额。

通常，已获利息倍数越高，说明企业的长期偿债能力越强；该指标越低，说明企业的偿债能力越差。一般认为，该指标至少要大于1，否则说明企业偿债能力很差，无力举债经营；已获利息倍数提高，说明长期偿债能力增强，否则说明企业长期偿债能力下降。总之，该指标分析应根据历史经验，并结合行业特点进行判定，也可以结合同行业标准来评价。

第十章　风险管理技术与方法专题

风险管理是企业管理中不可或缺的一部分。通过运用适当的风险管理技术与方法，企业能够更好地理解潜在风险的性质和影响程度，并采取相应的措施来减轻或规避这些风险。这不仅有助于保护企业免受不可预见事件的影响，还能为企业创造一个更加稳定的发展环境，促进长期的发展。在ERP创业模拟经营过程中，风险管理技术与方法的应用对于确保模拟企业的健康发展至关重要。它不仅有助于减少不确定性的负面影响，还能为团队提供更多关于市场运作机制的理解，培养综合考虑问题的能力，这对于未来实际从事商业活动具有极大的价值。本理论专题主要从风险及风险管理的基本内容，结合相关企业案例、ERP创业模拟经营实务案例进行阐述介绍。

【导入案例】

华为研发破局，押注未来：风险与机遇的辩证关系

一、案例背景

华为的成长历程是企业如何在高风险环境中把握机遇、实现突破的典型案例。在全球科技竞争日益激烈的背景下，华为不仅面临行业内部的技术竞争，还遭受了外部环境的不确定性影响。然而，华为选择了一条极具战略眼光的道路——持续加大研发投入，以技术创新为核心驱动力，在危机中寻找发展机遇。

高额研发投入：短期阵痛与长期战略的平衡

2021年，华为的研发投入达到1427亿元人民币，在全球企业中排名第二，仅次于谷歌母公司Alphabet。这一数字在华为营收大幅下滑的背景下，显得尤为突出。过去十年，华为累计研发投入超过8000亿元人民币，远超行业内多数竞争对手。一般而言，面对市场压力时，企业通常采取降低运营成本、裁员、减少研发支出、收缩市场布局等策略，以求稳健过冬。然而，华为采取了完全相反的战略——不但没有削减研发投入，反而逆势扩张，将资源集中投入到核心技术攻关上。

这种“押注未来”的做法源于对风险的深刻理解。市场的不确定性本质上是风险与机遇并存的过程，企业如果一味地规避风险，就可能错失行业变革中的新机会。而华为则利用这一时期加速布局前沿技术，确保在未来市场竞争中拥有更多主动权。

鸿蒙3.0的发布：技术突破与市场独立性

华为的高额研发投入带来了丰硕的成果。2022年7月，鸿蒙3.0正式发布，标志着华为在操作系统领域迈出了关键性一步。鸿蒙系统的推出不仅意味着华为在移动端、智能设备和物联网等多个领域实现了技术自主，更重要的是，它打破了对国外封闭生态系统的依赖，为未来的全球市场竞争奠定了独立发展的基础。

操作系统的研发是一个长期且复杂的过程，涉及底层架构、开发生态、硬件兼容性等多个层面。鸿蒙操作系统的成功，正是华为坚定长期技术投入、耐心打磨产品的结果。这一案例充分说明，企业在面对外部挑战时，如果能够坚持技术创新、布局核心能力，即便在短期内承受巨大压力，仍然有可能在未来市场竞争中占据领先地位。

风险与机遇：如何在挑战中寻找增长点？

华为的故事告诉我们，机遇与挑战永远是相伴相生的。在面对市场不确定性和外部挑战时，企业如果仅仅关注短期困难，而忽视长期增长的可能性，往往会陷入被动。风险管理的核心在于如何在挑战中找到机会，并通过合理的战略调整，将潜在的不利因素转化为新的增长点。

二、华为案例对于企业带来的关键启示

1. 长期技术投资是企业的核心竞争力

企业的可持续增长依赖长期的技术积累。在短期市场波动下，坚持研发投入不仅是维持市场地位的关键，也是确保未来竞争优势的重要保障。华为之所以能够在全球科技竞争中占据重要地位，正是因为其长期以来坚持“以研发驱动企业成长”的战略。

2. 核心技术的自主可控决定企业的生存能力

现代市场竞争已从单纯的价格竞争转向技术壁垒与供应链安全的竞争。企业如果长期依赖外部供应链，在关键技术上缺乏自主可控能力，一旦市场环境发生变化，就可能面临生存危机。华为深刻认识到这一点，因此不断加大在芯片、软件、通信技术等领域的自主研发，确保企业在供应链波动中仍然具备竞争力。

3. 面对市场变革，企业应具备战略耐心

市场环境的变化是不可避免的，企业在决策过程中不能只看短期收益，而应具备足够的战略耐心。华为在遭遇外部挑战后，并没有采取短视的应对策略，而是选择在逆境中积蓄力量，通过技术创新寻找新的突破口。

4. 机遇往往隐藏在挑战之中，关键在于如何把握

在全球化竞争日益激烈的今天，企业面临的不确定性因素不断增加。风险管理的真正价值，不是回避风险，而是找到驾驭风险的方法。华为在面临技术封锁时，凭借坚定的研发投入和前瞻性的战略布局，不仅成功应对挑战，还在多个关键技术领域实现了突破。这充分说明，企业如果能在风险中找到增长点，并加以利用，就能转危为机。

三、科技自立自强与企业责任

华为案例的深层价值不仅在于其商业战略，更在于科技自立自强的国家意义。在现代经济环境下，技术自主不仅关乎企业生存，也关乎国家的科技安全。华为的成功证明，只有依靠自主创新，才能摆脱对外部资源的依赖，实现产业链的安全可控。这一案例也向未来的企业管理者传递了自主创新、勇于突破的理念。

科技创新是企业长期发展的关键动力，企业管理者必须具备长期思维，坚持研发投入，提升企业的技术实力；面对外部挑战时，应保持战略定力，避免短期主义陷阱，以长远发展的眼光做决策；企业应承担社会责任，在推动行业进步的同时，为国家科技创新贡献力量。

四、启示与思考

华为的“研发破局”案例生动地展示了风险与机遇的辩证关系。在市场环境复杂多变的情况下，企业不能只看到挑战，而应积极寻找新的发展机会。华为之所以能够在全球竞争中立于不败之地，正是因为它在危机中找到了突破口，并通过坚定的技术投入，实现了市场逆袭。

（资料来源：根据网络资源整理。）

第一节　风险的含义

一、风险的基本概念

风险是企业在经营管理过程中面临的不确定性因素，它可能影响企业的财务状况、运营效率、市场竞争力乃至长期发展战略。传统上，风险被定义为“损失发生的可能性”，即某项活动可能导致财务、生产或市场方面的损失。然而，随着经济理论与管理科学的发展，人们逐渐认识到，风险不仅仅意味着损失，也可能带来超出预期的收益。因此，风险的本质是“预期结果的不确定性”，无论是负面影响还是正面收益，均属于风险管理范畴。

在现代企业管理中，风险的定义不仅局限于财务损失，而是涵盖了市场竞争、政策变化、供应链波动、技术进步等多方面的不确定性因素。尤其是在ERP系统的应用背景下，风险管理需要依托信息化手段，通过数据整合、流程优化、智能预测等方式，提升企业应对风险的能力。例如，在ERP系统的采购管理模块中，企业可以通过大数据分析预测原材料价格的波动情况，提前调整采购计划，以减少市场价格变化带来的采购成本风险。这种基于信息化系统的风险识别与管理方式，使企业能够更加精准地评估潜在风险，并制定合理的应对策略。

二、风险的主要观点

（一）狭义风险观

狭义风险观认为，风险仅指企业或个人可能遭受的损失，即风险的核心在于可能对企业经营、财务状况或市场地位产生不利影响。狭义风险的主要特点包括：风险的后果具有负面性，通常表现为经济损失、市场份额下降或品牌受损；风险的发生具有不确定性，其概率介于0和1之间，即风险可能发生，也可能不会发生，并非确定性事件。例如，在企业的财务管理中，如果资金预算和现金流预测不准确，可能导致企业在短期内面临资金短缺，影响正常运营。此外，在供应链管理中，若企业未能合理评估供应商的履约能力，可能会由原材料供应延迟导致生产计划受阻，进而影响市场交付能力。这些情况均体现了狭义风险的特征，即企业在运营过程中因内部管理或外部环境变化可能遭受的损失。为有效应对这类风险，企业需要建立完善的风控机制，优化数据分析能力，以降低不确定性带来的不利影响。

（二）广义风险观

广义风险观认为，风险不仅意味着潜在损失，也可能带来意想不到的收益，因此，其核心特征是不确定性，而非单纯的负面结果。从广义角度来看，风险既可能给企业带来挑战，也可能创造新的发展机遇。例如，在市场竞争激烈的环境下，企业若能够敏锐洞察行业变化并调整经营策略，便可在不确定性中找到增长点。某跨国零售企业在分析市场数据时发现，某地区政策调整导致进口商品供应减少，市场供给短缺。然而，该企业通过优化供应链管理，迅速调整采购策略，在竞争对手尚未反应过来之前抢占市场，最终实现了销售额的逆势增长。这种市场波动带来的不确定性，虽然可能对企业构成挑战，但同时也为有前瞻性的企业提供了超越竞争对手的机会。因此，广义风险观强调，企业在管理风险时，不应仅仅关注风险防范和损失控制，还应结合市场动态和行业趋势，积极寻找风险背后的机遇，以优化经营策略，实现长期可持续发展。

（三）客观风险观

客观风险观强调，风险是一种可测量、可分析的客观现象，企业可以通过数据分析和统计模型进行预测和管理。基于这一观点，风险通常表现为预期结果与实际结果之间的偏差程度，而这种偏差可以通过量化手段进行评估。例如，在财务管理中，企业可以采用方差分析、标准差计算等统计方法来衡量投资收益的不确定性，并借助数据模型预测可能出现的波动。在供应链管理中，企业可以通过分析历史销售数据，计算市场需求的变化范围，以制订更精准的库存计划，避免由供需失衡导致的资金占用或存货短缺。此外，在价格决策过程中，企业可以采用回归分析，评估原材料成本与市场定价的关系，确保定价策略符合市场趋势。客观风险观的核心在于，企业应当依托数据驱动的分析方法，提高风险识别和管理能力，使决策更加科学化和精准化，以降低不确定性对企业运营的影响。

（四）主观风险观

主观风险观认为，风险不仅受客观数据和市场环境的影响，还受到个人或组织的认知、经验、心理因素等主观因素的干扰。不同管理者对相同的市场状况可能会得出截然不同的风险评估和决策。例如，在企业的销售管理中，当市场数据显示某地区的销售额下降时，不同的销售经理可能会有不同的理解和应对措施。一个经验丰富的经理可能会认为市场需求正在萎缩，因此应减少库存、缩减生产规模，以降低潜在的财务损失。另一个经理则可能认为这只是暂时的市场波动，采取更积极的市场推广策略，例如增加广告投放、优化销售渠道，以争取更高的市场份额。这种基于个人经验、认知和决策风格的风险判断，反映了主观风险观的重要性。此外，在财务投资决策中，不同的企业管理者可能对同一投资项目的风险评估存在较大差异，一些人倾向于保守策略，回避高风险投资，而另一些人则愿意承担更高的风险以追求更大的回报。因此，在风险管理中，企业不仅要依赖数据分析和客观评估，还应充分考虑管理者的决策倾向和组织文化，以制定更符合企业战略目标的风险应对方案。

【链接案例】

广告投放策略与风险管理分析（三组企业案例对比）

在市场竞争日益激烈的背景下，广告投放已成为企业营销策略中的关键环节。合理的广告预算分配不仅影响企业的市场占有率，还直接决定了企业的盈利能力与长期发展。不同的广告投放策略往往反映出企业对市场风险的不同认知和管理方式。以下通过三个典型案例，深入探讨不同广告投放策略所带来的经营结果，并帮助企业相关人员理解如何在竞争环境中制定科学的广告投放决策，以平衡风险与收益，实现市场优势的最大化。

（一）风险的理解和总结

三个典型企业广告投放策略对比如表10-1、表10-2所示。

1. G组：广告投放额最低，市场竞争力严重不足

（1）经营数据分析

企业相关人员首先对G组的经营数据进行深入分析，发现该企业在广告投放上采取了极端保守的策略，广告预算为所有企业中最低的，几乎未进行市场推广。这一决策直接导致市场竞争力下降，未能成功获取任何订单，全年销售收入和毛利均为零。

（2）经营结果总结

由于广告投放力度不足，G组的产品未能形成市场认知度，导致潜在客户对其品牌及产品缺乏关注，最终订单量为零。在市场竞争加剧的情况下，缺乏有效的推广策略可能使企业陷入长期的劣势，甚至因资金周转困难而陷入破产危机。企业如果仅凭谨慎策略而忽略了市场推广的重要性，将面临市场份额逐步萎缩的风险，最终可能导致无法持续经营。

表10–1　八组广告投放举例

产品用户	A	B	C	D	E	F	G	H
本地广告投放情况								
P1	0	0	0	30	0	0	1	0
P2	0	0	0	11	0	0	0	0
P3	0	0	0	0	0	0	0	10
P4	0	0	0	0	0	30	0	0
区域广告投放情况								
P1	0	0	15	11	11	0	0	0
P2	0	0	0	30	31	0	0	0
P3	0	0	0	0	41	0	0	0
P4	0	0	0	0	0	11	0	0
国内广告投放情况								
P1	0	0	15	0	0	0	0	0
P2	11	0	20	0	31	0	0	0
P3	0	11	0	0	41	0	0	0
P4	12	0	0	0	0	30	0	0
亚洲广告投放情况								
P1	0	0	0	0	0	0	0	0
P2	12	0	0	0	0	0	0	0
P3	0	0	0	0	0	0	0	0
P4	0	0	0	0	0	11	0	0
国际广告投放情况								
P1	0	0	0	0	0	0	0	0
P2	0	0	0	0	0	11	0	0
P3	0	0	0	0	0	0	0	0
P4	0	0	0	0	0	0	0	0

市场老大	
本地	F
区域	
国内	F
亚洲	F
国际	F

（3）风险管理启示

G组的失败案例表明，企业在市场竞争中必须适度承担风险，避免因过度保守而错失市场机会。市场竞争的存在是客观事实，而企业采取何种战略进行应对，则是主观决策的体现。企业在广告预算分配时，需要综合市场环境、竞争格局和自身资源，合理制定投放策略，以确保既能获得市场关注，又能控制营销成本，从而在竞争中占据有利地位。

2. E组：广告投放额最高，成本管理失控

（1）经营数据分析

企业相关人员分析E组的广告投放策略，发现该企业采取了激进的市场营销策略，广告预算在所有企业中最高，试图通过大规模投放广告迅速抢占市场。然而，该策略并未有效提升企业的盈利能力。

（2）经营结果总结

尽管E组在短期内成功吸引了一定订单，但由于广告预算投入过高，年度综合费用大幅攀升，最终削弱了企业的盈利能力。经营数据显示，E组虽然是所有企业中广告投放额最高的，但其年度净利润却位列最后，表明该企业在广告策略制定过程中，未能有效评估广告支出与收益之间的平衡关系，造成资源浪费。

（3）风险管理启示

E组的案例表明，广告投放并非“越多越好”，过度投入可能导致企业成本失控，影响整体盈利能力。企业在制订广告投放计划时，需要进行充分的市场分析和成本收益评估，确保广告投入能够获得最佳投资回报率（ROI）。企业应根据市场竞争态势，结合自身资金状况与经营目标，制定合理

的广告预算，以避免盲目扩张导致财务风险加剧。

3. F组：合理评估广告投放，实现市场与利润双赢

（1）经营数据分析

企业相关人员分析F组的广告投放策略，该企业在广告预算上采取了科学合理的策略，广告投入较高，但在投放前进行了深入的市场分析与成本效益评估，以确保广告支出与市场收益的匹配度。

（2）经营结果总结

F组通过精准的市场定位和合理的广告投放策略，成功吸引了大量优质订单，并在竞争中占据主导地位。最终，该企业成为四个市场的市场领导者，年度净利润在所有企业中排名第一，实现了市场份额与盈利能力的双重突破。

（3）风险管理启示

F组的成功案例表明，科学合理的广告投放策略能够有效提升企业竞争力和盈利能力。在制定广告预算时，企业应综合考虑市场需求、竞争格局、广告渠道效果及财务状况，通过数据分析和风险评估，制定最优的广告投放方案。此外，企业还应保持灵活性，动态调整营销策略，以适应市场变化，确保广告投入的有效性和可持续性。

（二）风险的进一步理解与总结

通过上述案例分析，企业相关人员可以更加深入地理解风险的特性，并从多个角度掌握风险管理的核心原则。

1. 企业风险与企业战略息息相关

F组在市场选择上采取了精准的定位策略，在前四个市场投放的全部是P4产品，而在国际市场投放的是P2产品。通过对比“市场产品价格预测图”，可以发现F组的广告投放集中于市场价值最高、竞争最小的产品，使其最终成为多个市场的市场领导者。相比之下，E组尽管广告投入最高，但投放集中在市场竞争激烈、产品价值较低的领域，最终导致战略目标未能实现。

风险管理启示：企业在制定广告投放策略时，必须结合市场需求和竞争环境进行精准分析。科学合理的市场布局不仅能提高广告投资回报率，还能帮助企业在市场竞争中占据有利位置，确保长期稳定发展。

2. 风险既具有客观性，也具有主观性

表10-2　八组经营数据举例

用户名	A	B	C	D	E	F	G	H
管理费	40	40	40	40	40	40	40	40
广告费	35	11	50	82	155	93	1	10
维护费	54	54	36	54	72	72	18	30
损失	0	0	0	0	53	68	0	0
转产费	0	0	0	0	57	0	0	0
租金	42	42	42	42	60	71	42	29
市场开拓费	0	0	0	0	0	0	0	0
产品研发费	0	0	0	0	0	0	0	0
ISO认证费	0	0	0	18	0	0	0	0
信息费	0	0	0	0	0	0	0	0
合计	171	147	168	236	437	344	101	109

用户名	A	B	C	D	E	F	G	H
销售收入	265	573	641	799	921	1588	0	0
直接成本	136	230	270	364	400	706	0	0
毛利	129	343	371	435	521	882	0	0
综合费用	171	147	168	236	437	344	101	109
折旧前利润	-42	196	203	199	84	538	-101	-109
折旧	87	87	87	87	145	192	0	29
支付利息前利润	-129	109	116	112	-61	346	-101	-138
财务费用	70	159	100	180	226	209	0	6
税前利润	-199	-50	16	-68	-287	137	-101	-144
所得税	0	0	0	0	0	0	0	0
年度净利润	-199	-50	16	-68	-287	137	-101	-144

G组由于风险承受能力较低，在广告投放上采取了极端保守策略，广告预算投入不足，最终未能获取任何订单，导致全年销售收入和毛利均为零。市场竞争是客观存在的，但企业的市场策略选择则是主观行为，不同的企业基于自身的判断和风险偏好，采取不同的经营策略。

风险管理启示：企业在市场环境中必须学会利用数据和经验进行科学决策，确保在风险控制与收益增长之间找到最优平衡点。

3. 风险总是与机遇并存

F组广告投放较高，并选择了市场价值最高的产品进行推广，最终成为多个市场的市场领导者。尽管高广告投入伴随着一定的财务风险，但精准的市场分析和科学投放策略帮助企业实现了高回报。

风险管理启示：企业在市场竞争中不能仅仅关注风险，还应学会识别潜在机遇并加以利用。科学的市场分析和合理的风险控制能够帮助企业在竞争中获得更大的市场份额，实现持续增长。

第二节 风险的分类与应对态度

一、风险分类的必要性与意义

在现代企业经营环境中，风险的存在是不可避免的，且呈现出复杂性、多样性和动态性的特点。企业面临的风险不仅来源广泛，而且影响深远。合理的风险分类能够帮助企业相关人员系统地识别、分析和应对不同类型的风险，从而提高企业的抗风险能力，确保企业战略目标的实现。同时，在履行社会责任的过程中，企业不仅要关注自身经营利益，还要考虑如何平衡经济效益与社会责任之间的关系，确保风险管理符合合规性要求，并在实现经济增长的同时，维护社会公平与可持续发展。

在实践应用中，企业通常采用多种维度对风险进行系统分类，以实现更科学、精准的识别与管理。合理的风险分类不仅有助于企业深入理解风险的本质，还能优化资源配置，提高风险应对的针对性和有效性。其中，按风险来源分类的方法主要聚焦于风险的外部性与内部性，即企业所面临的风险究竟是由外部环境变化引发，如市场波动、政策调整、自然灾害，还是由内部管理缺陷导致，如运营效率低下、财务失控、供应链管理不善。而按企业经营活动分类，则更加贴近企业的核心业务流程，将风险细化到具体业务领域，如财务风险、市场风险、生产风险、供应链风险等，以确保各部门在管理过程中能够识别关键风险点，并制定有针对性的应对措施。例如，在供应链管理中，企业可能会由外部风险（如供应商违约或原材料短缺）导致生产中断，也可能由内部管理不善（如采购计划不合理、库存控制失衡）加剧供应链的不稳定性。因此，企业应结合不同的风险分类方法，构建综合性的风险管理体系，并通过数据分析和信息化手段提升风险监测与应对能力。本节将围绕这两种分类方法进行深入探讨，并结合实际案例分析企业如何有效识别、评估与应对各类风险，以确保企业稳健运营并提升市场竞争力。

二、按照风险来源分类

按照风险的来源，风险可以分为外部风险和内部风险。外部风险通常由企业无法直接控制的外部环境变化引起，例如宏观经济形势、市场竞争、政策法规变化等；而内部风险则是企业自身经营管理不善导致的风险，例如战略决策失误、财务管理不善、信息披露违规等。区分外部风险与内部风险，有助于企业明确风险管理的重点，并采取针对性的应对措施，以降低不确定性带来的负面影响。

（一）外部风险

外部风险（表10-3）是指企业在经营过程中受到外部环境变化所带来的不确定性因素，这些因素包括经济形势波动、法律法规调整、社会文化变迁、科技进步以及自然环境变化等。这些风险通常超出企业的直接控制范围，难以通过单一的内部管理手段加以消除。因此，企业需要建立一套完善的风险识别、分析和应对机制，以增强对外部环境变化的敏感度，并通过科学的预测、合理的规划和灵活的调整，最大限度地降低外部风险对企业经营的负面影响。在全球化竞争加剧、市场环境复杂多变的背景下，企业不仅要关注自身的业务发展，还需要结合数据分析、风险评估与市场监测手段，全面理解外部环境对经营活动的影响，从而优化资源配置，提高抗风险能力，以确保企业的长期稳定发展。

表10-3　外部风险分类

外部风险				
经济风险	法律风险	社会风险	科技风险	自然风险
➢ 经济形势 ➢ 产业政策 ➢ 资源供给 ➢ 利率调整 ➢ 汇率变动 ➢ 融资环境 ➢ 市场竞争	➢ 法律法规 ➢ 监管要求	➢ 文化传统 ➢ 社会信用 ➢ 教育基础 ➢ 消费者行为	➢ 技术进步 ➢ 工艺改进 ➢ 电子商务	➢ 自然灾害 ➢ 环境状况

1. 经济风险

经济风险是企业在外部环境变化中面临的核心挑战，涉及经济形势波动、产业政策调整、资源供给不稳定、利率变动、汇率波动、融资环境变化以及市场竞争加剧等多个方面。这些因素不仅影响企业的财务状况，还会对投资决策、供应链管理、市场拓展和运营成本造成较大的不确定性。企业需要结合市场数据分析、财务预测工具和运营管理系统，精准监测外部环境的变化，以制定有效的经营策略，增强企业抵御经济风险的能力。

2. 法律风险

法律风险是指企业在经营过程中因法律法规的变动、监管要求的调整及合规管理的不足而面临的不确定性。这类风险可能影响企业的财务管理、市场准入、劳动用工、合同履行等多个方面，若应对不当，可能导致合规成本上升、经营效率降低，甚至面临法律责任。企业管理者需要密切关注法律环境的变化，确保企业的经营活动符合最新法规要求，并建立有效的合规管理体系，以降低由法律风险导致的财务损失及市场竞争力下降的可能性。企业相关人员在日常业务操作中，也需要严格遵循相关法律规定，确保业务流程的合法合规性，减少因法律理解偏差或操作不当而产生的风险。

3. 社会风险

社会风险是企业在经营过程中因文化传统、社会信用、教育基础以及消费者行为变化而面临的不确定性。这些因素不仅影响企业的品牌形象和市场竞争力，还可能对企业的供应链管理、客户关系维护、人才招聘等方面产生重要影响。企业管理者需要密切关注社会环境的变化，确保企业的经营策略符合社会规范，并能顺应市场需求的调整。企业相关人员在业务运营中，也需要结合市场反馈，灵活调整营销、生产及供应链管理策略，以降低社会风险带来的负面影响。

4. 科技风险

科技风险是指企业在生产经营过程中因技术进步、工艺改进及电子商务模式的变化而面临的不确定性。随着科技的快速发展，市场竞争格局不断演变，企业需要不断更新技术、优化生产工艺，并适应数字化商业模式的转变，否则可能面临市场份额下降、成本上升甚至被淘汰的风险。企业管理者需要关注行业内的技术发展趋势，确保企业的产品、生产流程及商业模式能够适应科技进步带来的变化，同时制定合理的技术投资和创新策略，以保持企业的市场竞争力。企业相关人员在日常经营管理中，也需要不断学习新技术，提高数字化应用能力，以支持企业的技术升级和业务优化。

5. 自然风险

自然风险是指企业在经营过程中因自然灾害、环境状况等不可控因素而面临的不确定性。这类风险可能影响企业的供应链、生产运营、物流运输以及市场需求，甚至可能导致重大经济损失。企业管理者需要建立自然灾害应对机制，确保在极端天气或突发环境事件发生时，企业能够迅速调整运营策略，减少经营损失。企业相关人员在日常经营管理中，也需要关注环境变化，优化供应链管理和库存策略，以增强企业在复杂自然环境下的应变能力，提高整体抗风险能力。

【链接案例】

比亚迪（BYD）新能源汽车崛起——技术创新与风险管理的实践

一、案例背景：全球新能源革命与BYD的崛起

在全球碳中和的大背景下，新能源汽车产业迎来了爆发式增长。然而，该行业也面临技术迭代快、市场竞争激烈、政策变化不确定等诸多风险。作为中国新能源汽车的领军企业，BYD不仅凭借技术创新实现突破，还通过精准的市场战略和供应链管理，在全球范围内建立竞争优势。2024年，BYD超越特斯拉，成为全球新能源汽车销量第一的企业，这一成绩充分体现了企业如何在不确定的市场环境中抓住机遇、有效管理风险，并最终实现突破。

二、BYD的技术创新与市场战略

（一）刀片电池技术：突破安全与续航难题

电池安全性和续航里程一直是新能源汽车行业的核心痛点。BYD自主研发的刀片电池，不仅提升了电池能量密度，还在安全性方面实现了重大突破。2024年，BYD宣布其刀片电池的最新一代产品通过全球最严苛的安全测试，有效降低了新能源汽车的起火风险，并进一步提高了续航能力。这项技术的突破使BYD在新能源汽车市场上建立了核心竞争壁垒，同时也有效规避了电池安全带来的品牌与财务风险。

（二）全球市场扩张：如何应对政策与竞争风险

2024年，BYD加速全球市场布局，先后进入欧洲、东南亚、拉美等市场，并在巴西、泰国等地建设新能源汽车工厂。然而，面对不同国家的政策壁垒、市场需求差异以及本地品牌的竞争压力，BYD采取了本土化生产、灵活定价策略以及与当地政府深度合作的方式，降低市场进入风险。例如，在欧洲市场，BYD针对消费者偏好的豪华与高端车型，推出搭载刀片电池的腾势D9，并积极与当地经销商合作，扩大销售网络，确保市场份额稳定增长。

（三）产业链垂直整合：供应链风险管理的典范

新能源汽车行业的供应链复杂，原材料价格波动、芯片短缺、电池供应紧张等问题曾困扰整个行业。BYD通过垂直整合的方式，构建了从电池生产到整车制造的完整供应链，降低了对外部供应商的依赖。2024年，在全球锂矿资源争夺战愈演愈烈的情况下，BYD通过收购锂矿企业，确保了电池生产的稳定性。这种自给自足的模式，使BYD在原材料价格上涨时仍能保持较高的利润率，同时降低了供应链断裂带来的经营风险。

三、风险管理启示：如何在市场竞争中占据主动权？

BYD的成功表明，在新能源产业快速发展的过程中，企业需要具备敏锐的市场洞察力和高效的风险管理能力。以下是BYD案例带来的关键启示。

1. 技术创新是企业核心竞争力

在新能源汽车行业，电池技术、智能驾驶等领域的突破，决定了企业能否长期立足市场。BYD通过不断优化刀片电池技术，提升产品竞争力，并有效降低安全风险，为行业树立了新标杆。

2. 市场扩张必须与本土化策略结合

全球化扩张并非简单复制国内的成功模式，不同市场的消费者需求、政府政策、基础设施配套等因素都会影响企业的经营表现。BYD在欧洲市场推出适合当地消费者需求的高端新能源车型，在东南亚市场则推出经济型新能源车型，这种灵活的市场战略降低了市场进入风险。

3. 供应链自主可控降低外部风险

在新能源汽车行业，电池供应链的稳定性决定了企业能否保持产能与利润。BYD通过自建电池工厂、投资锂矿资源等方式，降低了供应链断裂的可能性，并在市场动荡中占据了主动权。

四、科技自立自强与企业责任

BYD案例不仅展现了企业如何通过技术创新和供应链管理在新能源市场占据领先地位，也体现了科技自立自强的国家战略意义。中国新能源汽车产业的崛起，依赖企业长期的技术积累和自主创新能力。BYD的全球化扩张不仅提升了中国品牌在国际市场的竞争力，也为全球可持续发展贡献了中国方案。

（资料来源：根据网络资料整理。）

（二）内部风险

内部风险（表10-4）是指企业因管理不善、资金运作不当、技术投入不足、安全管理缺失等内部因素所面临的不确定性。不同于外部风险，内部风险主要源于企业自身的决策、流程管理及人员因素，具有可控性，但若管理不当，仍可能导致严重的经营损失。内部风险涵盖多个方面，包括人员风险、管理风险、经营风险、技术风险以及安全环保风险。企业管理者需要构建完善的内部控制体系，以优化经营流程，提升决策质量，降低内部管理不善对企业经营造成的不确定性。企业相关人员在日常管理中，也需要关注业务流程的合规性和效率，以确保企业运营的稳定性和可持续发展能力。

表 10-4　内部风险分类

内部风险				
人员风险	管理风险	经营风险	技术风险	安全环保风险
➢ 高管操守 ➢ 员工能力 ➢ 团队精神 ➢ 人才流动	➢ 经营方式 ➢ 资产管理 ➢ 业务流程 ➢ 财务报告 ➢ 信息披露	➢ 财务状况 ➢ 盈利情况 ➢ 现金流量	➢ 研究开发 ➢ 技术投入 ➢ 信息技术运用	➢ 营运安全 ➢ 员工健康 ➢ 环境污染

1. 人员风险

人员风险是企业在经营管理过程中因高管操守、员工能力、团队精神及人才流动等因素而面临的不确定性。这些因素不仅影响企业的战略决策和执行力，还直接关系到企业的市场竞争力和长期发展稳定性。高管若缺乏职业操守，可能会导致企业决策失误或合规问题，而员工能力不足则可能影响生产效率和客户服务质量。团队精神缺乏会削弱组织凝聚力，降低工作效率。人才流动过快可能会导致企业在关键岗位上出现短缺，影响业务稳定性。企业管理者需要优化人力资源管理体系，确保人才队伍的稳定性和竞争力，以提升企业整体运营能力。

2. 管理风险

管理风险是指企业在经营方式、资产管理、业务流程、财务报告及信息披露等方面因管理不善而面临的不确定性。这类风险可能导致资源浪费、财务状况恶化、运营效率降低，甚至影响企业的市场竞争力和长期发展稳定性。管理风险不仅体现在企业高层决策层面，也贯穿于日常运营管理之中。企业管理者需要优化内部管理体系，确保资源配置合理、业务流程高效，以降低管理失误对企业经营造成的不利影响。企业相关人员在日常管理中，也需要关注各类管理风险的防范措施，以提升企业的整体运营能力和市场适应性。

3. 经营风险

经营风险是企业在财务状况、盈利能力及现金流管理方面可能面临的不确定性。如果企业在市场竞争中未能合理控制成本，或者市场环境变化导致销售额下降，可能会影响盈利能力。此外，若企业的财务状况不稳健，可能会影响企业在资本市场的融资能力，甚至导致企业陷入经营困境。经营风险贯穿企业的整个运营周期，涉及成本管理、收入增长、资金流动性及长期投资回报等多个方面。企业管理者需要制定合理的财务管理策略，确保企业在市场竞争中保持盈利能力和财务稳定性。企业相关人员在日常经营管理中，也需要关注企业的资金运作情况，优化成本控制和收入管理，以降低财务不确定性对企业运营的影响。

4. 技术风险

技术风险是指企业在研究开发、技术投入及信息技术运用方面可能面临的不确定性。这些风险可能导致企业因技术创新不足而在市场竞争中处于劣势，或者因过度投资新技术而面临高额成本及资金回报周期过长的问题。此外，信息技术运用不当可能影响企业的运营效率，甚至造成数据安全风险。企业管理者需要制定科学的技术发展战略，确保企业的技术创新和投入符合市场需求，同时优化信息技术的应用，以提升企业的运营效率和竞争力。企业相关人员在日常经营管理中，也需要关注技术升级对业务流程的影响，确保企业在技术变革过程中能够保持稳定增长。

5. 安全环保风险

安全环保风险是企业在营运安全、员工健康及环境管理方面可能面临的不确定性。这些风险不仅影响企业的生产效率和员工工作环境，还直接关系到企业的社会责任和市场信誉。如果企业在安全管理方面存在漏洞，可能会导致生产事故，影响运营稳定性；如果未能提供健康的工作环境，可能会降低员工满意度，甚至引发劳动纠纷；如果企业未能遵循环保法规，可能会因环境污染问题面临政府监管处罚，影响市场准入资格。企业管理者需要建立完善的安全与环保管理体系，确保生产活动符合安全和环保标准，以降低潜在的经营风险。企业相关人员在日常管理中，也需要关注安全生产规范及环境管理要求，以提升企业的可持续发展能力。

【链接案例】

特斯拉（TSL）的人员风险管理——高管变动与组织稳定性

一、案例背景：TSL的全球扩张与人力挑战

TSL作为全球新能源汽车行业的领导者，近年来在市场扩张、技术创新和供应链优化等方面取得了显著成就。然而，随着企业规模的不断扩大，人员风险也逐渐成为影响其长期发展的关键因素。尤其是高管频繁变动、员工流动率较高、企业文化冲突等问题，使TSL在全球市场的运营面临挑战。

1. 高管变动频繁，影响企业战略稳定

2023—2024年，TSL经历了多次高管变动，包括自动驾驶业务、高级工程管理层以及财务部门的关键人物相继离职。2023年，TSL全球高级副总裁辞职，他是公司自动驾驶与能源业务的核心领导者。2024年，TSL全球设计负责人传出可能转岗的消息，进一步引发市场对TSL高层管理稳定性的担忧。

2. 生产基地扩张加剧人才流失

TSL的全球化扩张战略，尤其是柏林超级工厂和墨西哥超级工厂的建设，使企业对技术工人和管理人才的需求急剧上升。然而，TSL长期以来以高强度工作节奏闻名，导致员工流失率高，特别是在德国工厂，劳动环境与本土员工预期存在差距，导致人力资源管理难度加大。

3. 文化冲突与员工忠诚度下降

TSL的企业文化高度依赖“马斯克式管理风格”，即强调极限工作、快速决策和扁平化管理。然而，这种文化在不同市场面临适应性问题。例如，在欧洲市场，TSL的高压工作环境与当地工会文化冲突，导致工会对公司管理方式提出抗议，影响了员工的满意度和忠诚度。

二、人员风险分析与企业应对策略

（一）高管变动对企业战略的影响

1. 高管频繁离职影响长期战略规划

TSL在人工智能、自动驾驶、能源存储等多个领域投入巨资，而高管的频繁变动可能导致企业战略执行受阻。例如，自动驾驶团队的核心成员离职，使FSD的研发面临挑战。此外，高管的更替可能导致管理层内部权力斗争，影响决策效率。

2. 市场信心受损，投资者不确定性增加

资本市场对企业管理层的稳定性高度关注。TSL作为市值最高的汽车公司，其管理层变动直接影响股价。2023—2024年，因高管离职与全球市场需求波动，TSL股价多次剧烈波动，投资者对其未来增长的信心受到影响。

应对策略：

建立稳健的高管继任计划，确保核心管理层的平稳过渡，降低由高管更替导致的战略不确定性。

加强企业内部治理结构，优化高管激励机制，减少核心团队成员因薪酬或发展问题而离职。

提高组织透明度，通过定期沟通机制向投资者传达企业的长期发展方向，以稳定市场预期。

（二）员工流动率对生产稳定性的影响

1. 生产基地人才短缺影响产能爬坡

TSL柏林工厂和墨西哥工厂在建设初期，由人才短缺导致生产效率低于预期。德国严格的劳动法限制了企业在员工管理上的灵活性；而墨西哥因供应链问题，员工的稳定性也受到挑战。如果工厂长期面临人手不足的问题，可能会影响整体交付能力，甚至影响品牌信誉。

2. 研发与制造团队的经验流失

工程师和熟练技工的流失，直接影响产品研发的连续性。TSL在电池、自动驾驶、智能制造等多个领域均依赖高技能人才，而由于薪酬体系、工作压力等因素，部分核心研发人员选择离开，转投其他科技或汽车公司，如苹果、Rivian等。

应对策略：

优化薪酬激励制度，针对不同市场调整薪酬策略，提高核心技术人员的长期留任率。

加强员工培训与职业发展，提供明确的晋升路径，增强员工对企业的归属感和忠诚度。

合理调整工作负荷，降低员工流失率，同时提升组织整体工作效率。

（三）企业文化冲突与团队凝聚力的挑战

1. 强势企业文化引发市场适应性问题

TSL的极限工作文化，在全球扩张过程中面临挑战。例如，TSL在欧洲市场遭遇工会组织的强烈抵制。2024年，柏林工厂的工会组织要求公司改善工作条件，提供更合理的薪资和休假政策，否则将进行罢工。这种企业文化冲突可能影响生产进度，也可能导致企业在本土市场的品牌形象受损。

2. 远程办公政策调整引发管理问题

马斯克在2023年要求所有员工返回办公室工作，引发内部不满，尤其是科技研发部门的大量员工希望保持远程办公模式。这一政策调整导致部分工程师离职，也影响了团队的整体稳定性。

应对策略：

调整管理风格，在不同市场采用更加符合当地文化的管理方式，避免由企业文化冲突导致员工士气低落。

建立更具包容性的工作环境，提供多样化的工作模式，提高员工的适应度和满意度。

加强工会沟通，在涉及劳动权益问题时，采取更具协商性的管理方式，减少劳资纠纷对企业运营的影响。

三、企业责任与人才发展

TSL的人员风险管理案例，不仅关乎企业经营效率，也涉及企业社会责任。一个负责任的企业，不仅要追求技术创新和市场扩张，还需要重视员工福祉、构建稳定的组织架构，以实现可持续发展。

对于未来的企业管理者而言，人员管理不仅是企业内部的问题，更关系到企业的社会责任和长期竞争力。企业需要在市场扩张与组织稳定之间寻找平衡，在追求高效运营的同时，关注员工权益，以实现企业与社会的双赢。

（资料来源：根据网络资料整理。）

三、按照经营活动划分

企业在日常运营过程中，各类风险与业务活动紧密相连，合理的风险管理是企业稳定发展的关键。根据企业经营活动的不同模块，风险可分为人力资源风险、财务风险、市场风险、审计风险和信息披露风险。这些风险不仅影响企业的运营效率和财务稳定性，还可能对市场竞争力和企业信誉造成长期影响。例如，人力资源风险主要涉及关键岗位人员流失、员工能力不足或管理层决策失误，可能导致企业内部管理混乱，影响业务推进。财务风险则涉及融资、投资及资本运作的不确定性，若管理不善可能引发现金流短缺或财务危机。市场风险包括行业竞争、市场需求波动及消费者行为变化，可能导致企业销售额下降或产品滞销。审计风险和信息披露风险则涉及企业财务报告的准确性与合规性，一旦出现虚假信息或重大会计错误，不仅会影响投资者信心，还可能引发法律诉讼，损害企业声誉。为了更有效地管理这些风险，企业可以借助数据分析工具优化业务流程，提高对经营活动相关风险的识别和应对能力。例如，企业可以利用财务管理系统进行资金流预测，提前发现潜在的财务风险；通过市场分析工具监测行业趋势，调整销售策略以降低市场波动带来的影响。此外，加强内部控制，确保各项业务流程的合规性，也有助于降低审计与信息披露风险。通过系统化的风险管理，企业可以在竞争激烈的市场环境中保持稳定运营，并提升整体抗风险能力。

（一）人力资源风险

人力资源风险直接关系到企业的长期稳定发展，涵盖高层管理人员及核心岗位员工的职业操守、岗位胜任能力、团队协作状况以及人才流动对企业运营的影响。若企业在人力资源管理方面存在缺陷，例如关键岗位人员流失、管理层决策失误或员工能力与岗位要求不匹配，可能导致企业内部管理混乱、运营效率下降，甚至影响战略执行和市场竞争力。优化团队协作机制，提升跨部门沟通效率，有助于增强企业整体运营能力，降低人力资源管理不足带来的经营风险。

（二）财务风险

财务风险是企业运营管理中最核心的风险之一，涉及筹资、投资、信用及收益分配等多个方面，直接影响企业的资金流动性与长期发展能力。若企业未能建立有效的财务监控与管理机制，可能会导致资金周转困难、投资决策失误，甚至影响企业的市场竞争力。例如，某制造企业因对市场需求预测不准确，在经济形势下行期间仍大规模扩张生产线，导致大量资金被占用，而后续销售未达预期，使企业面临严重的现金流压力。在这一情况下，企业管理者需要通过科学的财务管理体系，实时监测资金流动情况，并优化财务结构，以降低财务不稳定性带来的风险。企业可以利用数据分析工具，评估不同融资方式的成本与收益，合理规划短期与长期融资比例，避免资金链断裂。此外，针对信用风险，企业可以建立严格的客户信用评估体系，合理设定信用期限和账款回收机制，降低坏账风险。同时，在收益分配方面，企业应在股东回报与企业再投资之间寻求平衡，确保财务资源的高效配置。在实际管理中，企业可借助数据监测与财务预测工具，及时发现可能的资金缺口，并制定应对方案，以提升企业的财务稳健性，增强市场竞争力，确保企业可持续发展。

（三）市场风险

市场风险是企业在产品市场和要素市场中因供需变化、价格波动、政策调整、行业竞争等因素而面临的不确定性。这类风险可能导致企业产品销售不稳定、市场份额下降，甚至影响企业的长期经营能力。市场风险的成因复杂，既包括消费者需求变化、行业竞争加剧、宏观经济政策调整，也涉及原材料价格波动、外汇汇率变化、贸易环境变动等。企业如果无法准确预测市场趋势，并及时调整经营策略，可能会在市场竞争中处于劣势，影响企业的盈利能力和可持续发展。

企业的市场竞争力在很大程度上取决于其对市场变化的响应速度和决策精准度。市场风险的不确定性使企业需要依靠精准的数据分析和高效的供应链管理来降低经营风险。例如，某零售企业因未能准确预测市场需求，在促销期间低估了某类畅销商品的需求，导致库存不足，错失大量销售机会，同时也因供应链反应迟缓，未能及时补货，影响了品牌信誉和客户忠诚度。为避免此类市场风险，企业管理者需要利用市场分析工具，综合评估历史销售数据、消费者偏好及竞争对手策略，从而优化产品组合和库存配置。此外，企业可以建立动态销售预测系统，结合实时市场数据，调整定价策略和促销方案，以确保产品在不同市场环境下的竞争力。同时，通过供应链优化，企业能够缩短订单履行周期，提高库存周转率，减少存货积压或断货风险，确保市场供应的稳定性。通过这些措施，企业可以在复杂的市场环境中保持竞争优势，提高经营的稳定性和盈利能力。

（四）审计风险

审计风险是企业在经营管理过程中不可忽视的风险类别之一，主要指财务报表存在重大错误或遗漏，而企业内部审计或外部审计机构未能及时发现，导致管理层或投资者做出错误决策的可能性。审计风险的存在不仅影响企业财务信息的真实性，还可能对企业的投资、融资、税务合规、股东利益等方面产生深远影响。在实际运营中，审计风险的来源多样，可能涉及内部控制不完善、财务数据记录不准确、管理层干预审计、法规遵从性不足等。如果企业未能建立健全的审计制度和财务监督机制，不仅可能导致财务决策失误，还可能面临法律诉讼和声誉受损的风险。

在企业管理过程中，审计的有效性取决于内部审计流程的科学性、数据管理的严谨性以及企业对财务合规性的重视程度。合理利用审计手段，建立完善的财务控制机制，能够帮助企业减少由财务信息失真带来的经营风险。然而，审计工作的复杂性也决定了其并非仅靠标准化流程即可完全避免风险。在企业经营实践中，审计风险的控制需要结合数据分析、内部监督、外部审计等多种手段，才能确保财务信息的透明度和准确性。

（五）信息披露风险

信息披露风险是指企业在运营过程中未能准确、及时、完整地向投资者、监管机构及其他利益相关方提供财务信息、经营状况或重大决策事项，从而影响市场信任度、企业声誉及合规性。在企业经营模拟课程中，信息披露不仅是一个财务管理环节，更是影响企业整体战略规划和市场竞争力的关键因素。企业管理者需要在模拟经营环境中掌握如何合理披露信息，避免信息不对称导致企业信用受损、融资受阻，甚至引发法律风险。

在企业经营过程中，管理者需要定期向市场、股东及利益相关方提供准确的经营数据，如财务报表、市场预测、投资公告及经营调整等。如果企业在信息披露上存在夸大业绩、隐瞒风险、虚假陈述或选择性披露，不仅可能误导投资者，还可能导致监管处罚。例如，某企业在季度经营汇报中未能充分披露资金流动性风险，导致外部融资方误判企业偿债能力，最终在融资过程中遭遇信贷收紧，影响企业运营。模拟经营中的管理者如果忽视财务数据的真实性和信息披露的规范性，可能会在系统运营评估中被判定财务失真，影响最终经营成绩。

【链接案例】

H集团债务危机——高杠杆经营的风险与教训

一、案例背景：H集团的经营风险失控

H集团曾是中国房地产行业的龙头企业，以高杠杆、高周转的经营模式快速扩张。然而，随着宏观经济环境变化、监管政策收紧及市场需求下降，H集团的财务状况急剧恶化，最终陷入债务危机。2023年至2024年间，H集团的经营风险进一步加剧，导致其资产重组受阻，股价暴跌，企业信誉大幅下降。这一案例生动展现了高杠杆经营模式的风险、财务状况失衡的后果，以及企业在经营管理中的关键失误。

1. 过度依赖负债扩张，财务杠杆风险积累

H集团长期以来采用“高杠杆、高负债、高周转”模式，即通过大量举债获取资金，快速投资房地产项目并加速销售，以获取回款。然而，随着2021年“三道红线”政策的实施，房地产企业的融资受限，H集团的高负债模式无法持续。2023年，H集团负债总额超过2.4万亿元人民币，成为全球负债最高的房地产公司之一。

2. 现金流枯竭，运营陷入困境

由于债务规模庞大，H集团需要持续依靠新融资来偿还旧债。然而，随着市场融资环境趋紧，加之企业信誉受损，H集团很难再获得新的资金支持。2023年，H集团陆续出现债务违约问题，部分项目因资金链断裂而停工，购房者和供应商的信任大幅下降，进一步加剧了企业的流动性危机。

3. 资产重组受阻，市场信心崩溃

2023年，H集团多次尝试通过资产出售和债务重组来缓解财务压力。然而，由于资产质量下降、市场需求疲软，以及监管机构的限制，其资产处置进展缓慢。2024年初，H集团的股价跌至历史低点，并面临强制清盘的风险。这一系列事件导致投资者信心全面崩溃，进一步加剧了H集团的经营风险。

二、经营风险分析与企业应对策略

（一）财务状况失衡

1. 过度依赖债务融资，缺乏稳健的资本结构

H集团长期以来依靠债务融资推动企业扩张，导致资产负债率长期处于高位。一旦融资渠道受限，企业就难以维持正常运转。健康的企业财务结构应该在债务和自有资金之间保持平衡，而H集团的过度负债模式则导致了极高的财务风险。

2. 短期偿债能力不足，导致流动性风险

由于债务规模庞大，H集团面临巨大的短期偿债压力。然而，其现金流管理不善，未能确保充足的流动性储备，最终导致债务违约。企业在制定财务战略时，应合理规划短期和长期负债，确保在不同经济周期下都具备足够的偿债能力。

应对策略：

优化融资结构，减少对高杠杆模式的依赖，提高股权融资和长期负债的比重。

加强现金流管理，确保企业拥有足够的流动性，以应对短期债务压力。

建立财务预警机制，定期评估企业的财务健康状况，防止经营风险失控。

（二）盈利模式不可持续

1. 依赖快速周转，忽视长期可持续发展

H集团的核心盈利模式是“高杠杆、高周转”，即通过快速开发、快速销售来获取利润。然而，在房地产行业增速放缓的背景下，这种模式变得不可持续。企业未能及时调整战略，导致在市场需求下降时陷入困境。

2. 过度依赖单一市场，抗风险能力不足

H集团的业务主要集中在房地产行业，缺乏多元化经营。相比之下，一些房地产企业在市场下行时，能够通过商业地产、物业管理等多元化业务降低风险，而H集团因过度依赖住宅开发，在行业低迷期受到重创。

应对策略：

调整业务模式，降低对高周转的依赖，优化项目开发节奏，提高产品质量。

推动业务多元化，拓展商业地产、物业管理等业务，提高企业的抗风险能力。

加强市场调研，根据市场需求变化调整产品和销售策略，提高市场适应性。

（三）现金流管理失控

1. 资金链断裂导致企业运营困难

H集团在扩张过程中，未能建立稳健的现金流管理体系。当融资受阻、销售回款下降时，企业的现金流无法支撑运营，最终导致项目停工、供应商债务违约等问题。

2. 未能及时调整财务策略，错失自救机会

在资金链紧张的情况下，H集团未能及时调整经营策略，例如减少非核心业务支出、优化资产结构，而是继续通过借新还旧的方式维持运营。这种短期策略进一步加剧了企业的财务困境。

应对策略：

优化现金流管理，建立严格的资金预算和流动性储备，提高企业应对市场波动的能力。

及时调整财务策略，在市场环境发生变化时，迅速调整资本支出计划，减少不必要的开支。

加快资产处置，通过出售非核心资产、股权融资等方式，提升企业的资金流动性。

三、企业社会责任与稳健经营

H集团案例不仅是一个企业管理失败的典型案例，也反映出企业在经营过程中应承担的社会责任。房地产行业与居民住房需求、社会经济稳定密切相关，企业如果过度追求短期利益，而忽视长期稳健经营，就可能对社会经济造成严重影响。

未来的企业管理者应树立正确的经营理念，坚持长期主义，在市场竞争中保持稳健经营，不仅关注企业利润，更要关注对社会和经济的影响。

（资料来源：根据相关网络资料整理。）

第三节　风险管理的概念与过程

一、风险管理的概念

在企业经营管理中，风险无处不在，企业管理者需要具备识别风险、评估影响、制定应对策略的能力，以确保企业能够在复杂的市场环境中保持稳定运行。在企业经营中，学生需要在模拟企业管理过程中面对多种风险挑战，学习如何科学地进行风险管理，以提高企业的经营稳定性，并在风险中寻找发展机会。风险管理不仅是企业应对不确定性的工具，更是确保企业长期可持续发展的重要手段。在企业经营中，合理的风险管理能够降低损失、优化资源配置、提高企业抗风险能力，并帮助企业在市场竞争中保持领先。

不同学者对风险管理的定义各有侧重，但其核心思想都是通过系统化的方法识别、评估和控制风险，以实现企业战略目标，并在控制损失的同时寻找市场机会。以下是几种典型的风险管理定义。

威廉姆斯和汉斯的定义：风险管理是通过识别、衡量和控制风险，以最小成本减少潜在损失。这一观点强调企业在制定风险管理策略时，必须充分考虑经济成本。例如，在企业经营中，企业管理者需要决定是否购买保险来降低供应链中断的风险，这种决策需要权衡成本和收益，确保投入的资金能够带来足够的风险缓解效果。

斯凯伯的定义：风险管理的目标是以最小成本获得最大的安全保障，强调企业不能试图消除所

有风险，而是应当将风险控制在合理范围内，确保企业能够稳定运营。例如，在企业经营中，管理者在制定市场进入策略时，需要对外部环境进行风险评估，并选择合适的市场进入模式，以降低扩张带来的不确定性，同时保持企业盈利能力。

美国反虚假财务报告委员会下属的发起人委员会（COSO）框架的定义：COSO认为，风险管理不仅是企业管理者的责任，而是所有员工共同参与的系统性工作。企业的各个部门都需要在日常运营中识别和控制风险，确保企业整体的稳定性。例如，在企业经营中，各个团队成员需要在采购、生产、财务、销售等环节共同参与风险识别，确保企业的经营决策基于全面的信息和科学的分析。

从以上定义可以看出，风险管理不仅是一种降低损失的工具，更是企业优化经营策略、发掘潜在机遇的重要手段。在现代企业管理中，风险管理的核心不仅是规避风险，更在于通过科学的方法识别、评估和应对不确定性，从而实现企业价值的最大化。例如，在市场竞争激烈的环境下，企业可以利用风险管理工具分析市场趋势，提前预测可能的挑战，并制定相应的应对策略，以在行业变革中抢占先机。此外，风险管理还能提升企业的资源配置效率，使企业在资本、技术和人力资源的投入上更加精准，避免资源浪费或战略偏差。因此，企业管理者应将风险管理视为一种战略性管理工具，不仅关注短期损失控制，还要将其与长期发展目标相结合，以提升企业的竞争力和可持续发展能力。

二、风险管理的基本原则

（一）动态管理原则

风险管理不是一次性的任务，而是一个持续调整、动态优化的过程。随着企业经营环境的变化，企业需要不断调整风险管理策略，以适应新的市场需求和竞争格局。在企业经营中，市场需求、供应链条件、财务状况等因素会随时间变化，管理者需要灵活调整策略，以确保企业始终处于稳定状态。例如，在市场需求发生波动时，企业管理者需要及时调整库存水平，以降低存货积压的风险，同时确保市场供应能力。

（二）损失最小化原则

风险管理的目标不是消除所有风险，而是将风险控制在企业可承受的范围内，确保企业在面对突发情况时能够有效降低损失。例如，在企业经营中，管理者可以通过分散供应商来降低供应链断裂的影响，或者利用成本控制措施减少市场需求下降对企业利润的冲击。这些策略能够帮助企业在风险发生时迅速调整运营模式，确保企业财务状况稳定。

（三）机会风险原则

风险管理不仅是防范潜在损失的手段，同时也是发现市场机会、优化经营模式的重要工具。在市场竞争中，承担适度风险往往能够带来更高的收益。例如，在企业经营中，企业管理者可以决定是否扩大生产规模，以满足市场增长需求。虽然扩张带来了资金压力和供应链管理挑战，但如果市场需求保持稳定增长，企业将获得更大的市场份额和更高的利润。因此，合理的风险管理能够帮助企业在竞争中保持灵活性，并在可控范围内承担一定的风险，以获取更大的市场机会。

（四）成本效益原则

企业在进行风险管理时，需要权衡投入成本与预期收益，确保风险管理策略的实施是经济可行的。例如，在企业经营中，管理者需要决定是否投资于新技术或优化生产流程，以提高企业的竞争力。这一决策需要综合考虑投资成本、预期收益以及可能带来的经营风险，以确保企业在控制风险的同时，能够实现利润最大化。

三、风险管理的过程

（一）风险识别

风险识别是风险管理的第一步，企业需要系统性地分析可能影响经营目标的各种风险因素。在企业经营中，管理者需要识别市场需求波动、原材料价格变化、生产设备故障、财务资金流动性风险等因素，以确保企业在运营过程中能够提前预见可能的风险。例如，如果企业在模拟经营中未能准确预测市场需求的变化，可能会导致库存过剩或供应短缺，进而影响企业的销售和盈利能力。

（二）风险评估

在识别风险后，企业需要对风险的发生概率、影响程度及应对成本进行量化分析，以确定哪些风险需要优先管理。例如，在企业经营中，管理者需要分析市场竞争对企业定价策略的影响，并评估调整价格可能带来的销售增长或客户流失风险，以制定最优的定价策略。

（三）风险控制与处理

企业可以采取多种方式来控制和管理风险，包括规避风险、降低风险、转移风险或接受风险。例如，在企业经营中，管理者可以通过优化库存管理策略来降低供应链风险，或者通过与多家供应商合作来减少单一供应商断供的影响。这些策略能够帮助企业在面对突发情况时保持经营稳定，并减少财务损失。

（四）风险监控与反馈

由于市场环境和企业运营状况不断变化，企业需要定期监控风险管理措施的有效性，并根据最新情况进行调整。例如，在企业经营中，管理者需要密切关注市场趋势，并根据销售数据调整库存水平，以确保企业在不同市场环境下都能够保持最优的运营状态。

风险管理是企业经营管理中的核心环节，它不仅能够帮助企业降低经营风险，还能够在复杂市场环境中发现新的发展机会。在企业经营课程中，学生需要在经营过程中应用系统的风险管理方法，通过识别风险、评估影响、制定应对策略、优化经营模式，提高企业的市场竞争力，并确保企业的长期可持续发展。掌握有效的风险管理能力，将有助于未来成为合格的企业管理者，在真实商业环境中做出更加科学和稳健的经营决策。

第四节　风险管理技术与方法

一、情景分析法

（一）情景分析法的概念

在现代企业管理中，市场环境的高度不确定性要求企业管理者具备前瞻性思维，以有效识别潜在风险并制定应对策略。情景分析法作为一种系统化的风险评估工具，其核心思想是基于当前市场数据、行业发展趋势及经济环境，构建不同的未来情景，并评估这些情景的发生概率及可能带来的影响。该方法不仅可以帮助企业更全面地分析经营决策的可能后果，还能为企业制定更具弹性的应对方案提供科学依据。

在企业经营中，企业相关人员在进行市场规划、投资决策、生产运营等核心管理活动时，通常会面临诸多不确定性因素，如市场需求波动、竞争格局变化、原材料价格波动以及政策调整等。如果企业在制定经营策略时缺乏对不同可能情景的系统性分析，可能会导致战略执行过程中出现偏差，进而影响企业整体的经营稳定性。例如，在制定市场进入策略时，若企业未能充分预见竞争加剧的可能性，可能会导致市场份额被快速侵蚀，甚至影响企业的长期发展。因此，掌握情景分析法不仅能够增强企业管理者的风险识别与应对能力，还能提升企业在复杂市场环境中的生存能力和竞争优势。

（二）情景分析法的基本原理

情景分析法的核心在于构建多种可能的未来发展情景，并对每种情景的发生概率及影响程度进行系统化评估。通常，企业在应用情景分析法时，会根据市场变化趋势和企业运营数据，将可能的未来情景划分为以下三类，以确保分析过程更加科学、系统且具有可操作性。

1. 最佳情景

在最佳情景下，市场环境对企业发展极为有利，企业能够凭借优势资源获取最大化收益。例如，市场需求旺盛，竞争对手影响较小，产品定价能力较强，企业能够获得稳定的利润增长。在企业经营中，这种情景通常表现为企业能够成功执行其市场扩张战略，产品销售达到预期，资金流动性充足，企业整体财务状况稳健。

2. 基准情景

基准情景指企业在常规市场条件下的发展状态，即市场环境相对稳定，企业的运营符合预期目标，经营风险可控。例如，企业在制订生产计划时，市场需求与前期预测基本一致，产品销售量维持在合理水平，企业能够按照既定战略发展。在企业经营过程中，基准情景的分析能够帮助企业评估当前市场条件下的最优经营策略，并确保企业资源合理配置。

3. 最差情景

最差情景是指企业面临的不利市场环境，如市场需求大幅下降、行业竞争加剧、生产成本上升、政策变动等因素可能对企业经营带来严重冲击。例如，在企业经营模拟中，企业如果对市场变化预判不足，可能会面临库存积压、资金链紧张，甚至陷入亏损。因此，最差情景的构建有助于企业提前制定应对方案，如调整市场策略、优化供应链管理、控制成本支出等，以提高企业的抗风险能力。

（三）情景分析法的应用

情景分析法作为企业风险管理的重要工具，在实际经营决策过程中具有广泛的应用价值。通过构建不同情景，企业可以提前预测可能面临的市场变化，并制定相应的策略，以降低风险、优化资源配置并提升经营绩效。在企业经营中，企业管理者需要利用情景分析法，结合市场调研数据、历史经营数据以及行业发展趋势，模拟不同经营环境下的可能结果，以便制定科学合理的市场战略、投资决策以及生产管理方案。

1. 生产决策中的情景分析

在企业生产管理过程中，企业相关人员需要根据市场需求、库存水平、供应链状况等因素，合理制订生产计划，以确保供需平衡并优化成本控制。例如，在企业经营环境中，企业管理者面临原材料采购、生产排期、库存管理等方面的决策，如果在生产计划制订过程中未能充分考虑市场变化和潜在风险，可能会导致库存积压或供应短缺，影响企业的正常运营。

在情景分析法的应用中，企业管理者通常会构建不同的市场情景，以评估生产计划的可行性。

最佳情景：市场需求旺盛，产品销售量大幅增长，企业生产能力能够满足市场需求，库存周转率较高，现金流充裕。

基准情景：市场需求维持在预期水平，企业的生产计划基本符合市场需求，库存水平稳定，现金流正常。

最差情景：市场需求下降，导致产品滞销，库存积压，企业的生产成本上升，资金周转困难，利润空间受损。

通过对不同情景的分析，企业管理者可以在生产计划中引入灵活调整机制，如采用柔性生产策略，在市场需求上升时增加生产能力，而在市场需求下降时减小生产规模，以降低库存成本并提高资金利用效率。此外，企业还可以通过供应链管理优化策略，确保原材料采购和库存管理的灵活性，提高企业对市场变化的适应能力。

2. 价格策略中的情景分析

产品定价是企业经营中的重要决策之一，直接影响市场竞争力、销售业绩以及企业盈利能力。企业管理者在制定价格策略时，需要综合考虑市场供需关系、竞争对手价格策略、生产成本变动等因素，以确保企业的产品价格既能满足市场需求，又能保障合理利润。在企业经营课程中，企业管理者需要运用情景分析法，预测不同市场环境下的价格策略效果，以制定最优的定价方案。

最佳情景：市场需求旺盛，消费者接受较高的产品价格，企业能够通过价格上调获取更高利润，同时维持市场份额。

基准情景：市场竞争激烈，企业的产品价格需要与竞争对手保持相对一致，以维持市场份额并保障基本盈利水平。

最差情景：市场需求下降，竞争对手通过降价抢占市场份额，企业被迫降低产品价格，导致利润空间收缩，甚至面临亏损风险。

在情景分析的基础上，企业可以采用差异化定价策略，如根据不同市场细分进行价格调整，或采用促销折扣、会员优惠等方式，提高产品吸引力。同时，企业可以结合成本控制措施，通过优化生产工艺、降低原材料采购成本等手段，确保在价格调整时仍能维持合理的利润水平。

3. 供应链管理中的情景分析

供应链管理涉及企业的原材料采购、库存控制、物流配送等多个环节，任何一个环节出现问题，都可能影响企业的生产和销售。由于供应链管理受到市场需求波动、原材料价格变化、供应商履约能力等因素的影响，企业管理者在制定供应链策略时，必须运用情景分析法，评估不同市场环境下的供应链风险及应对方案。

在企业经营课程中，企业管理者可以构建以下情景，以评估供应链管理策略的有效性：

最佳情景：供应链运行顺畅，原材料供应稳定，采购成本可控，物流配送高效，企业的生产和销售计划得以顺利实施。

基准情景：供应链运行正常，但存在一定的不确定性，如原材料价格小幅上涨或物流成本增加，企业需要适当调整采购和库存管理策略。

最差情景：供应链出现严重问题，如供应商违约、原材料价格大幅上涨、物流延误等，导致企业生产受阻，销售计划无法执行，经营风险加剧。

基于情景分析的结果，企业可以采取多元化供应商管理策略，减少对单一供应商的依赖，确保原材料供应的稳定性。同时，企业可以采用智能库存管理系统，通过数据分析优化库存水平，避免市场变化导致库存积压或供应短缺。此外，企业还可以评估物流配送的可行性，并通过与多家物流企业合作，降低配送风险，提高供应链的稳定性。

4. 市场营销策略中的情景分析

市场营销是企业扩大品牌影响力、提高销售业绩的重要手段，企业在制定营销策略时，需要综合考虑消费者需求、市场竞争状况、广告投放效果等因素。情景分析法可以帮助企业管理者预测不同营销方案的可能影响，以制订最优的市场推广计划。

在企业经营环境中，企业管理者可以构建以下情景，评估市场营销策略的可行性。

最佳情景：市场营销活动取得成功，品牌知名度提升，消费者积极响应，产品销量增长，市场占有率提升。

基准情景：市场营销效果一般，品牌知名度有所提升，但销售增长有限，企业的市场份额保持稳定。

最差情景：市场营销投入未能带来预期效果，广告成本增加但销量未见增长，企业的盈利能力受损。

基于情景分析的结果，企业可以采用精准营销策略，通过数据分析确定目标客户群体，并制定个性化的市场推广方案。同时，企业可以结合市场反馈，动态调整营销策略，如优化广告投放渠道、调整促销方式、加强社交媒体营销等，以提高营销投资回报率。

在实际分析中，企业管理者通常需要结合历史数据和市场调研结果，计算每种情景发生的概率，例如最佳情景发生概率为50%，基准情景为40%，最差情景为10%。通过这样的分析，管理者可以更加科学地评估广告投放的可行性，并制定更具灵活性的市场策略，以优化资源配置并最大化投资回报。情景分析法作为一种重要的风险管理工具，广泛应用于企业的生产计划、价格策略、供应链管理以及市场营销等多个领域。在企业经营中，企业管理者需要利用情景分析法，结合市场调研数据和经营数据，构建不同的市场情景，以制定科学合理的经营策略。通过本节内容的学习，企业管理者应掌握情景分析法的基本原理、应用场景及其在企业经营中的作用，并在未来的企业管理实践中灵活运用该方法，提高企业的市场适应能力和竞争力。

【链接案例】

情景分析法在投资决策中的应用

企业在制定投资决策时，需要充分考虑市场环境的不确定性，以降低潜在风险并提高决策的科学性。在现代企业管理实践中，情景分析法已成为广泛应用的风险评估工具，能够帮助企业相关人员预测市场变化趋势，并基于不同情景制定合理的投资策略。本节将结合ERP企业经营模拟的案例，深入探讨情景分析法的具体应用，并详细分析其优势与局限性，以帮助企业相关人员更好地掌握该方法，并将其应用于实际管理决策中。

（一）情景分析法在广告投放决策中的应用

1. 情景设定与关键影响因素分析

在企业市场竞争日益激烈的背景下，广告投放已成为影响企业销售收入的重要因素。合理的广告投放策略不仅能够提升品牌知名度，还能增强市场竞争力。然而，市场环境的不确定性使广告投放的效果难以精准预测，因此企业必须借助情景分析法，对不同市场情景进行预判，并制定最优投放策略。

在ERP企业经营模拟中，F组企业管理者面临广告投放决策，需要确定是否将广告预算集中投入第五年的P4产品，并评估其可能带来的市场收益。详情见表10-2。

表10-2　广告投放策略及市场收益

项目	因素	最佳情景	基准情景	最差情景
影响因素	市场竞争	竞争小	一般	竞争激烈
	产品价格	价高	居中	价低
发生概率		55%	35%	10%
结果		拿到心仪订单 成为市场老大	拿到部分订单 不破产	没抢到订单 破产

影响广告投放效果的主要因素包括：

（1）市场竞争状况。竞争强度将影响企业能否成功抢占市场份额。如果市场竞争激烈，即便企业加大广告投入，也未必能获得理想的市场回报。

（2）产品价格波动。产品价格的变动直接影响利润空间，企业需预判市场价格走势，以制订相应的广告投放计划。

情景分析法的核心在于构建多个可能的市场情景，并预测不同情况下的广告投放效果。常见的分析方法是建立三种基本情景，即最佳情景、基准情景和最差情景，从而全面评估投资决策的潜在风险和收益。

2. 市场竞争变化的三种情景预测

（1）最佳情景（市场竞争小）。市场竞争较弱，企业能够迅速扩大市场份额，减少竞争压力，形成先发优势。在此情况下，广告投放的市场推广效果最佳，企业能够在较低的营销成本下获取最大收益。

（2）基准情景（市场竞争中等）。市场竞争适中，虽然存在一定竞争者，但企业仍可通过精准的广告策略确保合理的市场份额。在此情景下，广告投放可以带来较为稳定的市场回报，但收益空间受限，企业需合理控制广告成本，以实现利润最大化。

（3）最差情景（市场竞争激烈）。市场已趋于饱和，多个企业争夺有限的市场份额，广告效果受到严重削弱。即便企业加大广告投入，也可能难以获得理想订单，甚至可能由广告投放成本过高导致亏损。

3. 产品价格变化的三种情景预测

（1）最佳情景（产品价格上升）。市场需求旺盛，产品价格上扬，企业销售利润增长。在此情况下，广告投放能够有效促进销售，实现高额回报。

（2）基准情景（产品价格维持稳定）。市场价格保持平稳，企业利润率未发生显著变化。广告投放的主要作用是提升市场占有率，而非直接增加单品利润。

（3）最差情景（产品价格下降）。由于市场需求下降或竞争加剧，P4产品价格下滑。即使广告投放能够带动销量增长，单品利润率仍可能因价格下降而受损，影响企业整体盈利能力。

4. 综合评估与投资决策

在上述情景分析的基础上，F组企业管理者需进一步评估各情景发生的概率，以确定广告投放策略。例如，通过市场调研与数据分析后，F组得出以下概率分布：最佳情景发生概率：55%（市场竞争较小，产品价格上升）；基准情景发生概率：35%（市场竞争适中，产品价格稳定）；最差情景发生概率：10%（市场竞争激烈，产品价格下降）。

基于这一分析，F组企业管理者得出以下投资预期：最佳情景下，广告投放能够带来较高的市场份额，使企业成为市场领导者；基准情景下，广告投放仍然有助于稳定市场份额，并维持一定利润；最差情景下，广告投放的收益有限，可能难以弥补市场竞争加剧和价格下降带来的损失。

最终，F组根据情景分析的结果，制定了稳健的广告投放策略，以确保在大部分情景下均能实现盈利目标，同时控制最差情景下的损失风险。

（二）情景分析法的优缺点

1. 情景分析法的优势

（1）适用于复杂决策情境

情景分析法能够帮助企业在复杂市场环境下识别潜在风险，并制定适应性强的决策方案。在市场竞争、经济波动和政策变化等不确定因素较多的情况下，该方法有助于企业建立多元化预案，提高战略灵活性。

（2）有助于决策层识别关键变量

通过构建不同情景，企业管理者可以明确影响投资决策的核心因素，例如市场竞争、产品价格、政策环境等。这种分析方式有助于企业在制定经营策略时，将资源聚焦于最具影响力的变量，提高决策的精准性。

（3）增强风险意识，提高企业抗风险能力

情景分析法不仅关注企业可能获得的收益，还充分考虑不同情况下的潜在损失，使管理者能够在决策过程中充分考虑风险因素，并采取预防措施，提高企业的抗风险能力。

2. 情景分析法的局限性

（1）对数据质量要求较高

情景分析的准确性依赖数据支持。如果企业在数据采集、市场调研或竞争对手分析方面存在不足，可能导致情景预测失真，影响决策效果。

（2）结果受主观判断影响较大

在确定各情景发生概率时，企业管理者通常需要依赖经验判断，而非纯粹基于数学模型计算。这种主观性可能导致预测偏差，进而影响决策的科学性。

（3）难以应对极端不确定性

情景分析法主要适用于中短期预测，并在未来变化较小的情况下效果较好。但对于市场环境剧烈波动、政策突然变更或技术突飞猛进的行业，该方法的准确性可能受到较大挑战。

（三）案例思考

通过上述情景分析法在广告投放中的应用，企业相关人员可以进一步理解该方法的实际操作流程及优缺点。企业在进行市场投资、产品研发、供应链管理等决策时，都可以利用情景分析法预测未来可能发生的情况，并制定相应的风险管理措施。

（资料来源：根据资料整理。）

二、流程图分析法

（一）流程图分析法的概念

在企业的风险管理过程中，精准识别各个业务环节的潜在风险对于企业的稳定运营至关重要。流程图分析法作为一种定性风险管理工具，通过对业务流程的可视化展示，帮助企业管理者识别各个环节的潜在风险点，并制定相应的监控和应对策略。该方法能够将复杂的业务流程分解为若干个具体步骤，使企业管理者可以清晰地看到风险发生的关键节点，从而优化管理决策，提升企业运营的稳定性。

在企业经营中，企业相关人员需要掌握如何构建业务流程图，并在不同经营活动的关键环节中识别可能存在的风险。例如，在产品生产流程中，企业需要经历从原材料采购、生产制造、库存管理到最终销售的完整流程，在这一过程中，任何环节出现问题都可能对企业的整体运营造成不利影响。利用流程图分析法，企业管理者可以系统性地识别各个环节的潜在风险，如原材料供应不稳定、生产效率低下、库存积压等，并据此制定有效的应对策略，提高企业的风险防控能力。

（二）流程图分析法的基本原理

流程图分析法的基本思想是通过构建企业业务流程的可视化模型，识别各个环节可能存在的风险，并分析其潜在影响。通常，该方法包含以下三个核心步骤，以确保风险识别的系统性和全面性。

1. 绘制业务流程图，明确关键业务环节

企业管理者需要根据企业的实际运营情况，绘制出完整的业务流程图。在企业经营中，企业相关人员可以参考企业的典型运营流程，如广告投放、订单管理、生产运营、库存控制、财务管理等环节，明确各个环节之间的逻辑关系，并识别关键业务节点。例如，在年度经营活动开始时，企业需要制定营销策略、参加订货会、确定生产计划等，这些决策直接影响企业的市场表现和盈利能力。

2. 识别业务流程中的潜在风险因素

识别风险是流程图分析法的核心步骤。企业管理者需要在绘制的流程图基础上，分析各个业务节点可能面临的风险，并确定哪些风险点需要重点关注。例如，在企业经营中，订单管理环节可能面临广告投放不合理、订单选择错误、产能评估失误等风险；而在财务管理环节，企业可能会遇到融资决策失误、资金链断裂、债务结构不合理等问题。通过详细分析这些风险因素，企业管理者可以提前制定应对策略，以降低可能的经营损失。

3. 制定监控与预防措施，优化风险管理策略

在识别出潜在风险后，企业需要制定相应的监控和预防措施，以确保风险被有效控制。例如，在企业经营中，企业相关人员可以通过优化数据分析方法，提高广告投放的精准度，避免市场推广费用的浪费。同时，企业可以通过供应链管理优化，确保原材料采购的稳定性，以降低生产中断的风险。此外，在财务管理方面，企业可以采取合理的融资策略，优化债务结构，确保资金流动性，以避免企业陷入财务危机。

（三）流程图分析法的应用

流程图分析法作为风险管理的重要工具，广泛应用于企业运营的各个环节，包括订单管理、生产管理、供应链管理、财务管理和人力资源管理等方面。在企业经营中，该方法可以帮助企业相关人员识别业务流程中的关键风险点，优化企业管理流程，并提高整体运营效率。通过可视化的方式展示企业的运营逻辑，企业管理者能够更直观地分析各环节的潜在风险，从而制定科学合理的应对策略，提升企业在复杂市场环境中的竞争力。

1. 订单管理中的应用

订单管理是企业经营活动的核心环节之一，涉及市场调研、广告投放、客户需求分析、订单选择和合同执行等多个关键节点。通过流程图分析法，企业可以梳理订单管理流程，识别潜在风险，并优化相应的业务决策。

在企业经营中，企业相关人员需要通过市场调研获取目标客户群体的数据，并结合市场竞争情况制定合理的广告投放策略。如果企业在广告投放过程中缺乏精准的市场分析，可能会导致广告费用过高或市场选择错误，从而降低企业的市场占有率。此外，在订单选择环节，如果企业高估了自身产能，可能会导致订单无法按期交付，从而面临违约赔偿和客户信任度下降的风险；而如果企业低估产能，则可能错失高利润订单，影响企业的盈利能力。通过流程图分析法，企业可以将订单管理流程中的关键环节可视化，从而更清晰地识别广告投放、订单筛选和产能评估过程中的潜在风险，并优化市场营销决策，以提高企业的盈利能力和市场竞争力。

2. 生产管理中的应用

生产管理涉及生产线布局、生产计划制订、库存管理和质量控制等多个环节，是企业确保产品交付能力的核心要素。在实际经营过程中，生产管理的效率直接决定了企业的成本控制能力和市场竞争力。

在企业的生产管理过程中，科学合理的生产计划对于确保供需平衡、提高生产效率至关重要。如果企业在生产管理环节缺乏系统性的规划，可能会导致资源浪费、产能过剩或短缺等问题。例如，某制造企业生产流程未能充分优化，导致不同生产环节之间衔接不畅，生产周期延长，最终增加了运营成本。此外，如果生产计划缺乏对市场需求的精准预测，可能会出现两种极端情况：一方面，生产过剩会导致库存积压、仓储成本上升，甚至可能由产品滞销造成财务损失；另一方面，生产不足可能会导致市场供应紧张，影响客户订单履约，降低客户满意度，甚至可能导致市场份额流失。为了优化生产管理，企业需要建立科学的生产规划体系，结合市场需求预测、库存管理及供应链协调机制，确保生产资源的合理分配。例如，企业可以通过实时数据分析优化生产流程，提高设备利用率，减少生产浪费，并结合市场反馈动态调整生产计划，以确保产品供需平衡，提升整体运营效率。

通过流程图分析法，企业管理者可以直观地分析生产流程中的关键环节，识别可能影响生产效率和成本控制的风险点。例如，在生产设备管理方面，企业可以通过流程图分析设备维护流程，确保设备定期检修，降低设备故障导致的生产中断风险。此外，在库存管理方面，企业可以通过流程图优化原材料采购流程，确保供应链的稳定性，以避免原材料短缺导致的生产停滞。通过对生产管理流程的系统化分析，企业可以提升生产效率，降低运营成本，并增强市场竞争力。

3. 供应链管理中的应用

供应链管理是企业运营的核心组成部分，涉及原材料采购、供应商选择、物流配送和库存管理等多个环节。由于供应链具有较高的不确定性，企业需要通过科学的管理方法来降低供应链中断的风险，并确保生产经营的稳定性。

在企业经营中，企业相关人员需要合理规划原材料采购流程，确保原材料供应的稳定性和成本控制。如果企业在供应链管理中缺乏有效的流程控制，可能会导致供应商交货延迟、原材料价格波动、库存管理不当等问题。例如，如果企业未能准确预测市场需求，可能会导致原材料库存过多，增加企业的资金占用成本；而如果库存储备不足，可能会导致生产中断，影响订单交付。

通过流程图分析法，企业可以清晰地识别供应链管理中的关键节点，并优化各个环节的运营流程。例如，在供应商管理方面，企业可以通过流程图分析供应商的筛选标准和采购审批流程，确保供应链的可靠性。在物流管理方面，企业可以优化运输调度流程，确保产品能够按时交付至客户。此外，通过对库存管理流程的可视化分析，企业可以制定更加精准的库存控制策略，减少库存积压，提高资金周转效率。

4. 财务管理中的应用

财务管理是企业稳健经营的基础，涉及融资决策、成本控制、现金流管理、财务报表编制等多个环节。企业管理者需要通过科学的财务管理流程，提高资金使用效率，确保企业的财务稳健性。

在企业经营中，企业管理者需要合理规划融资策略，确保企业资金链的稳定性。如果企业的融资结构不合理，可能会导致财务成本过高，甚至面临资金链断裂的风险。例如，如果企业过度依赖短期贷款，可能会面临较高的利息支出和短期偿债压力；而如果企业融资计划缺乏长期规划，可能会影响企业的可持续发展。

通过流程图分析法，企业可以优化财务管理流程，确保资金运作的合理性。例如，在现金流管理方面，企业可以通过流程图分析资金流动的关键节点，确保企业的现金流始终处于健康状态；在成本控制方面，企业可以通过流程图优化成本核算流程，确保各项成本支出符合企业的预算目标。此外，在财务报表编制方面，企业可以通过流程图明确数据录入、审核和报表生成的各个环节，提高财务数据的准确性和透明度。

5. 人力资源管理中的应用

人力资源管理涉及招聘、培训、绩效考核、薪酬管理和人才流动等多个环节，是企业提升组织效能的重要手段。科学合理的人力资源管理流程能够提高员工满意度，增强企业的竞争力。

在企业经营中，企业管理者需要根据企业的发展需求，制订合理的招聘和培训计划，确保企业拥有高素质的人才队伍。如果企业的人力资源管理流程不完善，可能会导致招聘标准不清晰、培训体系缺乏针对性、员工激励机制不足等问题。例如，如果企业的绩效考核流程不科学，可能会导致员工缺乏工作动力，影响企业的整体效率。

通过流程图分析法，企业可以优化人力资源管理流程，确保各个环节高效运作。例如，在招聘流程方面，企业可以通过流程图分析人才筛选、面试评估和录用审批的各个环节，提高招聘决策的科学性；在绩效管理方面，企业可以优化考核流程，确保绩效评估的公平性和合理性。此外，在薪酬管理方面，企业可以通过流程图明确薪酬核算和审批流程，提高薪酬管理的透明度。

流程图分析法作为企业风险管理的重要工具，能够帮助企业管理者识别各个业务环节的潜在风险，并制定科学合理的应对策略。在企业经营中，该方法广泛应用于订单管理、生产管理、供应链管理、财务管理和人力资源管理等多个领域，为企业优化运营流程、提高经营效率提供了有力支持。企业管理者需要熟练掌握流程图分析法的应用方法，并结合实际经营情况，优化企业的管理流程，提高企业在市场竞争中的适应能力。

【链接案例】

流程图分析法在企业运营中的应用——星巴克（SBK）供应链管理优化

一、案例背景

SBK作为全球最大的咖啡连锁品牌，在全球超过80个国家和地区拥有数万家门店。其强大的供应链体系支撑着每日数百万杯咖啡的生产和销售。然而，供应链管理中的风险无处不在，包括原材料供应波动、库存管理不当、物流延误以及门店运营效率下降等问题。如何确保供应链高效运作，减少潜在的运营风险，是SBK管理层长期关注的问题。

2024年，全球供应链仍受到地缘政治、能源价格波动及环境可持续性要求的影响。SBK需要确保从咖啡豆采购到最终产品交付的全过程顺畅，同时避免由供应链环节失误导致的库存积压、物流中断或产品质量问题。为此，SBK采用流程图分析法，系统性地识别并优化供应链管理中的关键环节，确保整个运营链条高效、稳定。

二、流程图分析法的应用——SBK供应链优化

流程图分析法是一种用于识别业务流程中潜在风险和瓶颈的工具。通过绘制业务流程图，企业可以直观地分析各个环节的运作情况，找出可能影响效率或增加成本的关键点。

在SBK的供应链管理中，主要涉及以下核心流程。

（1）咖啡豆采购。原材料采购涉及全球多个产地，供应链管理需考虑天气变化、地缘政治因素及市场价格波动等风险。

（2）原材料运输。咖啡豆需从产地运往全球各大加工中心，这一过程中可能出现物流延误、运输成本上升等问题。

（3）生产加工。加工环节包括烘焙、包装等工序，存在生产排期、设备故障和质量控制等风险。

（4）仓储与分销。SBK的仓储系统需要根据市场需求合理安排库存，以避免原料积压或短缺。

（5）门店配送与销售。最后，产品需高效配送至各个门店，确保消费者能够获得高质量的咖啡产品。

在应用流程图分析法时，SBK绘制了详细的供应链运作流程图，并在每个环节识别潜在风险点。例如，在"仓储与分销"阶段，如果市场需求预测不准确，可能导致库存积压或断货问题。通过流程分析，SBK优化了其智能库存管理系统，利用大数据分析市场需求，从而动态调整库存水平，减少供应链浪费。

此外，在"原材料运输"阶段，SBK发现由于全球物流受疫情及国际运输政策变化影响，部分咖啡豆的运输时间不稳定。为降低风险，SBK调整了供应链布局，在多个地区建立备用原料中心，以减少单一运输路线的不确定性。

三、案例反思与管理启示

SBK的案例表明，流程图分析法可以帮助企业系统化地识别和优化业务流程中的关键环节，从而提高运营效率，降低风险。在高度复杂的供应链管理中，流程图能够提供可视化分析，使企业能够准确发现问题所在，并采取针对性的改进措施。通过流程图分析法，SBK不仅优化了供应链流程，还提高了供应链的韧性。在市场环境不断变化的情况下，企业需要不断更新流程图，并结合数据分析进行动态调整，以适应新的市场挑战。这一方法的应用，不仅提升了SBK的运营效率，还确保了供应链的稳定性，从而增强了品牌竞争力。

四、推动可持续商业模式的发展

SBK的案例不仅涉及供应链优化，还反映了企业在全球化经营中的社会责任。在优化供应链的同时，SBK注重可持续发展，确保咖啡豆采购符合公平贸易标准，减少碳排放，并优化能源使用。这一案例说明，企业不仅要关注运营效率和利润，还应履行社会责任，推动可持续商业模式的发展。

（资料来源：根据相关网络资源整理。）

企业在优化流程管理时，应当兼顾经济效益与社会责任，在提升运营效率的同时，减少对环境的影响，促进全球供应链的公平与可持续发展。这一案例向未来的企业管理者传递了全面管理思维的重要性，培养了学生在企业管理中的社会责任意识。

三、风险评估系图法

（一）风险评估系图法的概念

风险评估系图，又称风险地图，是一种用于识别和评估风险的直观工具。该方法以风险发生的可能性（*X*轴）和风险对企业目标的影响程度（*Y*轴）为坐标轴，通过二维图表方式，将不同类别的风险进行分类和排序，从而确定企业应优先管理的风险类型。

在企业管理中，并非所有风险都具有相同的重要性。风险评估系图法能够帮助企业快速识别最需要关注的高优先级风险，合理配置管理资源，提高风险应对的针对性。例如，在企业经营过程中，企业相关人员需要判断广告投放、财务融资、生产管理、库存管理等多个环节的潜在风险，而风险评估系图法可以帮助企业优先关注发生概率高且影响程度大的风险，确保经营目标的顺利达成。

该方法可采用2×2、3×3或5×5的矩阵形式，企业可根据实际管理需求选择合适的规模。例如，在财务管理中，企业可以建立5×5矩阵，细分不同风险等级，提高风险应对的精准度。而对于初步定性分析，通常使用2×2矩阵，简化分析流程，提高风险管理效率。

（二）风险评估系图法的应用

风险评估系图法在企业经营管理中的应用十分广泛，尤其在企业经营过程中，该方法能够帮助企业相关人员识别和分析各种风险类型，并根据风险发生的可能性与影响程度来制定相应的管理策略，从而提高企业的抗风险能力。在市场竞争、财务管理、生产运作、库存控制等关键业务环节，企业需要利用风险评估系图法，确定优先管理的风险，并采取科学合理的措施进行应对。通过该方法，企业能够系统地识别风险、评估风险，并在资源有限的情况下，将管理精力集中于最重要、最可能影响企业生存和发展的风险类别，从而提高整体经营效率。

1. 识别核心风险因素

在企业经营的环境下，风险管理的首要任务是识别核心风险因素，即明确哪些因素可能对企业的经营目标造成威胁。在实践中，企业可以根据自身的业务特点，将风险划分为市场风险、财务风险、生产管理风险、库存管理风险等主要类别，并分析它们可能造成的不利影响。例如，市场风险主要体现在产品需求波动，可能导致订单减少，从而影响企业的销售收入和市场份额；财务风险可能源于流动资金管理不善，导致企业出现现金流短缺，影响正常运营；生产管理风险可能来自设备故障或原材料供应延迟，进而影响交货周期，甚至导致企业面临违约责任；库存管理风险则可能表现为存货积压或供应短缺，进而影响订单履行及财务流动性。因此，企业在企业经营过程中，必须全面识别各类核心风险因素，并为后续的风险评估和管理提供基础。

2. 构建风险评估矩阵

在完成风险识别后，企业需要利用风险评估系图法构建风险评估矩阵，将不同类别的风险划分到相应的象限，以确定风险管理的优先级。风险评估矩阵通常以*X*轴表示风险发生的可能性，*Y*轴表示风险对企业目标的影响程度，通过这两个维度对风险进行分级，并制定相应的应对策略。如图10–1所示。

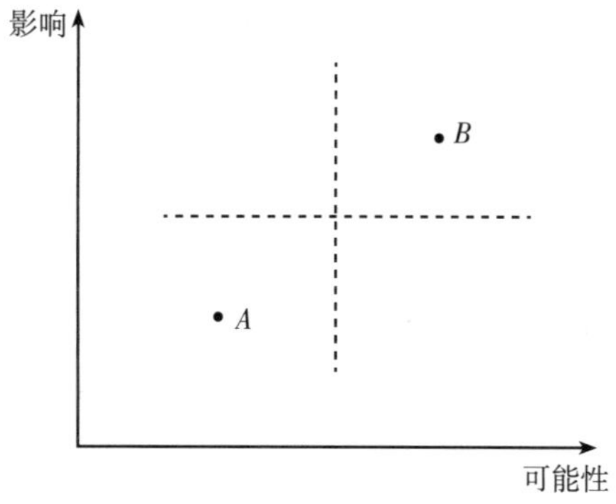

图10–1　风险评估系图

在实践中，企业可以根据风险发生的频率和严重性，将风险划分为四个象限：第一类是高概率、高影响的风险，即风险发生的可能性较高，并且会对企业经营造成严重影响，如市场竞争加剧导致订单流失、企业资金链断裂等情况；第二类是低概率、高影响的风险，即风险发生的可能性较低，但一旦发生将对企业造成较大的损害，如供应链中断或政策法规变化对企业经营模式的冲击；第三类是高概率、低影响的风险，即风险发生的可能性较高，但对企业整体影响较小，如生产设备的短暂故障或某个季度的销售额小幅下滑；第四类是低概率、低影响的风险，即风险发生的可能性较低，对企业影响也较小，如某些非核心产品的市场需求波动。企业应当优先关注第一类和第二类风险，并采取积极措施加以控制，而对第三类和第四类风险则可以采取相对宽松的管理策略，确保资源合理分配。

3. 优化风险管理策略

在完成风险评估后，企业需要根据不同类型的风险，采取科学合理的管理策略，以降低不确定性对企业经营的影响。对于高概率、高影响的风险，企业应采取主动管理措施，例如在企业经营过程中，企业管理者需要在广告投放决策时充分考虑市场需求和产品定位，避免广告策略失误导致资金浪费或销售不佳。此外，为了防止资金链断裂，企业需要优化融资策略，合理分配短期贷款和长期贷款，确保流动资金充足。对于低概率、高影响的风险，企业应采取风险预防和风险转移措施，例如通过与多个供应商建立合作关系，减少单一供应商依赖，提高供应链的稳定性。

对于高概率、低影响的风险，企业可以采取风险降低策略，例如在企业经营过程中，企业管理者可以通过建立定期维护机制，减少生产设备故障的发生概率，以保证生产的稳定性。对于低概率、低影响的风险，企业可以采用风险接受策略，即在日常管理中保持监控，但无须投入过多资源干预，以确保管理成本与收益的平衡。

4. 风险评估系图法的动态调整

风险评估系图法并非静态的工具，而是一个需要动态调整的管理方法。在企业经营过程中，企业相关人员应定期评估风险的变化情况，确保管理策略与实际经营环境保持一致。例如，市场需求的变化可能影响企业的广告投放策略，因此企业需要根据市场动态及时调整营销策略；融资环境的波动可能影响企业的资金链稳定性，因此企业需要定期优化财务规划，以确保流动资金的充足性；供应链的管理优化可能降低生产中断的风险，因此企业需要不断改进供应链管理，提高生产稳定性。此外，企业还可以通过数据分析和风险预警系统，提高风险管理的准确性和灵活性，确保企业能够在竞争激烈的市场环境中保持稳定发展。

风险评估系图法在企业经营中的应用价值体现在帮助企业快速识别和分类风险，提高管理效率。通过构建风险评估矩阵，企业可以清晰地确定管理优先级，确保资源合理配置，降低经营不确定性。然而，该方法的有效性依赖企业的实际数据支持和管理者的判断能力，因此企业在使用该方法时，需要结合市场数据、历史经验和行业趋势，以确保风险评估的准确性和科学性。通过该方法，企业管理者可以提高风险识别能力，优化资源配置，确保企业经营的稳定性和可持续发展。

【链接案例】

风险评估系图法案例——以H汽车为例

H汽车是一家具有代表性的中国汽车制造企业，在市场竞争激烈、技术更新迅速的环境下，面临多种经营风险。企业在生产、研发、市场拓展及财务管理等方面的决策，直接影响其市场竞争力与可持续发展。为了系统识别并应对各类风险，H汽车采用风险评估系图法，结合“可能性”与“影响程度”两个维度，评估企业面临的主要风险，并制定相应对策。

根据风险评估矩阵，H汽车主要面临以下几类关键风险（见图10–2）。

1. 人力资源风险
2. 财务风险
3. 竞争风险
4. 产品开发风险
5. 客户信用风险
6. 市场风险
7. 外汇风险
8. 战略风险
9. 政治风险

可能性 \ 影响程度	极低	低	中等	高	极高
极高				6	
高		8			
中等		2		3	5
低	1		4		7
极低				9	

图10–2　H汽车风险评估系图

下面将对财务风险、市场风险、客户信用风险、产品开发风险以及外汇风险做简要分析。

1. 财务风险（中可能性，低影响）

H汽车近年来面临较大的财务压力，资金链紧张。由于新能源汽车产业转型投入大，但市场竞争激烈，企业资金周转风险增加。例如，企业在新能源领域投入巨资研发，但市场销量未达到预期，导致财务负担加重。为降低财务风险，H汽车需要优化资本结构，合理控制负债，并通过ERP系统加强资金流管理，提升资金使用效率。

2. 市场风险（极高可能性，高影响）

在燃油车市场增长放缓的背景下，H汽车的传统燃油车销量下降，而新能源汽车市场尚未完全打开。市场需求变化较快，如果企业未能精准预测市场趋势，可能会导致产品滞销。例如，H汽车曾推出部分新能源车型，但因市场推广不足，未能获得足够的消费者认可。应对措施包括强化市场数据分析、优化产品定位，并加大品牌营销力度，以提高市场竞争力。

3. 客户信用风险（中可能性，极高影响）

由于汽车行业的供应链复杂，部分经销商与客户存在信用风险。如果企业未能严格把控信用政策，可能导致应收账款回收困难，影响资金流。例如，市场低迷导致某些经销商资金紧张，无法按时支付货款，影响企业现金流。为降低此类风险，H汽车应加强信用管理，采用ERP系统实时监控客户信用情况，并建立更加严格的信用审批制度。

4. 产品开发风险（低可能性，中影响）

汽车行业技术更新迭代快，H汽车在新能源汽车领域的研发投入较大，但如果技术路线选择错误，可能导致产品无法适应市场需求。例如，企业如果未能紧跟电池技术的发展趋势，可能会因电池续航能力不足而失去市场竞争力。为降低研发风险，企业需紧跟行业技术趋势，并与高校、科研机构及供应商加强合作，提高技术研发成功率。

5. 外汇风险（低可能性，极高影响）

H汽车在海外市场有所布局，外汇汇率波动可能影响企业的出口业务。例如，人民币汇率波动较大时，可能导致海外销售利润受损。企业可以采用汇率对冲工具，如远期外汇合约，降低外汇风险对企业盈利能力的影响。

通过风险评估系图法，H汽车能够明确各类风险的严重性与发生概率，并制定针对性的风险管理策略。企业可借助ERP系统进行数据分析、资金管理、信用评估等，从而提升整体风险应对能力，确保企业在竞争激烈的市场环境中实现可持续发展。

第十一章　市场营销专题

市场营销是现代企业管理的核心职能之一，贯穿于企业战略规划、产品开发、销售推广及客户服务等各个环节。在当今竞争激烈的商业环境中，市场营销的地位愈发凸显，在驱动企业发展、塑造品牌形象、优化资源配置、应对市场竞争等方面起着至关重要的作用。将市场营销部分理论引入ERP沙盘模拟经营课程，能够帮助学生深刻理解市场营销的实际应用价值，促进模拟竞争中的市场营销能力，培养市场营销意识。基于ERP沙盘模拟经营过程中所涉及的主要领域，本章重点介绍市场调研、产品研发管理以及广告策略三方面内容。

【导入案例】

《哪吒之魔童闹海》——国产动画电影的营销分析

一、背景介绍

《哪吒之魔童闹海》是2019年大热动画电影《哪吒之魔童降世》的续作，凭借精良的制作水平、深刻的主题内涵以及独特的创意设计，赢得了广泛赞誉，为近年来国产动画电影的代表作之一。截至2025年7月31日，《哪吒之魔童闹海》的总票房已经达到159亿元人民币，位列全球影史票房榜第五名。作为一部承载中国传统文化元素的现代动画电影，该片不仅延续了前作的故事线，还引入了新的角色和情节，旨在吸引更广泛的观众群体，特别是年轻一代和国际市场的观众。

二、市场调研

在项目启动初期，制作团队进行了全面的市场调研，以了解目标受众的需求、偏好以及市场趋势。以下是调研的主要内容和发现。

1. 目标受众分析

核心受众：年龄在8—16岁的青少年，这部分人群对动画电影有较高的兴趣，并且对中国传统文化有一定的认知。

扩展受众：成年观众，尤其是那些对国漫（国产动漫）感兴趣的人群。他们不仅关注影片的质量，还会关注其文化内涵和社会意义。

国际市场：近年来，随着中国文化影响力的提升，越来越多的国际观众开始关注中国的动画电影。因此，调研还包括海外市场的需求和反馈。

2. 竞争对手分析

国内竞争：市场上已有不少成功的国漫作品，如《西游记之大圣归来》《白蛇：缘起》等。这些作品的成功经验为《哪吒之魔童闹海》提供了参考，但也意味着激烈的市场竞争。

国际竞争：迪士尼等国际巨头的作品在全球范围内拥有庞大的粉丝基础。为了打入国际市场，《哪吒之魔童闹海》需要在故事性、视觉效果等方面与这些作品抗衡。

3. 消费者需求洞察

故事性：观众希望看到具有深度和情感共鸣的故事，而不仅仅是炫酷的画面和特效。

文化认同：中国传统文化元素仍然是吸引观众的重要因素，但需要以现代化的方式呈现，避免过于传统或刻板。

互动体验：随着社交媒体和数字平台的发展，观众越来越期待与电影产生更多互动体验，例如线上讨论、线下活动等。

4. 新产品研发

基于市场调研的结果，制作团队决定在以下几个方面进行创新，以确保《哪吒之魔童闹海》能够在激烈的市场竞争中脱颖而出。

（1）故事创新

延续经典：在保留前作经典角色的基础上，增加新的角色和故事情节，进一步丰富哪吒的世界观。

情感深化：通过更加细腻的情感描写，增强观众的情感共鸣。例如，哪吒与父母的关系、与朋友的友情等，都是影片的重点表现对象。

（2）技术创新

视觉效果升级：采用最新的CGI技术，打造更加逼真的场景和角色形象。特别是在海底世界的描绘上，力求给观众带来震撼的视觉体验。

音效设计：邀请知名音乐人参与配乐创作，结合中国传统乐器与现代电子音乐，营造出独特的视听效果。

（3）产品多样化

衍生品开发：除了电影本身，制作团队还计划推出一系列周边产品，如玩具、文具、服装等，进一步扩大品牌影响力。

跨界合作：与游戏公司合作，推出同名手游，吸引更多年轻玩家的关注。

（4）广告传播策略

为了最大化影片的市场影响力，制作团队制定了全方位的广告传播策略，涵盖线上线下多个渠道。

预告片发布：分阶段发布。首先发布一支短预告片，吊足观众胃口；随后逐步放出更多细节，保持观众的关注度。多平台投放。预告片不仅在影院播放，还在各大视频网站、社交媒体平台同步上线，覆盖更广泛的受众群体。

社交媒体营销：话题制造。通过微博、抖音等平台发起相关话题讨论，如“#哪吒之魔童闹海#”“#哪吒新冒险#”等，鼓励用户分享自己的观影期待和感受。KOL（“关键意见领袖”）合作。邀请知名影评人、动漫博主等“意见领袖”参与影片的推广，借助他们的影响力带动更多粉丝关注。

线下活动：首映礼。在北京、上海等主要城市举办盛大的首映礼，邀请主创团队、明星嘉宾及媒体记者出席，制造新闻热点。路演宣传。在全国各大城市开展路演活动，与观众面对面交流，增强影片的亲和力和互动性。

跨品牌合作：联名推广。与知名品牌合作推出联名款产品，如与某知名快餐连锁店联合推出“哪吒套餐”，内含限量版周边玩具，吸引更多家庭观众走进影院。异业合作。与旅游景点、博物馆等机构合作，推出主题展览或体验活动，进一步提升影片的文化价值和品牌知名度。

国际推广：电影节展映。选择一些国际知名的电影节进行展映，争取获得国际奖项的认可，提升影片的国际知名度。海外发行。与国际发行商合作，在多个国家和地区同步上映，并根据当地文化特点进行适当的本地化调整。

《哪吒之魔童闹海》的成功不仅依赖其优秀的制作质量，更在于其精准的市场定位和全面的营销策略。通过对目标受众的深入调研，制作团队能够准确把握市场需求，进而进行有针对性的产品研发和广告传播。同时，多样化的传播渠道和丰富的互动体验，使影片在上映前后都保持着高度的话题性和关注度。最终，《哪吒之魔童闹海》不仅在国内市场取得了优异的成绩，还在国际市场赢得了广泛的认可，为中国动画电影的发展树立了新的标杆。

（资料来源：根据网络资料整理。）

第一节　市场调研

市场调研是企业制定营销策略的基础。在ERP沙盘模拟中，学生需要通过分析市场环境来制定战略，如分析市场规模、客户需求、竞争对手等。

一、市场调研在ERP沙盘模拟中的重要性

市场调研是ERP沙盘模拟经营实训中不可或缺的关键环节。在ERP沙盘模拟经营中，学生通过扮演企业决策者，亲身体验企业运营的全过程。而市场调研作为企业经营活动的第一步，直接影响后续的产品定位、广告投放、市场开拓等多方面核心决策。因此，在ERP沙盘模拟实训中，深入理解市场调研的意义和方法，对于学生掌握竞争技巧、提升团队协作能力以及培养商业思维至关重要，能够帮助各小组在ERP沙盘模拟经营过程中，对市场调研进行深层理解和认识。

此部分结合ERP沙盘模拟的具体规则、预测工具和市场图示，详细讲解市场调研的基本概念、实施步骤、数据分析方法以及如何将调研结果应用于实际经营决策中。通过理论与实践相结合的方式，学生将能够更好地把握市场动态，制定科学合理的营销策略，从而在与其他小组的竞争中取得优势。

【链接案例】

市场调研助力“智能咖啡机”品牌快速崛起

近年来，随着消费者对便捷性和品质生活的追求不断增长，智能家电市场迎来了爆发式发展。一家名为“智咖科技”的初创公司瞄准了这一趋势，决定推出一款智能咖啡机，以满足现代都市白领对高效、个性化饮品的需求。然而，在竞争激烈的智能家电市场中，智咖科技面临诸多挑战，如何精准定位目标客户群体并制定有效的营销策略成为关键问题。

为了确保产品成功上市，智咖科技将市场调研作为核心战略工具，通过系统化的调研方法深入了解市场需求、竞争对手和目标用户行为，为后续的产品开发和推广奠定了坚实基础。

一、问题与挑战

市场需求模糊：智能咖啡机是否真的存在未被满足的市场需求？消费者对传统咖啡机的痛点是什么？

竞争格局复杂：市场上已有多家知名品牌推出了智能咖啡机产品，智咖科技如何在激烈的竞争中找到差异化优势？

目标用户不明确：谁是这款产品的核心用户？他们的消费习惯和购买决策因素是什么？

二、解决方案：以市场调研为核心的全面布局

1. 深入了解市场需求

智咖科技首先开展了大规模的市场调研，通过问卷调查、深度访谈和数据分析等方式收集消费者反馈。以下是调研的主要发现。

痛点分析：调查显示，传统咖啡机普遍存在操作复杂、清洁不便以及无法满足个性化需求的问题。超过60%的受访者表示愿意尝试一款能够自动识别用户口味偏好并提供定制化饮品的智能咖

啡机。

功能需求：消费者最关注的功能包括语音控制、手机App远程操作、自动清洗以及健康饮品推荐。

基于这些数据，智咖科技决定开发一款具备AI学习功能的智能咖啡机，能够根据用户的饮用习惯不断优化推荐方案。

2. 分析竞争态势

为了更好地了解竞争对手，智咖科技对市场上的主要品牌进行了全面分析，包括产品功能、价格定位、市场份额及用户评价等。以下是关键发现。

竞争对手优势：一些大品牌（如某国际家电巨头）凭借强大的品牌影响力和技术积累占据了较大的市场份额，但其产品价格较高且更新速度较慢。

市场空白点：调研显示，中端市场存在较大机会——消费者希望以合理的价格获得高性能的智能咖啡机，而现有产品多集中于高端或低端领域。

因此，智咖科技选择进入中端市场，主打高性价比和智能化体验，以填补市场空白。

3. 精准定位目标用户

通过进一步细分市场，智咖科技明确了目标用户群体为25—40岁的都市白领，尤其是那些注重生活品质、追求效率且乐于接受新技术的人群。以下是针对该群体的调研结果。

消费习惯：他们倾向于在线购物，并重视产品的外观设计和用户体验。

购买决策因素：价格适中、功能实用、售后服务完善是影响购买决策的关键因素。

基于此，智咖科技制定了以下策略：

在产品设计上注重简约时尚风格，符合年轻消费者的审美需求。

提供一年免费保修服务，增强用户信任感。

通过社交媒体平台进行宣传，吸引目标用户关注。

4. 动态调整策略

在产品上市后，智咖科技继续通过市场调研监测用户反馈和市场表现，及时调整运营策略。例如，当发现部分用户对语音控制功能的准确率提出质疑时，迅速升级软件算法，提升语音识别精度。根据销售数据，增加热门地区的线下体验店数量，方便消费者实地试用。

三、结果与成效

通过以上一系列基于市场调研的措施，智咖科技的智能咖啡机取得了显著的成功。

销量快速增长：产品上市首月即突破万台销量，远超预期目标。

品牌知名度提升：凭借创新功能和优质服务，智咖科技迅速成为智能咖啡机领域的新兴品牌，吸引了大量媒体关注。

用户满意度高：根据第三方调查数据，用户对该产品的满意度高达90%，复购率超过30%。

四、案例启示

市场调研是企业成功的基石：只有深入了解市场需求、竞争格局和目标用户行为，企业才能制定出切实可行的战略。

差异化竞争是制胜关键：通过精准定位市场空白点并提供独特价值主张，企业可以在竞争激烈的市场中脱颖而出。

持续改进是长期发展的保障：市场环境和用户需求不断变化，企业需要保持敏锐的洞察力，及时调整策略以适应新形势。

（资料来源：根据相关网络资源整理。）

智咖科技的成功案例表明，无论是在ERP沙盘模拟还是在实际商业环境中，市场调研都是一项不可或缺的核心能力。它不仅帮助企业发现问题，更为解决问题提供了科学依据和方向指引。

二、认识市场调研

1. 市场调研的定义

市场调研是指通过系统化的方法收集、整理和分析与市场相关的数据，帮助企业了解市场需求、消费者行为、竞争对手状况及行业趋势的过程。在ERP沙盘模拟经营中，市场调研不仅是获取信息的手段，更是制定战略决策的重要依据。

市场调研的核心目标是为企业提供准确、及时的信息支持，以便企业在复杂的市场竞争环境中做出明智的决策。具体来说，市场调研需要回答以下几个关键问题。

市场需求是什么？ 例如，某个市场对产品的需求量是多少？需求是否具有季节性或周期性？

目标客户是谁？ 包括客户的年龄、性别、收入水平、消费习惯等特征。

竞争对手有哪些？ 包括竞争对手的数量、市场份额、产品特点及营销策略。

行业趋势如何？ 包括技术进步、政策变化、经济环境等因素对市场的影响。

在ERP沙盘模拟中，这些问题的答案将直接影响企业的经营决策。例如，如果某小组发现某个市场对高端产品的需求正在快速增长，他们可能会选择加大高端产品的研发投入，同时减少低端产品的生产。

2. 市场调研的作用

在ERP沙盘模拟经营中，市场调研的作用主要体现在以下几个方面。

（1）明确目标市场

通过市场调研，企业可以清楚地识别出哪些市场是最具潜力的目标市场。例如，在用友ERP沙盘模拟中，假设某小组通过调研发现区域A市场的需求数量最大，但竞争也最激烈；而区域B市场虽然需求稍小，但竞争相对较弱。在这种情况下，该小组可以选择优先进入区域B市场，以降低竞争风险并快速获取市场份额。

（2）评估市场潜力

市场调研可以帮助企业评估不同市场的规模、增长率及准入条件。例如，假设某小组计划进入国际市场，他们需要先了解目标国家的市场规模、文化差异及法律法规。通过详细的市场调研，该小组可以更准确地判断进入国际市场的可行性，并制定相应的进入策略。

（3）识别竞争态势

市场调研还可以帮助企业识别竞争对手的优势和劣势。例如，在ERP沙盘模拟中，假设某小组通过调研发现竞争对手A的产品质量较高，但价格偏高；而竞争对手B的价格较低，但产品质量较差。在这种情况下，该小组可以选择推出一款性价比更高的产品，以吸引那些既注重质量又关注价格的客户。

（4）优化资源配置

通过市场调研，企业可以合理分配资金、人力和技术资源，提高运营效率。例如，假设某小组通过调研发现广告投放对某些市场的效果显著，但对其他市场的影响较小，那么，他们可以选择集中资源在效果显著的市场上进行广告投放，而不是平均分配预算。

三、ERP沙盘模拟中的市场调研活动

ERP沙盘模拟提供了丰富的市场调研工具和数据支持，帮助学生深入了解市场环境并制定科学

决策。以下是具体的操作流程及相关规则。

1. 市场预测规则

在ERP沙盘模拟中，市场预测是市场调研的核心环节。系统会定期发布关于各市场的需求量、价格水平及竞争态势的预测数据。这些数据通常以表格或图表的形式呈现，便于学生快速获取关键信息。

市场预测周期：每年初，系统会发布当年各季度的市场预测数据。这些数据包括年度总需求量、季度需求分布、产品价格范围等。

预测内容包括：各市场的需求总量（单位：件）、每个产品的平均售价范围、竞争对手的数量及市场份额等。

例如，假设在某次模拟中，系统发布的市场预测数据显示：

区域A市场：年需求量为5000件，平均售价为800元/件，竞争对手数量为3家。

区域B市场：年需求量为8000件，平均售价为1000元/件，竞争对手数量为5家。

区域C市场：年需求量为3000件，平均售价为600元/件，竞争对手数量为2家。

通过这些数据，学生小组可以初步判断哪个市场更具吸引力。例如，区域B市场虽然竞争较为激烈，但由于其需求量大且平均售价较高，可能是一个值得优先考虑的目标市场。

2. 市场调研活动的具体操作

在ERP沙盘模拟经营中，市场调研活动主要包括以下步骤。

（1）数据收集

数据收集是市场调研的基础环节。在ERP沙盘模拟中，可以从以下几个渠道获取数据。

内部数据：利用企业自身的财务报表、销售记录等内部资料，分析过往的市场表现。例如，某小组可以通过查看上一年度的销售数据，了解哪些产品在哪些市场上表现较好。

外部数据：通过ERP沙盘模拟提供的市场预测报告、行业分析报告等外部资源，获取最新的市场动态。例如，系统发布的市场预测报告显示，未来几年内高端产品的市场需求将持续增长，这提示企业可以加大对高端产品的研发投入。

（2）数据整理

将收集到的数据进行分类整理，形成清晰的结构化信息。例如，按照市场类型、产品类别、时间维度等对数据进行分组。假设某小组收集了以下数据：

区域A市场：第一季度需求量为1500件，第二季度需求量为1800件，第三季度需求量为1200件，第四季度需求量为500件。

区域B市场：第一季度需求量为2000件，第二季度需求量为2500件，第三季度需求量为2200件，第四季度需求量为1300件。

通过对这些数据进行整理，该小组可以清楚地看到区域B市场的全年需求量较大，且需求分布较为均匀，而区域A市场的第四季度需求量明显下降。

（3）数据分析

运用统计分析方法，挖掘数据背后的规律和趋势。常见的分析方法如下。

趋势分析：观察市场需求的变化趋势，判断未来发展方向。例如，假设某小组通过趋势分析发现，过去三年中高端产品的市场需求每年增长约10%，这提示他们在未来的经营中应重点关注高端产品市场。

对比分析：比较不同市场、不同产品的表现，找出优劣势。例如，假设某小组发现区域B市场的平均售价比区域A市场高出20%，这提示他们在区域B市场可以采取更高的定价策略。

相关性分析：研究市场需求与经济指标（如GDP、通货膨胀率）之间的关系。例如，假设某小组发现市场需求与GDP增长率呈正相关关系，这提示他们在经济繁荣时期可以适当增加广告投入。

（4）报告撰写

将分析结果汇总成书面报告，为后续决策提供依据。报告应包括以下内容：调研目的和方法；主要发现和结论；针对性建议和行动计划等。例如，某小组撰写的市场调研报告可能包含以下内容。

调研目的：分析各市场的潜在机会和风险。

主要发现：区域B市场需求量大，但竞争激烈；区域C市场需求量小，但竞争较弱。

建议：优先进入区域B市场，同时保持对区域C市场的关注。

四、市场调研与分析的实际应用

在ERP沙盘模拟经营实训中，市场调研与分析的应用贯穿于整个企业运营过程。以下是几个典型的应用场景。

1. 制订年度经营计划

在每年初，学生小组需要根据市场调研结果制订年度经营计划。计划应包括如下内容。

目标市场的选择。小组根据往年各组的经营数据、市场预测以及未来战略，确定本年度的主要目标市场。

产品的研发方向。根据各小组竞争态势以及未来产品研发预测，结合本组的战略规划，有计划地确定本年度的产品研发策略。

广告预算的分配。基于本组的资金压力、市场竞争态势等，结合主要竞争对手的广告策略预测来合理分配广告支出预算。

生产计划的安排。综合考虑小组长期经营战略和重点，在合理分配资金和时间的前提下，有序安排各类产品的研发、生产等环节。

例如，假设某小组通过调研发现区域C市场对高端产品的需求旺盛，而对低端产品的需求疲软，那么，他们可以在生产计划中减少低端产品的产量，增加高端产品的研发投入。

2. 动态调整营销策略

动态调整营销策略不仅是一种应对市场变化的手段，更是提升企业竞争力、优化资源配置的关键环节。在ERP沙盘模拟经营中，市场环境并非一成不变，而是受到多种因素的影响而持续变化。这种动态性要求学生小组必须具备灵活应变的能力，根据实时数据和市场反馈及时调整营销策略。

（1）原因分析

在ERP沙盘模拟中，市场调研为制定初始营销策略提供了基础，但随着模拟进程的推进，市场环境可能会发生显著变化。这些变化可能来自以下几个方面。

① 竞争对手的行为。竞争对手是市场中最直接的变量之一。在ERP沙盘模拟中，每个小组都扮演着一家独立的企业，它们之间的竞争关系直接影响市场格局。例如，假设某小组发现竞争对手突然降低了产品价格或推出了新产品，这可能导致该小组的市场份额被侵蚀。在这种情况下，如果不及时调整营销策略，就可能面临利润下滑甚至亏损的风险。

② 市场需求的变化。市场需求具有波动性和不确定性。例如，某些市场可能存在季节性需求高峰或低谷，或者出现宏观经济环境变化（如经济衰退或通货膨胀），导致消费者购买力下降。这些变化都需要企业迅速做出反应，调整营销策略以适应新的市场需求。

③ 内部资源的限制。企业在经营过程中可能会遇到资金短缺、生产能力不足或其他内部资源限制的问题。这些问题可能迫使企业重新评估其营销策略，确保资源分配更加高效。

（2）具体方法

动态调整营销策略需要结合市场调研结果和实际情况，采取科学合理的方法。以下是几种常见的调整方式。

① 调整定价策略。定价策略是企业最常用的调整手段之一。通过灵活调整产品价格，企业可以有效应对市场竞争和需求变化。例如：

降价策略：当竞争对手大幅降价时，企业可以通过适当降低价格来保持竞争力。但在实施降价策略时，需要注意控制成本，避免由价格战导致利润受损。

提价策略：如果市场调研显示某产品的稀缺性或独特性较高，企业可以考虑适当提高价格，以提升利润率。

差异化定价：针对不同市场或客户群体制定不同的价格策略。例如，在高端市场采用高价策略，在低端市场采用低价策略。

当然，ERP沙盘模拟经营规则中，一般产品的定价是固定的，并不能随意变动价格。

② 优化广告投放。广告投放是提升品牌知名度和吸引客户的重要手段。在ERP沙盘模拟中，学生小组需要根据市场调研结果优化广告预算分配和投放渠道。例如：

集中资源投放：如果某个市场的潜力较大且竞争相对较小，企业可以将更多广告预算集中投放在该市场，以快速占领市场份额。

分散化投放：如果市场环境较为复杂，企业可以选择在多个市场上分散投放广告，以降低风险。

调整投放时间：根据市场需求的季节性特点，选择在需求高峰期加大广告投放力度。

③ 改进产品和服务。产品和服务的质量是企业竞争力的核心要素。在ERP沙盘模拟中，学生小组可以根据市场调研结果改进现有产品或开发新产品。假设某小组在第一年的模拟经营中发现区域A市场的客户对产品质量的要求较高，而竞争对手的产品质量相对较差。于是，该小组在第二年加大了研发投入，推出了一款高质量的新产品，并通过广告宣传突出其质量优势。最终，该小组成功抢占了区域A市场的大部分份额。

④ 调整目标市场。在ERP沙盘模拟中，学生小组可以根据市场调研结果重新评估目标市场的选择。例如：

进入新市场：当现有市场趋于饱和或竞争过于激烈时，企业可以选择进入新市场以寻找增长机会。

退出低效市场：对于那些需求量小、竞争激烈或盈利能力低的市场，企业可以选择退出并将资源集中到更有潜力的市场。如假设某小组在第一年的模拟经营中选择进入区域D市场，但由于该市场竞争过于激烈且需求量有限，因此利润微薄。于是，该小组在第二年决定退出区域D市场，并将资源集中投入区域B市场。通过这一调整，该小组在区域B市场的份额显著提升。

3. 评估经营绩效

在每轮模拟结束后，学生可以通过市场调研数据评估经营绩效。例如，分析市场份额的变化趋势，找出影响因素；对比实际销售额与预测值，评估市场预测的准确性；总结经验教训，为下一轮模拟提供改进方向。例如，假设某小组在第一年的模拟经营中未能实现预期的市场份额目标。通过分析市场调研数据，他们发现主要原因在于广告投放不足和产品定位不明确。于是，在第二年的模拟中，他们增加了广告预算并重新调整了产品定位，最终取得了显著的业绩提升。

市场调研是ERP沙盘模拟经营实训中不可或缺的重要环节。通过系统的市场调研与分析，学生能够更好地理解市场需求、识别竞争态势并制定科学合理的营销策略。用友ERP沙盘模拟提供的丰富工具和数据支持，为学生开展市场调研创造了良好的条件。

第二节 新产品研发管理

新产品研发管理是企业实现持续创新和竞争优势的核心环节，不仅是企业应对市场竞争的重要工具，更是推动自身成长和社会进步的关键力量。新产品开发是一个复杂而系统的过程，涉及多个环节和多方协作，通过科学规划和有效执行，企业能够在复杂多变的商业环境中立于不败之地。

一、新产品的概念及种类

新产品是指采用新技术原理、新设计构思研制、生产的全新产品，或在结构、材质、工艺等某一方面比原有产品有明显改进，从而显著提高了性能或扩大了使用功能的产品。从市场营销的角度看，凡是企业向市场提供的过去没有生产过的产品都叫新产品。具体地说，只要是产品整体概念中的任何一部分变革或创新，并且给消费者带来新的利益、新的满足的产品，都可以认为是一种新产品。一般来说，新产品可以分成两种。

1. 全新产品

这是指社会上从未出现过的新产品。这类新产品对技术、设备和资金的要求极高，因而极不易开发，几十年，几百年，甚至上千年才产生那么几件。这类新产品一经出现，就会有重大的社会意义，甚至会改变人们的生活方式。比如第一次工业革命出现的蒸汽机、1946年的第一台电子计算机等都是全新产品。

2. 改进新产品

这是指在原有产品概念的基础上经过改造而成的新产品。这类新产品较易开发，而且为企业常规性的战略运用提供了广阔的空间。这类产品包括改变或增加产品性能，变换外型、颜色或体积，以及更改品牌或包装等。这类产品之所以被认为是新产品，主要是因为消费者在这些产品上感受到一种新意。

【链接案例】

“地摊界的劳斯莱斯”

五菱荣光这款车堪称“地摊界的劳斯莱斯”，它本身基于五菱荣光小卡打造而成，但是在车型设计上却很有特点。因为五菱荣光售货车拥有可以向三个方向开启的尾箱门，而且尾箱门全靠电动控制升降和折叠，便利性很高。在打开之后，它的尾箱挡板更是能充当遮雨帘来使用，就算遇到下雨天也不必担心，还能添置一些绳索挂上衣服摆卖，相当于可以移动的商铺。在最基础的装东西能力方面，五菱荣光售货车拥有5300 L车内容积，无论是装货物或拉水果，还是拉上做早餐、夜宵的设备都很方便。这种新产品的开发思路，源自2020年，国务院总理李克强在山东烟台考察时表示，地摊经济、小店经济是就业岗位的重要来源，是人间的烟火，和“高大上”一样，是中国的生机。

而除了五菱荣光售货车外，此前五菱还打造了五菱荣光纯电物流版车型，这是一款容积达到5100 L的物流车型，同样储物空间很大，是一个“摆摊神器”。它和五菱荣光售货车的不同之处在于驱动方式，它选择纯电而非燃油，能够提供300 km的纯电续航，用车成本比普通的燃油车更低。低用车成本，更适合用来摆地摊。五菱针对“摆地摊”浪潮，还给出了22亿元津贴。他们为买五菱工具车的用户提供车辆改装方案并给予9折优惠。

（资料来源：根据网络资料整理。）

中小企业在没有技术领先优势的情况下，如何进行产品创新呢？五菱荣光给出了答案："人无我有、人有我优。"五菱荣光代表了中国中小企业如何在产品创新的道路上，利用自身优势，敢为人先，主动对接地摊经济的开创精神，保证了企业的可持续发展。

二、新产品开发的程序

新产品开发是一个复杂且系统化的过程，它不仅需要跨部门的合作，还需要对市场需求、技术可行性以及经济性进行深入分析。以下是详细的新产品开发流程及拓展内容。

1. 确定开发目标与需求分析

（1）确定开发目标

在这一阶段，企业需明确新产品开发的具体目标，包括但不限于产品的类型（硬件、软件或服务）、功能定位（高端、中端还是低端市场）以及市场预期（提升品牌形象、扩大市场份额等）。这一步骤通常基于详尽的市场调研结果来决定新产品的方向。例如，通过市场调研发现某一特定用户群体对于环保型智能家电的需求日益增加，那么企业可能会考虑开发一款既节能又具备智能化操作功能的家电产品。

（2）需求分析

需求分析是新产品开发的基础环节，旨在深入了解目标市场的需求特点。具体步骤如下。

（1）收集信息

除了传统的问卷调查、焦点小组讨论外，还可以利用大数据分析工具获取关于市场需求、竞争态势及技术趋势的信息。

（2）分析需求

运用先进的数据分析方法，如机器学习算法，识别潜在的机会点和风险点，为后续设计提供依据。此外，还需关注社会文化变迁和技术进步带来的新需求变化。

2. 概念设计与可行性评估

（1）概念设计

这一阶段涉及构思出新产品的初步设计方案，涵盖核心功能、外观设计和技术要求等。例如，在设计智能家居设备时，不仅要考虑是否应具备智能化操作、节能环保等功能，还要考虑外观设计是否符合现代家庭装修风格的发展趋势，同时确保所采用的技术能够支持这些功能的实现。

（2）可行性评估

完成概念设计后，必须对新产品的可行性进行全面评估，包括但不限于技术可行性、经济可行性和市场可行性评估。技术可行性评估包括：评估当前技术水平能否支持新产品的开发，必要时可寻求外部技术支持或合作研发。经济可行性评估包括：不仅要计算直接的开发成本，还需考虑间接成本（如营销费用），并预测长期收益情况，确保项目在财务上是可行的。市场可行性评估包括：除了分析市场规模和增长潜力外，还应考察竞争对手的产品布局，预测可能面临的挑战。

3. 原型开发与测试

（1）原型开发

根据概念设计方案制作一个初步的产品模型，用于验证设计的合理性和功能性。在这个过程中，可以使用快速成型技术（如3D打印）加速原型制作速度，并降低初期成本。

（2）测试与优化

对原型进行多轮测试，发现问题并及时修正。测试内容应涵盖功能测试、性能测试及用户体验测试等多个方面，以确保最终产品能够满足用户的期望值。

4. 量产准备与成本控制

（1）量产准备

测试通过后，需为新产品的量产做好充分准备，包括但不限于制订生产计划、采购原材料、培训员工等。制订生产计划包括：结合市场需求预测，合理安排生产线的产能分配，避免过量生产导致库存积压。采购原材料包括：借助ERP系统优化供应链管理，选择性价比高的供应商，签订长期合作协议以稳定供应渠道。培训员工包括：组织专门的培训课程，使生产团队熟练掌握新产品的生产工艺和质量标准。

（2）成本控制

控制开发和生产成本对于保证新产品的盈利能力至关重要。措施包括但不限于优化设计减少不必要的功能和材料浪费、批量采购降低原材料成本、采用精益生产方法提高效率等。

5. 市场推广与销售

（1）制定营销策略

制定全面的营销策略，涵盖定价策略、广告投放和渠道拓展等多个方面。定价策略是根据市场竞争状况和产品定位制定合理的定价方案，既要考虑成本也要兼顾消费者心理价位；广告投放要结合线上线下资源，选择最适合目标市场的广告渠道，如社交媒体平台、电视等；渠道拓展需建立多元化的销售渠道，包括直销、分销和电商平台，拓宽销售网络。

（2）销售执行

积极推进销售工作，确保新产品顺利进入市场。具体措施包括客户沟通、售后服务等，建立良好的客户关系管理体系，增强客户满意度和忠诚度。

6. 持续改进与反馈

（1）收集用户反馈

上市后，持续关注市场表现，收集用户反馈并进行分析。来源可以是客户评价、售后回访、在线评论等多种途径。

（2）持续改进

根据用户反馈和市场变化，对新产品进行持续改进，确保其竞争力。例如，根据用户建议增加新的功能特性，或者根据市场反馈调整广告投放策略，优化销售渠道布局等。这样不仅可以提高产品质量，还能更好地满足客户需求，从而保持市场领先地位。

【链接案例】

《哪吒之魔童闹海》——从国产动画电影看文化自信与创新精神

一、引言

《哪吒之魔童闹海》作为近年来国产动画电影的代表作之一，凭借其精良的制作水平、深刻的主题内涵以及独特的创意设计，赢得了广泛赞誉。截至2025年7月31日，《哪吒之魔童闹海》的全球总票房已经突破159亿元人民币，位列全球影史票房榜第五名。

在当今全球化背景下，文化软实力的竞争日益激烈，而影视作品作为文化传播的重要载体，肩负着弘扬民族文化、增强民族自信的重要使命。本案例以国产动画电影《哪吒之魔童闹海》为切入点，围绕其在文化传承与创新方面的成功实践展开分析，旨在引导理解文化自信的重要性以及如何通过创新实现传统文化的现代化表达。

二、《哪吒之魔童闹海》的文化背景与社会意义

1. 文化传承：传统神话的现代演绎

《哪吒之魔童闹海》改编自中国古代神话故事《封神演义》，讲述了哪吒从“魔童”到英雄的成长历程。影片在保留原作核心精神的基础上，对人物形象和故事情节进行了大胆创新，使其更加符合当代观众的审美需求和价值观。

例如，角色重塑：哪吒被设定为“魔丸转世”，敖丙则为“灵珠转世”，这种对立统一的关系既体现了人性复杂性，又深化了主题思想。情感刻画：影片着重描绘了哪吒与父母之间的亲情纽带，展现了家庭支持对孩子成长的重要影响。这些改动不仅让经典故事焕发新生，还引发了观众对于自我认知、命运抗争等深层次问题的思考。

2. 创新表达：技术与艺术的完美融合

《哪吒之魔童闹海》的成功离不开其卓越的技术表现和艺术创造力。影片采用了先进的三维动画技术，打造了一个充满想象力的奇幻世界；同时，在美术风格上融入了大量中国传统元素（如水墨画、京剧脸谱），实现了东西方美学的巧妙结合。

此外，影片还运用了现代化叙事手法，通过幽默风趣的语言和紧张刺激的情节吸引年轻观众，使传统文化以更贴近生活的方式走进人们心中。

三、《哪吒之魔童闹海》的社会价值与教育意义

1. 弘扬文化自信

《哪吒之魔童闹海》的成功充分证明了中国传统文化的独特魅力和强大生命力。它向全世界展示了中华民族丰富的想象力和创造力，增强了人们对本土文化的认同感和自豪感。

传统文化并非过时的遗产，而是可以不断创新发展的宝贵资源。在全球化时代，只有坚定文化自信，才能在全球文化交流中占据主动地位。

2. 激发创新精神

影片在创作过程中展现出的创新能力值得借鉴。无论是剧本改编、视觉设计还是营销推广，《哪吒之魔童闹海》都体现了主创团队敢于突破常规、勇于尝试的精神。

例如，跨学科合作：影片制作涉及编剧、导演、美术设计师等多个领域专家的合作，展现了团队协作的重要性。用户导向思维：制片方通过市场调研了解目标受众需求，并据此调整内容方向，确保作品更具吸引力。这些做法为其他行业提供了有益启示：只有不断创新，才能在竞争激烈的市场环境中立于不败之地。

3. 培养社会责任感

《哪吒之魔童闹海》传递了积极向上的人生观和价值观，鼓励人们勇敢面对困难、追求梦想。这种正能量对于青少年的成长具有重要指导意义。同时，影片的成功也提醒我们，文化产业的发展需要全社会共同努力。从创作者到消费者，每个人都应承担起保护和发展中华优秀传统文化的责任。

（资料来源：根据相关网络资料整理。）

三、新产品的开发策略

创新是引领发展的第一动力，是建设现代化经济体系的战略支撑。企业科研技术创新活动的良性循环应该建立在商品化和市场化的基础上，只有将企业科研创新成果转化为有竞争力的产品，才能凸显科技创新引领，才能为企业的可持续高质量发展提供原动力。因此，企业不能仅依赖自身原有的技术创新路径从事产品研发，而应该将市场导向作为企业产品和服务创新的重要前提。

1. 挖掘需求的策略

消费者需求有现实需求与潜在需求之分，新产品既要开发现实需求的产品，如电视机、电冰箱、洗衣机等；又要开发具有潜在需求的产品。特别是后者，它是判明一个企业家是否精明能干和富有远见的重要标志。由于现实需求的产品，竞争激烈，忽上忽下，大起大落，因此，企业开发新产品的重点应放在捕捉、挖掘市场潜在需求方面，这样才能扩展新的市场领域。

2. 挖掘产品功能策略

增加产品功能开发新产品，可以延长产品的生命周期，老产品增加新功能、新用途，可以重新受到消费者的欢迎。如，在肥皂类产品中，近几年出现了一种膏状肥皂——洗衣膏。这种洗衣膏溶解快、去污力强，有明显的增白效果，又增加了抗硬水性能。又如，在香皂类产品中又出现了具有护肤、疗效功能的香皂，如“硅酮”香皂用后在脸上形成一种防护膜，防止强光对皮肤的直射，并有消炎、杀菌等作用。这些具有新功能的产品都极受欢迎。

3. 以竞争为主旨的开发策略

（1）抢先策略

抢先策略即在其他企业还未开发成功，或还没有投入市场之前，抢先把新产品投放市场。这样可以在市场上占据有利地位，但风险较大。

（2）紧跟策略

与上一策略相反，企业不首先开发新产品，而是仿制市场上已开发成功的新产品，这样投入少、收效快。使用这种策略，要求企业信息灵活而快速，仿制能力强。

4. 降低风险策略

（1）降低投资风险策略

新产品开发需要新设备、新技术，需要投资，投资越大风险越大。因此，在开发中尽量利用现有设备、现有工艺装备，可以减少设备投资，降低风险。

（2）减少资源投入策略

开发新产品需要人力、物力和财力，合理调配这些资源便能降低风险。开发中的一些项目，如设计、试验、试制、配件，均可交由其他单位承包，而本企业只进行总装，在新产品成功之后，再增加资源投入。

（3）用户导向策略

新产品能否有销路，事先是没有把握的。为了避免开发后没有人购买而蒙受损失，新产品在开发以前，应先寻求用户，与其签订供货合同。有一定量的订单之后，再行开发、生产。这对工业品的开发或中间产品的开发特别重要。

（4）试探风险策略

新产品的风险因素很多，事先难以预料。先从别的国家、别的地区或别的厂家，引进本企业准备开发的产品，使用自己的商标，试探市场是否欢迎，这样会稳妥些。如若市场欢迎即可投入力量生产，若不欢迎即可另打主意，这样可以减少新产品开发的盲目性。

四、ERP沙盘模拟经营中的产品开发策略

结合ERP沙盘的实际情况，以企业能开发的P1、P2、P3、P4四种产品类型为例，探讨不同类型产品的研发策略。

1. 产品种类

在ERP沙盘模拟中共有四种产品可供开发，即 P1、P2、P3、P4。P1和P2为低端产品，研发周

期短，研发费用低，产品价格低；P3、P4为高端产品，研发周期长，研发费用高，产品价格高。一般而言，对于一个企业来说，不能只做低端产品，尽管经营低端产品的风险低，对资金运作能力要求不高，但只经营低端产品的企业成长缓慢，不具有竞争力，可能不会破产，但也不会取得很好成绩。当然，也不能只做高端产品，只做高端产品风险很高，应该把低端产品和高端产品结合起来，经营低端产品是为企业打基础，经营高端产品可以让企业得到更大的发展。

2. 初级产品研发策略

常规的产品研发是按照P1、P2、P3、P4的顺序进行，把所有产品都研发出来，这要求企业有很强的实力。实际情况限制下，不应把所有产品都研发出来，而应有针对性地研发某两种或三种产品。对于初学者来说一般不研发P4产品，因为P4产品不仅研发成本高，而且生产成本也高，对资本运作能力要求很高，如果经营不好往往会导致企业破产。

3. 高级研发策略

对于“高手”来说要尽可能研发P4，因为P4产品的利润是最高的，经营好能使企业快速成长。可以运用的产品组合策略有以下几种：①P1、P2、P3；②P1、P2、P4；③P1、P3、P4；④P2、P3；⑤P2、P4。在每一种组合策略中，还要分主要产品和次要产品，以某种高端产品为主要产品，在经营中，以获得该产品的订单为主要目标，当然在不同经营年度，要根据市场预测做适当调整。具体运用哪种策略还要看竞争对手的战略以及市场预测，尽量避开竞争激烈的产品，有时采用逆向思维方式会取得很好的效果。

第三节　广告策略

一、广告策略

广告策略是企业营销组合中的重要组成部分，旨在通过有效的传播手段提升品牌知名度、吸引潜在客户并促进产品销售。一个成功的广告策略需要结合目标市场、产品特点、竞争对手分析以及预算限制等多方面因素进行综合规划。以下从广告策略的核心要素、制定步骤以及实际应用案例等方面进行详细阐述。

（一）广告策略的核心要素

1. 目标受众

（1）细分市场

对市场的细分不仅限于人口统计学（如年龄、性别、收入水平等)，还包括心理特征（如生活方式、价值观等）和行为习惯（如购买频率、品牌忠诚度等)。通过这些维度的综合分析，企业可以更精确地定位目标群体。例如，一家运动饮料公司可能会发现，在其18—35岁的健身爱好者目标群体中，那些经常参加马拉松比赛的人群对于能量补充有更高的需求，因此专门针对这部分人群推出特别版产品，并在相关赛事活动中进行推广。

（2）用户画像

构建用户画像不仅是简单地列出用户的年龄、性别等基本信息，而且要深入挖掘他们的日常行为模式、消费动机以及未被满足的需求。比如，上述运动饮料品牌的用户画像可能包括喜欢早晨跑步的城市白领，他们关注健康但时间紧张，需要方便携带且能快速补充能量的饮品。基于这样的洞察，品牌可以在包装设计上做文章，采用便携式包装，并强调“随时随地，迅速恢复活力”的卖点。

除了社交媒体平台外，该运动饮料品牌还可以与健身房合作，举办线下体验活动，邀请知名健身教练现场指导，同时提供免费样品试饮，以此增强与消费者的互动性和品牌黏性。

2. 广告目标

（1）提升品牌知名度

为了提升品牌知名度，企业可以采取多元化的宣传手段，比如赞助大型体育赛事或音乐节。例如，某国际啤酒品牌连续多年成为世界杯足球赛的主要赞助商之一，利用这一全球瞩目的体育盛事，大幅度提升了品牌的国际影响力。

（2）增加产品销量

当广告目标是增加销量时，促销活动往往是一个有效的策略。例如，快消品行业常用的买一赠一或者限时折扣等活动，能够直接刺激消费者的购买欲望。此外，结合数据分析工具，精准推送个性化的优惠信息给潜在顾客，也能显著提高转化率。

（3）改变消费者态度

对于一些新兴品类或需要教育市场的商品来说，改变消费者的态度尤为重要。例如，电动汽车制造商特斯拉通过持续的技术创新和环保理念的传播，逐渐改变了公众对于电动汽车续航里程短、充电不便的传统看法，促进了整个行业的快速发展。

（4）强化品牌形象

苹果公司在每次新品发布会上都会围绕“重新定义智能手机体验”这一主题展开讨论，不仅是为了介绍新功能，更是为了传达一种追求极致用户体验的品牌哲学。这种长期一致的品牌形象塑造，使苹果在全球范围内积累了庞大的忠实粉丝群体。

3. 创意表现

（1）核心信息传递

除了清晰表达产品的核心卖点之外，还可以通过故事化的方式让信息更加生动有趣。例如，一家致力于可持续发展的服装品牌，可以通过讲述从原材料采购到成品制作过程中每一个环节背后的故事，来突出其环保和社会责任的理念。

（2）视觉与语言设计

创意的视觉元素不仅要美观，还要富有意义。例如，可口可乐的“Share a Coke”活动不仅是在瓶身上印名字这么简单，它还采用了鲜艳的颜色搭配和独特的字体设计，让每一瓶可乐看起来都像是为特定个体量身定制的独特礼物。

（3）互动性设计

随着技术的发展，越来越多的品牌开始尝试利用AR/VR等新技术创造沉浸式的用户体验。例如，某家具品牌开发了一款AR应用程序，允许用户在家中的实际空间内预览不同风格的家具布置效果，极大地增强了购物的乐趣和便利性。

4. 媒体选择

（1）覆盖范围

在选择媒体时，除了考虑传统的覆盖面指标外，还需要考量媒体的内容质量和受众参与度。例如，虽然电视广告能够触及广泛的观众群体，但如果目标受众主要是年轻一代，那么短视频平台可能是更好的选择，因为它们更能激发用户的主动参与和分享意愿。

（2）成本效益

评估成本效益时，不能单纯看投放费用，还需考虑广告带来的间接收益，如品牌曝光度的提升、社交媒体上的口碑效应等。例如，某些小众品牌虽然预算有限，但通过精心策划的话题营销或KOL合作，依然能够在短时间内获得大量的曝光。

【链接案例】

蜜雪冰城“你爱我，我爱你，蜜雪冰城甜蜜蜜”病毒式传播事件

2023年，蜜雪冰城凭借一首简单洗脑的主题曲“你爱我，我爱你，蜜雪冰城甜蜜蜜”在社交媒体上掀起了一阵病毒式传播热潮。这首歌曲原本是蜜雪冰城门店的背景音乐，但由于其旋律轻快、歌词简单且朗朗上口，迅速被网友自发改编并传播，成为全网热议的现象级话题。此次事件不仅让蜜雪冰城的品牌知名度大幅提升，还进一步巩固了其在年轻消费者心中的亲民形象，同时也展示了低成本高回报的内容营销策略的巨大潜力。

一、市场调研与定位

蜜雪冰城作为一家以性价比著称的茶饮品牌，主要目标受众为18—35岁的年轻人，尤其是学生和初入职场的消费者。这一群体对价格敏感，但同时也追求新鲜感和社交分享的乐趣。

通过市场调研，蜜雪冰城发现：

消费者偏好：年轻人喜欢轻松有趣、容易参与的内容形式。

传播渠道：短视频平台（如抖音、快手）和社交媒体（如微博、B站）是他们获取信息和娱乐的主要来源。

文化趋势：近年来，“土味文化”和“复古风潮”逐渐流行，简单直白的表达方式反而更易引发共鸣。

基于此，蜜雪冰城决定将主题曲作为核心内容进行推广，打造一场全民参与的病毒式传播活动。

二、广告目标

蜜雪冰城希望通过这次营销活动实现以下目标。

提升品牌热度：借助洗脑神曲吸引更多关注，扩大品牌的影响力。

增加用户互动：鼓励消费者参与二次创作，增强品牌与消费者的互动性。

促进销售转化：通过话题热度带动门店客流和线上订单的增长。

三、创意表现

1. 核心信息传递

主题曲“你爱我，我爱你，蜜雪冰城甜蜜蜜”简洁明了地传达了品牌的亲民定位和甜蜜理念，同时旋律极具记忆点，易于传唱。

2. 视觉与语言设计

歌曲搭配了简单的动画视频，画面中出现了蜜雪冰城的经典IP形象——雪王，以及甜蜜的饮品制作过程。虽然制作成本不高，但风格可爱又接地气，符合品牌的调性。

在歌词中融入品牌口号“甜蜜蜜”，强化了品牌形象。

3. 互动性设计

鼓励用户对歌曲进行翻唱、改编或创作相关短视频。这种UGC（用户生成内容）模式极大地增强了用户的参与感。例如，有人用方言翻唱，有人加入搞笑剧情，还有人将其改编成不同版本的舞蹈视频。

四、媒体选择

1. 短视频平台

抖音和快手是此次传播的核心阵地。蜜雪冰城官方账号发布了主题曲视频，并发起挑战赛，邀请用户参与翻唱和改编。

2. 社交媒体

微博和B站成为二次传播的重要渠道。许多创作者将主题曲与其他热门“梗”结合，制作出各种有趣的衍生内容，进一步扩大了话题的覆盖面。

3. 线下联动

蜜雪冰城在全国范围内的门店同步播放主题曲，营造统一的品牌氛围。此外，门店还推出了限时优惠活动，吸引更多顾客到店消费。

五、执行计划与预算分配

1. 预算分配

内容制作：由于主题曲和动画视频的成本较低，大部分预算集中在短视频平台的流量推广上。

活动激励：设置奖励机制，鼓励用户参与挑战赛，例如赠送饮品券或周边礼品。

2. 时间节点

预热阶段：提前一周在抖音发布主题曲视频，并通过KOL进行初步推广。

爆发阶段：正式上线后，通过挑战赛和UGC内容引爆话题热度。

延续阶段：持续推出相关活动和优惠，延长话题的生命力。

六、监测与评估

1. 曝光量

主题曲相关视频在抖音上的总播放量超过10亿次，微博话题阅读量突破5亿次。

2. 用户互动

抖音挑战赛吸引了数十万用户参与，产生了大量原创内容。

B站上的二次创作视频层出不穷，包括“鬼畜”、翻唱、舞蹈等多种形式。

3. 销售转化

活动期间，蜜雪冰城的门店客流量显著增加，部分门店甚至出现了排队现象。线上订单量也大幅上升，整体销售额同比增长超过30%。

4. 品牌形象提升

主题曲的成功传播让蜜雪冰城从一个普通的平价茶饮品牌升级为“会玩”的网红品牌，进一步拉近了与年轻消费者的距离。

蜜雪冰城凭借一首简单却极具传播性的主题曲，成功实现了低成本高回报的营销效果。这场病毒式传播不仅提升了品牌的知名度，还增强了消费者对品牌的认同感和忠诚度。它证明了在当今社交媒体时代，内容创意和用户参与的重要性远远超过高昂的广告投入。通过抓住“简单有趣”的核心要素，蜜雪冰城为其他品牌提供了一个极具参考价值的成功案例。

（资料来源：根据相关网络资料整理。）

（3）渠道匹配度

不同的产品特性决定了各自最适合的传播渠道。例如，高端珠宝品牌倾向于选择精品杂志和私人沙龙作为主要宣传阵地，以确保品牌形象的一致性和高端定位；而日用品品牌则更适合利用大众传媒和电商平台，以便于快速触达大量潜在客户。

（二）广告策略的制定步骤

1. 市场调研

市场调研是制定有效广告策略的基础，它帮助品牌深入了解目标市场的现状、消费者行为模式以及竞争对手的情况。

① 了解市场需求。除了通过问卷调查和深度访谈来直接获取消费者的反馈外，还可以利用大数据分析工具对社交媒体上的讨论热点进行监测。例如，某化妆品品牌发现，在夏季来临之前，关于“清爽型护肤品”的搜索量显著增加，这为其新品推广提供了方向。

② 分析竞争态势。不仅要研究竞争对手当前的广告策略，还要关注他们的产品特性、定价策略及客户服务等方面。例如，某快餐连锁店在推出新菜单时，不仅分析了其他快餐品牌的广告宣传，还对其食材供应渠道进行了研究，以便找到差异化的卖点。

2. 确定广告目标

基于详尽的市场调研结果，明确广告活动的具体目标至关重要。这不仅有助于集中资源，还能确保所有团队成员朝着同一个方向努力。

① 提升品牌认知度。对于新进入市场的产品或服务来说，首要任务可能是提高知名度。例如，一家新兴的健康食品公司可能会首先通过大规模的品牌宣传活动让更多的消费者了解到其存在。

② 推动销售增长。如果品牌已经具有一定的知名度，则可以将重点放在促进销售上。比如，节假日期间推出的特别促销活动，旨在刺激短期销量增长。

3. 设计广告创意

设计富有吸引力且能够触动人心的广告创意是吸引目标受众的关键。

① 突出USP（独特卖点）。明确产品的核心优势，并以简洁有力的方式传达给消费者。例如，某智能手机品牌强调其超长续航能力作为主要卖点，针对那些经常外出工作的商务人士。

② 讲述品牌故事。通过讲述品牌背后的故事，建立情感连接。如某运动品牌讲述运动员克服重重困难最终夺冠的故事，传递坚韧不拔的精神价值。

③ 测试与优化。在正式发布前，应先进行A/B测试，即制作两个版本的广告并分别投放给不同的小规模样本群体，根据反馈调整最有效的版本。

4. 选择传播渠道

根据目标受众的特点选择最适合的传播渠道，以最大化广告效果。

① 电视广告。虽然传统媒体的影响力有所下降，但在特定情况下仍然是不可忽视的力量。例如，在春节等重大节日时段，许多家庭都会围坐在电视机前观看晚会，此时投放相关广告能获得广泛的关注。

② 数字广告。包括搜索引擎营销（SEM）、社交媒体广告（SMM）等多种形式，非常适合精准定位潜在客户。例如，使用微信朋友圈广告可以根据用户的兴趣爱好、地理位置等因素进行个性化推送。

③ 户外广告。适合需要高曝光率的城市中心区域。例如，大型商场附近的LED屏幕广告，能够有效地吸引过往行人的注意力。

④ 社交媒体广告。特别是对于年轻人群体而言，抖音等平台是理想的广告投放地。品牌可以通过发起挑战赛或者与KOL合作来增强互动性。

5. 制定预算与执行计划

合理的预算分配和详细的执行计划是确保广告活动顺利实施的前提。

① 预算分配。考虑不同媒介的成本效益比。例如，虽然电视广告成本高昂，但在某些特定时期（如黄金时段）可能带来巨大的回报；而数字广告虽然单价较低，但可以通过精准投放实现高效转化。

② 时间节点。根据产品生命周期的不同阶段安排广告投放节奏。新产品上市初期可加大广告投入以快速打开市场，成熟期则侧重于维持现有市场份额。

6. 监测与评估

广告活动结束后，及时监测并评估其效果，以便为未来的营销决策提供参考依据。

① 曝光量。衡量广告被展示的总次数，反映广告的覆盖面。

② 点击率。评估广告对观众吸引力的程度，较高的CTR通常表明广告内容更具针对性或创意性。

③ 转化率（CTR）。衡量有多少人因看到广告而采取了预期行动（如购买商品、注册账号），这是衡量广告效果最为关键的指标之一。

④ 投资回报率（ROI）。用于评估广告投入相对于产出的价值，正向的ROI表明广告活动带来了经济效益。其计算公式为（收益 - 成本）/ 成本 × 100%，可以帮助企业判断此次广告活动是否成功。

【链接案例】

元气森林的“0糖0脂0卡”营销战役

一、背景介绍

近年来，随着健康意识的提升和消费升级趋势的加剧，国内饮料市场逐渐向低糖、低脂方向发展。元气森林作为一个新兴的国产饮料品牌，凭借主打“0糖0脂0卡”的产品定位，在短短几年内迅速崛起，成为年轻消费者心中的网红饮品。

2021年，元气森林开展了以“0糖0脂0卡”为核心卖点的广告营销战役，通过精准的品牌定位、创新的广告创意以及多渠道传播策略，成功提升了品牌知名度并推动了销量增长。

二、具体营销策略

1. 目标受众

元气森林将目标受众锁定为注重健康、追求时尚生活的年轻人，特别是18—35岁的都市白领和学生群体。这些消费者对传统高糖饮料兴趣减弱，更倾向于选择健康且口感良好的饮品。

2. 广告目标

此次广告战役的主要目标包括：提升品牌认知度：让更多消费者了解元气森林及其“0糖0脂0卡”的产品特点；强化健康形象：通过教育性内容传递健康理念，树立品牌的行业标杆地位；促进产品销售：利用节日促销和限时优惠活动刺激消费者的购买行为。

3. 创意表现

元气森林的广告创意围绕“健康与快乐并不冲突”的核心主题展开，通过轻松幽默的方式传递产品价值。

情感共鸣：广告中展现了年轻人在忙碌生活中寻找小确幸的场景，例如加班后喝一瓶元气森林放松心情。

科学背书：邀请营养专家解读“0糖0脂0卡”的概念，并通过实验视频展示产品的健康属性。

互动体验：鼓励消费者参与线上挑战赛，如“一周无糖生活计划”，分享自己的健康饮食心得。

4. 媒体选择

元气森林充分利用数字化时代的传播优势，采用多渠道整合的方式进行广告投放。

社交媒体平台：在抖音、小红书、微博等平台上与KOL合作，发布“种草”视频和测评文章。

短视频广告：制作短小精悍的广告片，突出产品的清爽口感和健康特性，适合使用移动设备观看。

线下场景营销：在健身房、咖啡馆等人流密集场所设置试饮点，让消费者亲身体验产品。

5. 监测与评估

为了确保广告效果最大化，元气森林采用多种数据分析工具对广告活动进行全程监测。

曝光量：广告上线后一周内，相关话题在社交媒体上的阅读量突破5亿次。

用户互动：超过10万名用户参与了线上挑战赛，其中约30%转化为实际购买者。

销量增长：广告活动期间，元气森林全渠道销售额环比增长超过40%，成为同期增速最快的饮料品牌之一。

三、成果与启示

元气森林的“0糖0脂0卡”营销战役取得了显著成效，不仅巩固了其在健康饮品领域的领导地位，还为其他国产品牌提供了以下几点借鉴：精准定位，明确目标受众需求，打造差异化竞争优势；内容驱动，通过高质量的内容创作引发情感共鸣，增强品牌记忆点；多渠道融合，结合线上线下资源，实现全方位覆盖和深度触达。

（资料来源：根据网络资料整理。）

元气森林的成功案例表明，在竞争激烈的消费品市场中，只有不断创新广告形式、优化传播策略，才能赢得消费者的青睐并实现持续增长。

广告策略的成功与否取决于对企业自身、目标市场和竞争对手的深刻理解。通过明确目标受众、设定具体目标、开发创新创意、选择合适媒介以及持续监测评估，企业可以制定出科学合理的广告策略，从而实现商业目标并建立长期竞争优势。在当今数字化时代，广告策略还需要紧跟技术发展趋势，充分利用大数据、人工智能等新兴工具，不断提升广告效果和用户体验。

二、ERP沙盘模拟经营中的广告投放策略分析

在ERP沙盘模拟经营中，通过科学合理的广告投放，学生小组可以促进产品销售、提升目标市场份额。以下结合ERP沙盘模拟的具体过程和情况，详细分析可能采取的广告投放策略及其实施步骤。

（一）广告投放的目标

广告投放的目标是帮助企业实现资源的有效配置，在有限的资金预算下最大化传播效果，从而在复杂的市场竞争环境中占据有利地位。在ERP沙盘模拟中，广告投放的主要目标如下。

① 提升市场份额。通过广告宣传扩大产品的市场影响力，吸引更多客户购买。

② 应对市场竞争。通过广告攻势抢占竞争对手的市场份额或巩固自身优势。

（二）广告投放策略的核心要素

1. 目标市场定位

在ERP沙盘模拟中，各小组需要根据市场调研结果明确目标市场，并针对不同市场的特点制定针对性的广告投放策略。例如，如果某小组选择进入区域A市场（需求量大但竞争激烈），他们可以集中资源进行大规模广告投放，以快速占领市场份额；如果某小组选择进入区域C市场（需求量小但竞争较弱），他们可以采用精准广告策略，重点覆盖目标市场。

2. 广告预算分配

广告预算是ERP沙盘模拟中的一项重要资源，小组需要根据自身的财务状况和市场优先级合理分配广告预算。以下是几种常见的预算分配方式。

① 集中投放。将大部分广告预算集中在某一特定市场或产品上，以实现短期突破。

② 分散投放。将广告预算均匀分配到多个市场或产品上，以降低风险。

③ 动态调整。根据市场反馈和竞争对手行为灵活调整广告预算分配。

例如，某小组在第一年将广告预算全部投入区域A市场，但由于竞争过于激烈，未能取得预期效果。第二年，他们调整策略，将部分预算转移到区域B市场，取得了显著成效。

（三）广告投放策略的具体实施步骤

1. 市场调研

在制定广告投放策略之前，小组需要进行全面的市场调研，收集关于市场需求、竞争态势等主要信息。调研方法如下。

内部数据：利用企业自身的销售记录和财务报表分析历史表现。

外部数据：通过沙盘模拟提供的市场预测报告和行业分析报告获取最新动态。

例如，某小组通过市场调研发现区域B市场的客户需求在第三季度达到高峰，于是他们决定在这一时期加大广告投放力度。

2. 策略规划

基于市场调研结果，各小组需要制订详细的广告投放计划，包括以下内容。

目标市场：明确广告的重点投放区域。

预算分配：确定广告预算的总额及分配比例。

3. 执行与监控

在广告投放过程中，各小组需要密切关注市场反馈和广告效果，为后续广告投放策略调整做好充分准备。

4. 效果评估

在广告活动结束后，各小组需要对广告效果进行全面评估，通过ERP沙盘模拟提供的销售数据和市场反馈分析广告的实际影响，总结经验教训并为下一轮模拟提供改进方向。

第十二章　运筹管理专题

运筹管理通过优化资源配置、提高运营效率、降低成本和风险，为企业实现最大化的效益，是现代企业管理的核心工具之一。在ERP创业模拟课程的模拟经营中，运筹管理发挥着关键作用，它帮助学生在有限资源下进行生产计划、库存控制、物流调度和资金运作等决策，提升企业整体运营效率和竞争力，从而更好地模拟真实企业的经营管理过程，增强实践能力和战略思维。

第一节　运筹学：从古至今的优化决策之道

一、中国古代历史实例中的运筹学思想

运筹学是一种通过数学模型来解决复杂决策问题的方法论，旨在优化资源分配、提升效率和效益。它涵盖了线性规划、整数规划、运输规划等多个方面。历史上，如田忌赛马、沈括运粮、丁谓修复皇宫等案例，都展示了古人运用类似运筹学思想解决问题的智慧。

【导入案例】

丁谓修皇宫：资源整合与调度

北宋时期，一场突如其来的大火将巍峨壮丽的皇宫化为一片废墟。这对当时的统治者来说，无疑是一场巨大的危机，重建皇宫迫在眉睫。而负责这项艰巨任务的，便是聪明睿智的丁谓。

摆在丁谓面前的是三道棘手的难题。首先是清理废墟，皇宫规模宏大，火灾后的废墟堆积如山，建筑垃圾数量惊人，若采用传统方式一点点搬运出城，不仅会耗费大量人力、物力，还会花费漫长的时间。其次是运输建筑材料，修建皇宫需要大量的木材、石材、砖瓦等，这些材料产地分散，距离皇宫甚远，如何将它们高效地运输到施工现场，成为一大挑战。最后是新土的获取，修建宫殿需要大量的新土用于地基夯实、建筑材料的混合等，可周边的土地资源有限，到远处取土又会增加运输成本和时间成本。

面对这些难题，丁谓经过深思熟虑，提出了一个极具创造性的解决方案。他首先下令在皇宫前的大街上挖沟，这些沟又宽又深，挖出的土正好用于皇宫的建设，解决了新土的问题。挖好沟后，他又命人将附近的汴水引入沟中，使其成为一条临时的运河。如此一来，原本难以运输的木材、石材等建筑材料，便可通过木排顺着水流轻松地运输到皇宫前的施工现场，大大提高了运输效率，降低了运输成本。当皇宫修建完成后，丁谓又将施工过程中产生的建筑垃圾以及剩余的废弃材料全部填入挖好的沟渠中，使其重新变回一条平整的大街。

丁谓的这一方案，堪称资源有效整合与调度的经典范例。从资源整合角度来看，他巧妙地将挖沟取土、运输材料和处理建筑垃圾这三个看似独立的环节紧密联系起来，使原本分散的资源得到了充分利用，避免了资源的浪费和重复投入。在调度方面，他合理安排施工顺序和时间，充分利用自然条件（如汴水的水流），实现了物流运输的高效运作。

这种方法不仅在当时减少了大量的运输成本，还大大缩短了皇宫的修建工期，使皇宫能够尽快重建，恢复往日的威严。丁谓修皇宫的故事，为后世提供了宝贵的启示，无论是在大型工程建设，还是在现代企业的运营管理、物流运输规划等方面，合理的资源整合与调度都能带来事半功倍的效果，实现效益的最大化。

（资料来源：根据相关资料整理。）

二、运筹学在现代社会的重要价值

丁谓修皇宫的故事，实际上是一个生动展现运筹学重要性的经典实例。运筹学作为一门应用数学学科，致力于在复杂系统中寻找最优解决方案，在丁谓面临的难题以及现代诸多领域都有着不可或缺的价值。

从资源优化配置角度而言，运筹学的意义非凡。在修皇宫时，丁谓面临资源分散且有限的困境，而运筹学的核心就在于将有限资源进行科学整合与合理分配。丁谓通过巧妙规划，把挖沟取土、材料运输和垃圾处理三个环节有机结合，这正是运筹学中资源整合理论的体现。在现代企业生产中，从原材料采购、人力分配到设备使用，都需要运用运筹学来优化资源配置，确保每一份资源都能发挥最大效能，避免资源闲置或浪费，从而提升企业整体竞争力。

成本控制方面，运筹学是关键手段。丁谓的方案极大地减少了运输成本和工期成本。在实际的工程项目与商业活动中，成本控制直接关系到项目的成败和企业的盈利。以物流行业为例，运用运筹学中的运输规划模型，可以精确计算出最优运输路线和运输方式，降低运输过程中的燃料消耗、人力成本以及时间成本，在满足客户需求的同时实现成本最小化。

在效率提升上，运筹学的作用同样显著。丁谓通过合理安排施工顺序和利用自然条件，大大缩短了皇宫修建工期。在现代制造业中，运用运筹学的生产调度方法，能够合理安排生产流程，减少生产环节之间的等待时间，提高生产线的整体效率。在交通领域，运用运筹学优化交通信号灯的时间设置，可以有效缓解交通拥堵，提高道路通行效率。

由此可见，运筹学在解决各类复杂问题中发挥着举足轻重的作用。它不仅能帮助我们在资源有限的情况下实现效益最大化，还能为决策提供科学依据，使我们在面对复杂情况时做出更合理、更高效的选择。无论是古代的皇宫修建，还是现代社会的各个领域，运筹学的重要性都不言而喻，值得我们深入研究和广泛应用。

第二节　投资规划

一、整数规划

（一）整数规划的定义

整数规划是运筹学中的一个重要分支，它是线性规划的一种特殊形式，主要研究在满足一系列线性约束条件下，目标函数的最优值问题，但与普通线性规划不同的是，整数规划要求部分或全部决策变量必须取整数值。以下是整数规划的详细定义。

定义：

整数规划是指在一组线性约束条件下，目标函数为线性函数，且部分或全部决策变量要求取整数值的数学规划问题。其数学模型可以表示为：

目标函数：

$$\max 或 \min \ Z = c_1x_1 + c_2x_2 + \cdots + c_nx_n$$

约束条件：

$$\begin{cases} a_{11}x_1 + a_{12}x_2 + \cdots + a_{1n}x_n \leqslant b_1 \\ a_{21}x_1 + a_{22}x_2 + \cdots + a_{2n}x_n \leqslant b_2 \\ \cdots\cdots\cdots\cdots \\ a_{m1}x_1 + a_{m2}x_2 + \cdots + a_{mn}x_n \leqslant b_m \end{cases}$$

整数约束：

$$x_j \in \mathbf{Z} \quad \text{for some or all } j = 1，2，\cdots，n$$

其中：Z 是目标函数值，需要最大化或最小化；c_1，c_2，…，c_n 是目标函数的系数；x_1，x_2，…，x_n 是决策变量；a_{ij} 是约束条件的系数；b_1，b_2，…，b_n 是约束条件的右侧常数。

Z 表示整数集合，即部分或全部决策变量 x_j 必须取整数值。

（二）整数规划的分类

纯整数规划：所有决策变量都限制为整数。例如，在安排一场活动的座位布局时，座位的行数和列数都必须是整数，通过纯整数规划可以在场地面积、观众容量等约束条件下，找到最优的座位排列方式，以满足活动的需求。

混合整数规划：部分决策变量为整数，部分为连续变量。在物流配送中，车辆的数量必须是整数（因为车辆不能拆分使用），而货物的配送路线长度、运输时间等可以是连续的数值。通过混合整数规划，可以在考虑车辆载重限制、配送时间窗口等约束条件下，确定需要多少辆配送车辆以及最佳的配送路线，以实现运输成本最小化或配送效率最大化。

0–1 整数规划：是纯整数规划的一种特殊形式，决策变量只能取 0 或 1 两个值。在投资决策问题中，对于每个投资项目，企业只能选择投资（取值为 1）或不投资（取值为 0）。通过 0–1 整数规划可以在总投资预算、项目之间的关联约束等条件下，确定最优的投资组合，以实现投资收益最大化。

（三）整数规划的求解方法

1. 分支定界法

这是一种应用广泛的求解整数规划的方法。其基本思想是将一个整数规划问题分解为一系列子问题，通过不断分支和定界的过程来逐步逼近最优解。首先，求解去掉整数约束后的松弛线性规划问题。如果松弛问题的解恰好是整数解，那么它就是原整数规划的最优解；如果不是整数解，则选择一个非整数的决策变量，将原问题分成两个子问题，分别在子问题中对该变量增加大于或等于其向上取整值和小于或等于其向下取整值的约束条件，然后分别求解这两个子问题。在求解过程中，通过比较子问题的目标函数值，不断缩小最优解的范围，直到找到最优整数解。例如，在一个生产产品数量的整数规划问题中，松弛问题的解可能出现生产产品数量为小数的情况，通过分支定界法，将其分为生产数量大于或等于该小数向上取整和小于或等于向下取整的两个子问题，逐步探索最优整数解。

2. 割平面法

通过在松弛线性规划问题的可行域中添加一些线性约束条件（称为割平面），逐步缩小可行域，使最终得到的可行域的某个顶点恰好是整数规划的最优解。具体做法是根据整数规划的约束条件和松弛问题的解，构造出割平面方程，然后将其加入松弛问题中重新求解，不断重复这个过程，直到得到整数解。例如，对于一个有生产能力、原材料供应等约束条件的整数规划生产问题，通过割平面法可以在原有约束条件的基础上，添加新的割平面，使可行域逐步缩小到包含整数解的范围。

3. 隐枚举法

主要用于求解0-1整数规划问题。它通过枚举所有可能的 0-1变量组合，找出满足约束条件且使目标函数最优的解。在枚举过程中，利用一些启发式规则和剪枝策略，可以避免不必要的计算，减少计算量。例如，在一个投资项目选择的0-1整数规划问题中，通过隐枚举法可以遍历所有可能的投资项目组合（投资或不投资），在满足预算等约束条件下，找到使投资收益最大的组合。

（四）整数规划在实际中的应用场景

1. 制造业中的应用

在生产计划制订方面，整数规划可以帮助企业确定最优的产品生产数量、生产批次以及设备使用安排。例如，一家汽车制造企业需要决定不同型号汽车的生产数量，考虑到生产设备的数量限制、原材料供应以及市场需求等因素，通过整数规划模型可以制订出既能满足市场需求，又能最大化企业利润的生产计划。在车间布局优化中，整数规划可以用于确定机器设备的最佳摆放位置，以最小化物料搬运成本和生产时间。

2. 物流配送中的应用

在车辆调度问题中，整数规划可以根据货物的配送需求、车辆的载重限制、行驶路线和时间窗口等因素，确定所需车辆的数量和最佳配送路线，以实现运输成本最小化。例如，一个物流配送中心需要为多个客户配送货物，通过整数规划可以合理安排车辆，使车辆的行驶里程最短，同时满足每个客户的配送时间要求。在仓库选址问题上，整数规划可以综合考虑仓库建设成本、运营成本、与客户和供应商的距离等因素，确定最优的仓库建设地点，以提高物流配送效率。

3. 投资决策中的应用

在项目投资选择中，企业面临多个投资项目，每个项目都有不同的投资成本、预期收益和风险水平，同时企业的总投资预算有限。通过0-1整数规划，企业可以在满足预算约束和项目之间的关联约束（如某些项目必须同时投资或不能同时投资）的条件下，确定最优的投资项目组合，以实现投资收益最大化。在资产分配问题中，投资者需要将资金分配到不同的资产类别（如股票、债券、基金等），同时考虑到资产的预期收益率、风险水平以及投资比例限制等因素，整数规划可以帮助投资者确定最优的资产配置方案，以平衡风险和收益。整数规划作为运筹学的重要组成部分，以其独特的整数约束条件和丰富的求解方法，为解决各种实际问题提供了强有力的工具。无论是在资源有限的情况下进行最优配置，还是在复杂的决策环境中做出科学决策，整数规划都发挥着不可替代的作用，并且随着实际问题的不断涌现和计算机技术的发展，整数规划的应用前景将更加广阔。

二、ERP中的投资决策

（一）投资决策的重要性

在企业资源规划系统中，投资决策是企业长期发展战略的核心部分。这些决策不仅直接影响企业的短期运营效率，还决定了其长期竞争力和发展潜力。具体的投资项目包括开发产品生产资质（如ISO 9000、ISO 14000认证）、购买或租赁厂房、购置或租赁生产线以及广告投资等，每一种投资都有其独特的作用和影响。

1. 产品研发资质投资

ISO 9000和ISO 14000是国际标准组织制定的质量管理和环境管理体系标准。获得这些认证不仅能提升企业的市场信誉，还能增强客户信任，提高产品质量和环保水平。对于创新型产品的研发，尽早投资获取这些资质至关重要。

① 质量管理体系（ISO 9000）。确保企业具备稳定的产品质量和高效的生产流程，有助于提升客户满意度和市场份额。

② 环境管理体系（ISO 14000）。帮助企业减少环境污染，提高资源利用率，符合现代社会对绿色生产和可持续发展的要求。

2. 广告投资

广告投资是企业推广品牌、吸引客户的重要手段。有效的广告策略不仅能提高品牌知名度，还能促进销售增长。以下是一些关键考虑因素。

① 目标受众分析。明确广告的目标受众是谁，他们的消费习惯和偏好是什么，从而制定有针对性的广告策略。

② 预算分配。根据企业的财务状况和市场战略，合理分配广告预算。可以选择多种广告渠道，如线上社交媒体、搜索引擎、线下传统媒体等，形成全方位的品牌宣传网络。

③ 效果评估。定期评估广告投放的效果，通过数据分析调整广告策略，确保每一分钱都花在刀刃上。

④ 创新与持续发展。企业应积极探索新兴传播渠道（如短视频平台、直播带货等），运用互动式、沉浸式广告技术提升用户参与感。同时，注重品牌故事的持续输出，保持广告风格的一致性与辨识度，在创新中强化品牌形象。此外，应建立长效的广告优化机制，根据市场反馈不断迭代创意与投放策略，实现品牌影响力的累积与可持续增长。

3. 生产线投资

生产线的投资选择对企业的发展具有深远影响。以下是几个关键点。

① 市场需求分析。在决定何时投资生产线时，需要充分了解市场需求的变化趋势。如果市场需求正在增长，提前投资可以抓住机会，抢占市场份额。

② 技术发展趋势。新技术的应用往往能显著提高生产效率和产品质量。因此，关注行业内的最新技术动态，并适时引入先进的生产线，能够增强企业的竞争力，促进产品的升级换代，满足消费者日益增长的需求，并可长期内实现成本节约和利润提升。

生产线类型选择如下。

① 自动化生产线。适合大规模生产需求，能显著提高生产效率，降低人工成本。

② 柔性生产线。适用于多品种小批量生产，能够快速调整生产计划，适应市场需求变化。

③ 环保型生产线。随着全球对环境保护的重视，采用环保型生产线不仅能减少污染排放，还能享受政府的相关补贴和支持。

4. 生产厂房投资

在ERP系统中，生产厂房投资是一个重要的决策领域。生产厂房投资决策不仅涉及资金的投入，还涉及厂房的选址、设计、建设、设备配置以及后续的运营维护等多个方面。通过整数规划等数学模型，可以有效优化生产厂房的投资决策，确保投资效益最大化。

① 厂房选址。选择合适的地理位置建设生产厂房，需要考虑交通便利性、原材料供应、劳动力资源、市场接近性、土地成本等因素。

② 厂房设计与建设。确定厂房的布局、结构设计、建设规模等，以满足生产需求并优化空间利用。

③ 设备投资。选择合适的生产设备，确定设备的数量和型号，以满足生产计划和质量要求。

④ 运营维护。制订厂房的运营维护计划，包括设备维护、人员培训、能源管理等，以确保生产过程的稳定性和持续性。

5. 生产线与厂房的关系

① 厂房布局优化。一旦确定了生产线的投资方案，就需要合理规划厂房布局。合理的布局不仅能提高生产效率，还能减少物流成本和时间。

② 空间利用最大化。通过科学设计厂房结构，充分利用垂直空间，增加仓储容量，优化物料搬运路径，提升整体运营效率。

6. 持续创新

（1）国家层面

政策支持：政府应出台鼓励创新的政策，如税收优惠、科研基金等，支持企业和研究机构进行技术创新。

国际合作：加强与其他国家的技术交流与合作，吸收先进技术和管理经验，提升本国产业的国际竞争力。

（2）企业层面

研发投入：加大研发投入，建立完善的研发体系，鼓励员工提出创新想法，推动新产品和新技术的研发。

人才培养：注重人才队伍建设，吸引和培养高素质的专业人才，为企业创新发展提供智力支持。

在ERP系统的实操过程中，合理安排投资决策是企业成功的关键。通过对产品研发资质、生产线、厂房及广告的投资进行全面规划，结合市场需求和技术发展趋势，企业可以在激烈的市场竞争中脱颖而出。同时，持续创新不仅是企业发展的动力源泉，也是国家和个人进步的根本保障。只有不断学习和创新，才能在全球化的浪潮中立于不败之地。

三、ERP中的生产线投资优化

为了确定在给定条件下哪种生产线的投资能使企业获得最高收益，需要详细分析每条生产线的投资需求、贷款能力及其对应的净收入。下面以生产线投资为例进行案例分析。

（一）ERP投资经营条件

某一企业已经有一个大厂房，能容纳6条生产线，有4条生产线可供选择：手工、半自动、全自动以及柔性生产线。在探讨生产线的运营规划时，我们设定了以下一系列假设条件，以便更清晰地构建分析框架。

首先，不考虑转产周期以及转产费用。在实际生产中，转产往往是一个复杂的过程，需要耗费大量的时间和资金。然而，在本次假设下，我们暂时忽略这一现实因素。这意味着企业可以根据市场需求的变化，迅速地在不同产品之间进行切换，无须担忧转产过程中由设备调试、员工培训等带来的时间延误，也无须为购买新模具、调整生产工艺等支付额外费用。

其次，每条生产线一经安装完成即投入生产，且生产同一种产品。这一假设保证了生产的连续性和高效性。生产线安装完毕后，立即进入满负荷运转状态，避免了由等待原材料、人员调配等因素导致的闲置时间。同时，专注于生产同一种产品，有利于工人熟练掌握生产流程，提高生产效率和产品质量。

再次，每种生产线只安装1条。这样可以避免多条相同生产线带来的资源浪费和管理复杂性，使企业能够集中资源和精力优化单一生产线的运营。

最后，每条生产线的投资平均分到4年来完成。这种分摊方式有助于企业缓解一次性投资带来的资金压力，使企业在资金安排上更加灵活。同时，稳定的资金投入节奏也便于企业进行长期的财务规划和成本控制，确保生产活动平稳进行。

结合ERP相关规则以及实操经验，考虑投资利息，以及每条生产线投资周期，我们已知4条生产线每年的投资需要量及相应的得利情况，如表12-1所示。根据市场订单要求，我们第一季度需交货2个、第二季度5个、第三季度14个、第四季度10个。由于受银行贷款额度限制，我们最多可贷款60万元。假设第一年、第二年可贷款40万元，第三年、第四年可贷款50万元。试问，如何投资能使企业获得的收益最高？

表12-1 各类生产线各年得利情况 单位：万元

年度	生产线			
	手工线	半自动线	全自动线	柔性线
1	6	8	10	12
2	5	7	9	11
3	5	7	9	11
4	4	6	7	9
净收入	32	41	49	61

以手工线、半自动线、全自动线和柔性线为例，手工线建设周期短，生产周期长，依据规则和经验得出净收入为32，半自动线、全自动线、柔性线净收入分别为41、49和61。在实际经营中，每年的投入情况和净收入需各组同学依据实际经营状况和规则给出。这些数据以及案例中的假设并非一成不变，会随着经营情况动态调整，以适应不同的市场环境和企业发展阶段，为企业经营决策提供更贴合实际的参考。

（二）投资经营分析

在生产线运营规划的案例中，深入剖析其背后的运筹原理和实际应用，能为企业决策提供有力支撑。这是一个典型的运筹学投资问题，运筹学作为一门应用数学学科，旨在通过数学模型和算法，对资源进行有效分配和优化，以实现最佳的经济效益。

从投资限制来看，由于每种生产线只能投资1条，这就构成了0–1整数规划问题。在数学领域，0–1整数规划要求决策变量只能取0或1这两个整数值，在本案例中，0代表不投资该生产线，1代表投资该生产线。这种限制使企业在决策时必须谨慎权衡，因为一旦选择投资某条生产线，就无法再重复投资。例如，企业若决定投资手工生产线，那么在这个规则下就不能再额外投入一条手工生产线，这种限制能有效避免资源的过度浪费和重复建设。

然而，在ERP经营中，若忽略每种生产线只能投资1条的要求，它就转变为纯整数规划问题。纯整数规划的决策变量可以取任意非负整数值，这给予了企业更大的决策空间。企业可以根据自身的资金状况、市场需求预测等因素，自由决定各种生产线的投资数量。比如，企业在预估市场对某类产品需求巨大时，就可以投资多条全自动生产线，以满足生产需求。

在ERP实操过程中，对于各组同学而言，结合自己的实际情况进行假设并建立投资规划模型是至关重要的。每个小组的经营状况、资源储备、市场定位等都存在差异，因此不能一概而论地套用固定模式。例如，资金雄厚且对市场前景乐观的小组，可能会倾向于多投资高效但成本较高的柔性生产线；而资金相对紧张的小组，则可能优先考虑投资成本较低的手工线或半自动线。

在此，提供一种通用的思路和方法。根据案例建立模型，需要综合考虑生产线的投资成本、生产周期、生产效率、产品收益以及各种限制条件等因素。通过数学模型的建立和求解，企业能够直观地看到不同投资方案的收益情况，从而做出更为科学合理的决策，实现资源的最优配置和经济效益的最大化。

（三）建立模型

根据要求对每条生产线都有被选择和不被选择两种可能，因此分别用0和1表示，令 x_j 表示第j个生产线的决策选择，记为：

$$x_j=\begin{cases}1 & \text{对项目}j\text{投资}\\0 & \text{对项目}j\text{不投资}\end{cases}\quad（j=1，2，3，4）$$

因为求利润最大，所以目标函数为max，max就等于4条生产线的利润乘以4条生产线的投资情况 x_j，然后相加。

约束条件为，每年对每条生产线的投资之和应小于该年的贷款额度，x_j=0或者1。

生产线投资问题可以表示为：

$$\max Z=4Px_1+5Px_2+8Px_3+8Px_4+x_2+3x_3+7x_4-\left(5x_1+8x_2+16x_3+24x_4\right)$$

$$\begin{cases}x_1\geqslant 2\\x_1+2x_2+2x_3+2x_4+\left(x_1-2\right)\geqslant 5\\x_1+x_2+3x_3+3x_4+x_1+2x_2+2x_3+2x_4+\left(x_1-2\right)-5\geqslant 14\\x_1+2x_2+3x_3+3x_4+x_1+x_2+3x_3+3x_4+x_1+2x_2+2x_3+2x_4+\left(x_1-2\right)-5-14\geqslant 9\\5x_1+8x_2+20x_3+24x_4\leqslant 60\\x_1+x_2+x_3+x_4\leqslant 6\\4Px_1+5Px_2+8Px_3+8Px_4=30\\x_j\geqslant 0\text{，且为整数，}j=1\text{，}2\text{，}3\text{，}4\end{cases}$$

（四）模型求解

在探讨生产线的运营规划时，设定了一系列假设条件，以便更清晰地构建分析框架。这些假设为我们将实际生产问题转化为数学模型奠定了基础，而此问题明显属于0–1整数规划问题。

在运筹学领域，0–1整数规划问题有着广泛的应用场景。在生产线投资决策中，其重要性尤为凸显。因为每条生产线只能投资1条，对应数学模型中的决策变量只有两种取值——0代表不投资该生产线，1代表投资，这正符合0–1整数规划的特征。对于这类问题，求解方法丰富多样。匈牙利法是一种经典的手动计算方法，它基于指派问题的原理，通过巧妙的变换和计算来寻找最优解。在一些简单的0-1整数规划场景中，若涉及的变量和约束条件较少，匈牙利法能凭借其严谨的逻辑和清晰的步骤，帮助手动算出结果。

但在实际复杂的生产线运营规划中，问题往往涉及多个变量和复杂的约束条件，手动计算的难度和工作量会呈指数级增长。此时，借助软件工具成为更高效的选择。较为常用的有通过编程实现的Simio、Python等。它们凭借强大的计算能力和灵活的编程特性，能够处理大规模、复杂的0-1整数规划问题。通过编写代码，可以将生产线的投资成本、预期收益、生产周期、资源限制等各种因素准确地转化为数学表达式，让计算机快速迭代计算，得出最优投资方案。

然而，对于大部分学生来说，编程门槛较高，需要花费大量时间学习编程语言和算法。这时，运筹学运算软件就成为得力助手。这类软件操作简单，不需要复杂的编程知识，使用者只需要明确要解决问题的本质，将生产线相关数据（如投资金额、预期获利、生产效率等）准确输入，软件就能自动进行运算，快速给出最优解或可行解，极大地降低了解题难度，提高了决策效率，非常适用于解决生产线运营规划这类实际问题。

运筹学运算软件根据所建立的模型输入数据即可。经过计算得到最优结果如图12-1所示。

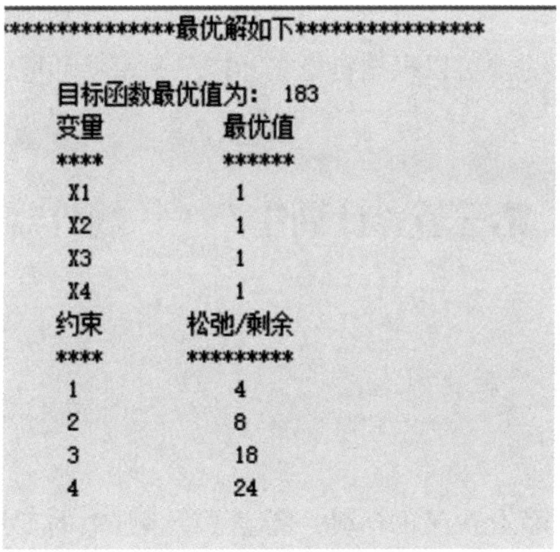
***************最优解如下*****************

目标函数最优值为：　183

变量	最优值
****	******
X1	1
X2	1
X3	1
X4	1

约束	松弛/剩余
****	*********
1	4
2	8
3	18
4	24

图12-1　运筹学运算软件最优解实例

$x_1 = x_2 = x_3 = x_4 = 1$，即手工线、半自动线、自动线、柔性线根据目前的假设条件分别投资1个，最终获得的总利润为183。

（五）结果分析

在这个结果中，因为贷款金额比较充足，所以每条生产线都可以投资，最终收益为183，但是我们看一下各个约束的剩余变量，第一个约束剩余4，第二个剩余8，第三个剩余18，第四个剩余24。在案例中，虽然第一、第二年可以贷款40，第三、第四年可以贷款50，但是我们发现按照目前的计算结果来投资，每一年都有剩余，所以，根据计算结果第一年贷款36、第二年贷款32、第三年贷款32、第四年贷款26就够用了，贷款少了，利息就省下来了，也可以节约一部分费用。或者多余的贷款用于生产厂房的建设。总之，在模拟经营投资时进行模拟运算，对企业的长期运营是有很大帮助的。

以上案例是依据ERP经营规则以及经验进行模拟运算，但ERP运营除了要依据规则外，还需要考虑运营中的实际情况，如贷款数额、广告投放量、订单的数量等。在市场低迷时，我们生产的产品可能无法全部售卖，因此在建立生产线时，可以考虑4条生产线的产量及总需求量，运营中各组可以根据自己的情况建立模型来模拟运算，从而为企业争取更高收益。

（六）进一步扩展与优化建议

（1）动态调整策略

如果市场需求发生变化或有新技术出现，可以考虑动态调整生产线的选择。例如，如果市场需求突然增加对某种特定产品的需求，可以选择更高效的生产线来快速响应市场变化。

（2）风险评估与管理

在实际操作中，还需考虑市场风险、技术风险等因素。通过建立风险评估模型，提前识别潜在风险并制定应对措施，可以进一步提高企业的抗风险能力。

（3）多目标优化

在某些情况下，除了最大化净收益外，还可以考虑其他目标，如最小化生产成本、提升产品质量等。通过多目标优化方法，可以在多个目标之间找到最佳平衡点。

（4）数据分析与预测

利用大数据分析和机器学习技术，可以更准确地预测市场需求和技术发展趋势，从而做出更加科学合理的投资决策。

通过以上分析和扩展，企业可以根据自身实际情况和市场环境，灵活选择和调整生产线投资策略，以实现长期稳定发展。

第三节　计划生产——线性规划

一、线性规划概述

（一）线性规划的定义

运筹学作为一门致力于优化决策的学科，涵盖了众多强大的工具和方法，线性规划便是其中最为基础且应用广泛的一种。它在解决资源分配、生产调度、成本控制等各类实际问题中，发挥着关键作用，为企业和组织实现高效运作提供了有力支持。

定义

线性规划（linear programming，LP）是运筹学一个非常重要的分支，它是一种用于优化线性目标函数的数学方法。线性规划的目标是在一组线性约束条件下，最大化或最小化一个线性目标函数。

线性规划问题可以表示为以下标准形式：

目标函数：

$$\max \text{ or } \min \ Z = c_1x_1 + c_2x_2 + \cdots + c_nx_n$$

约束条件：

$$\begin{cases} a_{11}x_1 + a_{12}x_2 + \cdots + a_{1n}x_n \leqslant b_1 \\ a_{21}x_1 + a_{22}x_2 + \cdots + a_{2n}x_n \leqslant b_2 \\ \cdots\cdots\cdots\cdots \\ a_{m1}x_1 + a_{m2}x_2 + \cdots + a_{mn}x_n \leqslant b_m \end{cases}$$

其中：Z是目标函数值，表示需要最大化或最小化的线性表达式；c_1，c_2，…，c_n是目标函数的系数，表示每个决策变量对目标函数的贡献；x_1，x_2，…，x_n是决策变量，表示需要优化的变量；a_{ij}是约束条件的系数，表示第i个约束条件中第j个决策变量的系数；b_1，b_2，…，b_n是约束条件的右侧常数，表示每个约束条件的上限或下限。

非负约束：

$$x_1, \ x_2, \ \cdots, \ x_n \geqslant 0$$

（二）线性规划模型的特点

（1）线性目标函数

目标函数是决策变量的线性组合，即每个决策变量的系数是常数，且目标函数中没有决策变量的乘积、平方或其他非线性项。

（2）线性约束条件

所有约束条件都是决策变量的线性不等式或等式，即每个约束条件中决策变量的系数是常数，且约束条件中没有决策变量的乘积、平方或其他非线性项。

（3）非负约束

决策变量通常受到非负约束，即所有决策变量的值必须大于或等于零。然而，在某些情况下，决策变量也可以取负值或无约束。

（三）线性规划的求解方法

1. 单纯形法（simplex method）

单纯形法是求解线性规划问题最常用的方法之一。其基本思想是从一个初始基本可行解（对应可行域的一个顶点）出发，沿着可行域的边移动到目标函数值更优的相邻顶点，直到找到最优解。该方法基于线性规划的几何性质：可行域为凸多面体，且若存在最优解，则至少有一个位于顶点上。

① 确定初始基本可行解。通常通过引入松弛变量、剩余变量或人工变量，将问题化为标准形式，并构造一个初始可行基。

② 最优性检验。计算所有非基变量的检验数。对于最大化问题，若所有检验数均$\leqslant 0$；对于最小化问题，若所有检验数均$\geqslant 0$，则当前解为最优解，算法结束。

③ 确定进基和出基变量。若未达到最优，则选择一个检验数能改善目标函数的非基变量作为进基变量。再通过最小比值规则确定出基变量，以保证下一个解仍为可行解。

④ 迭代更新。通过高斯-约当消元法更新单纯形表，得到新的基本可行解。

⑤ 重复步骤②至④，直至找到最优解或判断问题无界。

2. 内点法（interior point method）

内点法是另一种求解线性规划问题的方法，它从可行域的内部出发，通过迭代的方式，逐步向最优解逼近。内点法在处理大规模线性规划问题时表现出色，尤其是在计算效率和数值稳定性方面。

① 找到一个初始内点。选择一个在可行域内部的点作为初始解。

② 计算方向和步长。通过求解一个方向问题，确定移动的方向和步长，使目标函数值得到改善。

③ 移动到新的内点。根据计算出的方向和步长，移动到一个新的内点。

④ 重复步骤②和③。直到找到最优解为止。

3. 对偶法（dual method）

对偶法是通过求解对偶问题来找到原问题的最优解。对偶法基于线性规划的对偶理论，即每个线性规划问题都有一个对应的对偶问题，原问题和对偶问题的最优解具有相同的值。

① 构建对偶问题。根据原问题的约束条件和目标函数，构建对偶问题。

② 求解对偶问题。使用单纯形法或其他方法求解对偶问题。

③ 从对偶解得到原解。根据对偶问题的最优解，得到原问题的最优解。

4. 分支定界法（branch and bound method）

分支定界法是求解整数线性规划问题的一种方法。它通过将问题分解为一系列子问题，并对每个子问题进行求解，最终找到原问题的最优解。

① 将问题分解为子问题。选择一个非整数的决策变量，将原问题分解为两个子问题，其中一个子问题中该变量取整数部分的值，另一个子问题中该变量取整数部分加1的值。

② 求解子问题。使用单纯形法或其他方法求解每个子问题。

③ 比较子问题的解。比较所有子问题的解，选择目标函数值最优的解作为原问题的解。

④ 重复步骤①和③。直到所有决策变量都取整数值为止。

5. 割平面法（cutting plane method）

割平面法是求解整数线性规划问题的另一种方法。它通过在可行域中添加新的约束条件（称为割平面），逐步缩小可行域，最终找到原问题的最优解。

① 求解线性规划松弛问题。首先求解原问题的线性规划松弛问题，即去掉整数约束条件后的线性规划问题。

② 添加割平面。根据线性规划松弛问题的解，添加新的约束条件（割平面），使可行域缩小。

③ 重复步骤①和②。直到找到所有决策变量都取整数值的解为止。

（四）线性规划在实际中的应用场景

1. 制造业中的应用

在生产计划制订方面，线性规划可以帮助企业合理安排不同产品的生产数量，充分利用有限的生产资源，如原材料、设备工时、人力等，以实现最大利润。例如，一家电子制造企业生产多种电子产品，每种产品对原材料、生产设备和人力的需求不同，销售价格和利润也不同。通过线性规划模型，企业可以根据现有的资源状况，确定每种产品的最优生产数量，从而最大化总利润。在生产资源分配上，线性规划可以用于合理分配原材料到不同的生产环节，确保资源的有效利用，减少浪费。

2. 交通运输业中的应用

在线路规划方面，线性规划可以根据货物的运输需求、运输工具的容量和运输成本等因素，确定最优的运输路线和运输方案，以降低运输成本。例如，一家物流运输公司需要为多个客户配送货物，不同客户的货物需求和地理位置不同，运输车辆的载重和行驶成本也不同。通过线性规划模型，公司可以规划出最佳的运输路线，使总运输成本最低。在运输资源配置上，线性规划可以帮助企业合理安排运输工具的数量和使用时间，提高运输效率。

3. 农业生产中的应用

在土地利用规划方面，线性规划可以根据不同农作物的产量、市场价格、种植成本以及土地的肥力、灌溉条件等因素，确定最优的农作物种植方案，以实现农业生产的最大收益。例如，一个农民拥有一定面积的土地，土地的肥力和灌溉条件不同，适合种植多种农作物，每种农作物的市场价格和种植成本也不同。通过线性规划模型，农民可以确定每种农作物的最佳种植面积，从而最大化总收入。在农业资源分配上，线性规划可以用于合理分配化肥、农药等农业生产资料，提高资源利用效率。

线性规划作为运筹学的重要组成部分，以其简洁而强大的数学模型和求解方法，为解决各种实际问题提供了有效的途径。它不仅在制造业、交通运输业、农业等传统领域发挥着重要作用，在金融、能源、环境保护等新兴领域也有着广泛的应用。随着社会经济的发展和计算机技术的不断进步，线性规划的应用前景将更加广阔，为推动各行业的高效发展和资源的优化配置做出更大的贡献。

二、ERP中的原材料采购

在ERP系统的运营中，原材料管理是影响企业成本与生产效率的关键环节。精准把控采购时间、优化到货周期、合理选择供应商以及实现原材料零库存，对于降低企业成本、提升生产效率至关重要。

（一）采购时间的精准把控

采购时间的确定需要综合考虑市场价格波动、供应商生产周期等多方面因素。若采购时间过早，可能由市场价格下跌造成成本损失；若采购过晚，则会导致生产延误。因此，企业应密切关注原材料市场价格走势，通过市场分析和预测，提前规划采购时间。例如，当原材料市场价格处于上升趋势时，提前在价格相对较低时下单，能有效降低采购成本。

（二）到货周期的稳定性管理

到货周期与企业的生产计划紧密相连。企业需与供应商明确到货时间，并根据到货周期合理安排生产计划。到货周期的稳定性至关重要，若到货周期不稳定，企业可能面临原材料积压或缺货的风险。只有确保到货周期稳定，才能为实现原材料零库存奠定基础。企业可以通过与供应商建立紧密的合作关系，共享生产计划和库存信息，共同优化物流配送流程，确保原材料按时、按量到货。

（三）供应商选择与合作关系

单价直接关系到企业的采购成本，但在选择供应商时，不能仅以价格为唯一标准。企业还需综合考量产品质量、售后服务等因素。通过与优质供应商建立长期合作关系，企业可以争取更优惠的价格和付款条件，既能保障原材料质量，又能降低采购成本。此外，长期合作关系有助于提高供应商的配合度，增强企业在供应链中的稳定性。

（四）实现原材料零库存的目标

实现原材料零库存是企业进行计划生产的主要目标之一。要做到原材料到库即配置上线生产，需要精准的生产计划和高效的物流配送。企业应借助ERP系统，实时监控原材料库存和生产进度，提前安排生产任务，确保原材料一到库就能立即投入生产。这不仅能减少库存管理成本，如仓储费用、库存损耗等，还能提高资金周转率，使企业资金得到更有效的利用，从而降低企业整体运营成本，提升企业的市场竞争力。

（五）生产计划安排的优化

在企业实际运营中，进行计划生产安排是一项极具挑战性的任务。企业需要综合考虑自身的生产能力、资源拥有量以及拟生产产品的单件利润等多方面因素。

1. 生产能力

企业的生产能力包括设备的产能、员工的技能水平和工作效率等。例如，某电子产品制造企业，其生产设备的最大产能决定了单位时间内产品的最大产出量，而员工对复杂电子产品组装流程的熟练程度，会影响生产速度和产品合格率。

2. 资源拥有量

资源拥有量涵盖原材料、零部件以及人力等。原材料的库存水平直接关系到生产能否持续进行，若原材料供应不足，可能导致生产线停工；而人力的合理分配，如不同岗位员工的数量安排，会影响生产的协同性和整体效率。

3. 产品利润

拟生产产品的单件利润是企业决策的核心考量之一。企业追求利润最大化，自然会倾向于生产利润较高的产品。但这并非唯一决定因素，还需结合市场需求、生产难度等综合判断。

4. 运筹学思维的应用

企业生产计划安排直接影响经济效益，而生产计划本质上是在目标一定时，对人力、时间和物质资源的优化配置问题。此时，运筹学思维便发挥关键作用。线性规划作为运筹学的一个重要分支，为解决这类问题提供了有效方法。

线性规划通过建立数学模型，将企业的生产能力、资源拥有量和产品利润等因素转化为约束条件和目标函数。例如，以产品利润为目标函数，以生产能力限制、资源限量等为约束条件，通过求解模型，找到在满足所有约束条件下，使目标函数达到最优的决策方案。假设企业生产两种产品A和B，生产A产品需要消耗甲原材料2单位，生产B产品需要消耗甲原材料3单位，而企业甲原材料的库存总量为100单位，这就构成了一个约束条件。通过线性规划的求解，企业可以确定生产A和B产品的最佳数量组合，实现利润最大化。

三、在ERP系统的运营中优化原材料采购

（一）计划生产的假设条件

在探讨生产线的运营规划时，基于ERP运营规则，这里通过一个案例来说明在ERP经营中如何有效地计划生产，因为在经营中会碰到很多种情况，各组的经营情况各有不同，在此先进行一些假设，以便更清晰地构建分析框架。

首先，假设P1、P2、P3、P4、P5这5种产品都已成功研发完成。这是企业开展生产经营活动的重要前提，意味着企业已经完成了产品从设计到技术验证的一系列前期工作，具备了大规模生产的基础。

在原材料方面，R1、R2、R3、R4代表不同类型的原材料，M作为资金单位，产品结构及利润数据严格依据ERP的经营规则制定，如表12-2所示。例如，P1产品由一个人工和1个R1组成，利润为32。从这里可以清晰地看到每种产品的成本构成和潜在收益，这对于企业制订生产计划和成本控制至关重要。同理，通过表格也能了解到各类原材料组成及利润情况，这为企业在不同产品间做出生产决策提供了数据支撑。

同时，根据劳动力数量以及市场原材料供应情况，存在着人工和原材料的限制。人工限制为19，这意味着企业在安排生产时，所有产品生产所需的人工总和不能超过这个数量。而R1~R4的限制分别为14、24、8、11，这就要求企业在生产每种产品时，对原材料的使用量必须在限定范围内。比如，生产P2产品若需要大量R2原材料，就需要考虑R2原材料的供应上限，不能盲目扩大生产。

此外，在生产线运营假设中，不考虑转产周期以及转产费用。这使企业能依据市场对各类产品的需求变化，迅速切换生产，既不用担心转产时设备调试、员工培训导致的时间延误，也无须为购置新模具、调整工艺支付额外费用。每条生产线一经安装完成即投入生产，且只生产同一种产品，保证生产连续性和高效性，利于工人熟练掌握生产流程，提升效率与质量。而且每种生产线只安装1条，避免资源浪费和管理复杂，让企业集中资源优化单一生产线运营。生产线投资平均分到4年来完成，缓解企业一次性投资的资金压力，方便长期财务规划与成本控制，确保生产平稳。

在这样的综合假设条件下，企业能够基于有限的资源，结合产品利润和市场需求，运用运筹学等方法制订出更科学合理的生产计划，实现资源的最优配置，提升企业的经济效益和市场竞争力。

表12-2　产品成本及利润　　单位：万元

	产品构成成本/M					利润/M
	人工	R1	R2	R3	R4	
P1	1	1				32
P2	1	1	1		1	50
P3	1		2	1		75
P4	1		1	1	2	100
P5	1	1	1		1	113
供应量/个	19	14	24	8	11	

（二）市场需求分析

在ERP运营的复杂环境中，市场情况瞬息万变，充满了不确定性。即便企业在生产线运营规划上做好了充分准备，如之前设定的一系列假设条件，包括不考虑转产周期和费用、生产线安装后即刻投入生产且只生产一种产品、每种生产线仅安装1条以及投资分4年完成等，但仍需面对市场需求受限这一关键因素。

市场需求波动是企业面临的主要挑战之一。有时，企业虽具备生产相应产品的能力，可市场需求却不尽如人意。例如，P1、P2、P3、P4、P5这几种产品，即便生产线能够稳定生产，其市场需求也并非毫无限制。经综合考虑市场需求以及投放广告等因素，预测P1产品的需求不会超过14个，P2产品不超过9个，P3产品不超过7个，P4产品不超过5个，P5产品不超过3个。这一预测结果对于企业制订生产计划至关重要。

广告投放作为影响市场需求的重要手段，在企业决策中扮演关键角色。适当的广告投放可以提高产品的知名度和市场占有率，从而增加产品的需求。然而，广告投放也需要投入大量的资金和资源，企业需要在广告成本和预期收益之间进行权衡。如果广告投放不足，产品可能无法获得足够的市场关注，导致需求低于预期；而过度投放广告则可能增加成本，压缩利润空间。

在生产线能满足生产条件的前提下，为使利润收入最大，企业需要进行细致而科学的决策。首先，企业要充分了解每种产品的利润情况，以及生产所需的资源投入，包括原材料、人工等。结合市场需求预测，分析生产不同产品的利润贡献。例如，若P1产品利润相对较低，但市场需求较大，且生产所需资源相对较少，而P5产品利润较高，但需求有限且生产资源消耗大，企业就需要综合考虑如何在两者之间分配生产资源。

其次，企业可以运用运筹学中的线性规划等方法，建立数学模型。以产品利润为目标函数，以市场需求限制、生产线产能限制、原材料和人工资源限制等为约束条件，通过求解模型，找到最优的生产安排方案。通过这种科学的决策方式，企业能够在复杂的市场环境和生产条件下，实现资源的有效配置，从而获得最大的利润收入。

（三）建立模型

当我们聚焦如何计划生产以使总利润最大时，目标函数的构建至关重要。假设我们生产n种产品，分别记为产品1、产品2、…、产品n，且已知产品1的单位利润为p_1，产品2的单位利润为p_2，以此类推，产品n的单位利润为p_n。设生产产品1的数量为x_1，生产产品2的数量为x_2，……，生产产品n的数量为x_n。由于总利润等于每种产品的利润乘以其生产数量之和，所以目标函数为$\max Z = p_1x_1 + p_2x_2 + \cdots + p_nx_n$。这个目标函数直观地反映了生产决策与总利润之间的关系，通过后续结合各类约束条件，如原材料供应限制、生产线产能限制、市场需求限制等，运用运筹学中的线性规划等方法求解该目标函数，就能得出在现有条件下，每种产品的最佳生产数量，从而实现总利润最大化，为企业的生产计划提供科学准确的指导。

我们追求的最终目标，即通过合理安排各种产品的生产数量，使总利润Z达到最大值。

然而，仅仅确定目标函数是不够的，还需要考虑各种约束条件。在实际生产中，约束条件是限制生产决策的重要因素，它们反映了企业在生产过程中所面临的各种资源限制和市场需求限制。

首先，人工以及原材料都存在数量限制。原材料是生产的基础，企业的原材料库存是有限的，而且在一定时间内的采购能力也是有限的。以原材料R1为例，生产1个P1、P2、P5分别需要1个R1，生产P3、P4不需要R1，而R1的限制为14。这就意味着，企业在生产P1、P2和P5产品时，对R1的使用总量不能超过14。用数学表达式表示为$x_1 + x_2 + x_3 \leqslant 14$，其中$x_1$，$x_2$，$x_3$分别表示P1、P2、P5产品的生产数量。同理，对于其他原材料R2、R3、R4，也可以根据它们在不同产品生产中的用量以及库存限制，建立相应的约束条件。例如，如果生产1个P1需要2个R2，生产一个P2需要3个R2，R2的库存限制为24，那么关于R2的约束条件就是$2x_1 + 3x_2 \leqslant 24$。

人工方面同样存在限制。企业的劳动力数量是有限的，每个产品的生产都需要消耗一定的人工工时。假设生产1个P1需要3个工时，生产1个P2需要4个工时，企业总的人工工时限制为19个，那么关于人工的约束条件可以表示为$3x_1 + 4x_2 + \cdots \leqslant 19$，其中省略号表示其他产品对人工工时的消耗。这些原材料和人工的约束条件，限制了企业在生产过程中对资源的使用，确保生产计划在资源可承受的范围内。

其次，市场需求是企业生产决策不可忽视的重要因素。由于市场需求有限，P1、P2、P3、P4、P5产品都有一定的数量限制。如果企业生产的产品数量超过了市场需求，那么多余的产品就无法销售出去，不仅占用库存空间，还会导致资金积压。假设市场对P1产品的需求上限为14，对P2产品的需求上限为9，对P3产品的需求上限为7，对P4产品的需求上限为5，对P5产品的需求上限为3，那么相应的约束条件就是$x_1 \leqslant 14$，$x_2 \leqslant 9$，$x_3 \leqslant 7$，$x_4 \leqslant 5$，$x_5 \leqslant 3$。这些需求约束条件，要求企业在制订生产计划时，必须充分考虑市场的实际需求，以避免生产过剩。

最后，产量应大于或等于0，即决策变量大于或等于0。这是一个基本的逻辑约束，因为生产数量不可能是负数。用数学表达式表示为$x_1 \geqslant 0$，$x_2 \geqslant 0$，…，$x_n \geqslant 0$。这个约束条件确保了我们的生产决策在实际意义上是可行的。

综上所述，通过构建目标函数和考虑各种约束条件，我们可以运用运筹学中的线性规划等方法，求解出在现有条件下，每种产品的最佳生产数量，从而实现总利润最大化。这一过程不仅为企业的生产计划提供了科学准确的指导，也有助于企业在复杂多变的市场环境中，合理配置资源，提高生产效率，增强市场竞争力。在实际应用中，企业还可以根据自身的实际情况，对假设条件和约束条件进行进一步的调整和完善，以适应不断变化的市场需求和生产环境。

结合以上分析，假设 x_1 、 x_2 、 x_3 、 x_4 、 x_5 分别为P1、P2、P3、P4、P5产品的产量，根据已知条件建立数学模型如下：

$$\max Z = 32x_1 + 50x_2 + 75x_3 + 100x_4 + 113x_5$$

$$\text{s.t.}\quad \begin{cases} x_1 + x_2 + x_3 + x_4 + x_5 \leqslant 19 \\ x_1 + x_2 + x_5 \leqslant 14 \\ x_2 + 2x_3 + x_4 + x_5 \leqslant 24 \\ x_3 + x_4 \leqslant 8 \\ x_2 + 2x_4 + x_5 \leqslant 11 \\ x_1 \leqslant 14 \\ x_2 \leqslant 9 \\ x_3 \leqslant 7 \\ x_4 \leqslant 5 \\ x_5 \leqslant 3 \\ x_1,\ x_2,\ x_3,\ x_4,\ x_5 \geqslant 0 \end{cases}$$

（四）模型求解

在实际应用中，由于所面临的线性规划问题往往涉及较多的决策变量和复杂的约束条件，手工计算变得非常困难。因此，可以采用计算机软件和编程的方法来求解。这些软件通常具有友好的用户界面，用户只需输入问题的相关参数，如决策变量、约束条件和目标函数等，软件就能够自动进行求解，并输出详细的结果报告。运筹学软件的使用大大降低了求解线性规划问题的门槛，使得非专业的人员也能够轻松地应用线性规划方法来解决实际问题。

无论采用哪种方法，线性规划的核心在于为可行解限定一个范围，即可行域。最优解必然会在这个限定范围内获得。首先要确定可行域，然后在可行域下求目标函数的最大值。如果没有可行域，再好的目标也是无法实现的。例如，在生产计划中，如果不考虑原材料的限制和市场需求的限制，盲目地追求高产量和高利润，最终可能导致生产出来的产品无法销售出去，或者因为原材料短缺而无法生产，从而无法实现企业的目标。

同样，即使有可行域，但如果可行域无界，也是难以达到最优的。想象一下，给你无数个可行的方案，你能从中选择出最优的吗？方案太多，反而会让人陷入迷茫，无法做出有效的决策。这就好比在生活中，如果没有任何规则和约束，人们可以随心所欲地行事，那么社会将会陷入混乱，每个人的利益都无法得到保障。

在此借助运筹学运算，把模型数据带入软件，如图12-2所示。

*********** 最优解如下 *************
目标函数最优值为：1464

变量	最优解	相差值
X1	0.00	18.00
X2	8.00	0.00
X3	3.00	0.00
X4	5.00	0.00
X5	3.00	0.00

约束	松弛/剩余变量	对偶价格
1	0.00	50.00
2	3.00	0.00
3	2.00	0.00
4	0.00	25.00
5	0.00	0.00
6	14.00	0.00
7	1.00	0.00
8	4.00	0.00
9	0.00	25.00
10	0.00	63.00

图12-2　运筹学运算软件最优解

P1~P5的产量分别为0，8，3，5，3，结果最大利润为1464。

（五）结果分析

在ERP系统中进行生产计划优化时，通过线性规划模型计算出的最优产量方案为决策提供了重要的参考依据。下面详细分析这些结果，并探讨如何根据市场变化和约束条件的变化范围做出灵活调整，以实现企业效益的最大化。

1. 产品产量结果分析

根据线性规划模型的计算结果，P1、P2、P3、P4、P5五种产品的最优产量分别为0，8，3，5，3。具体数据如下。

（1）P1产品的产量为0

原因分析：P1产品的售价相对较低，利润空间较小。在当前市场需求和原材料供应条件下，优先生产利润更高的其他产品能够最大化企业的总利润。

合理性：这一结果符合经济学中的边际收益原则，即在资源有限的情况下，优先选择边际收益较高的项目进行投资或生产。因此，不生产P1产品是合理的。

（2）P2、P3、P4、P5产品的产量分别为8、3、5、3

原因分析：这些产品的利润较高，且市场需求量较大。通过合理安排生产计划，可以确保企业在满足市场需求的同时，最大化其利润。

合理性：这些产品的产量分配不仅考虑了市场需求，还兼顾了原材料和人工的限制条件，确保了生产的可行性和经济效益。

2. 目标函数及约束条件的变化范围

在线性规划模型中，目标函数和约束条件的变化范围可以帮助更好地理解各种因素对最优解的影响。以下是具体分析。

（1）目标函数的变化范围

P1产品的售价变化范围：P1产品的售价在0~50元变化都不会影响最优结果。这是因为P1产品的利润较低，在当前生产计划中已经决定不生产该产品，因此其价格波动不会对总利润产生显著影响。

P2产品的售价变化范围：P2产品的售价在32~75元变化也不会影响最优结果。这意味着即使P2产品的市场价格有所波动，只要在其合理范围内，当前的生产计划依然能够保持最优状态。

P3、P4、P5产品的售价变化范围：类似地，P3、P4、P5产品的售价在一定范围内变化也不会影响最优解。这为企业提供了较大的灵活性，可以在市场价格波动时迅速做出反应，而不必频繁调整生产计划。

（2）约束条件的变化范围

人工数量的变化范围：如果人工数量小于11或者大于19，最优解会发生变化。这是因为人工数量直接影响生产能力，过少的人工可能导致生产不足，而过多的人工则可能造成资源浪费。

原材料供应的变化范围：不同原材料的供应量也会影响最优解。例如，R1、R2、R3、R4等原材料的供应量发生变化时，可能会导致某些产品的产量调整。通过对这些约束条件的敏感性分析，企业可以提前制定应对措施，确保生产计划的稳定性和可行性。

（3）注意事项

在实际运营中，市场处于动态变化之中。产品售价方面，当市场需求旺盛，而竞争对手产品供应不足时，产品售价可能会有所上浮；反之，若市场饱和，竞争激烈，为争夺市场份额，产品售价可能被迫下调。原材料供应同样充满变数，供应商可能因自身生产故障、运输环节受阻或者原材料产地出现不可抗力因素，从而供应量减少；也可能因供应商产能提升、市场原材料供过于求，从而供应量增加。

鉴于此，各组同学在开展生产决策时，务必紧密结合所抢订单以及市场供应的实时情况，对诸如产品利润、原材料库存等已知数据灵活调整。例如，如果抢到的订单对产品数量和交付时间有特殊要求，而此时原材料供应紧张，就需要重新评估生产计划。

用线性规划解决生产计划问题，关键在于对实际问题的简化处理。要精准提炼出核心要素，如将产品生产数量、原材料使用量、设备工时等转化为数学变量。设定目标函数时，常以利润最大化或成本最小化为导向，同时依据原材料供应上限、设备产能极限、订单需求等构建约束条件，从而将复杂的生产实际转化为数学模型。

在求解数学问题时，要根据模型的复杂程度选择恰当方法。对于简单模型，可运用图解法直观呈现可行域与最优解；复杂模型则借助单纯形法或专业软件（如MATLAB、Lingo等）进行高效运算，最终为企业生产操作提供科学、精准的方案，实现资源的优化配置，提升企业经济效益和市场竞争力。

3. 市场决策

（1）实时监控市场动态

通过市场调研和数据分析工具，实时监控市场需求和价格变化。一旦发现某种产品的市场需求增加或价格上升，可以迅速调整生产计划，增加该产品的产量。

（2）灵活调整生产计划

在ERP系统中设置灵活的生产计划模板，允许根据市场变化快速调整生产线配置。例如，当市场需求增加时，可以临时增加某条生产线的产能，以满足短期需求。

（3）优化广告投放策略

根据市场需求预测和产品利润率，优化广告投放策略。对于利润较高的产品，可以适当增加广告投入，提升品牌知名度和市场份额；而对于利润较低的产品，则可以减少广告支出，避免资源浪费。

（4）库存管理与供应链优化

加强库存管理和供应链优化，确保原材料供应的稳定性。通过与供应商建立长期合作关系，确保关键原材料及时供应，避免原材料短缺导致生产中断。

线性规划问题在计划生产中的应用远不止这些，需要我们进一步学习并挖掘。我们需要在学习中成长，在成长中坚持。在企业经营中产量除与原材料有关，还与生产线的生产能力、利润、库存、广告等因素有关，因此在ERP操作中，考虑在各种外界条件影响下，如何通过建立运筹学模型取得最佳产量。

第四节　计划生产——多目标规划

一、多目标规划概述

多目标规划（multi-objective optimization，MOO）是运筹学中的一个重要分支，旨在解决具有多个相互冲突或不完全一致的目标的优化问题。与传统的单目标优化不同，多目标规划需要在多个目标之间找到最佳平衡点，以满足不同的需求和约束条件。本节将详细介绍多目标规划的基本概念、方法及其在实际应用中的重要性，并通过具体案例展示其应用过程。

（一）多目标规划的定义

多目标规划是指在一个决策问题中存在多个目标函数，这些目标函数通常是相互冲突的。例如，在生产计划中，企业可能希望在最大化利润的同时最小化成本，这两个目标往往是相互矛盾的。因此，多目标规划的核心在于如何在这些相互冲突的目标之间找到一个合理的折中方案。

目标函数：

$\min\{f_1(x), f_2(x), \cdots, f_k(x)\}$ 或 $\max\{f_1(x), f_2(x), \cdots, f_k(x)\}$，其中，$f_i(x)$ 是第 i 个目标函数，k 是目标函数的个数。

约束条件：$g_j(x) \leqslant 0$（$j=1, 2, \cdots, m$）和 $h_l(x)=0$（$l=1, 2, \cdots, n$），其中，$g_j(x)$ 是不等式约束，$h_l(x)$ 是等式约束，x 是决策变量向量。

解的概念：

由于多目标规划中多个目标函数之间可能存在冲突，通常很难找到一个解同时使所有目标函数都达到最优。因此，多目标规划的解通常采用以下几种方式来定义。

有效解［帕累托最优解（Pareto optimal solutions）］：如果一个解 x^* 使得不存在另一个解 x，使得所有目标函数 $f_i(x)$ 都不比 $f_i(x^*)$ 差，并且至少有一个目标函数 $f_i(x)$ 比 $f_i(x^*)$ 好，则称 x^* 为有效解。有效解集合构成了问题的Pareto前沿。

弱有效解：如果一个解 x^* 使得不存在另一个解 x，使得所有目标函数 $f_i(x)$ 都比 $f_i(x^*)$ 好，则称 x^* 为弱有效解。

近似解：在实际应用中，由于计算资源的限制，通常会寻找近似解，这些解在一定程度上满足优化目标，并且在实际应用中具有可接受的性能。

（二）多目标规划的特点

1. 多个目标

多目标规划问题通常涉及两个或更多目标函数。

2. 相互冲突

这些目标函数通常是相互冲突的，即提高一个目标可能会降低另一个目标。

3. 帕累托最优

由于目标之间的冲突，无法找到一个全局最优解，而是寻找一组帕累托最优解，即在不降低任何其他目标的情况下无法进一步改进某个目标的解集。

（三）多目标规划的求解方法

1. 加权和法

加权和法是一种简单直观的方法，通过为每个目标函数赋予不同的权重，将其转化为单目标优化问题。具体步骤如下。

确定权重：根据各目标的重要性，为其分配相应的权重。

构建加权和目标函数。

求解单目标优化问题：使用传统的单目标优化方法（如线性规划、非线性规划等）求解上述加权和目标函数。

2. 目标规划法

目标规划法（goal programming，GP）通过设定每个目标的理想值，并最小化偏离这些理想值的偏差来求解多目标规划问题。具体步骤如下。

设定目标值：为每个目标函数设定一个理想值。

构建偏差变量：引入正偏差变量和负偏差变量，表示实际值与理想值之间的差距。

构建目标函数。

求解线性规划问题：使用线性规划方法求解上述目标函数。

（三）多目标规划的实际应用

1. 生产计划优化

在制造业中，多目标规划广泛应用于生产计划优化。企业需要在满足市场需求、控制生产成本的同时，最大化利润和产品质量。通过多目标规划方法，可以在多个目标之间找到最佳平衡点，实现高效生产和资源利用。

2. 物流配送优化

物流配送问题是典型的多目标优化问题，企业需要在满足客户交货期、降低运输成本的同时，减少碳排放和环境影响。通过多目标规划方法，可以设计出最优的配送路线和调度方案，提升整体运营效率。

3. 项目管理

在项目管理中，项目经理需要在有限的时间和资源内完成多个任务，同时满足质量要求和预算限制。通过多目标规划方法，可以在时间、成本和质量之间找到最佳平衡点，确保项目顺利实施。

4. 资源配置

资源配置问题是企业日常运营中的常见问题，如何合理分配有限的资源以满足多个部门的需求是一个复杂的多目标优化问题。通过多目标规划方法，可以在各部门之间找到最佳资源分配方案，实现整体效益最大化。

多目标规划作为运筹学的重要分支，为企业在复杂环境下做出科学决策提供了有力支持。通过合理运用多目标规划方法，企业可以在多个相互冲突的目标之间找到最佳平衡点，实现资源的高效利用和整体效益的最大化。多目标规划、尽管仍面临一些挑战，但随着技术的不断进步和方法的不断完善，必将在更多领域发挥更大的作用，助力企业和组织实现可持续发展。

二、计划生产的多目标问题

（一）ERP模拟经营中最优生产条件

在ERP计划生产过程中，企业要实现最优生产，往往面临多个目标，而非单一目标。这些目标相互关联、相互制约，需要综合考虑以实现企业的整体利益最大化。

首先，对于某些企业而言，保证企业不破产、维持正常运营是首要任务。这就要求企业利润必须达到一定的数额。利润是企业生存和发展的血液，只有达到一定的利润水平，企业才能支付各项成本、进行设备更新和技术研发等活动。例如，一家小型制造企业，如果利润长期低于维持基本运营的水平，就可能无法按时支付员工工资、偿还贷款，最终导致企业破产。

其次，市场需求的动态变化对企业生产提出了限制。为避免库存积压，某种产品的产量不应超过市场需求量。如果企业盲目追求产量，生产出大量市场需求不足的产品，就会造成库存积压。库存积压不仅占用大量资金，还会增加仓储成本，甚至可能由产品过时或损坏造成损失。比如，在服装行业，流行趋势变化迅速，如果企业生产过多当季款式的服装而未能及时销售出去，随着季节的更替和潮流的变化，这些服装可能就会滞销，给企业带来巨大的经济损失。

此外，企业的生产还可能受到资源供应紧张的挑战。例如，企业加大广告投放力度，可能会吸引更多订单，然而，如果原材料供应商的产能有限或者运输出现问题，就会导致原材料供应不足。在这种情况下，如何合理分配有限的资源，满足生产需求，成为企业面临的挑战。

面对这些复杂的情况，企业如何运用运筹学来实现多个目标呢？答案是多目标规划模型。多目标规划模型是运筹学中的一个重要工具，专门用于解决在多个目标相互冲突或相互制约的情况下，寻求最优解决方案的问题。通过构建多目标规划模型，企业可以将利润最大化、库存最小化、资源合理分配等目标纳入统一的框架中，通过数学方法找到满足所有目标的最优解或非劣解，从而实现企业在复杂环境下的最优生产决策。

（二）计划生产多目标分析

基于上述假设，我们构建了一个生产计划的线性规划模型。在这个模型中，目标函数旨在实现总利润最多。设P1、P2、P3、P4、P5产品的单位利润分别为 p_1、p_2、p_3、p_4、p_5，那么目标函数可表示为 $\max\ Z = p_1x_1 + p_2x_2 + p_3x_3 + p_4x_4 + p_5x_5$，其中 x_1、x_2、x_3、x_4、x_5 分别为P1、P2、P3、P4、P5产品的产量。这个目标函数直观地反映了企业追求利润最大化的核心诉求，通过调整不同产品的产量，寻求总利润的最大值。

而约束条件则综合考虑了人工、原材料及市场需求量的限制。在人工方面，由于企业的劳动力数量是有限的，每个产品的生产都需要消耗一定的人工工时。假设生产一个P1需要 a_1 个工时，生产一个P2需要 a_2 个工时，以此类推，企业总的人工工时限制为 A，那么关于人工的约束条件可以表示为 $a_1x_1 + a_2x_2 + a_3x_3 + a_4x_4 + a_5x_5 \leqslant A$。

原材料的限制同样关键。以原材料R1为例，若生产一个P1需要消耗 r_{11} 个R1，生产一个P2需要消耗 r_{12} 个R1，以此类推，R1的库存限制为R1，则关于R1的约束条件为 $r_{11}x_1+r_{12}x_2+r_{13}x_3+r_{14}x_4+r_{15}x_5 \leqslant$ R1。同理，对于其他原材料R2、R3、R4，也可以根据它们在不同产品生产中的用量以及库存限制，建立相应的约束条件。

市场需求限制也是不容忽视的因素。由于市场对产品的消化能力有限，如果企业生产的产品数量超过市场需求，就会导致库存积压，占用资金和仓储空间。假设市场对P1产品的需求上限为

d_1，对P2产品的需求上限为d_2，以此类推，那么相应的约束条件就是$x_1 \leq d_1$，$x_2 \leq d_2$，$x_3 \leq d_3$，$x_4 \leq d_4$，$x_5 \leq d_5$。

这个线性规划模型是我们在案例中建立的，它综合考虑了企业生产过程中的各种关键因素，通过数学的方法，为企业的生产计划提供了科学的决策依据。在实际应用中，企业可以根据自身的实际数据，代入模型进行求解，从而确定最优的生产方案，实现资源的有效配置和利润的最大化。这一模型在复杂的生产环境中，为企业的生产决策指明了方向，帮助企业在诸多限制条件下，找到实现经济效益最大化的路径。

通过以上分析可知，在ERP运营中，会受到多因素的影响。基于此，我们设定以下影响因素作为ERP运营的目标，并明确各目标的优先级。

第一优先级为a_1：要求总利润必须超过1300。利润是企业生存和发展的核心指标，只有保证足够的利润，企业才能持续投入研发、扩大生产规模、提升员工福利等。若总利润无法达到1300，企业可能面临资金周转困难，难以维持日常运营，更无法实现长期发展目标。例如，一家小型制造企业，若长期利润微薄，可能无法按时偿还贷款，导致信用受损，进而影响原材料采购和订单获取。

第二优先级为a_2：由于原材料R2和R4供应比较紧张，不要超过现有量，且R4是R2的2倍。原材料是生产的基础，若原材料供应不足，生产线将被迫停工，造成生产中断和经济损失。假设现有R2的量为X，那么R4的量为$2X$。在安排生产时，生产各产品对R2和R4的消耗总量必须分别小于或等于X和$2X$。例如，生产P1产品每件需要消耗R2为r_{12}单位，生产P1产品每件需要消耗R2为r_{22}单位，以此类推，那么对于R2的约束条件可表示为r_{12}*P1的产量+r_{22}*P2的产量+$\cdots \leq X$。对于R2同理。要确保生产过程中对这两种关键原材料的合理使用，避免过度使用导致供应中断。

第三优先级为a_3：考虑产品受市场影响，为避免积压，P2、P3的生产量不超过9件和7件。市场需求是动态变化且难以精准预测的，若生产过多超出市场消化能力的产品，会导致库存积压。库存积压不仅占用大量资金，增加仓储成本，还可能由产品过时贬值造成损失。以服装行业为例，若某季度生产的某款式服装数量超出市场需求，下一季度该款式可能不再流行，只能以低价处理，严重影响企业利润。所以，严格控制P2、P3的产量，使其分别不超过9件和7件，是避免库存积压风险的重要举措。

第四优先级为a_4：考虑各组经营的情况，P1不少于3个。P1产品可能在企业的产品体系中具有特殊地位，比如它是企业的基础产品，拥有稳定的客户群体，维持一定的P1产量有助于稳定企业的市场份额和客户关系。同时，保证P1的产量也可能与企业的品牌形象、市场口碑相关联。若P1产量过低，可能会让客户对企业的生产能力和稳定性产生质疑。

在运筹学中，优先级一般用p来表示，但本案例中使用ERP规则，产品用P表示，为避免混淆，在此使用a来表示优先级。这些不同优先级的目标相互关联又相互制约，共同影响着企业的生产决策。企业在制订生产计划时，需要综合考虑各目标的优先级，运用运筹学中的多目标规划方法，寻求最优解。例如，可以通过线性加权法、目标规划法等，将多个目标转化为一个综合目标函数，同时结合各目标的约束条件，利用专业软件或算法求解出在满足各优先级目标条件下的产品最优产量组合。这样，企业在复杂的ERP运营环境中，能够在利润、原材料供应、市场需求和产品定位等多方面因素的制约下，实现资源的有效配置和生产效益的最大化，提升企业的市场竞争力和可持续发展能力。

在ERP运营过程中，受到诸多因素的影响，如市场需求的波动、原材料供应的稳定性、生产成本的变化、设备产能的限制以及人力资源的配置等。这些因素相互交织，使企业的生产决策变得极为复杂。为了应对这种复杂性，满足企业在不同方面的需求，我们需要建立多个目标。例如，企业既希望实现利润最大化，又要确保产品库存保持在合理水平，同时还需保证原材料的供应能够满足生产需求且不造成过多积压，并且要考虑设备的有效利用和员工的工作负荷等。

这与运筹学中多目标规划的思想不谋而合。多目标规划问题旨在处理在多个相互冲突或相互制约的目标下，寻求最优解决方案的问题。其核心思路是把多个目标通过运筹学的方法整合成一个综合目标，然后利用运筹学的相关方法进行求解。

（三）建立多目标规划模型

在建立多目标规划模型时，为了更精准地处理多个目标之间的关系，引入偏差变量d。偏差变量的作用是表示实际值与目标值之间的差异，它是构建多目标规划模型的关键要素之一。通过引入偏差变量，我们能够将多个目标转化为可量化的数学表达式，从而便于进行求解和优化。

所有目标的实际值与目标值的差异值乘以相应的优先级，然后求和值最小（即min），得到该多目标规划模型的目标函数。这里的优先级体现了不同目标的重要程度，较高优先级的目标在求和过程中具有更大的权重，这保证了在优化过程中，重要目标的偏差会被优先最小化。

目标规划模型的约束由目标约束和绝对约束组成。

目标约束是根据我们期望达到的目标来建立的。以利润目标为例，假设要求利润不低于1300。设生产P1、P2、P3、P4、P5产品的产量分别为x_1、x_2、x_3、x_4、x_5，它们对应的单位利润分别为p_1、p_2、p_3、p_4、p_5。那么，利润目标约束可以表示为：$p_1x_1+p_2x_2+p_3x_3+p_4x_4+p_5x_5 \geqslant 1300$，其中$d_1^-$表示负偏差变量，代表实际利润低于目标利润1300的部分；d_2^+表示正偏差变量，代表实际利润高于目标利润1300的部分。在求解过程中，我们希望d_1^-尽可能小，因为我们的目标是利润不低于1300。

同理，对于其他目标也可以建立类似的约束。比如，由于原材料R2和R4供应比较紧张，假设R_2的现有量为r_2，R4的现有量为$2r_2$（已知R4是R2的2倍）。生产P1产品每件需要消耗R2为r_{12}单位，生产P2产品每件需要消耗R2为r_{22}单位，以此类推。则关于R2的目标约束为：$r_{12}x_1+r_{22}x_2+r_{32}x_3+r_{42}x_4+r_{52}x_5+d_2^-+d_2^+=r_2$，关于R4的目标约束为：$r_{14}x_1+r_{24}x_2+r_{34}x_3+r_{44}x_4+r_{54}x_5+d_3^-+d_3^+=2r_2$。这里的$d_2^-$，$d_2^+$和$d_3^-$，$d_3^+$分别表示R2和R4实际使用量与目标使用量（即现有量）之间的负偏差和正偏差变量，我们希望负偏差尽可能小，以避免原材料超量使用。

考虑产品受市场影响，为避免积压，要求P2、P3的生产量不超过9件和7件。则对于P2的目标约束为：$p_2x_2+d_4^-+d_4^+=9$，对于P3的目标约束为：$x_3+d_5^-+d_5^+=7$。同样，我们希望d_4^+和d_5^+尽可能小，以确保P2和P3的产量不超过市场需求限制。

考虑各组经营的情况，要求P1不少于3个。则P1的目标约束为：$x_1+d_6^-+d_6^+=36$，这里希望d_6^-可能小，保证P1的产量达到要求。

绝对约束就是案例中相应的约束条件，例如人工工时约束、设备产能约束等。假设生产1个P1需要a_1个工时，生产1个P2需要a_2个工时，企业总的人工工时限制为A，那么关于人工的绝对约束条件可以表示为$a_1x_1+a_2x_2+a_3x_3+a_4x_4+a_5x_5 \leqslant A$。这些绝对约束是必须严格满足的条件，它们限制了生产计划的可行域。

通过以上方式构建多目标规划模型，将复杂的多目标问题转化为数学模型，再运用运筹学中的相关算法进行求解，如单纯形法的改进版本等。通过求解该模型，我们可以得到在满足各种约束条件下各产品的最优产量，从而为企业的生产计划提供科学的决策依据，实现企业资源的优化配置，提高企业的经济效益和市场竞争力。

然后我们建立目标规划模型如下：

$$\min Z=a_1d_1^-+a_2d_2^++2a_2d_3^++a_3d_4^++a_4d_5^++a_4d_6^+$$

$$\begin{cases}32x_1+50x_2+75x_3+100x_4+113x_5+d_1^--d_1^+=1300\\x_2+d_2^--d_2^+=9\\x_3+d_3^--d_3^+=7\\x_1+d_4^--d_4^+=3\\x_2+2x_3+x_4+x_5+d_5^--d_5^+=24\\x_2+2x_4+x_5+d_6^--d_6^+=11\\x_1+x_2+x_3+x_4+x_5\leqslant 19\\x_1+x_2+x_5\leqslant 14\\x_3+x_4\leqslant 8\\x_4\leqslant 5\\x_5\leqslant 3\\x_1,\ x_2,\ x_3,\ x_4,\ x_5\geqslant 0,\ d_j^-,\ d_j^+\geqslant 0,\ j=1,\ 2,\ \cdots,\ 6\end{cases}$$

（四）求解多目标规划模型

求解多目标规划模型通常涉及多个步骤，下面详细介绍常见的求解方法和流程。

1. 模型标准化

将目标函数和约束条件整理成标准形式。目标函数一般是求最小化或最大化，约束条件分为等式约束和不等式约束。比如之前提到的多目标规划模型，目标函数是求所有目标的实际值与目标值的差异值乘以相应优先级后的和最小（min），约束条件包含目标约束和绝对约束。对于目标约束，如利润不低于1300的约束，以及原材料、产量限制等约束，都需要整理清晰。

2. 求解模型

对于复杂的多目标规划模型，通常借助专业软件来求解。如Lingo软件，它专门用于求解线性、非线性和整数规划问题，用户只需按照软件的语法规则输入目标函数和约束条件，即可得到求解结果；Matlab 也具有强大的优化工具箱，能处理各种优化问题，通过编写相应的代码来调用优化函数求解多目标规划模型。

得到求解结果后，需要对结果进行分析。检查各目标的实现情况，判断是否满足实际需求。例如，查看利润是否达到或超过 1300，原材料是否在限制范围内使用，产品产量是否符合市场需求和经营要求等。如果结果不理想，可能需要调整模型，如重新确定优先级、权重，或者修改约束条件等，然后再次进行求解。

在此我们依然借助运筹学运算软件来实现，结果如图12–3所示。

step1

目标函数值为：0.000

变量	解	相差值
****	****	******
X1	1.125	0.000
X2	6.000	0.000
X3	7.000	0.000
X4	1.000	0.000
X5	3.000	0.000
d1-	0.000	1.000
d1+	0.000	0.000
d2-	3.000	0.000
d2+	0.000	0.000
d3-	0.000	0.000
d3+	0.000	0.000
d4-	1.875	0.000
d4+	0.000	0.000
d5-	0.000	0.000
d5+	0.000	0.000
d6-	0.000	0.000
d6+	0.000	0.000

step2

目标函数值为：0.000

变量	解	相差值
****	****	******
X1	1.125	0.000
X2	6.000	0.000
X3	7.000	0.000
X4	1.000	0.000
X5	3.000	0.000
d1-	0.000	1E+15
d1+	0.000	0.000
d2-	3.000	0.000
d2+	0.000	1.000
d3-	0.000	0.000
d3+	0.000	1.000
d4-	1.875	0.000
d4+	0.000	0.000
d5-	0.000	0.000
d5+	0.000	0.000
d6-	0.000	0.000
d6+	0.000	0.000

step3

目标函数值为：0.000

变量	解	相差值
****	****	******
X1	3.000	0.000
X2	5.357	0.000
X3	6.500	0.000
X4	1.500	0.000
X5	2.643	0.000
d1-	0.000	1E+15
d1+	0.000	0.000
d2-	3.643	0.000
d2+	0.000	0.000
d3-	0.500	0.000
d3+	0.000	0.000
d4-	0.000	1.000
d4+	0.000	0.000
d5-	1.500	0.000
d5+	0.000	0.000
d6-	0.000	0.000
d6+	0.000	0.000

step4

目标函数值为：3.000

变量	解	相差值
****	****	******
X1	3.000	0.000
X2	5.357	0.000
X3	6.500	0.000
X4	1.500	0.000
X5	2.643	0.000
d1-	0.000	1E+15
d1+	0.000	0.000
d2-	3.643	0.000
d2+	0.000	0.000
d3-	0.500	0.000
d3+	0.000	0.000
d4-	0.000	1E+15
d4+	0.000	3.000
d5-	1.500	0.000
d5+	0.000	2.000
d6-	0.000	0.000
d6+	0.000	1.000

图12-3　运筹学运算软件计算结果

可以看出最优结果x_1~x_5为3，5.4，6.5，1.5，2.6，即得到P1~P5的产量。

（五）结果分析

将运算结果P1、P2、P3、P4、P5这五种产品的产量带入模型，得：

$$\begin{cases}32\times 3+50\times 5.4+75\times 6.5+100\times 1.5+113\times 2.6=1298\approx 1300\\5.4<9\\6.5<7\\3+0=3\\5.4+2\times 6.5+1.5+2.6=22.5<24\\5.4+2\times 1.5+2.6=11\\3+5.4+6.5+1.5+2.6=19\\3+5.4+2.6=11\leqslant 14\\6.5+1.5=8\\1.5\leqslant 5\\2.6\leqslant 3\end{cases}$$

通过对当前生产计划的分析，得到一系列关键数据反馈，这些数据对于评估生产计划的合理性以及指导后续生产决策具有重要意义。

从利润目标来看，目前利润基本达到目标值1300。这一结果表明，在当前的生产安排和市场环境下，企业的盈利状况处于较为理想的水平。利润的达成不仅为企业的持续运营提供了资金保障，还为企业的进一步发展和扩张奠定了基础。例如，企业可以利用这部分利润进行设备升级、技术研发或者市场拓展，从而提升自身的竞争力。然而，虽然利润达标，但仍有进一步提升的空间，企业可以通过优化生产流程、降低成本或者调整产品结构等方式，争取实现更高的利润。

在产品产量方面，P1和P2的产量分别为5.4和6.5，均小于目标要求。对于P1产品，尽管产量未达到目标，但保证了不少于3个的基本要求。这一产量可能是在综合考虑市场需求、原材料供应以及其他产品生产优先级等因素后得出的结果。而P2产品产量未达目标，可能是由于市场需求的不确定性，或者在资源分配过程中，为了满足其他更重要的目标而做出的权衡。例如，原材料的供应限制可能导致无法按照原计划生产足够数量的P2产品。在后续的生产计划调整中，需要进一步分析市场需求的变化趋势，以及原材料供应的稳定性，以确定是否需要增加P2产品的产量，或者调整生产资源的分配。

在原材料使用方面，R2的使用量小于24，R4的使用量等于11，均满足目标要求。这说明在原材料的采购和使用管理上，企业的计划执行较为有效。合理的原材料使用不仅避免了资源的浪费，还降低了企业的采购成本。同时，也为企业应对原材料市场价格波动和供应短缺提供了一定的缓冲空间。例如，如果原材料市场价格上涨，企业由于合理控制了使用量，可以减少由价格上涨带来的成本增加；如果出现供应短缺，企业也有一定的库存储备来维持生产的连续性。

综合来看，该结果能满足所有目标约束以及绝对约束，这表明当前的生产计划在整体上是可行的，并且在一定程度上实现了资源的优化配置。在做计划生产时，该结果可以作为重要的参考依据。它为企业提供了一个基准，企业可以在此基础上，根据市场环境的变化、自身资源的状况以及战略目标的调整，对生产计划进行优化和改进。

各组在实际经营中，应充分借鉴这一模型和结果，同时结合自己的实际情况，建立相应的模型。例如，不同小组可能拥有不同的生产线设备、技术水平、市场渠道以及资金状况等，这些因素都会影响生产计划的制订。因此，各小组需要对自身的资源和能力进行全面评估，分析市场需求的特点和趋势，确定适合自己的目标优先级和权重。通过建立科学合理的多目标规划模型，各小组可以在满足各种约束条件的前提下，寻求利润最大化的生产方案，从而为小组增加比赛资本。

在实际操作中，各小组可以利用专业的运筹学软件（如Lingo或Matlab等）来辅助模型的建立和求解。这些软件具有强大的计算和分析功能，能够快速准确地得出最优解或满意解。同时，各小组还需要密切关注市场动态，及时调整模型中的参数和约束条件，以适应不断变化的市场环境。例如，当市场需求发生变化时，及时调整产品的产量目标；当原材料价格波动时，重新评估成本和利润目标。通过不断地优化和调整生产计划，各小组能够在激烈的竞争中脱颖而出，实现自身的发展目标。

（六）注意事项

基于上述假设构建的模型，从多个维度综合考虑了影响企业生产运营的关键因素。

首先，模型充分考虑了某个小组至少要达到的利润值。在激烈的市场竞争环境中，无论是真实的企业运营还是模拟的比赛场景，获取一定的利润都是企业生存和发展的基石。对于参与比赛的小组而言，足够的利润不仅可以保证小组不破产，维持运营的基本稳定，还能使小组在比赛排名中占据优势，获得较好的比赛成绩。假设小组在运营初期设定至少要达到的利润目标为P，在模型中，通过将各产品的产量与单位利润相结合，构建利润函数，以确保在各种约束条件下，努力实现利润不低于P。例如，若生产产品A的单位利润为P_a，产量为X_a，生产产品B的单位利润为P_b，产量为X_b，以此类推，利润函数可表示为（$Z = P_aX_a + P_bX_b + \cdots$），通过对产量$x$的优化调整，使$Z \geqslant P$。

其次，模型将市场影响纳入考量范围，致力于避免库存积压。市场需求是动态变化且难以精准预测的，若企业生产的产品数量超出市场的消化能力，库存积压问题便会出现。库存积压不仅会占用大量的资金，增加仓储成本，还可能由产品过时、损坏等造成严重的经济损失。为了有效避免这一情况，模型对各产品的产量设定了上限。例如，根据市场调研和历史销售数据，预估产品C的市场最大需求量为Q_c，则在模型中设定产量$x_c \leqslant Q_c$，以此确保生产的产品数量与市场需求相匹配，降低库存积压的风险。

在ERP实训中，订单因素对企业经营有着至关重要的影响，因此模型也将其纳入。订单的数量、交付时间以及产品种类等都会直接影响企业的生产计划。当企业获取大量订单时，需要相应增加产品产量；而订单量不足时，则需适当减少产量，避免资源浪费。假设企业接到产品D的订单数量为N_d，考虑到生产过程中的损耗以及可能的额外需求，模型中对产品D的产量限制可表示为$x_d \geqslant N_d$，同时结合其他约束条件，如原材料供应、设备产能等，综合确定最终的产量。

此外，模型还充分考虑了各种原因造成的某种原材料的紧缺情况。原材料是企业生产的基础，一旦出现原材料紧缺，将严重影响生产的连续性和稳定性。例如，若原材料E由于供应商产能不足、运输问题或市场供应短缺等原因，可获取的最大量为R_e，而生产产品A、B、C等都需要消耗原材料E，假设生产单位产品A消耗原材料E的量为R_{ae}，生产单位产品B消耗原材料E的量为R_{be}，以此类推，则在模型中建立约束条件，确保在原材料紧缺的情况下，合理分配原材料，优先满足关键产品的生产需求。

该模型全面综合考虑了市场的变化以及各组的实际经营情况。然而，由于市场环境和企业实际运营状况处于不断变化之中，模型中所涉及的数值，如产品的单位利润、市场需求量、订单数量、原材料可获取量等，都需要根据ERP实际经营情况进行动态调整。只有这样，才能使模型始终贴合实际，保证最后的结果更具参考价值，为企业的生产决策提供科学、准确的依据，助力企业在复杂多变的市场环境中实现资源的优化配置和经济效益的最大化。

通过以上案例讲解，可以发现ERP可以借助运筹学思想中的整数规划、线性规划、目标规划以及运输规划的思想解决很多仅靠经验无法解决的问题，从总体最优的角度，找到最佳解决方案，为企业经营带来更多效益。当然还有很多运筹学的思想可以应用到企业运营中，比如PERT网络图可以解决生产工序问题，存储论可以解决各种采购问题，动态规划几乎可以解决在企业运营中碰到的所有问题，所以在ERP运营中，如果碰到任何问题，都可以试着运用运筹学的思想去解决。

第十三章　供应链管理专题

供应链管理在ERP沙盘模拟经营中起着至关重要的作用，直接影响各小组企业的运营效率和盈利能力。通过供应链管理，各模拟企业可以优化采购、生产、库存和销售等环节，减少成本和风险，提高资源利用效率。良好的供应链管理能够确保产品从原材料采购到最终交付的全流程高效协同，减少库存积压和断货风险，同时快速响应市场需求变化，提高客户满意度。在当今全球化和复杂多变的商业环境中，卓越的供应链管理已成为企业实现可持续发展和利润增长的关键驱动力。本章主要从供应链管理介绍、需求计划与生产计划、增值作业与供应链定价、库存优化和经济订货批量几方面进行阐述。

第一节　供应链管理概述

一、供应链管理的含义

（一）供应链管理的含义

供应链管理（supply chain management，SCM）是指通过对供应链中的信息流、物流和资金流进行计划、组织、协调和控制，以实现供应链整体效率最大化和成本最小化的一种管理方法。它不仅关注单一企业的内部运作，更注重供应链上下游企业之间的协作与整合，从而提升整个供应链的竞争力。

供应链管理的核心在于将供应商、制造商、分销商、零售商和最终消费者连接成一个高效协同的整体，确保产品或服务能够以最低的成本、最快的速度和最高的质量从原材料到最终用户手中。

（二）供应链管理的重要作用

供应链管理在现代企业管理中扮演着至关重要的角色，其作用主要体现在以下几个方面。

（1）降低成本

通过优化采购、生产、库存和运输等环节，供应链管理可以帮助企业显著降低运营成本。例如，集中采购可以获取规模效应，降低单位采购成本；精益生产和准时生产（JIT）可以减少库存积压和浪费；合理规划运输路线可以降低物流成本。

（2）提高客户满意度

供应链管理通过缩短交货周期、保证产品质量和提供灵活的服务选项，能够更好地满足客户需求，从而提高客户满意度和忠诚度。

（3）增强市场竞争力

高效的供应链管理可以使企业在激烈的市场竞争中占据优势地位。例如，通过快速响应市场需求、提供差异化产品和服务，企业可以吸引更多客户并扩大市场份额。

（4）促进资源整合

供应链管理通过整合上下游资源，实现了信息流、物流和资金流的协同运作。这种资源整合不仅提高了效率，还为企业创造了更多的商业机会。

（5）支持可持续发展

现代供应链管理越来越注重环保和社会责任。通过采用绿色制造、循环经济和低碳物流等策略，企业可以在实现经济效益的同时，履行社会责任并推动可持续发展。

（6）应对不确定性

供应链管理通过建立风险预警机制和应急响应体系，帮助企业有效应对自然灾害、市场波动、政策变化等不确定因素，保障供应链稳定运行。

二、供应链管理的主要环节

1. 需求预测与计划

需求预测是供应链管理的核心环节之一，其目标是通过分析历史数据、市场趋势和外部环境因素，准确预测未来市场需求，从而为采购、生产和库存管理提供依据。常见的需求预测方法包括：定量预测法，如基于历史数据，使用统计模型（如时间序列分析、回归分析）进行预测；定性预测法，是依赖专家判断、市场调研和情景分析等的主观方法；混合预测法，是结合定量和定性方法，以提高预测准确性。

此外，需求计划还包括制订生产计划和采购计划，确保供应链各环节协调一致。

在ERP沙盘模拟中，需求预测直接影响企业的生产决策和资金分配。如果预测过高，可能导致原材料过度采购和库存积压；如果预测不足，则可能错失市场机会或因缺货影响客户满意度。因此，参与者需要根据市场需求变化灵活调整生产计划，并结合竞争对手动态优化策略。

2. 采购管理

采购管理是指企业在供应链中选择供应商、签订合同、下达订单并跟踪交付的过程。其目标是以最低的成本获取高质量的原材料和服务，同时建立稳定的供应关系。采购管理的关键内容有：供应商评估与选择，包括考虑价格、质量、交货期、服务能力等因素；采购策略，包括集中采购、分散采购、长期合同采购和现货采购等；采购成本控制，是指通过谈判、批量采购和供应链协同降低采购成本。

在ERP沙盘模拟中，采购管理直接决定了企业的现金流和生产成本。例如，如果原材料采购不及时，可能会导致生产线停工；而过量采购则会占用资金，增加库存压力。因此，参与者需要综合考虑采购周期、供应商可靠性以及资金状况，制定合理的采购策略。

3. 库存管理

库存管理的目标是在满足客户需求的同时，尽量减少库存持有成本和缺货风险。常用的库存管理方法如下。

① 经济订购批量（EOQ）模型。是通过计算最优订购量来平衡采购成本和库存持有成本。

② 安全库存设定。是为应对需求波动和供应不确定性，设置一定量的安全库存。

③ ABC分类法。是根据物品的重要性和价值，将其分为A类（高价值）、B类（中等价值）和C类（低价值），并采取不同的管理策略。

在ERP沙盘模拟中，库存管理是企业运营效率的重要体现。过多的库存会占用资金，增加存储成本；而过少的库存可能导致生产中断或无法满足客户需求。因此，各小组需要合理规划库存水平，结合市场需求和生产计划，避免库存积压或短缺。

4. 生产计划与排程

生产计划与排程是供应链管理中用于安排生产活动的关键环节。其目标是根据市场需求和生产能力，制订最优的生产计划。主要内容如下。

① 主生产计划（MPS）。确定最终产品的生产数量和时间。

② 物料需求计划（MRP）。根据主生产计划计算所需的原材料和零部件。

③ 车间排程。将生产任务分配到具体的设备和工人，确保按时完成。

在ERP沙盘模拟中，生产计划的合理性直接影响企业的盈利能力和市场竞争力。参与者需要根据市场需求、生产设备和原材料供应情况，制订科学的生产计划。例如，当市场需求激增时，可以通过加班或增加生产线来提升产能；而在需求低迷时，则应适当缩减生产规模以降低成本。

5. 物流与配送管理

物流与配送管理涉及产品从生产地到客户的整个运输过程，其目标是以最低的成本实现快速、准确交付。关键内容如下。

① 运输方式选择。根据货物特性、运输距离和成本选择合适的运输方式（如公路、铁路、航空、海运）。

② 仓储管理。优化仓库布局和存储策略，提高货物周转效率。

③ 配送网络设计。通过合理规划配送中心和运输路线，缩短交货时间。

在ERP沙盘模拟中，物流与配送管理直接影响客户的满意度和企业的信誉。例如，如果交货延迟，可能会导致客户流失；而高效的物流管理则可以提高客户满意度并增强市场竞争力。因此，参与者需要关注运输成本和交货时间的平衡，在有限资源下制定最优的物流方案。

6. 供应链协同与合作伙伴关系

供应链协同是指供应链上下游企业通过信息共享、资源共享和利益共享实现整体优化的过程。合作伙伴关系的建立是供应链协同的基础，关键内容如下。

① 信息共享。通过信息技术实现供需双方的信息透明化。

② 信任机制。建立长期合作关系，减少交易成本和不确定性。

③ 收益分享。通过共同承担风险和分享收益，增强合作稳定性。

供应链协同和合作伙伴关系直接影响企业的竞争力。例如，与供应商建立稳定的合作关系可以降低采购成本和交货风险，与客户保持良好的沟通则有助于把握市场需求变化。

7. 风险管理与应急响应

供应链风险管理旨在识别、评估和应对供应链中的各种不确定性和潜在风险。关键内容如下。

① 风险识别。分析可能影响供应链的因素，如自然灾害、政策变化、市场波动等。

② 风险评估。量化风险发生的概率和影响程度。

③ 应急响应。制定应急预案，如备选供应商、备用生产线等，以应对突发事件。

在ERP沙盘模拟中，风险管理尤为重要，因为模拟环境中可能会出现原材料短缺、市场需求突变等突发情况。各组需要提前制定应急预案，如储备一定的安全库存，以降低风险对企业的冲击。

8. 成本控制与绩效评估

成本控制是通过优化资源配置和改进流程，降低企业运营成本的过程。绩效评估则是衡量供应链管理效果的重要手段。关键内容如下。

① 成本控制方法。如标准化作业、精益生产、全面质量管理等。

② 绩效评估指标。如库存周转率、订单履行周期、客户满意度等。

在ERP沙盘模拟中，成本控制和绩效评估直接影响企业的盈利能力。各组要关注各项成本（如采购成本、生产成本、物流成本）的控制，并通过绩效指标评估供应链管理的效果。

供应链管理的很多相关理论知识在ERP沙盘模拟经营中都有重要的应用价值。通过深入理解这些理论，并结合实际模拟环境中的挑战，参与者可以更好地制定战略决策，优化资源配置，提升企业的整体运营效率和市场竞争力。这种理论与实践相结合的方式，不仅有助于模拟成功，也为未来的企业管理提供了宝贵的经验。

第二节　供应链管理中的需求计划与生产计划

供应链管理的核心目标在于通过优化信息流、物流和资金流的协同运作，实现供应链整体效率的最大化和成本的最小化。在供应链管理的众多环节中，需求计划和生产计划占据着至关重要的地位。这两个环节不仅直接影响企业的运营效率和盈利能力，还对供应链上下游的协作关系起到关键作用。

一、需求计划的理论与实践

（一）需求计划的定义与重要性

1. 需求计划的定义

需求计划（demand planning）是指通过对市场需求的预测和分析，制订合理的生产和采购计划，以确保企业能够及时满足客户需求并优化资源利用的过程。它是供应链管理的核心环节之一，直接决定了企业的库存水平、生产能力安排以及现金流状况。

需求计划的目标是平衡供需关系，避免由需求波动导致的库存积压或缺货风险。具体来说，需求计划需要回答以下几个问题：

未来的需求量是多少？这需要基于历史数据和市场趋势进行预测。

如何满足这些需求？这涉及采购、生产和库存管理等环节的协调。

如何降低不确定性带来的风险？这需要通过建立安全库存、制定应急预案等方式来应对。

2. 需求计划的重要性

需求计划在现代企业管理中具有重要意义。以下是几个关键方面。

① 提升客户满意度。准确的需求计划可以帮助企业按时交付产品或服务，从而增强客户的信任感和忠诚度。例如，亚马逊通过精准的需求预测和高效的配送体系，实现了“次日达”甚至“当日达”的服务承诺，显著提升了用户体验。

② 优化资源配置。通过合理预测市场需求，企业可以避免过度投资于不必要的产能或原材料，提高资源利用率。例如，苹果公司在新产品发布前会根据市场需求预测调整生产线规模，确保既能满足初期需求，又不会造成过剩库存。

③ 降低运营成本。精确的需求计划有助于减少库存持有成本和缺货损失，从而降低整体运营成本。例如，沃尔玛通过先进的供应链管理系统实现了“零库存”模式，大幅降低了仓储成本。

④ 增强市场竞争力。快速响应市场需求的能力使企业在竞争中占据优势地位。例如，Zara通过快速反应供应链，能够在短时间内设计、生产和销售新款服装，满足消费者的时尚需求。

（二）需求计划的主要内容

1. 市场需求预测

市场需求预测是需求计划的基础，其目的是通过分析历史数据、市场趋势和外部环境因素，预测未来一定时期内的市场需求量。这是需求计划中最复杂也是最关键的环节。

（1）定量预测法

① 时间序列分析。这种方法基于历史销售数据的时间序列模型，用于识别趋势和周期性变化。例如，零售商可以通过分析过去几年的季度销售数据，预测特定季节的产品需求量。

② 回归分析。通过建立数学模型，分析影响需求的各种因素（如价格、促销活动、季节性等），预测未来需求。例如，汽车制造商可以根据经济指标（如GDP增长率、消费者信心指数）预测新车销量。

③ 机器学习算法。随着大数据技术的发展，机器学习算法（如神经网络、随机森林等）被广泛应用于复杂模式识别和预测。例如，阿里巴巴旗下的菜鸟网络利用机器学习算法预测不同地区的快递需求量，优化配送路线。

（2）定性预测法

① 专家判断法。邀请行业专家或内部团队对市场需求进行主观评估。这种方法适用于缺乏历史数据的新产品或新市场。例如，华为在推出5G设备时，依靠行业专家的意见制定了初期的市场需求预测。

② 市场调研法。通过问卷调查、访谈等方式收集消费者意见，了解潜在需求。例如，可口可乐在推出新品饮料时，会通过大规模市场调研了解消费者的口味偏好。

③ 情景分析法。根据不同的假设条件（如经济衰退、政策变化）构建多种可能的情景，评估其对需求的影响。例如，特斯拉在规划电动车生产时，会考虑油价波动、环保政策等因素对市场需求的影响。

2. 库存控制与补货策略

库存控制是需求计划的重要组成部分，其目标是在满足客户需求的同时，尽量减少库存持有成本和缺货风险。以下是几种常见的库存控制方法。

① 经济订购批量（EOQ）模型。通过计算最优订购量，平衡采购成本和库存持有成本。例如，一家制造企业可以根据原材料的价格和存储成本，确定每次采购的最佳数量。

② 安全库存设定。为应对需求波动和供应不确定性，设置一定量的安全库存。例如，疫情期间，许多零售商增加了食品和医疗用品的安全库存，以应对突发需求。

③ ABC分类法。根据物品的重要性和价值，将其分为A类（高价值）、B类（中等价值）和C类（低价值），并采取不同的管理策略。例如，航空公司对飞机零部件进行ABC分类，优先管理高价值的关键部件。

④ 再订货点（ROP）计算。确定库存降至某一水平时需要重新下单的数量，以避免缺货。例如，超市会根据商品的销售速度和交货周期，设定每个产品的再订货点。

3. 需求计划的协调与沟通

需求计划的成功实施离不开供应链上下游的密切协作。企业需要与供应商、分销商和客户保持良好的沟通，确保信息的透明性和一致性。以下是几种常用的协调机制。

① 信息共享平台。通过ERP系统或其他信息技术工具，实时共享订单、库存和销售数据。例如，戴尔公司通过与其供应商共享生产计划和库存信息，实现了高效的供应链协作。

② 联合预测与规划（CPFR）。供应链成员共同参与需求预测和计划编制，实现利益共享和风险共担。例如，宝洁公司与其零售合作伙伴共同制定销售预测，优化库存管理。

③ 定期会议与反馈机制。定期召开供应链协调会议，讨论需求计划的执行情况并调整策略。例如，丰田公司通过定期与供应商开会，及时解决供应链中的问题。

（三）需求计划的影响因素

1. 内部因素

内部因素是指企业自身条件对需求计划的影响。以下是一些主要因素。

① 历史销售数据。企业的历史销售记录是需求预测的重要依据，但需要注意数据的质量和完整性。如果数据存在偏差或缺失，可能导致预测结果失准。

② 生产能力。企业的生产能力限制会影响需求计划的可行性。例如，如果市场需求增长过快，而企业的生产能力无法跟上，则需要调整计划或增加投资。

③ 库存水平。现有库存状况会直接影响采购和生产计划的制订。如果库存过高，可能会导致资金占用过多；如果库存过低，则可能面临缺货风险。

2. 外部因素

外部因素是指企业外部环境对需求计划的影响。以下是一些主要因素。

① 市场需求变化。宏观经济环境、消费者偏好和技术进步等因素都会对市场需求产生重大影响。例如，智能手机市场的快速增长推动了相关零部件的需求。

② 竞争对手动态。竞争对手的产品发布、促销活动和市场份额变化也会间接影响企业的需求预测。例如，当苹果发布新款iPhone时，其他手机厂商可能会调整自己的生产计划。

③ 政策法规。政府出台的环保政策、关税调整等可能会改变供应链的成本结构和运作方式。例如，欧盟的碳排放政策促使许多企业调整了运输和生产策略。

（四）需求计划的挑战与应对策略

1. 主要挑战

需求计划在实际操作中面临许多挑战，主要包括以下几点。

① 数据质量问题。历史数据不完整或存在偏差可能导致预测结果失准。例如，如果某个产品的销售数据因为系统故障丢失了一段时间的，那么基于这些数据的预测可能就不够准确。

② 需求波动性。市场需求受多种不确定因素影响，难以完全准确预测。例如，自然灾害、疫情等突发事件可能会导致需求突然变化。

③ 信息不对称。供应链上下游企业之间的信息共享不足，可能导致“牛鞭效应”，即需求波动在供应链中逐级放大。

2. 应对策略

为了克服上述挑战，企业可以采取以下策略。

① 引入先进技术。利用大数据分析和人工智能技术提高预测精度。例如，京东通过引入机器学习算法，大幅提高了需求预测的准确性。

② 加强信息共享。通过建立统一的信息平台，促进供应链成员之间的沟通与协作。例如，沃尔玛通过其供应链管理系统，实现了与供应商的实时数据共享。

③ 制定应急预案。针对可能的风险事件（如自然灾害、政策变化）制定灵活的应对方案。例如，疫情期间，许多企业通过增加安全库存和多渠道采购，有效应对了供应链中断的风险。

二、生产计划的理论与实践

（一）生产计划的定义与重要性

1. 生产计划的定义

生产计划（production planning）是指根据市场需求预测和企业资源状况，制定合理的生产任务安排和资源分配方案的过程。它是连接需求计划和实际生产的桥梁，直接决定了企业的生产效率和产品质量。

生产计划的目标是确保生产活动能够按时完成，满足客户需求，同时最大限度地利用现有资源。它通常包括主生产计划（MPS）、物料需求计划（MRP）和车间排程等多个层次。

2. 生产计划的重要性

生产计划在现代企业管理中具有重要意义。以下是几个关键方面。

① 保障交货期。通过合理安排生产任务，确保产品能够按时交付给客户。例如，丰田公司通过精益生产模式，实现了准时生产（JIT），大幅缩短了交货周期。

② 优化资源配置。充分利用生产设备、原材料和人力资源，避免浪费和闲置。例如，波音公司在生产商用飞机时，通过精确的生产计划，最大限度地利用了有限的工厂空间。

③ 提高产品质量。通过科学的计划和控制，确保生产过程符合质量标准。例如，三星电子通过严格的生产计划管理，确保每批产品的质量一致性。

④ 降低成本。减少加班费、废品率和其他不必要的开支。例如，富士康通过自动化生产和智能排程系统，大幅降低了人工成本。

（二）生产计划的主要内容

1. 主生产计划（MPS）

主生产计划是生产计划的核心部分，主要用于确定最终产品的生产数量和时间。其制定步骤如下。

① 需求分析。结合市场需求预测和客户订单，确定产品的总需求量。例如，某汽车制造商在制订生产计划时，会综合考虑市场预测和经销商订单。

② 能力评估。分析企业的生产能力（如设备数量、工时限制）能否满足需求。例如，如果市场需求超过现有生产能力，企业可能需要增加班次或投资新设备。

③ 计划编制。根据需求和能力制订具体的生产计划，包括生产批次、数量和时间安排。例如，一家家电企业可能会根据季节性需求，调整冰箱和空调的生产比例。

2. 物料需求计划（MRP）

物料需求计划是基于主生产计划，计算所需原材料和零部件的采购和生产计划。其主要功能如下。

① 物料清单（BOM）管理。明确产品的组成结构和各部件的需求量。例如，一架飞机的BOM可能包含数千个零部件。

② 库存状态检查。核实现有库存是否足够支持生产需求。例如，如果某种关键零部件库存不足，则企业需要提前采购。

③ 采购计划生成。根据需求缺口和交货周期制订原材料采购计划。例如，一家电子产品制造商可能会与多家供应商签订长期协议，确保关键芯片稳定供应。

3. 车间排程

车间排程是对具体生产任务进行详细安排的过程，主要内容如下。

① 任务分配。将生产任务分配到具体的设备和工人。例如，一家汽车工厂可能会根据生产线的布局，将不同车型的生产任务分配到不同的工位。

② 工序优化。通过调整工序顺序和资源分配，缩短生产周期。例如，通过采用并行加工的方式，企业可以减少某些复杂产品的生产时间。

③ 实时监控。跟踪生产进度，及时发现并解决可能出现的问题。例如，通过安装传感器和监控系统，企业可以实时了解设备运行状态和生产进度。

（三）生产计划的影响因素

1. 内部因素

内部因素是指企业自身条件对生产计划的影响。以下是一些主要因素。

① 设备能力。生产设备的数量、性能和维护状况直接影响生产计划的可行性。例如，如果某台关键设备出现故障，可能会影响整个生产计划。

② 人员配置。员工的技术水平和工作时间安排会影响生产效率。例如，如果某条生产线缺乏熟练工人，可能会导致生产延迟。

③ 原材料供应。原材料的质量和交货时间对生产计划的执行至关重要。例如，如果某种原材料无法按时交付，企业可能需要调整生产计划。

2. 外部因素

外部因素是指企业外部环境对生产计划的影响。以下是一些主要因素。

① 市场需求变化。客户需求的变化可能要求企业调整生产计划。例如，当某款产品突然成为爆款时，企业需要迅速扩大产能。

② 供应商表现。供应商的交货能力和产品质量会影响企业的生产进度。例如，如果供应商提供的原材料不合格，企业可能需要重新寻找替代供应商。

③ 政策法规。环保政策、劳动法规等可能对生产活动产生限制或约束。例如，某些地区对工业排放的严格限制可能迫使企业调整生产工艺。

（四）生产计划的优化策略

1. 精益生产

精益生产是一种以消除浪费为核心理念的生产管理模式，其主要特点如下。

① 单件流生产。通过减少批量生产，缩短生产周期。例如，丰田公司的精益生产模式强调“一个接一个”地生产产品，避免大批量库存。

② 看板管理。利用看板系统控制生产节奏，避免过量生产。例如，某电子产品制造商通过看板系统，实现了生产与客户需求的同步。

③ 持续改进。通过不断优化流程和方法，提高生产效率。例如，波音公司通过引入精益生产理念，大幅缩短了商用飞机的生产周期。

2. 柔性制造

柔性制造是一种能够快速适应市场需求变化的生产方式。其主要措施如下。

① 模块化设计。通过标准化和模块化设计，减少产品开发周期。例如，苹果公司在设计iPhone时采用了模块化组件，便于快速迭代。

② 多技能员工培训。培养具备多种技能的员工，提高生产线的灵活性。例如，某汽车制造商通过培训员工掌握多个岗位技能，提高了生产线的适应能力。

③ 智能调度系统。利用信息技术实现生产任务的动态调整。例如，某电子工厂通过引入智能排程系统，实现了生产计划的实时优化。

3. 数字化转型

数字化转型是通过引入先进的信息技术手段，提升生产计划的精准性和效率。其主要应用如下。

① 工业物联网（IIoT）。通过传感器和网络技术实时监控生产设备状态。例如，西门子公司在其工厂中部署了大量传感器，实现了设备状态的实时监控。

② 大数据分析。利用数据分析技术优化生产计划和资源分配。例如，海尔集团通过大数据分析，实现了个性化定制生产。

③ 人工智能（AI）。通过机器学习算法预测生产瓶颈并提出改进建议。例如，某制药企业通过AI算法优化了药品生产计划，显著提高了生产效率。

三、需求计划与生产计划在ERP沙盘模拟经营中的应用

供应链管理是沙盘模拟的重要组成部分，而需求计划与生产计划则是其中的关键环节。

（一）需求计划在ERP沙盘模拟中的应用

1. 市场需求预测

在沙盘模拟中，市场需求预测是制订销售和生产计划的基础。参与者需要根据模拟市场的历史数据、竞争对手动态和政策变化等因素，预测未来几个季度的市场需求。例如，如果预测市场需求将大幅增长，则参与者可以提前增加原材料采购和生产线投资；如果预测市场需求将下降，则需要适当缩减生产规模，避免库存积压。

2. 库存控制与补货策略

沙盘模拟中的库存管理直接影响企业的现金流和盈利水平。参与者需要根据需求预测和生产能力，合理设定安全库存和再订货点。例如，在市场需求波动较大的情况下，可以适当增加安全库存以降低缺货风险。在资金紧张的情况下，可以通过优化补货策略减少库存占用。

3. 协调与沟通

沙盘模拟强调供应链上下游的协作关系。参与者需要与其他团队（如供应商、分销商）保持良好的沟通，确保信息的一致性和计划的可执行性。例如，通过签订长期合作协议，稳定原材料供应；与分销商共享销售数据，提高需求预测的准确性。

（二）生产计划在ERP沙盘模拟中的应用

1. 主生产计划

在沙盘模拟中，主生产计划的制订需要综合考虑市场需求、生产能力、库存水平和资金状况。例如，如果市场需求超过现有生产能力，可以通过加班或增加生产线来提升产能；如果库存水平较高，则可以适当减少生产任务，避免过度投资。

2. 物料需求计划

物料需求计划在沙盘模拟中主要用于指导原材料采购和库存管理。参与者需要根据主生产计划，计算所需的原材料数量并制订采购计划。例如，提前锁定关键原材料的供应商，确保交货期和质量；根据交货周期和库存水平，合理安排采购时间，避免资金占用过多。

3. 车间排程

车间排程在沙盘模拟中直接影响生产效率和交货期。参与者需要根据生产任务的优先级和设备能力，合理安排生产顺序。例如，对于紧急订单，可以通过调整生产计划优先完成；对于大批量订单，可以通过分批生产减少设备闲置时间。

（三）需求计划与生产计划的整合

在ERP沙盘模拟中，需求计划与生产计划的整合是实现供应链高效运作的关键。各组需要通过以下措施确保两者之间的协调。

① 信息共享。利用沙盘模拟系统提供的数据平台，实时共享需求预测和生产计划信息。

② 滚动调整。根据市场需求变化和生产执行情况，定期调整需求计划和生产计划。

③ 风险管理。制定应急预案，应对可能出现的突发事件（如原材料短缺、设备故障等）。

需求计划与生产计划是供应链管理的核心环节，它们的科学制定和有效执行直接影响企业的运营效率和市场竞争力。在沙盘模拟中，各小组需要充分认识到需求计划与生产计划的重要性，通过准确的需求预测、合理的库存控制和高效的生产安排，实现企业的可持续发展。同时，随着信息技术的不断发展，数字化转型将成为供应链管理的新趋势，为企业提供更多创新机会和发展空间。

第三节　供应链增值与定价

在ERP沙盘模拟实训过程中可以感受到客户价值产生于企业自身的一系列作业之中，如采购、生产、销售等，这些作业在创造价值的同时也消耗了一定的成本，各种作业之间形成了始于供应商，经过企业内部，最后完成于为客户提供产品的增值链。

一、供应链增值

（一）ERP沙盘模拟经营中的增值活动

增值作业就是指那些对企业实现利润有帮助，又有明显区别的企业活动，如ERP中市场开发和ISO认证就是增值作业。

在ERP沙盘模拟经营中，最初几年的操作中，有的小组在前期没有市场开发和ISO认证，可能会导致抢单环节力不从心，也就意味着没有获得市场和研发产品的资质。但是面对的环境变化使市场开发要求和ISO标准认证在订单上体现得越发重要，表明市场在向中高端靠拢，单薄的低端产品已经不能带来太多的利润。也就是说，需要明确：在供应过剩的市场中，企业不仅仅在产品价格上进行竞争，还需要寻找其他收益来源，提供与竞争对手不同的增值产品和服务。

根据ERP沙盘模拟相关规则，有ISO 9000和ISO 14000两种认证供选择，其中ISO 9000建立时间为第二年，ISO 14000建立时间为第三年。市场开发共涉及5个，其中本地市场已获得准入资格，其他市场可以在第二年开始开发，所以有的组别分别在第二、第三年开始着手市场开发和ISO认证以顺应竞争需求。在6年的经营中，可以把时间简单分为3个部分，第一，第二年称为基础抗压年，第三，第四年称为过渡运营年，最后两年称为克险决胜年。不难发现，排名靠前的小组，能在抢单上“如鱼得水”，一定程度上得益于他们的多个市场准入资格和全部ISO认证。

（二）企业实际运营中的增值作业

在企业实际运营作业过程中，并不是所有的作业都是增值的，甚至经常有许多作业是负利润的，例如将一个托盘移入仓库，重新码放、存储，然后移除，这个过程没有增加客户价值却增加了总成本，也就是说由产品位移导致的成本增加比产品本身的价值增加还要多。

例如，现代物流企业的一项重要增值服务是信息获取。企业允许客户获取自己的数据，如即将发生的订单、支付记录，都会增加客户对企业的了解。一般客户十分看重获知订单状况的能力，有时候这种能力的重要性甚至超过实际的周转时间。这种能力确保了可靠性，使制订计划成为可能。近年我国各大快递企业的包裹跟踪系统随着客户期望信息可视化而基本形成规模，可以实时进行包裹跟踪和状态更新，为企业实现物流信息管理自动化奠定了基础。当然由于设计因素等影响，企业有些非增值作业是必需的，所以在经营中通过减少非增值时间来提高服务水平并降低成本是每一个企业努力的目标。

供应链管理的终极目标就是满足客户需求和实现盈利最大化，这是很浅显易见的认识，但是人们却常常不能容易地意识到这一点。多数公司围绕财务管理、生产运作和市场营销这三个基本职能来组织公司的活动。其中，财务部门的职责是利用最少的资金，为企业获得最大的投资回报；生产部门的职责是使单位成本最小化；而营销部门的首要职责是获取更多的订单。职能部门驱动目标的不一致，会造成以部门为中心，影响供应链整体利益的问题发生。

二、供应链定价

如何平衡矛盾并且满足客户需求，同时实现利润最大化呢？由于不同的客户带来的利润是不一样的，细分市场中客户的需求曲线就会不同，在供应链管理中可以针对不同的客户制定不同的价格。就像在航空客运中，商务旅客愿意为满足自己行程的飞机票支付高价，而休闲旅客愿意改变行程获得低价票。

在市场经济条件下，供求关系决定价格水平。反过来价格也会影响供求关系。在供应链中，定价是一种重要的杠杆，能影响需要的产品数量和得到的总收入。合理的定价策略可以更好地匹配供应和需求来提高供应链的利润。例如，一家物流公司拥有货运卡车进行运输，该公司可以为运输服务制定一个固定的价格，当运力过剩时，可以使用宣传来刺激需求。但是若运用收益管理，则公司可以采用更多方法来调节供需差异。

① 第一种方法是对那些提前下订单的客户采用低价，对那些需要立即运输的客户采用高价。

② 第二种方法是对签订长期合同的客户采用低价，对紧急客户采用高价。

③ 第三种方法是在需求旺季时采用高价，在需求淡季时采用低价。所以，收益管理是基于客户分类、使用时间、产品和产能可获得性的差异定价来提高供应链利润。

为了追求利润最大化，供应商除了必须限制低价客户需要的产能，保留高价客户，不至于让低价市场消耗所有资源，权衡不同客户订单间的产能分配，还要针对不同产品的定价和收益有更多考量。例如，易逝性产品如果蔬、药品、电脑和时装等。易逝资产包括所有形式的生产运输和储存能力，一旦没有被充分利用就会导致浪费。戴尔使用动态定价和收益来销售电脑。公司把每年分成若干个约两周左右的销售周期，每当销售部门为下一个销售周期做预测时，运营部门就要保证零部件和产能的供应。这样下一个周期的库存和产能就是固定的，销售部门通过调整价格和供应，从有限的资产中获取最大的收益。易逝资产收益管理还有一些常见的现象，如航空业使用的超订方法。一旦飞机起飞，飞机上的空座位就没有了任何价值。由于某些旅客即使预订了座位也可能不登机，所以航空公司会接受多于飞机运载量的预订数量，以求预期收入最大化。

供应链中，企业经常面临细分市场，一些客户以折扣价大批量地购买产品，而其他客户以高价购买单个或小批量的产品。以物流中心为例，可以将仓储能力以大批量租给一家大的仓储公司，或以小批量租给一些小客户，以满足其紧急需要。以批量租赁的大公司通常比其他公司得到更优惠的价格。物流中心需要权衡，如何以折扣价租赁给大公司，以及以高价租赁给小公司，即确定多少比例的资产以批量销售，以及多少比例的资产保留给零星订货市场。供应链的下游客户也需要制定类似的决策。以一家大型钢铁企业为例，一个选择是与一家船公司签订一个长期铁矿石批量运输合同，另一个选择是在不定期船即期航运市场上与承运人签订航次租船合同。长期批量运输合同的优点是有一个固定的低价，但缺点是可能造成运力浪费。航次租船合同的缺点是运价较高，但优点是没有运力浪费。

【链接案例】

中国造船业的逆袭发展

中国造船业的快速发展是中国制造业崛起的重要标志之一。自改革开放以来，中国通过引进技术、自主创新和产业升级，逐步从只能建造中小型船舶发展为全球领先的造船大国。

2024年中国造船完工量、新接订单量、手持订单量三大指标分别占全球市场份额的55.7%、74.1%和63.1%。三大指标连续15年稳居全球第一，还继续保持稳步增长，彰显了强大的竞争力。技术创新上，从传统船舶到高附加值船型，如液化天然气（LNG）运输船、豪华邮轮和深海钻井平台，中国都实现了技术突破。沪东中华等企业在LNG船领域打破了韩国的技术垄断，国产首艘大型邮轮“爱达·魔都号”也于2023年交付，标志着中国摘取了造船业“皇冠上的明珠”；全产业链上，中国形成了完整的船舶工业体系，涵盖设计、制造、配套设备和售后服务，供应链韧性显著。低成本优势和高效的生产管理进一步增强了国际竞争力。

通过参与国际规则制定和技术标准开发，中国在深海探测、极地航线等领域的话语权不断增强，成为全球海洋经济的重要参与者。近年来，中国造船业在全球市场中取得了显著成就，不仅在船舶建造数量上占据主导地位，还在增值产品和服务、供应链优化等多方面实现了质的飞跃。

1. 增值产品和服务：从传统制造到高端定制

随着全球航运需求的变化，中国造船企业逐步从传统的散货船和油轮制造转向高附加值船舶领域，如LNG运输船、豪华邮轮、深海钻井平台等。中远海运集团成功交付了多艘自主研发的超大型集装箱船，这些船配备智能化管理系统，大幅提升了运营效率；沪东中华造船厂在LNG船制造领域突破技术壁垒，成为少数几家能够生产此类高技术含量船舶的企业之一；外高桥造船厂则完成了国产首艘大型豪华邮轮的建造，标志着中国在邮轮设计与制造领域的重大突破。

通过提供全生命周期管理服务（如维护保养、升级改造），中国企业增强了客户黏性，同时提升了品牌价值。例如，中船集团推出了“智慧船厂”解决方案，利用物联网和大数据技术为客户实时监控船舶状态，提前预警潜在问题。

2. 供应链定价能力：整合资源与降低成本

中国造船业通过优化供应链结构，形成了强大的成本控制能力和议价优势。国内钢铁企业和造船企业之间的深度合作，确保了关键原材料价格的稳定性和竞争力。例如，宝钢集团与中国船舶工业集团签订长期合作协议，共同开发高性能船舶用钢。通过引入自动化生产线和数字化技术，降低了人工成本，提高了生产效率。例如，江南造船厂采用机器人焊接技术，将生产效率提升了30%以上；利用规模效应，中国造船企业在国际市场上以极具竞争力的价格吸引了大量订单，同时也保证了利润空间。凭借规模化生产和精细化管理，中国造船企业在国际市场上占据了超过50%的市场份额，成为全球造船业的重要支柱。

3. 海洋话语权：技术创新与规则制定

随着“一带一路”倡议的推进，中国造船业积极参与国际海洋事务，在绿色低碳技术和行业标准制定方面发挥重要作用。满足国际海事组织（IMO）对环保的要求，推动双燃料动力船舶的研发和应用。例如，中船集团研发的双燃料动力散货船已在多个国际航线中投入使用。参与制定国际航运规则，例如在极地航线开发中贡献中国方案。中国提出了《北极航行指南》，为北极航道的安全与可持续利用提供了技术支持。加强深海探测装备的研发，提升对深海资源的开发能力。例如，中国自主设计建造的“蛟龙号”载人潜水器，已多次完成深海科考任务。通过掌握核心技术并参与全球治理，中国造船业逐步从跟随者转变为引领者，增强了在全球海洋经济中的影响力。

4. 绿色转型：可持续发展的先锋

面对全球气候变化和能源转型的挑战，中国造船业积极响应低碳发展目标，推动清洁能源船舶的研发与推广。具体举措包括：开发风帆辅助推进系统，减少燃油消耗和碳排放。例如，招商局重工为挪威船东建造的风帆辅助油轮，每年可节省约10%的燃料成本。推广氢燃料电池船舶技术，探索零排放解决方案。中国船舶重工集团正在开展氢燃料电池动力系统的测试工作，预计未来几年内将实现商业化应用。加强废旧船舶回收与再利用技术的研究，降低环境污染。例如，中国建立了首个船舶循环利用示范基地，年处理能力达到50万吨。中国造船业在绿色转型方面的努力得到了国际社会的认可，成为全球可持续发展的典范。

5. 数字化与智能化：智能制造的新标杆

数字化和智能化技术的应用为中国造船业注入了新的活力，推动了行业的高质量发展。建设智能船厂，实现全流程数字化管理。例如，大连造船厂引入5G通信技术，实现了车间设备的远程监控和协同作业。开发船舶设计仿真软件，缩短研发周期。例如，中国船舶及海洋工程设计研究院自主研发的船舶性能预测系统，可将新船型的设计时间缩短30%以上。推广无人驾驶船舶技术，提升航运安全性。中国已经成功测试了多艘无人货船，并计划在未来几年内投入商业运营。数字化和智能化技术的应用不仅提升了生产效率，还为中国造船业在全球竞争中赢得了先机。

中国造船业的快速发展得益于其对增值产品和服务的重视、供应链的高效整合、海洋话语权的增强、绿色转型的推进以及数字化与智能化技术的应用。未来，随着人工智能、大数据和新能源技术的进一步融合，中国造船业有望继续巩固其在全球市场的领先地位，同时为推动可持续发展作出更大贡献。

（资料来源：根据网络资料整理。）

在逆袭发展过程中，我国造船人在技术上突破，良性升级超越欧美，在产能方面超过日韩，但是还有智能技术、环保技术和高端市场需要我们去攻克，形成增值产品和服务，在广阔的海洋中开辟我们自己的道路。

第四节 库存优化和经济订货批量（EOQ）

一、库存与库存优化

（一）ERP沙盘模拟经营中的库存问题

在沙盘模拟经营中，部分小组内不同岗位角色对操作过程中的“库存”存在着不同的认识。例如，身为采购总监的同学认为为了保证生产过程的连续性，需要有一定的成品库存、半成品库存；生产总监认为原材料投入生产之后变成在制品，不论处于运动状态还是停顿状态，构成在制品库存；销售总监认为为了能及时满足客户要求，避免发生缺货、延期交货等现象，需要储备成品库存；财务总监认为库存归根结底都是未使用的企业资源，维护库存需要大量费用；CEO认为加强库存控制，实现企业利润最大化才是库存最大的问题。

（二）库存的积极与消极作用

上述各岗位同学的观点从不同的侧面反映出一个企业会持有各种不同类型的库存，包括原材料、零部件、半成品、在制品和产成品等。持有库存可以作为对供应不确定性的缓冲，能够使大批量订货成为可能，从而给企业带来更低廉的采购成本和运输成本，使大规模生产成为现实，实现规模效益，并提供季节性需求和促销活动所需要的货品，还带来了投机性商品买卖机会等。同学们也感受到库存带来的消极作用，库存带来了成本，这些成本包括库存占用资金的利息、储存费用、保险费用和价值损失费用等。

库存还能掩盖生产经营中的问题。一个企业的生产管理过程可能会有很多致命问题，比如人员绩效差、库存结构不合理、机器故障率高、盲目采购、送货延迟和计划误差等。这些问题很可能被高的库存水平所掩盖。一旦库存水平下降，这些暗礁便会水落石出，可能会给企业造成重大打击。大量库存甚至会造成严重的社会问题，可能导致市场上某些物质的供给不足，造成一种需求大于供给的假象，这种现象被称作需求虚增。所以库存的积极和消极作用都要考虑。

（三）合理优化库存

库存对于企业的重要性就如同水对鱼，即便是宣传“零库存”的看板模式创始者丰田汽车公司，也不能完全抛弃库存。企业都要有库存，对于企业来说库存既是客观上必需的，也是主观上必要的。供应和需求的不确定性使库存成为必需，尤其在供应链环境下需求的不确定性被无限放大，合理地持有库存可以防止缺货和供应不及时导致的市场机会损失，所以合理优化库存是必要的。

合理优化库存，实施库存控制是被许多因素影响的。例如，供应商的不确定性不同于经济学中的需求，包括消费者对产品数量、类别、规格、价格、质量，以及时间和地点等的对应关系。“牛鞭效应”是供应链中需求不确定性的典型表现。很多企业都会在销售之前进行需求预测，即使预测得再好，其结果对于现实来说也是不准确的，但在制订进程的时候总是假定这个结果代表现实世界。这些都会影响甚至误导企业制订进程计划，但是仍然有必要做预测，因为不做了解，就对市场信息一无所知，那么我们能做的就是将预测的误差降低到可以接受的程度。

2022年7月13日，韩国的支柱企业三星突然暂停所有事业群的采购，并要求盘点库存状况。三星暂停采购并非突然之举，主要是去库存的效果不及预期，公司社长团召开紧急会议，各子公司将基于讨论结果重新审视中长期技术发展蓝图，并制定具体实施方案。在中国制造业创造奇迹的海尔，借助全面的信息化管理手段，整合全球供应链资源，通过3个JIT逐步向“零库存、零营运资本和（与用户）零距离”的终极目标迈进。

【链接案例】

海尔的库存优化

海尔集团作为全球领先的家电制造商，其产品线覆盖冰箱、洗衣机、空调等多个领域。随着全球化战略的推进和市场竞争的加剧，海尔面临着复杂的供应链管理挑战，尤其是在库存管理方面。过高的库存会占用大量资金并增加存储成本，而过低的库存可能导致缺货风险，影响客户满意度和市场竞争力。海尔通过技术创新和管理模式变革，在库存优化方面取得了显著成效。

一、库存优化的目标与挑战

1. 目标

海尔库存优化的核心目标如下。

降低库存持有成本：减少由库存积压导致的资金占用和存储费用。

提高供应链响应速度：确保能够快速满足客户需求，避免缺货风险。

提升客户满意度：通过精准的库存管理，保证产品的及时交付和高质量服务。

2. 挑战

在实现库存优化的过程中，海尔面临以下主要挑战。

需求波动性：家电市场需求受季节性、促销活动等因素影响较大，预测难度高。

多层级供应链：海尔的供应链涉及原材料供应商、生产工厂、分销商和零售商等多个环节，协调难度大。

产品种类繁多：海尔的产品线丰富多样，不同产品的生命周期和需求特征差异显著，增加了库存管理的复杂性。

二、库存优化的策略与实践

1. 引入大数据和人工智能技术

海尔通过引入大数据和人工智能技术，实现了对市场需求的精准预测和库存水平的动态调整。具体措施如下。

需求预测模型：利用机器学习算法分析历史销售数据、市场趋势和外部环境因素，建立精确的需求预测模型。例如，海尔通过分析电商平台的用户行为数据，预测特定地区和时间段的产品需求量。

智能补货系统：基于需求预测结果，自动触发补货流程，确保库存水平始终保持在最优状态。例如，当某个地区的冰箱库存降至预设的安全水平时，系统会自动向工厂发出生产指令或向供应商发出采购订单。

2. 实施“零库存”管理模式

海尔借鉴日本丰田汽车公司的精益生产理念，推行“零库存”管理模式，最大限度地减少库存积压。具体做法如下。

准时生产（JIT）：根据客户需求安排生产计划，确保产品能够及时交付给客户。例如，海尔的定制化生产线可以根据消费者的个性化需求进行快速调整，避免了大批量生产的库存风险。

供应链协同：与供应商建立紧密的合作关系，实现信息共享和资源协同。例如，海尔与其核心供应商签订了长期合作协议，确保原材料能够按时按需供应。

3. 优化仓储网络布局

为了提高物流效率和降低库存成本，海尔对其仓储网络进行了全面优化。具体措施如下。

区域配送中心建设：在主要市场区域设立配送中心，缩短产品从工厂到客户的运输时间。例如，海尔在中国建立了多个区域配送中心，覆盖全国主要城市，实现了“当日达”或“次日达”的配送服务。

库存集中管理：将分散在各地的库存集中到核心仓库中，通过统一调配降低整体库存水平。例如，海尔通过ERP系统实时监控各仓库的库存状态，并根据需求变化进行动态调整。

4. 推动数字化转型

海尔通过数字化转型，构建了一个智能化的供应链管理系统，实现了全流程的可视化和可控化。具体措施如下。

物联网技术应用：在工厂、仓库和运输车辆上安装传感器，实时采集和传输数据，监控库存状态和物流进度。例如，海尔通过物联网技术实现了对每台家电产品的全生命周期跟踪。

区块链技术应用：利用区块链技术确保供应链数据的真实性和可追溯性，增强合作伙伴之间的信任。例如，海尔与其供应商共同开发了一套基于区块链技术的供应链金融平台，降低了融资成本和交易风险。

三、库存优化的效果与成果

通过上述措施，海尔在库存优化方面取得了显著成效。

库存周转率大幅提升：海尔的整体库存周转率提高了约30%，有效降低了库存持有成本。

客户满意度显著提高：通过精准的库存管理和高效的物流配送，海尔的客户满意度达到了行业领先水平。

市场竞争力增强：库存优化使海尔能够更快地响应市场需求，推出新产品和定制化服务，进一步巩固了其市场地位。

经济效益显著：库存优化不仅节省了大量资金，还为海尔带来了更高的利润率和更强的抗风险能力。

四、总结与启示

海尔的库存优化案例展示了如何通过技术创新和管理模式变革实现供应链效率的最大化。以下是该案例带来的几点启示。

数据驱动决策：利用大数据和人工智能技术进行需求预测和库存管理，可以显著提高决策的准确性和效率。

协同合作的重要性：与供应商和分销商建立紧密的合作关系，实现信息共享和资源协同，是实现库存优化的关键。

持续改进的理念：库存优化是一个持续改进的过程，需要不断调整策略以适应市场变化和技术进步。

数字化转型的价值：通过数字化转型，企业可以构建智能化的供应链管理系统，实现全流程的可视化和可控化。

（资料来源：根据网络资料整理。）

海尔的成功经验表明，库存优化不仅是降低成本的有效手段，更是提升企业竞争力的重要途径。在全球化和数字化时代，企业需要不断创新和变革，才能在激烈的市场竞争中立于不败之地。

（四）经济订货批量（EOQ）

合理地持有库存可以为企业带来生产和运输的规模效益，还表现在可以成为企业投机性投资的手段。企业每一次订货的数量关系到库存的水平和库存成本的大小，所以总是希望找到一个合适的订货数量来将库存成本控制到最小。

供应链管理中一种经典的库存控制模型——经济订货批量（economic order quantity，EOQ）旨在通过平衡采购成本和库存持有成本，确定最优的订购数量。EOQ模型的核心目标是帮助企业在满足需求的同时，最大限度地降低总成本。

在确定最佳批量时，应考虑两个因素：一是储存成本；二是订货成本。储存成本与订货成本之间存在着此消彼长的关系。订货批量大，订货的次数就减少，生产成本也相应减少；反之，订货批量小，订货的次数就增加，生产成本也增加，但储存成本减少。我们知道，当购买的商品数量越多的时候，单位商品的订购成本就会越少，两者是反比关系。购买商品数量越多的时候，存储成本却越高，是正比关系。因此，EOQ就是要在订货成本和存储成本之间找到一个平衡点，也就是两个成本总和最小的那个交叉点。

经济订货批量公式：

$$Q=\sqrt{2DS/H}$$

其中，Q——最优订购批量；

D——年需求量；

S——每次订购的固定成本；

H——每单位商品每年的持有成本。

EOQ公式简单明了，但EOQ模型的假设条件较为理想化，在实际应用中可能需要根据具体情况调整。在过去的几十年，已有不少研究者致力于EOQ模型的扩展和改进，使其越来越贴近现实。许多实际中遇到的库存问题，都可以由EOQ模型来解决，而EOQ的扩展模型为我们的深入研究提供了建设性的理论基础和发展的方向。为了适应千变万化的市场情况，企业采购需要用全面库存控制的方法来管理订货，用系统的方法来简化流程，用ERP来计算采购量，在确保及时交货的情况下，同时避免缺货或滞销库存。还可以采用供应商协同战略，与供应商共同探讨改善库存的途径和提高产品柔性的方法，虽然这种做法会增加一些成本，但却加快了企业整体的反应速度，使企业的整体利益得到保障。

库存是流动资产的一种，但是库存并不像现金、银行存款和汇票那样，在需要的时候立刻可以使用。近年来，随着我国金融物流的发展，库存质押监管成为新型的物流服务，由金融机构、企业和第三方物流企业共同参与。企业把产品存储在第三方物流企业的仓库中，凭借仓库开具的仓单可以向银行申请贷款。银行根据存放产品的价值向企业提供一定比例的贷款，同时由第三方物流仓库代理监管存放的产品。这种质押监管的好处是显而易见的，利用质押监管服务申请贷款，可以帮助企业解决经营融资的问题，争取更多的流动资金周转，达到扩大经营规模、提高经济效益的目的。同时因为原料、半成品、产成品存放的仓库靠近工厂，便于随时调度，大大缩短了生产企业将产品推向市场的时间，提高了产品的竞争力。

第十四章　数据挖掘专题

数据挖掘通过从大量数据中提取有价值的信息和模式，帮助企业进行决策优化、趋势预测和效率提升。在ERP沙盘模拟经营活动中，数据挖掘的价值体现在对模拟企业运营数据的深度分析中，如市场趋势、成本控制和资源配置优化，从而帮助参与者更精准地制定战略决策、识别潜在风险并提升竞争力，增强决策的准确性和前瞻性，实现模拟经营中的资源高效利用与利润最大化。

【导入案例】

Netflix的电影推荐与内容策略

在竞争激烈的流媒体市场中，Netflix凭借其精准的用户洞察和数据驱动的决策策略，成功地从一家DVD租赁公司转型为全球领先的娱乐巨头。这一转型的核心在于其对数据挖掘技术的深度应用。从用户行为分析到个性化推荐，再到原创内容的战略布局，数据挖掘技术贯穿于Netflix商业决策的每一个环节，成为其增长引擎的关键燃料。

Netflix的决策逻辑始于对用户行为的全面捕捉与解析。通过整合海量数据，包括用户观看时长、暂停/快进习惯、评分、搜索关键词、设备类型乃至地理位置，Netflix构建了一个动态的用户行为数据库。这些数据经过清洗与预处理后，转化为可计算的特征向量，例如用户偏好向量或内容相似度矩阵。数据科学家进一步利用分布式数据库和云计算技术处理PB级数据，确保信息的实时性和准确性。这种数据处理能力为后续的分析和预测奠定了基础。

在算法层面，Netflix的推荐系统经历了从传统协同过滤到深度学习的迭代。早期的协同过滤技术通过分析用户–物品评分矩阵，预测用户对未观看内容的兴趣，而矩阵分解技术则将高维数据转化为低维隐向量，捕捉用户与内容的潜在关联。例如，系统能识别出用户对“大卫·芬奇导演”或“悬疑题材”的偏好，并据此推荐《七宗罪》或《纸牌屋》。随着技术进步，Netflix引入了混合推荐系统，结合协同过滤与内容推荐，同时融入情境感知算法。例如，情境bandits算法会根据用户当前场景（如深夜使用电视机观看）动态调整推荐内容，或根据地理位置推送本土化剧集，这种个性化策略使用户重播率提升了30%。

数据挖掘技术的真正价值在于其对商业决策的直接影响。Netflix的经典案例《纸牌屋》便是数据驱动内容生产的典范。通过分析用户行为数据，团队发现观众对大卫·芬奇的导演风格、凯文·史派西的主演作品以及政治题材的高关注度，进而预测这类内容的市场需求。数据验证显示，潜在观众基数超过500万订阅者，最终促使Netflix以1亿美元投资制作该剧。这一决策不仅使《纸牌屋》成为现象级IP，更推动了Netflix股价在2013年上涨50%，新增300万订阅用户。此后，Netflix进一步将这一模式扩展至全球市场。例如，在南美洲推出本土化的《百年孤独》剧集，在亚洲打造《鱿鱼游戏》这一跨文化剧集，均基于对区域用户偏好的深度分析。

推荐系统的优化进一步强化了用户黏性。Netflix的主页内容完全个性化，每个用户的界面都根据其历史行为动态调整。例如，情境bandits算法会根据用户搜索关键词推荐相关剧集，或根据观看时段调整内容排序（如晚间优先展示高评分长剧）。这种实时反馈机制使用户平均观看时长从1小时/

周提升至2.5小时/周，订阅留存率稳定在93%。此外，Netflix通过A/B测试不断优化推荐策略。例如，动态选择电影海报——为喜剧爱好者展示主演特写、为悬疑片爱好者突出紧张场景，这种细节设计进一步提升了用户参与度。

全球化布局中，Netflix的数据挖掘策略展现出更强的灵活性。在印度市场，低价套餐与印地语原创剧《神圣游戏》的结合，成功吸引了价格敏感的用户群体；而在韩国，《鱿鱼游戏》的全球现象级成功则源于对社交讨论热度的精准捕捉，以及与Google合作的互动搜索广告设计。这些决策均基于对区域文化偏好、设备使用习惯（如移动端占比超80%）和竞品动态的持续分析，确保内容与市场策略的精准匹配。

尽管数据挖掘为Netflix带来了显著增长，但其挑战同样不容忽视。隐私保护、冷启动问题（新用户或小众内容的数据缺失）、算法偏见等议题需要持续平衡。例如，为避免"信息茧房"，系统需在个性化与内容多样性间找到平衡点；而实时推荐所需的算力成本，则要求技术架构不断升级。然而，正是这些挑战驱动着Netflix持续创新。例如，通过生成式AI优化内容推荐、利用多语言版本扩大受众覆盖。

从数据感知到商业决策，Netflix构建了一个闭环的智能生态：用户行为被实时捕捉，分析结果驱动内容制作与推荐策略，最终通过用户留存与增长反馈验证模型的有效性。这种模式不仅重塑了流媒体行业的竞争规则，更为其他企业提供了数据驱动决策的范本——在海量信息中挖掘需求，在技术中实现精准触达，最终在红海市场中开辟出属于自己的蓝海。未来，随着AI技术的进一步突破，Netflix的数据战略或将推动内容生态走向更智能、更个性化的时代。

（资料来源：根据网络资料整理。）

第一节　数据挖掘如何赋能商业决策

一、数据驱动的商业时代

1. 从直觉决策到数据驱动决策的转变背景

在当今数字化飞速发展的时代，商业决策模式正经历着一场深刻的变革。传统的决策方式，往往依赖管理者的直觉、经验和有限的市场调研。这种方式在信息匮乏的过去或许还能发挥一定作用，但随着信息技术的迅猛发展和数据量的爆炸式增长，其局限性日益凸显。直觉决策容易受到个人主观偏见的影响，难以全面、准确地把握市场动态和客户需求；而基于有限样本的市场调研，不仅成本高昂，而且时效性差，难以适应快速变化的市场环境。

2. 数据驱动决策的优势与挑战

数据驱动决策作为一种全新的决策模式，正逐渐成为商业领域的主流。它依托先进的数据采集、存储和分析技术，能够从海量的数据中提取有价值的信息和洞察，为决策提供坚实的事实依据。数据驱动决策的优势在于其精准性、实时性和可预测性。通过对大量历史数据和实时数据的分析，企业可以更准确地预测市场趋势、客户需求和销售业绩，从而制定更加科学合理的战略规划和运营策略。例如，电商企业可以通过分析用户的浏览历史、购买行为和搜索关键词，精准地推荐商品，提高用户的购买转化率；金融机构可以通过分析客户的信用记录、交易行为和社交网络数据，评估客户的信用风险，优化信贷决策。数据层次与聚合计算如图14–1所示。

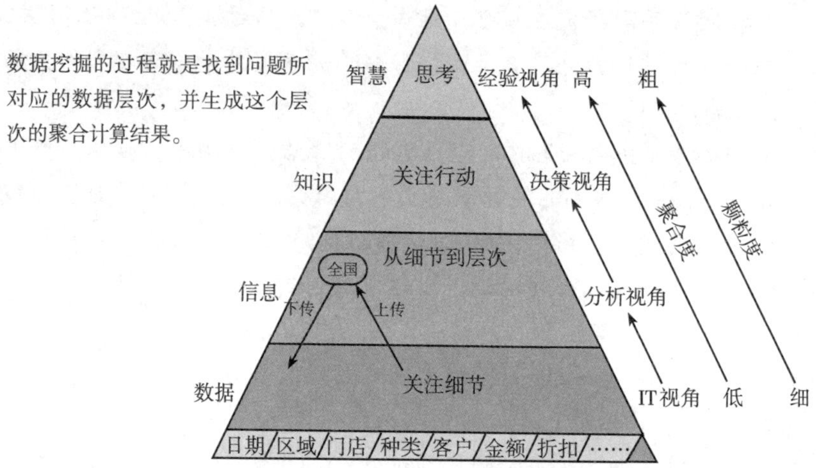

图14-1　数据层次与聚合计算

然而，数据驱动决策也面临着一系列挑战。首先是数据质量问题，数据的准确性、完整性和一致性直接影响分析结果的可靠性；其次是数据安全和隐私保护问题，企业在收集和使用数据的过程中，必须遵守相关法律法规，保护客户的隐私权益；再次是数据分析人才短缺问题，数据挖掘和分析需要专业的技术和经验，而目前市场上这类人才供不应求；最后是数据驱动决策的组织文化和流程变革问题，企业需要建立数据驱动的组织文化，打破部门壁垒，促进数据共享和协同工作。

3. 数据驱动决策在各行业的应用趋势

尽管面临诸多挑战，数据驱动决策在各行业的应用趋势依然不可阻挡。在零售业，数据驱动决策被广泛应用于商品采购、库存管理、营销推广和客户服务等环节。通过分析销售数据、库存数据和客户数据，企业可以优化商品采购计划，降低库存成本，提高销售效率和客户满意度。在金融业，数据驱动决策被应用于风险评估、信贷审批、投资决策和客户关系管理等方面。通过分析客户的财务数据、交易数据和信用记录，金融机构可以更准确地评估风险，优化信贷决策，提高投资回报率。在快消行业，数据驱动决策被应用于市场调研、产品开发、营销推广和供应链管理等环节。通过分析消费者的需求数据、购买行为数据和市场趋势数据，企业可以更快地推出符合市场需求的新产品，优化营销策略，提高市场竞争力。

二、数据挖掘的基本概念

数据挖掘，作为一种从大量数据中提取隐藏的、有价值的信息和知识的过程，其核心在于通过先进的算法和技术，揭示数据背后的模式、趋势和关联。这一过程不仅仅是对数据的简单分析，更是对数据深度价值的挖掘和利用。在当今数字化时代，数据挖掘已经成为企业获取竞争优势、优化决策和推动创新的关键手段。

1. 数据挖掘的定义

数据挖掘是从海量、不完全、有噪声、模糊、随机的数据中提取隐藏其中、人们事先不知道但又潜在有用的信息和知识的过程。这一定义强调了数据挖掘的几个关键特点：首先，数据挖掘处理的数据量通常是巨大的，往往涉及成千上万甚至更多的数据记录；其次，这些数据可能是不完全的、有噪声的，甚至可能是模糊的或随机的，这要求数据挖掘技术具备强大的数据处理和清洗能力；最后，数据挖掘的目标是提取隐藏在数据中的信息和知识，这些信息和知识是人们事先不知道的，但对决策和业务具有潜在的高价值。

2. 数据挖掘的特点

数据量大：数据挖掘通常处理的是大规模数据集，这些数据集可能包含成千上万甚至更多的数据记录。随着信息技术的发展，企业每天产生的数据量呈指数级增长，数据挖掘技术能够有效地处理这些海量数据，提取有价值的信息。

自动化：数据挖掘过程高度自动化，通过先进的算法和工具，能够自动完成数据的清洗、转换、分析和建模等步骤。这种自动化能力大大提高了数据处理的效率，减少了人工干预的需要。

预测性：数据挖掘不仅能够揭示数据中的现有模式和趋势，还能够基于历史数据和实时数据进行预测。这种预测能力使企业能够提前制定战略，优化决策，抓住市场机遇，降低风险。

多学科交叉：数据挖掘涉及多个学科领域的知识和技术，包括计算机科学、统计学、机器学习、人工智能等。这种多学科交叉的特点使数据挖掘能够从不同角度对数据进行分析，提取更全面、更深入的信息和知识。

三、商业价值

数据挖掘在商业领域的应用是一种技术手段的创新，而数据是企业获取竞争优势、优化决策和推动创新的重要战略资源。通过数据挖掘，企业能够从海量的数据中提取有价值的信息和知识，为商业决策提供坚实的事实依据，从而在激烈的市场竞争中占据有利地位。以下是数据挖掘在商业中的核心价值体现。

1. 客户洞察

客户是企业生存和发展的核心资源，深入了解客户的需求、偏好和行为习惯，是企业制定有效营销策略和提升客户满意度的关键。数据挖掘通过分析客户的交易记录、浏览历史、社交媒体互动等多维度数据，能够揭示客户的购买行为模式和潜在需求，为企业提供精准的客户洞察。

精准营销的策略与实施：通过数据挖掘技术，企业可以对客户进行细分，识别高价值客户和潜在客户，制定个性化的营销方案。例如，电商企业可以通过分析用户的浏览历史和购买行为，推荐符合用户兴趣的商品，提高用户的购买转化率。这种精准营销不仅能够提升营销效果，还能够增强客户的满意度和忠诚度。

用户分群的方法与应用：数据挖掘中的聚类分析技术，可以将客户分为不同的群体，每个群体具有相似的特征和行为模式。企业可以根据这些群体的特点，制定针对性的营销策略和服务方案。例如，金融机构可以通过聚类分析，将客户分为高风险客户、低风险客户和潜在客户，分别采取不同的信贷策略和风险管理措施。

流失预警的模型与案例：通过数据挖掘技术，企业可以建立客户流失预警模型，预测客户的流失概率。例如，电信运营商可以通过分析客户的通话记录、流量使用情况和缴费行为，预测客户的流失风险，提前采取措施，如提供优惠套餐、个性化服务等，以降低客户流失率。

2. 运营优化

在企业的日常运营中，数据挖掘技术可以帮助企业优化内部流程，提高运营效率，降低成本。通过对生产数据、供应链数据、库存数据等的分析，企业可以发现运营中的瓶颈和问题，优化资源配置，提高生产效率和供应链效率。

库存管理的优化方法：零售企业可以通过数据挖掘技术，分析销售数据和库存数据，预测商品的销售趋势，优化库存管理。例如，通过分析历史销售数据和季节性因素，企业可以提前调整库存水平，避免库存积压或缺货现象，降低库存成本，提高销售效率。

供应链效率提升策略：制造企业可以通过数据挖掘技术，分析供应链数据，优化供应链管理。

例如，通过分析供应商的交货时间、质量数据和成本数据，企业可以选择最优的供应商，优化采购计划，降低采购成本，提高供应链的响应速度和可靠性。

成本控制的手段与效果：数据挖掘技术可以帮助企业识别运营中的成本驱动因素，优化成本结构。例如，通过分析生产数据和成本数据，企业可以发现生产过程中的浪费和低效环节，采取措施进行改进，降低生产成本，提高运营效率。

3. 风险控制

在金融、保险等行业，风险控制是企业运营的核心环节。数据挖掘技术通过分析客户的信用记录、交易行为、市场数据等，能够识别潜在的风险，提前采取措施，降低风险损失。

欺诈检测的技术与案例：金融机构可以通过数据挖掘技术，分析客户的交易行为和信用记录，识别欺诈行为。例如，通过分析信用卡交易数据，银行可以建立欺诈检测模型，实时监控交易行为，及时发现异常交易，防止欺诈损失。

信用评分的模型与应用：数据挖掘技术可以帮助金融机构建立信用评分模型，评估客户的信用风险。例如，通过分析客户的信用记录、收入水平、负债情况等多维度数据，金融机构可以为客户提供信用评分，优化信贷决策，降低违约风险。

市场波动预测的方法与意义：通过数据挖掘技术，企业可以分析市场数据，预测市场波动。例如，金融机构可以通过分析股票市场数据、宏观经济数据等，预测市场趋势，优化投资组合，降低市场风险，提高投资回报率。

4. 创新驱动

在当今竞争激烈的市场环境中，创新是企业保持竞争力的关键。数据挖掘技术通过分析大量数据，能够发现新的市场机会和客户需求，为企业的创新提供有力支持。

新产品开发的数据驱动思路：科技企业可以通过分析用户行为数据和市场趋势，开发出具有创新性的新产品。例如，通过分析用户对现有产品的使用反馈和需求，企业可以发现产品的改进方向和创新点，开发出更符合市场需求的新产品。

市场机会发现的途径与案例：通过数据挖掘技术，企业可以分析市场数据，发现新的市场机会。例如，通过分析社交媒体数据和消费者行为数据，企业可以发现新兴的市场需求和趋势，提前布局，推出符合市场需求的新产品和服务。

创新流程的优化与效率提升：数据挖掘技术可以帮助企业优化创新流程，提高创新效率。例如，通过分析研发数据和市场反馈数据，企业可以优化研发流程，缩短研发周期，降低研发成本，提高创新成功率。

5. 提升竞争力

在竞争激烈的市场环境中，数据挖掘技术能够帮助企业更好地了解市场需求和客户行为，快速响应市场变化，推出符合市场需求的产品和服务，从而提升企业的竞争力。

市场响应能力的提升：通过数据挖掘技术，企业可以实时监控市场动态，及时发现市场变化的趋势和信号。例如，零售企业可以通过分析销售数据和库存数据，及时调整商品采购计划，避免库存积压或缺货现象，快速响应市场变化。

产品和服务的优化：数据挖掘技术可以帮助企业优化产品和服务，提高客户满意度。例如，通过分析客户反馈数据和市场数据，企业可以发现产品和服务中的问题，及时进行改进，提升客户体验，增强市场竞争力。

内部流程的优化与效率提升：数据挖掘技术可以帮助企业优化内部流程，提高运营效率。例如，通过分析生产数据和管理数据，企业可以发现流程中的瓶颈和问题，优化资源配置，提高生产效率和管理效率，降低运营成本。

6. 支持创新

数据挖掘技术不仅能够帮助企业优化现有业务，还能够为企业的创新提供有力支持。通过对大量数据的分析，企业可以发现新的市场机会和客户需求，推动产品创新和服务创新。

产品创新的推动：科技企业可以通过分析用户行为数据和市场趋势，开发出具有创新性的新产品。例如，通过分析用户对现有产品的使用反馈和需求，企业可以发现产品的改进方向和创新点，开发出更符合市场需求的新产品。

服务创新的推动：通过数据挖掘技术，企业可以分析客户行为数据和服务数据，发现服务中的问题和改进点，推动服务创新。例如，通过分析客户对服务的反馈数据，企业可以优化服务流程，提高服务效率和质量，提升客户满意度。

创新流程的优化与效率提升：数据挖掘技术可以帮助企业优化创新流程，提高创新效率。例如，通过分析研发数据和市场反馈数据，企业可以优化研发流程，缩短研发周期，降低研发成本，提高创新成功率。

7. 应对市场变化

市场环境的快速变化要求企业具备快速响应的能力。数据挖掘技术能够帮助企业实时监控市场动态，及时发现市场变化的趋势和信号，快速调整战略，采取相应的措施，应对市场变化。

市场动态的实时监控：通过数据挖掘技术，企业可以实时监控市场动态，及时发现市场变化的趋势和信号。例如，零售企业可以通过分析销售数据和库存数据，实时监控市场变化，及时调整商品采购计划，避免库存积压或缺货现象。

战略调整的及时性：数据挖掘技术可以帮助企业快速调整战略，应对市场变化。例如，通过分析市场数据和客户数据，企业可以及时发现市场趋势的变化，调整产品策略和营销策略，抓住市场机遇，降低市场风险。

应对市场变化的灵活性：数据挖掘技术能够帮助企业提高应对市场变化的灵活性。例如，通过分析实时数据和历史数据，企业可以快速调整生产计划和供应链管理，优化资源配置，提高运营效率，降低运营成本。

总之，数据挖掘在商业领域中具有重要的核心价值。通过客户洞察、运营优化、风险控制、创新驱动、提升竞争力、支持创新和应对市场变化，数据挖掘为企业提供了有力的支持，帮助企业在激烈的市场竞争中取得优势。

第二节 数据挖掘的核心方法及商业应用

一、分类与预测

（一）分类与预测的基本原理

分类与预测是数据挖掘中的重要任务，属于监督学习的范畴。监督学习是一种从标记数据中学习模式和规律的方法，通过训练模型来预测未知数据的标签或值。在分类任务中，目标是预测离散的类别标签，例如客户是否违约、产品是否畅销等；而在预测任务中，目标是预测连续的数值，例如产品的销售量、股票价格等。

（二）商业应用场景

1. 客户信用评分

客户信用评分是金融机构评估客户信用风险的重要工具。通过分析客户的信用记录、收入水平、负债情况等多维度数据，金融机构可以建立信用评分模型，预测客户的违约概率。例如，银行可以通过分析客户的信用卡交易记录、贷款历史和收入证明，评估客户的信用风险，从而决定是否批准贷款申请以及贷款额度。信用评分模型不仅有助于金融机构优化信贷决策，降低违约风险，还能提高客户满意度和忠诚度。

2. 产品销量预测

产品销量预测是企业制定生产计划和营销策略的重要依据。通过分析历史销售数据、市场趋势、季节性因素等，企业可以建立销量预测模型，预测未来的产品销量。例如，电商企业可以通过分析用户的浏览历史、购买行为和搜索关键词，结合季节性因素和市场趋势，预测不同产品的销量，从而优化库存管理和生产计划。销量预测模型不仅能够帮助企业降低库存成本，提高销售效率，还能够帮助企业增强市场竞争力。

3. 市场营销效果预测

企业可以通过分类与预测技术，分析营销活动的历史数据，预测不同营销策略的效果。例如，通过分析过去的广告投放数据、客户响应数据和销售数据，企业可以建立预测模型，预测不同广告渠道、促销活动和目标客户群体的营销效果。这有助于企业优化营销资源的分配，提高营销活动的回报率。例如，某零售企业通过分析过去的电子邮件营销活动数据，发现特定客户群体对某些类型的产品促销活动响应较好。基于此，企业建立了预测模型，预测不同客户群体对新促销活动的响应概率，从而有针对性地设计和投放广告，显著提高了营销活动的转化率和销售额。

4. 客户流失预测

客户流失预测是企业维护客户关系、提高客户忠诚度的重要手段。通过分析客户的交易记录、服务使用情况和客户反馈等数据，企业可以建立客户流失预测模型，提前识别可能流失的客户。例如，电信运营商可以通过分析客户的通话记录、流量使用情况和缴费行为，预测客户的流失风险，提前采取措施，如提供优惠套餐、个性化服务等，以降低客户流失率。客户流失预测模型不仅有助于企业采取针对性的客户保留措施，还能优化客户关系管理策略，提高客户满意度和忠诚度。

5. 供应链需求预测

在供应链管理中，准确的需求预测是优化库存管理和生产计划的关键。通过分析历史销售数据、市场趋势、季节性因素和促销活动等，企业可以建立需求预测模型，预测未来的产品需求。例如，制造企业可以通过分析供应链数据，预测不同产品的市场需求，优化生产计划和库存管理。这有助于企业降低库存成本，提高供应链的响应速度和可靠性。例如，某食品制造企业通过分析销售数据和市场趋势，建立了需求预测模型，准确预测了不同季节和促销期间的产品需求，从而优化了生产计划和库存管理，显著降低了库存成本，提高了供应链效率。

（三）分类与预测的商业价值

分类与预测在商业领域具有广泛的应用价值，能够帮助企业优化决策，提高运营效率，降低风险。通过分类与预测技术，企业可以更准确地预测市场趋势、客户需求和销售业绩，从而制定更加科学合理的战略规划和运营策略。例如，金融机构可以通过信用评分模型优化信贷决策，降低违约风险；电商企业可以通过销量预测模型优化库存管理和生产计划，提高销售效率和客户满意度。

二、聚类分析

（一）聚类分析的基本原理

聚类分析是一种无监督学习方法，其核心在于根据数据点之间的相似性将数据集划分为多个子集，这些子集称为簇。聚类的目标是使簇内的数据点彼此相似，而簇与簇之间的数据点不相似。这种相似性通常通过距离度量来衡量，如欧几里得距离、曼哈顿距离等。

（二）商业应用场景

1. 客户细分与市场分析

聚类分析在客户细分和市场分析中具有重要应用。通过对客户的购买行为、消费习惯、人口统计数据等进行聚类，企业可以将客户划分为不同的群体，从而制定更加精准的营销策略。例如，航空公司可以通过聚类分析将客户分为不同的群体，如高价值客户、中价值客户和低价值客户，然后针对不同群体制定个性化的服务和营销策略。这种方法不仅有助于提高客户满意度，还能提升企业的市场竞争力。

2. 商品推荐与库存管理

在零售业，聚类分析可以帮助企业优化商品推荐和库存管理。通过对客户的购买历史和行为数据进行聚类，零售商可以识别出具有相似购买行为的顾客，从而提供个性化的商品推荐。例如，电商企业可以通过聚类分析识别出不同类型的顾客，如时尚爱好者、电子产品爱好者等，然后根据这些顾客的偏好推荐相关商品。此外，聚类分析还可以帮助企业优化库存管理，通过分析销售数据和库存数据，预测商品的销售趋势，从而优化库存水平，降低库存成本。

3. 风险控制与欺诈检测

在金融行业，聚类分析被广泛应用于风险控制和欺诈检测。通过对客户的交易行为、信用记录等数据进行聚类，金融机构可以识别出异常交易模式，从而预防欺诈行为。例如，银行可以通过聚类分析识别出具有相似交易行为的客户群体，然后对这些群体进行重点监控，及时发现并处理异常交易。这种方法不仅有助于降低金融风险，还能提高金融机构的运营效率。

4. 医疗行业应用

在医疗行业，聚类分析可以帮助医生对患者的病历数据进行聚类，预测患者可能患有的疾病。例如，通过对患者的症状、检查结果、病史等数据进行聚类，医生可以识别出具有相似特征的患者群体，从而更准确地诊断疾病。此外，聚类分析还可以帮助研究人员识别出具有相似化学结构的药物，加速药物研发过程。

5. 社交网络分析

在社交网络中，聚类分析可以帮助平台识别出具有相似兴趣的社交群体。通过对用户的社交关系、兴趣标签等数据进行聚类，社交平台可以为用户提供更加个性化的服务。例如，社交平台可以通过聚类分析识别出不同兴趣群体，如摄影爱好者、旅游爱好者等，然后为这些群体提供定制化的内容推荐和社交服务。

6. 物流与供应链优化

在物流行业，聚类分析可以帮助企业优化配送路线和库存管理。通过对客户的地理位置、订单量等数据进行聚类，物流公司可以识别出具有相似配送需求的客户群体，从而优化配送路线，提高配送效率。此外，聚类分析还可以帮助企业优化库存管理，通过分析销售数据和库存数据，预测商品的销售趋势，从而优化库存水平，降低库存成本。

（三）聚类分析的商业价值

聚类分析在商业领域具有广泛的应用价值，能够帮助企业优化决策，提高运营效率，降低风险。通过聚类分析，企业可以更深入地了解客户的需求和行为，从而制定更加精准的营销策略。例如，通过客户细分，企业可以针对不同客户群体制定个性化的服务和营销策略，提高客户满意度和忠诚度。此外，聚类分析还可以帮助企业优化产品推荐、库存管理、风险控制等业务流程，提高企业的运营效率和竞争力。

【链接案例】

OTA平台“杀熟”乱象：2025年“3·15”曝光案例剖析

近年来，随着在线旅游（OTA）平台的迅速发展，消费者享受到了前所未有的便捷服务。然而，在这一过程中，部分平台出现了价格不透明、对老用户收取更高费用的现象，即所谓“杀熟”。这种现象不仅损害了消费者的合法权益，也影响了行业的健康发展。2025年的“3·15”晚会再次聚焦这一问题，曝光了多个知名OTA平台的价格歧视行为。

一、典型案例分析

在此次曝光中，多家OTA平台被指存在不同程度的“杀熟”行为。例如，同一航班或酒店房间在同一平台上显示给不同用户的价格差异显著。具体表现为：

机票价格差异：一些用户发现，使用不同的设备（如iOS和安卓手机）访问同一航班时，价格会有所不同。通常情况下，iOS设备用户会被推荐更高的价格。

酒店价格动态调整：某些用户的浏览记录显示，他们在短时间内多次查看某家酒店的价格，结果发现价格逐步上涨。这表明平台可能利用了用户的浏览行为来推断其需求紧迫性，并据此调整价格。

这些案例揭示了OTA平台通过大数据分析用户行为进行个性化定价的做法。尽管这种技术手段有助于优化资源分配，但在实际操作中，往往导致了不公平的价格体系，损害了消费者的知情权和公平交易权。

二、技术手段与法律依据

为了实现个性化定价，OTA平台通常采用以下几种技术手段：

数据采集与分析：平台通过收集用户的浏览历史、购买记录、设备信息等数据，构建详细的用户画像。基于这些数据，平台可以推测出用户的消费习惯和价格敏感度。

算法逻辑：根据用户画像，平台设计复杂的算法模型，自动调整商品和服务的价格。例如，对于高消费潜力的用户，系统可能会推荐更昂贵的产品或服务；而对于价格敏感型用户，则提供更多的折扣优惠。

从法律角度来看，这种做法可能违反了《中华人民共和国消费者权益保护法》等相关法律法规。该法明确规定，经营者应当尊重消费者的知情权和选择权，不得进行不合理的价格歧视。此外，《中华人民共和国个人信息保护法》也要求企业在处理个人信息时必须获得用户的明确同意，并确保数据使用的合法性和安全性。

三、行业整改与未来展望

面对日益严重的“杀熟”现象，监管部门加大了对OTA平台的监管力度。一方面，要求平台公开定价规则，增强价格透明度；另一方面，鼓励企业加强内部管理，建立健全的数据保护机制。同时，相关部门还出台了多项政策措施，旨在推动整个行业的规范化发展。

对于消费者而言，如何有效防范“杀熟”行为成为关注的焦点。专家建议，用户可以通过跨平台比价、使用隐私模式浏览等方式降低被算法操控的风险。此外，保留订单截图、支付凭证等证据，以便在发现问题时及时维权。

OTA平台的“杀熟”乱象反映了当前数字经济发展中的新挑战。虽然大数据和人工智能技术为商家提供了精准营销的可能性，但同时也带来了新的伦理和法律问题。只有通过完善法律法规、强化行业自律以及提升公众意识，才能真正实现技术进步与消费者权益保护的双赢局面。未来，随着相关法律法规的不断完善和技术手段的进步，相信OTA平台将能够更好地服务广大消费者，营造一个更加公平、透明的市场环境。

（资料来源：根据网络资料整理。）

三、关联规则挖掘

（一）关联规则挖掘的基本原理

关联规则挖掘是一种无监督学习方法，旨在从数据中发现项目之间的相关性。其核心在于通过分析数据集中的频繁项集，生成有意义的关联规则。这些规则可以帮助企业揭示数据中隐藏的模式和关系，从而为决策提供支持。

（二）商业应用场景

1. 零售业的商品推荐与库存管理

在零售业，关联规则挖掘被广泛应用于商品推荐和库存管理。通过分析顾客的购买记录，企业可以发现哪些商品经常一起被购买，从而制定更有效的商品摆放策略、促销活动和交叉销售策略。例如，通过分析购物篮数据，超市发现购买尿布的顾客经常也购买啤酒，于是将这两种商品摆放在相邻的位置，从而提高了销售额。

2. 电子商务的个性化推荐

在电子商务领域，关联规则挖掘被用于构建个性化推荐系统。通过分析用户的购买历史和浏览行为，企业可以发现用户可能感兴趣的其他商品，并为其提供精准的推荐。例如，某电商平台通过关联规则挖掘发现，购买了“机器学习”图书的用户，有80%的概率也会购买“Python编程入门”图书，于是向这些用户推荐相关图书，显著提高了交叉销售和附加销售的机会。

3. 医疗诊断的辅助决策

在医疗领域，关联规则挖掘可以帮助医生发现疾病之间的关联性和潜在风险因素。通过分析病人的病历和诊断记录，医生可以识别出哪些症状或疾病经常同时出现，从而为疾病的诊断和治疗提供有价值的参考。例如，通过关联规则挖掘，医生发现某种症状与特定疾病之间存在强关联，从而能够更准确地诊断疾病。

4. 网络安全的异常行为检测

在网络安全领域，关联规则挖掘被用于异常行为检测。通过分析网络日志中的事件和模式，企业可以发现哪些事件之间存在关联，从而识别出可能的攻击行为或安全漏洞。例如，通过关联规则挖掘，企业发现某些异常的网络访问模式与已知的攻击行为存在关联，从而及时采取措施防止安全威胁。

5. 生产制造的质量控制

在生产制造领域，关联规则挖掘被用于质量控制。通过分析产品故障记录，企业可以发现哪些组件或生产环节之间存在关联，从而识别出潜在的质量问题。例如，通过关联规则挖掘，企业发现某些组件的故障与特定生产环节存在关联，从而优化生产流程，提高产品质量。

（三）关联规则挖掘的商业价值

关联规则挖掘在商业领域具有广泛的应用价值，能够帮助企业优化决策，提高运营效率，降低风险。通过关联规则挖掘，企业可以更深入地了解客户的需求和行为，从而制定更加精准的营销策略。例如，通过商品推荐和库存管理，企业可以提高销售额和客户满意度；通过异常行为检测，企业可以提高网络安全防护能力。总之，关联规则挖掘作为一种强大的数据分析工具，为企业提供了有力的支持，帮助企业在激烈的市场竞争中取得优势。

四、异常检测

（一）异常检测的基本原理

异常检测是一种用于识别数据集中异常行为或模式的技术。这些异常可能是数据中的错误、欺诈活动或其他不正常的行为。异常检测的主要目标是识别和报告这些异常，以便企业能够及时采取相应的措施。异常检测可以通过多种方法实现，包括统计方法、机器学习方法和深度学习方法等。

（二）商业应用场景

1. 金融领域的欺诈检测

在金融行业，异常检测被广泛应用于识别欺诈行为。例如，银行可以通过监测客户的交易行为，识别出异常的支付交易，防止未经授权的使用。通过分析交易金额、交易时间、交易地点等数据，银行可以建立异常检测模型，及时发现并阻止欺诈行为。此外，异常检测还可以用于识别保险欺诈、贷款审批中的高风险借款人等。

2. 电子商务领域的异常行为检测

在电子商务领域，异常检测被用于识别购物行为中的异常模式。例如，通过分析用户的浏览行为、购买行为和订单信息，电商企业可以识别出异常的购物行为，如恶意用户尝试创建多个虚假账户进行诈骗等。此外，异常检测还可以用于监控退款请求中的异常模式，防止欺诈性退货。

3. 电信行业的异常行为检测

在电信行业，异常检测被用于识别异常的服务使用模式。例如，通过分析用户的通话记录、流量使用情况和账户活动，电信运营商可以识别出异常的服务使用行为，如未经授权的SIM卡激活和使用、异常的呼叫或数据使用等。此外，异常检测还可以用于监控客户账户活动，防止身份盗窃。

4. 医疗保健领域的异常检测

在医疗保健领域，异常检测被用于识别医疗数据中的异常模式。例如，通过分析患者的病历、诊断记录和医疗设备数据，医疗机构可以识别出异常的医疗行为，如虚假医疗索赔、药品滥用等。此外，异常检测还可以用于监控处方药的过度开方和销售，防止药物滥用和非法分销。

5. 物联网领域的异常检测

在物联网领域，异常检测被用于识别设备上的异常活动。例如，通过分析物联网设备的运行数据，企业可以识别出异常的设备行为，如设备被恶意利用、能源使用异常等。此外，异常检测还可以用于识别网络流量中的异常模式，防止DDoS攻击和其他网络威胁。

（三）异常检测的商业价值

异常检测在商业领域具有重要的应用价值，能够帮助企业及时发现并应对潜在的风险和问题。通过异常检测技术，企业可以提高运营效率，降低风险，保护企业利益。例如，在金融领域，异常检测可以帮助银行识别并阻止欺诈行为，减少损失；在电子商务领域，异常检测可以帮助企业识别并处理异常的购物行为，提高客户满意度。总之，异常检测作为一种强大的数据分析工具，为企业提供了有力的支持，帮助企业在激烈的市场竞争中保持稳定和可持续的发展。

第三节　数据挖掘工具介绍

一、Tableau

（一）Tableau概述

Tableau是一款全球知名的商业智能和数据可视化工具，它以强大的数据处理能力和直观的用户界面而闻名。Tableau的核心功能包括拖拽式可视化、交互式仪表盘和实时数据更新等。这些功能使用户能够轻松地创建和分享交互式的数据可视化图表和仪表盘，从而更直观地理解和分析数据。Tableau的优势在于其易用性、灵活性和可扩展性。它支持多种数据源的连接，包括关系型数据库、大数据平台和云数据源等，能够满足不同企业和行业的需求。

Tableau创始团队如图14-2所示。

（二）Tableau的核心功能

拖拽式可视化：Tableau的拖拽式操作界面使用户无须编写代码即可创建复杂的可视化图表。用户可以通过简单的拖拽操作，将数据字段拖放到不同的区域，快速生成所需的图表类型，如柱状图、折线图、饼图等。这种直观的操作方式大大降低了数据可视化的门槛，使非技术用户也能够轻松上手。

Chris Stolte

联合创始人兼技术顾问

美国国防部（DOD）开展了一项旨在增强人们的信息分析能力的项目。交给斯坦福大学计算机科学系之后，该项目在Chris Stolte的带领下启动，Stolte当时还是一名博士研究生，正忙于研究用于探索和分析关系数据库和多维数据集的可视化技术，早年担任数据库程序员的经历帮助他发现了现有数据分析工具的症结所在。他渴望找到能够改变世界的研究项目，并看到了眼前的大好时机。

“每当我帮助人们直接访问数据时，他们都感到非常震惊并对此充满感激。我永远也忘不了这种感觉。”

Pat Hanrahan

首席科学家兼联合创始人

Pat Hanrahan教授是Stolte的博士生导师，同时也是Pixar动画工作室的幕后英雄，他同样意识到该项目足以改变世界。作为Pixar动画工作室的创始成员和RenderMan的首席架构师，Pat推动了动画电影界的变革。

“我们制作出了能解决问题的图像，但这些工作的目的是帮助那些想要了解自身数据的公司。”

Christian Chabot

联合创始人兼董事长

“我看到了未来”是Christian Chabot看到他们发明成果时的反应，进入斯坦福商学院进修企业管理之前，Chabot已从事了多年的数据分析工作。Christian、Chris和Pat共同创办了公司并于2003年从斯坦福大学分离。在Christian担任首席执行官后，Tableau取得了一次又一次的成功：首批客户、多个奖项、国际扩张、收入首次冲破百万和多项新发明。Tableau正在推动业务分析领域的革新。其事业才刚刚起步。

“我们从事的是世界上需求最大的领域之一，并成为这一领域一股迅速普及的力量。”

图14-2　Tableau创始团队

交互式仪表盘：Tableau的交互式仪表盘功能允许用户创建高度交互的可视化界面。用户可以通过筛选、排序、钻取等操作，深入探索数据背后的细节。这种交互性不仅提高了数据探索的效率，还使用户能够更直观地理解数据之间的关系和趋势。

实时数据更新：Tableau支持实时数据更新，用户可以连接到实时数据源，确保数据的最新性和准确性。这对于需要快速响应市场变化的企业尤为重要。例如，零售企业可以通过实时监控销售数据，及时调整库存和营销策略。Tableau数据挖掘与商业智能如图14-3所示。

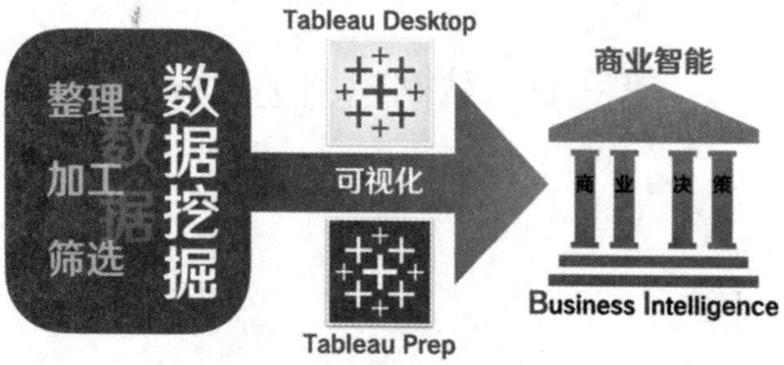

14-3　数据挖掘与商业智能

（三）Tableau的技术优势

内存数据引擎：Tableau通过内存数据引擎实现高效的数据处理能力，能够在几秒钟内完成大规模数据的查询和分析。这种高效的数据处理能力使用户能够快速获得分析结果，从而更快地做出决策。

实时查询能力：Tableau支持实时查询多个数据源，确保数据的最新性和准确性。用户可以连接到各种数据源，包括数据库、云服务和文件等，进行实时数据分析。

可视化故事讲述：Tableau鼓励用户通过视觉化的方式讲述数据故事，使复杂的数据变得易于理解和记忆。用户可以通过创建交互式仪表盘和故事板，将数据背后的故事生动地呈现出来，从而更好地传达信息和见解。

（四）Tableau的行业应用

Tableau作为一款领先的数据可视化工具，在金融、医疗保健、零售、制造业等多个行业得到了广泛应用，助力企业进行市场研究、销售数据分析、客户行为分析等，从而推动业务增长和优化决策。

1. 金融领域

在金融领域，Tableau的应用价值尤为显著。金融机构通过Tableau强大的数据分析和可视化功能，能够深入分析客户的财务数据、交易行为和信用记录，从而更准确地评估客户的信用风险，优化信贷决策。例如，银行可以利用Tableau分析贷款数据，识别潜在的违约风险，提前采取措施防范损失。此外，Tableau还能帮助金融机构生成各种财务报表和风险分析报表，实时监控市场动态和投资组合表现，从而更好地管理和优化其业务流程。

2. 零售行业

在零售行业，Tableau的应用同样广泛。零售商通过Tableau可以实时监控销售数据，深入了解不同产品的销售表现和客户偏好，从而优化商品采购计划和库存管理。例如，某大型零售企业使用Tableau分析销售数据，发现某一类商品在特定时间段内的销售量显著增加，及时调整库存和促销策略，抓住市场机遇。此外，Tableau还能帮助零售商进行客户行为分析，通过分析客户的购买历史和行为数据，提供个性化的商品推荐，提高客户的购买转化率和满意度。

3. 医疗保健领域

在医疗保健领域，Tableau的应用为医疗机构提供了强大的支持。医疗机构通过Tableau可以高效地管理患者信息，优化医疗资源的分配。例如，医生可以利用Tableau分析患者的病历数据、症状和检查结果，快速识别患者的病情和潜在风险，从而更准确地进行诊断和治疗。此外，Tableau还能帮助医疗机构进行医疗资源调配，通过可视化工具实时监控医疗资源的使用情况，优化资源分配，提高医疗服务的质量和效率。

4. 制造业

在制造业，Tableau的应用同样发挥着重要作用。制造企业通过Tableau可以监控生产过程中的各种数据，如生产效率、设备运行状态和质量控制数据，从而及时发现和解决生产问题。例如，某制造企业使用Tableau分析生产数据，发现某一生产环节的效率低下，及时采取措施进行优化，提高了整体生产效率。此外，Tableau还能帮助制造企业进行供应链管理，通过分析供应链数据，优化生产计划和物流安排，降低成本，提高运营效率。

5. 教育领域

在教育领域，Tableau的应用为教育机构提供了有力的支持。教师和学生可以使用Tableau进行教学分析，研究实验数据和调查结果，从而更好地了解教学效果和学生的学习情况。例如，某学校使用Tableau分析学生的考试成绩和学习行为数据，发现某些学生在特定科目上的学习困难，及时采取个性化的辅导措施，提高了学生的学习成绩。此外，Tableau还能帮助教育机构进行教育资源调配，通过分析教育资源的使用情况，优化资源配置，提高教育质量和效率。

6. 科研领域

在科研领域，Tableau的应用为科研人员提供了强大的数据分析和可视化工具。科研人员可以使用Tableau分析实验数据和调查结果，通过直观的可视化图表展示研究结果，提高研究的透明度和可读性。例如，某科研机构使用Tableau分析实验数据，发现某一实验条件下的显著变化，及时调整实验方案，提高了研究效率。此外，Tableau还能帮助科研人员进行数据共享和协作，通过共享可视化图表和分析结果，促进团队合作和知识交流。

Tableau在多个行业的广泛应用，充分展示了其强大的数据分析和可视化能力。通过帮助企业和机构深入理解数据背后的模式和趋势，Tableau不仅提高了决策的科学性和准确性，还推动了业务流程的优化和创新。随着技术的不断发展，Tableau将继续在更多领域发挥重要作用，为企业和机构提供更强大的数据支持和决策依据。

（五）Tableau的市场趋势

人工智能和机器学习集成：Tableau功能的最新发展包括AI和机器学习集成，使企业能够自动进行数据分析、发现隐藏的趋势并根据历史数据生成预测。机器学习和可视化的结合增强了企业领导者的决策能力。

战略合作伙伴关系和收购：Tableau已与主要科技巨头建立了战略合作伙伴关系，可以更轻松地与第三方工具、数据库和平台集成。这些合作伙伴关系扩大了Tableau的覆盖范围和可用性，确保其仍然是全球企业的首选。

专注于用户友好的界面和定制：为了满足市场需求，Tableau致力于使其界面更加用户友好，同时增强自定义选项。这确保了各种规模和技术能力的企业都可以从Tableau服务中受益。

二、Power BI

（一）Power BI概述

Power BI是微软推出的一款功能强大的商业智能（BI）工具，它集数据连接、数据处理、数据可视化和报表发布于一体，帮助企业用户快速分析和理解数据，从而做出更明智的决策。Power BI的核心组件包括Power BI Desktop、Power BI Service和Power BI Mobile，这些组件共同构成了一个完整的BI解决方案，满足不同场景下的数据分析需求。Power BI的优势在于其与微软生态系统的深度集成、强大的数据处理能力和灵活的可视化选项，这使其成为企业数据分析和决策支持的重要工具。

（二）Power BI的核心组件

1. Power BI Desktop

Power BI Desktop是一款免费的桌面应用程序，专为数据分析师和报表开发者设计。它提供了丰富的数据连接器，支持连接多种数据源，包括数据库、云服务和文件等。用户可以使用Power BI Desktop进行数据清洗、转换和建模，创建交互式报表和可视化图表。此外，Power BI Desktop还支持离线使用，用户可以在没有网络连接的情况下进行数据分析和报表制作。

2. Power BI Service

Power BI Service是基于云的服务平台，支持团队协作和报表发布。用户可以将创建的报表和仪表板发布到Power BI Service，与团队成员共享和协作。Power BI Service提供了强大的管理和安全功能，确保数据的安全性和合规性。此外，Power BI Service还支持实时数据流和高级分析功能，帮助企业实时监控业务指标并做出快速响应。

3. Power BI Mobile

Power BI Mobile是Power BI的移动应用程序，支持在手机和平板电脑上查看和编辑报表。用户可以通过Power BI Mobile随时随地访问关键业务数据，进行数据分析和决策。Power BI Mobile提供了优化的移动体验，支持触控操作和离线访问，确保用户在移动设备上也能高效地进行数据分析。

（三）Power BI的功能特点

1. 数据连接与整合

Power BI支持连接多种数据源，包括关系型数据库、大数据平台、云服务和文件等。用户可以通过Power BI的内置连接器轻松连接到所需的数据源，并进行数据整合和清洗。Power BI还支持实时数据流，确保用户能够获取最新的数据进行分析。

2. 数据可视化

Power BI提供丰富的可视化工具，用户可以通过拖拽操作创建各种类型的图表，如柱状图、折线图、饼图、地图等。此外，Power BI还支持自定义可视化，用户可以根据自己的需求创建独特的可视化效果。Power BI的交互式仪表板功能允许用户通过筛选、排序和钻取等操作，深入探索数据背后的细节。

3. 高级分析

Power BI内置多种高级分析功能，如预测分析、聚类分析和关联规则挖掘等。用户可以利用这些功能发现数据中的隐藏模式和趋势，为决策提供有力支持。此外，Power BI还支持与Python和R

等编程语言的集成，用户可以使用这些语言进行更复杂的分析和建模。

4. 协作与共享

Power BI Service支持团队协作，用户可以将报表和仪表板发布到Power BI Service，与团队成员共享和协作。Power BI Service提供了强大的管理和安全功能，确保数据的安全性和合规性。用户可以设置不同的权限级别，控制谁可以访问和编辑数据。

（四）Power BI的技术优势

1. 与微软生态系统的集成

Power BI与微软的其他产品和服务深度集成，如Azure、Dynamics 365和Office 365等。这种集成使用户可以在不同的微软产品之间无缝切换，提高工作效率。例如，用户可以将Power BI报表嵌入到SharePoint页面或Teams聊天中，方便团队成员查看和讨论。

2. 强大的数据处理能力

Power BI支持处理大规模数据集，能够高效地进行数据查询和分析。Power BI的内存数据引擎和实时查询能力确保用户能够快速获得分析结果，从而更快地做出决策。

3. 灵活的可视化选项

Power BI提供了丰富的可视化工具和自定义选项，用户可以根据自己的需求创建独特的可视化效果。Power BI的交互式仪表板功能使用户能够通过简单的操作深入探索数据背后的细节。

4. 安全性和合规性

Power BI提供了强大的安全性和合规性功能，确保用户数据的安全和隐私。Power BI支持数据加密、访问控制和权限管理等功能。此外，Power BI还符合多种行业标准和认证，如HIPAA和GDPR等。

【链接案例】

ChatGPT隐私泄露诉讼案：一场重塑AI伦理的法律博弈

一、案件背景与核心争议

2023年6月，美国克拉克森律师事务所代表16名匿名用户向旧金山联邦法院提起集体诉讼，指控OpenAI及其合作伙伴微软通过非法手段收集并滥用用户数据，用于训练ChatGPT等AI模型。这场诉讼不仅涉及隐私权与数据合规问题，更引发了关于AI技术发展与个人权利边界的核心争议。原告主张，OpenAI通过网络爬虫抓取了超过3000亿个单词的数据，包括社交媒体内容、图书内容、网站信息等，其中包含大量未经用户授权的敏感信息（如医疗记录、聊天记录、个人身份标识等）。这些数据被用于训练AI模型，而用户对此完全不知情，也未获得“选择退出”的权利。诉讼要求OpenAI赔偿30亿美元，并指控其行为违反了美国《计算机欺诈与滥用法》（CFAA）、《加州消费者隐私法案》（CCPA）等多部法律。

二、数据抓取的合法性争议

案件的核心矛盾在于数据抓取的“合法性”与“透明度”。原告指出，OpenAI的网络爬虫系统绕过网站的robots协议，非法获取本应被禁止抓取的数据。例如，用户在社交媒体平台发布的内容可能因“公开性”被OpenAI视为可抓取对象，但用户并未明确授权其用于AI训练。被告可能以“公开数据无须额外授权”作为辩护，类比谷歌等搜索引擎的抓取行为，但原告反驳称，AI训练涉及对数据的深度分析与商业利用，与单纯的信息检索存在本质区别。此外，诉讼还指控OpenAI未对数据进行充分脱敏处理，导致训练后的模型可能直接输出用户隐私信息。例如，当用户询问个人健康状况时，AI可能引用训练数据中的敏感内容。

三、法律与伦理的双重挑战

此案的法律复杂性远超传统数据泄露案件。首先，隐私权与版权的叠加争议。除隐私诉讼外，作家Paul Tremblay和Mona Awad同步起诉OpenAI，指控其未经许可使用数万本图书内容训练模型，涉嫌侵犯版权。这使案件同时涉及数据隐私和知识产权两大领域。其次，“合理使用”原则的模糊边界。OpenAI可能主张，训练AI属于“公共利益”行为，符合“合理使用”例外，但原告认为，大规模商业利用与学术研究存在本质不同。再次，算法黑箱与举证困境。用户难以直接证明其数据被嵌入模型并导致损害，法院可能需依赖技术专家证词或要求OpenAI公开部分数据流程，这触及企业商业机密与公共利益的平衡。

四、行业影响与未来启示

无论诉讼结果如何，此案已对AI行业产生深远影响。首先，数据合规压力骤增。企业被迫重新审视数据来源合法性，例如优先购买版权数据或与内容创作者达成协议。其次，透明度成为新门槛。用户要求企业明确告知数据使用目的，并提供“退出训练数据”的选项，这可能推动AI公司开发更透明的隐私保护机制。此外，技术伦理的反思。联邦学习、合成数据生成等隐私计算技术或成为行业标配，以减少对真实用户数据的依赖。

从更宏观的视角看，此案可能推动立法进程。美国国会或将加速《人工智能法案》的制定，明确AI训练数据的获取规则；欧盟《人工智能法案》中的“数据治理报告”要求也可能成为全球范本。若原告胜诉，OpenAI将面临巨额赔偿并被迫调整数据策略，这将重塑整个生成式AI行业的竞争格局；反之，若被告胜诉，则可能为大规模数据抓取提供法律豁免，加剧隐私保护与技术创新的冲突。

ChatGPT隐私泄露诉讼案是AI时代数据伦理争议的缩影。其核心矛盾——技术发展需要海量数据，但现有法律框架尚未有效规范数据使用的边界——迫使社会重新思考如何在创新与权利保护间找到平衡。此案的最终判决或许无法完全解决所有问题，但它已为全球AI伦理治理提供了重要参考：唯有通过立法完善、行业自律与技术创新的协同推进，才能构建一个既促进技术发展又尊重用户权利的未来。

（资料来源：根据网络资源整理。）

（五）Power BI的行业应用

Power BI广泛应用于金融、零售、制造、医疗等多个行业，帮助企业进行数据分析和提供决策支持。例如，在金融行业，Power BI被应用于风险评估、信贷审批和投资决策等方面，帮助金融机构更好地管理和优化其业务流程。在零售行业，Power BI被应用于销售分析、客户行为分析和库存管理等方面，帮助企业更好地理解客户需求和市场动态。在医疗行业，Power BI被应用于患者管理和医疗资源调配等方面，通过可视化工具，医疗团队可以更高效地管理患者信息，优化医疗资源的分配。

（六）Power BI的安全与合规性

Power BI提供了全面的安全和合规性功能，确保用户数据的安全和隐私。Power BI支持数据加密，用户数据在传输和存储过程中都经过加密处理，防止数据泄露。Power BI还提供了访问控制和权限管理功能，用户可以设置不同的权限级别，控制谁可以访问和编辑数据。此外，Power BI符合多种行业标准和认证，如HIPAA和GDPR等，帮助企业满足数据合规性要求。

第十五章 团队与领导专题

在管理中，团队合作通过共享知识与资源、增强沟通和凝聚力来促进目标的实现，而领导者则通过设定方向、激励成员和有效决策发挥关键作用。在ERP沙盘模拟课程中，这种动态同样明显：团队成员需紧密协作，跨职能协调以优化决策；领导者则负责明确战略方向，调整策略，并激励团队应对挑战，两者的协同作用决定了模拟企业的成败。简而言之，团队合作与领导力共同构成了成功管理的基石，在理论与实践中均展现出不可替代的价值。本章重点介绍团队与团队建设、团队合作、团队领导、提升沙盘模拟团队管理、领导者沟通等内容。

【导入案例】

女足精神

2022年2月6日，中国女足在上半场0:2落后的情况下，下半场连扳2球，最后时刻上演了逆转绝杀的奇迹，以3:2的比分夺得亚洲杯冠军，时隔16年再登亚洲巅峰！就在几天前的2月4日凌晨，中国女足同样在落后的情况下，两度扳平比分，最终通过点球大战以6:5的总比分战胜日本女足。都是在落后的情况下，女足姑娘们不放弃、不言败，在关键时刻力挽狂澜，她们用汗水和拼搏，再一次向世界展示了女足精神。

从东京奥运会时的疑云密布、一盘散沙，到女足亚洲杯上的团结一致、坚韧不拔，中国女足靠着团队合作的拼劲、顽强拼搏的韧劲、相信自己的冲劲、困境中不服输的干劲赢得了最终的胜利。中国女足姑娘们用实际行动诠释了“巾帼不让须眉”。

中国女足取得胜利的最大贡献者是谁呢？是主教练、球星、队长，还是整个球队？中国女足的最终胜利离不开女足姑娘们坚韧不拔、永不放弃的可贵精神，离不开王霜等明星球员关键时刻的摧城拔寨，离不开队长王珊珊的场上坐镇指挥，更离不开教练团队的运筹帷幄。但足球是一项集体活动，中国女足取得最终胜利更重要的因素是女足姑娘们的团队配合和集体精神。在2022年的亚洲杯及她们参加的其他多场比赛中，中国女足都展现出了过硬的意志品质，昂扬奋发、摧坚决胜的精神面貌，以及不到最后一刻绝不放弃的体育精神。这次比赛获得的成绩和荣誉离不开每一个人的努力付出。这就是女足精神。

女足精神就是拼搏奋斗的精神。中国女足取得如此备受瞩目的成绩，与平时刻苦训练是分不开的。这些女足姑娘平时的训练量大得惊人：每天至少训练5小时，除了喝水不准休息；每天固定完成30个训练项目，平均10分钟换一次；每天跑圈5000米以上……为什么女足那么牛?看到她们的肌肉你就懂了。成绩是她们汗水甚至血水的结晶。没有场下日复一日扎实刻苦的训练，就没有赛场上敢打敢拼的竞技状态。

女足精神就是永不言弃的精神。亚洲杯四分之一决赛，中国女足在先丢一球的情况下，3:1逆转越南队；半决赛面对夺冠热门日本队，中国女足加时赛119分钟读秒绝平，点球大战战胜对手；决赛中，中国女足上半场0:2落后，下半场先是连追2球，又在伤停补时阶段绝杀韩国队：这连续三场淘汰赛都是逆转取胜。多少次，女足姑娘们已身处“绝境”，就连电视机前的一些观众也以为败局已定于是换台。场外的人已放弃，场内的人却坚决不弃，意志坚定不动摇，一定要奔跑到最后一刻。

就像主教练水庆霞说的那样："代表国家队肯定就要百分百去做。球可以输，但人不能输。"

女足精神就是团结协作的精神。面对比分落后且比赛时间所剩不多的不利局面，女足姑娘们无论是得分还是丢球，都会围成一团，总结得失，相互勉励。她们相互配合、鼓励，共同应对挑战，迎难而上。每一个进球都是中国女足团结协作的缩影。心往一处想、劲往一处使。人心齐，泰山移。

"铿锵玫瑰"的一代已经过去，但女足精神还在传承，还在发展。新一代女足姑娘奏响的是属于她们自己的"青春之歌"：刻苦训练，在自己的岗位上臻于极致；甘于奉献，为国家荣誉奋力拼搏；团队协作，上下一心，不畏强敌，勇敢追梦。这就是永远的女足精神。

（资料来源：根据相关网络资料整理。）

对于ERP沙盘模拟这门课来说，模拟一个企业的每个小组就是一个团队。每一组的团队成员按照角色各司其职，完成自身本职工作，然后配合其他成员完成整个企业经营。这与中国女足团队没有本质差别。我们每个人也要像中国女足那样，平时刻苦学习和训练，发扬拼搏奋斗、永不言弃、团结协作的女足精神，认真对待自己的角色，树立责任意识，有强烈的事业心和责任心，有担当，"在其位、谋其政、做其事、尽其责"，少一些抱怨、多一些拼搏，少一些懈怠、多一些进取，为团队做出自己应有的贡献。

第一节　团队与团队建设

一、团队概述

1. 什么是团队

1994年，著名学者斯蒂芬·罗宾斯首次提出了"团队"的概念，随后关于"团队合作"的理念风靡全球。现在，团队合作能力已经成为每个企业对员工素质的基本要求。那么什么样的一群人才算是团队？团队是指一种为了实现某一目标而由相互协作的个体所组成的正式群体。团队的意义是合理利用每一个成员的知识和技能协同工作，解决问题，达到共同的目标。

沙盘模拟经营就是以团队形式进行的，一个小组就是一个创业团队，每个组员要充分发挥自己的专长，团队协作，密切配合，制定合理的决策方案。总之，沙盘模拟是团体战，要靠团队的力量！

【链接案例】

阿里十八罗汉

几乎每个人对于阿里巴巴、对于马云、对于淘宝都十分熟悉。阿里巴巴就是一个典型的团队创业成功案例。

1999年2月20日，年初五，在一个叫湖畔花园的小区，16栋三层，十八个人聚在一起开了一个动员会。屋里几乎家徒四壁，只有一个破沙发摆在一边，大部分人席地而坐，马云站在中间讲了整整两个小时。彭蕾说："几乎都是他在讲，说我们要做一个中国人创办的世界上最伟大的互联网公司，张牙舞爪的，我们就坐在一边，偷偷翻白眼。"

公司的启动资金是50万元，十八个人一起出钱凑的，马云并不是没有这笔钱，但是他希望公司是大家的，所以十八个人都出了钱，各自占了一份不同比例的股份，写在一张纸上，很简短的英文。签上名字之后，马云让大家回去把这张纸藏好，从此不要再看一眼："天天看着它做梦，我们就做不好事。"

在很长的时间里，这些人每个月拿500块钱的工资，在湖畔花园附近举步可达的地方租房子住，有的两三人一起合租，有人索性住进了农民房，吃饭基本就是3块钱的盒饭。戴珊很喜欢吃梅干菜，有一次吃着盒饭，突然对大家说："等我有钱了，我就去买一屋子的梅干菜！"

…………

这些人，创造了阿里巴巴，他们被称为十八罗汉。2007年，这家公司上市了，在上市当天市值超过200亿美元。从1999年到现在，阿里十八罗汉的故事已经成为了一个传奇。这就是团队的力量。"十八罗汉"代表了阿里巴巴的创业精神和团队精神。他们共同面对困难，一起努力，为阿里巴巴的成长和发展付出了巨大的努力。他们的故事和经历也成为阿里巴巴文化的重要组成部分。

除了十八罗汉创业团队之外，还有携程四君子、百度七剑客、小米八大金刚等，他们都是团队创业的成功典范。

（资料来源：根据网络资源整理。）

无论是阿里十八罗汉，还是腾讯五虎将等，为什么这些创业团队会成功，而其他很多创业者或团队却失败了？除了天时和地利，团队中的"人和"有时候更加重要。在生活和工作中，常会听到一句中国俗语："人心齐，泰山移。"建立和拥有一支"人和"的高效团队是组织持续发展和进步的重要基础条件。所以，团队成员的选择和有效管理是至关重要的。

2. 高效团队具备的主要特征

企业的成功需要依托团队的力量，团队的主心骨必须是优秀的人才，只要你拥有一支高效的团队，那么成功的概率将大大提高。

【链接案例】

高效团队代表——复仇者联盟

无论是现实生活还是电影世界，只要有目标、有人、有分工、有合作，就会出现团队，超级英雄也不例外。这里我们从"团队协作"的角度来分析复仇者联盟的超级英雄们是怎么通过团队协作战败灭霸的，并从故事中得到一些启示。

一、团队背景

复仇者联盟（简称"复联"）由钢铁侠、美国队长、雷神、绿巨人、黑寡妇和鹰眼等元老级成员组成。随着后面一些新成员的加入，复仇者联盟日渐壮大。9名超级英雄扛起了拯救地球、拯救全宇宙的重任。

团队目标：确定一个成员皆知的组织目标，这相当于迈出了成功的第一步。复联这个组织的目标一直都是"找回所有被灭霸响指带走的遇难者"，拯救地球，拯救全宇宙。

电影故事过程这里不再赘述，最终结果是复仇者联盟同心协力逆转了灭霸的所作所为，恢复了宇宙的秩序。复联是一个超级英雄组成的团队，但是他们也都被人性所左右，出现过分歧、内战，但始终还是会并肩作战，这除了责任和信念，更重要的是团队的领导方式和合作方式。

二、复仇者联盟团队成功之处

（1）找到合适的人。复联的成立是为了保护地球的安全，加入复联的这些成员都具备"保护地球"的责任心。合适的人选才能确保组织项目顺利开展，也让团队成员更加有认同感和凝聚力。

（2）清晰的目标。面对灭霸，虽然也曾遭遇失败，但是在最后的战役中，他们目标明确、信念统一，即使分开执行任务，每个人也都尽到了最大的努力，没有让结果出现太大偏差。

每个组织都需要确保员工认可其价值观和愿景，清晰地明白其目标是什么，这样才能更好地完成每一项任务，向着一个共同的方向去努力。

（3）随机应变的能力。任务的执行很多时候都不是一直顺利的，肯定会出现一些小的插曲和突发状况。如钢铁侠和美国队长发现空间宝石被洛基拿走后，很快做出了新的方案，最后拿到宝石。

每个项目都会在执行中面临风险，除了在最开始进行有效的预测，还应当在关键时刻随机应变。只要能完成任务，可以换不同的角度和思路去做，不要轻言放弃。

（4）专业人做专业事。术业有专攻，让专业的人去做专业的事，这是任何任务快速推进的最佳引擎。复联在任务执行中，每个人都在不同的位置上贡献出了自己的力量。例如，美国队长是天生的领导者，他和钢铁侠是整个团队的核心，制订计划、部署方案，带领所有人完成目标；惊奇队长，由于可以任意穿梭宇宙，她从茫茫宇宙中救回了钢铁侠和星云。

三、总结与启示

（1）超级英雄几乎无所不能，但为了拯救世界，也放弃了自己该有的幸福生活。在生活和工作中，有时候我们每个人为了团体利益和目标，也需要舍得放弃一些东西，有舍才有得。

（2）超级英雄们虽然个个都很厉害，但面对强敌，也需要组成联盟。我们大多数人都是平凡的人，能力有限，在学习、生活和工作中为了实现更大目标更需要团队协作。连超级英雄都组成联盟了，更别提我们了，我们更需要团队协作。

（3）这个世界需要英雄，我们需要这样的伟大精神。作为一个平凡个体，我们每个人都要努力强大自己，力争成为在各自生活、学习和工作领域的“英雄”。

（资料来源：节选改编于《独家揭秘：复仇者联盟究竟如何搞定了灭霸?》. https://baijiahao.baidu.com/s?id=1632048773241302080&wfr=spider&for=pc.）

高效团队具备的主要特征包括：

（1）清晰的目标

高效的团队要清楚了解所要达到的目标，并坚信目标的重大意义和价值。清晰的目标如灯塔，指引和激励着团队成员前行。作为沙盘模拟团队，一样要首先明确本组要达到什么样的目标，比如目标是争取小组最终业绩靠前，还是能够不破产就好，还是没有什么目标，无所谓……不同的目标决定了小组成员的付出程度。

（2）优秀的领导

团队的领导者是决定团队成败的关键。有效的领导者能够指引和鼓舞大家共进退，为团队指明前途所在，鼓舞团队成员的自信心，帮助他们更充分地了解自己的潜力。沙盘模拟小组的CEO就是团队的领导者，他有责任充分认识每个团队成员的技能和能力，从而知道每个位置最合适的人选。同时，他肩负着指引和鼓舞小组成员共同协作的使命，而不应该是仅仅名义上的“头儿”。

（3）熟练的技能

高效的团队是由一群有能力的成员组成的。他们具备实现理想目标所必需的技术和能力，并善于密切合作共同出色地完成任务。也就是说，团队成员既要有精湛的技术能力，也要有处理群体内关系的高超技巧。因此，沙盘模拟小组的团队成员角色专业能力要强，生产总监要懂生产，营销总监要明白市场营销该怎么做，等等，这样才能各司其职，发挥专业人士的作用和价值。但是仅懂技术，各干各的，不能进行有效沟通和协作，就是各自为战，形成不了合力，很难有好的团队业绩。

（4）相互的信任

只有相互信任才能真正共同协作。成员间相互信任是有效团队的显著特征，也就是说，每个成员对其他人的品行和能力都确信不疑。这种信任关系放到沙盘模拟小组里，可以简单地理解：你是生产总监，你管生产组织大家都放心，这就是一种信任。如果你的ERP小组是同班同学组成的，且平时很熟，关系都不错，那么这样的小组成员间的信任关系就比较容易建立。但如果团队成员平时不熟，或者可能不是同班同专业的，相互不认识，那么这个团队成员间的信任关系就需要一定时间的磨合。

（5）良好的人际沟通

团队成员之间具有良好的人际关系，互相信任与尊重，则相处融洽，彼此沟通顺畅，这就为完成任务提供了强有力的合作基础。若台面上一团和气，台面下勾心斗角，那么再有本事的团队成员，不能形成合力，也很难发挥其作用。ERP小组的团队协作是靠人际沟通实现的，有想法要说出来，对某个决策有建议或意见要表达出来，这样相互之间知道对方是怎么想的，是怎么看待问题的，只有这样充分地沟通交流，团队才有信任和真正合作。当然沟通要讲究方式和方法。

二、团队建设

（一）团队建设的含义

1. 团队建设的概念

团队建设是指通过一系列有计划的活动和策略，提升团队成员之间的协作能力、信任程度以及整体绩效的过程。其目标是帮助团队更有效地实现共同目标，增强凝聚力，并解决可能存在的问题。

2. 团队建设的重要性

团队建设的重要性体现在多个层面，它不仅关乎团队的内部协作效率，还直接影响组织目标的实现和整体绩效的提升。团队建设的重要性可包括：

（1）增强团队凝聚力

团队成员之间的信任是高效合作的基础。通过团队建设活动，成员可以更好地了解彼此的性格、技能和工作方式，从而减少误解和猜疑，建立深厚的信任感；团队建设能够帮助成员感受到自己是团队不可或缺的一部分，从而增强对团队的认同感和归属感。这种情感连接会促使成员更加积极地投入工作。

（2）提升沟通与协作能力

有效的团队建设活动可以帮助成员掌握更高效的沟通技巧，减少信息传递中的障碍和误解，确保团队内部的信息畅通无阻；团队建设强调分工合作的重要性，使成员意识到只有通过相互支持才能实现共同目标。这有助于打破部门壁垒，促进跨部门协作。

（3）激发团队潜力

团队建设能够帮助成员发现并发挥自己的独特优势，同时学会欣赏他人的长处。这种互补效应可以最大化团队的整体效能；团队建设活动通常包含挑战性和创造性任务，能够激发成员的想象力和创造力，为团队带来新的思路和方法。

（4）解决团队问题

团队建设可以通过开放的沟通环境和互动活动，帮助成员化解潜在的矛盾和冲突，改善人际关系；当团队面临压力或低谷时，团队建设活动可以通过激励和鼓舞的方式，重新激发成员的积极性和动力。

（5）推动组织目标的实现

高效的团队能够更快、更准确地执行任务，从而加速组织目标的达成。团队建设正是为了培养这种高效的执行力。强大的团队是组织的核心竞争力之一。通过团队建设，组织可以在市场中占据更有利的位置，应对各种挑战。

（6）促进个人成长与职业发展

团队建设活动为成员提供了锻炼领导力、沟通能力和解决问题能力的机会，这些软技能对个人职业发展至关重要；在团队建设过程中，成员可以从他人身上学到新的知识和经验，拓宽视野并提升自身能力。

通过科学的团队建设计划和活动，组织可以打造出一支高效、和谐且充满活力的团队，为长远发展奠定坚实基础。

（二）团队建设与成长的主要阶段

一个团队不是从一开始就那么和谐和高效的，大部分团队都要历经一个建设和成长的过程，沙盘模拟小组的团队建设也要经历同样的过程。此部分结合《西游记》中取经团队成长与修炼过程来介绍团队建设与成长的典型阶段。一般来说，一个团队建设与成长历程可以分为四个典型阶段。

（1）组建与适应阶段

团队组建与适应阶段主要是团队的选人、定岗、定责和愿景宣导等。即“搭班子”，并初步适应。这就是沙盘模拟刚开始的选队员分组，组建团队的阶段。

在《西游记》中，初期观世音菩萨精心挑选了唐僧、孙悟空、猪八戒以及沙和尚等组建成取经团队。团队也做了基本的岗位和职责分工：唐僧是取经团队的领导，坚定信念和目标，全面负责部门工作；孙悟空是业务骨干，负责降妖除魔，开路先锋；猪八戒牵马帮忙；沙和尚挑担搞后勤。

（2）磨合与动荡阶段

此阶段也叫风暴期，是团队产生摩擦、矛盾冲突的高峰期。此时团队成员尚在磨合之中，彼此之间缺乏了解与信赖，整个团队还没有建立规范，或者对于规矩尚未形成共同看法，这时矛盾很多，内耗很多。在此阶段，最重要的是将所有问题都摊在桌面上来讨论并一一解决，认清矛盾根源，沟通解决。否则矛盾冲突激化到不可收拾的地步，团队将面对散伙的风险。沙盘模拟经营过程中，部分小组处于成员间磨合阶段，因为每个人的性格、价值观、风险喜好、能力等方面存在差异，所以有观点不一致、有矛盾都很正常，要学会合理表达和沟通。

《西游记》中，在唐僧陆续收徒过程中，整个取经团队在磨合中产生很多矛盾和冲突，最为激烈的莫属三打白骨精，师徒冲突激化升级，导致分道扬镳，取经团队差点散伙。

（3）规范与认同阶段

随着团队的成长与合作的加深，一切走上正轨，制度和规范越来越完善。团队成员能够尊重彼此的意见，逐步认同他人的能力、长处等。团队成员开始相互信任，坦诚相见，主动为他人提供帮助。团队成员有效合作效果显著提升。沙盘模拟经营中，此阶段，大部分小组经过前期的磨合，团队成员相互之间各方面都已经比较熟悉和了解，各自工作已经驾轻就熟，相互协作效果已经比较好了，效率也很高。

《西游记》中，在经过三打白骨精等磨难和相处之后，取经团队逐渐相互接受和认同，遇事大家能一起商量，团队协作很顺畅，团结一致去取经。

（4）成熟与收获阶段

经过长期努力，组织形成强而有力的团队，团队进入成熟阶段。所有人都有强烈的一体感，组织爆发前所未有的潜能，创造出非凡的成果，能在无监管的情况下正常运作。成员间相互依赖，能快速有效地决策和解决问题，积极完成工作。此时，很多沙盘模拟小组的团队凝聚力已经非常强，热烈讨论，合作效果非常明显。

在《西游记》后期，唐僧所率领的取经团队上下一心，终于历经磨难取得真经，功成名就，位列仙班。

（三）ERP创业模拟小组的团队建设

ERP创业模拟中的团队建设是一个复杂且动态的过程，涉及多方面的管理技能和协作能力。以下是对上述内容的进一步详细分析，尤其是针对团队建设常见问题及解决方案的具体探讨。

1. ERP团队建设的主要内容

（1）明确团队目标

在ERP模拟中，目标设定需要具体化和可量化。例如，“实现净利润增长20%”可以进一步分解为：每季度销售额提升的具体百分比；市场份额的增长目标，如增加到30%。同时，随着模拟经营环境的变化，团队目标也需要灵活调整。例如，在市场供过于求的情况下，可能需要将重点从追求利润转向提高市场份额。

（2）合理分配角色

每个角色的具体职责需要清晰界定，并根据成员的能力和兴趣进行匹配。例如，CFO（财务总监）不仅要负责财务报表，还需要预测现金流风险并提出应对方案；COO（生产总监）除了管理生产计划，还需关注供应链优化，如寻找更便宜的供应商或缩短交货周期。ERP模拟强调各部门之间的协同作用。例如，生产部门与销售部门需要密切配合，确保产品能够及时满足市场需求。

（3）建立有效的沟通机制

在模拟过程中，团队可以选择多种团队成员较为熟悉和喜欢的沟通工具来提高效率。每日例会和定期复盘会是必不可少的。例如，每日例会可以用于汇报当天的任务进展，复盘会则用于总结以往表现并规划下阶段工作。

（4）培养团队协作精神

团队成员需要学会相信彼此的专业能力。例如，CEO应充分授权给各个部门负责人，而不是事事亲力亲为。在团队协作中，冲突不可避免，可以通过设立“冲突解决机制”来处理分歧。例如，当生产部门和财务部门对预算分配产生分歧时，可以通过数据支持和集体讨论来达成共识。

（5）定期评估与反馈

通过ERP系统生成的数据报告，团队可以客观地评估经营表现。例如，分析每季度的利润率、库存周转率和客户满意度等指标。除了整体评估，还应对每名成员的表现进行反馈。例如，指出某名成员在市场调研方面表现出色，但在时间管理上存在不足。

2. ERP团队建设常见问题及解决方案

（1）角色分工不明确

具体表现为：成员之间职责重叠，导致任务重复或遗漏；部分成员感到迷茫，不知道自己该做什么。应持续明确强化各部门岗位的职责范围和工作流程；通过定期复盘会检查岗位职责是否落实到位，并根据实际情况进行调整，帮助部门成员提升责任意识和现实执行效果。

（2）沟通不畅

具体表现为：信息传递延迟或失真，导致决策失误；部门角色之间缺乏有效沟通，形成“信息孤岛”。小组应在团队组建初期阶段注意营造积极和谐的沟通氛围，让各成员熟悉沟通流程，重视每个季度和年度的总结复盘活动，加强部门岗位间的交流和合作。

（3）团队士气低落

具体表现为：成员对模拟活动失去兴趣，参与度下降；团队内部出现消极情绪，影响整体氛围。可设立奖励制度，表彰表现优秀的成员。例如，评选“最佳决策者”或“最具贡献奖”。组织一些轻松有趣的团建活动，增强团队凝聚力。例如，举办模拟经营之外的小型竞赛或游戏。关注成员的心理状态，及时发现并解决他们的困扰。例如，某成员因压力过大而表现不佳时，团队可以为其提供额外的支持和帮助。

（4）决策分歧。

具体表现为：团队成员对某一问题存在严重分歧，导致决策过程拖延；决策结果无法获得全体成员的认可，影响执行力。可在决策过程中，先通过集体讨论收集各方意见，然后由CEO根据综合情况做出最终决定。同时，重视借助数据支持决策。利用ERP系统生成的数据作为决策依据，减少主观判断带来的偏差。例如，通过分析历史销售数据来决定是否扩大生产规模。

第二节　团队合作

一、为什么要进行团队合作

团队合作是一群有能力、有信念的人在特定的团队中，为了一个共同的目标相互支持合作奋斗的过程。现实生活中，有些人是独行侠，觉得自己就能把工作做了。可是，每个人不是全能的，也不是万能的，更不是体力、时间无限的“超能者”。团队合作就是为了群策群力，取长补短，资源共享，实现最高效地做任务。仿佛踢足球一样，要有前锋，有后卫，也有守门员，球星很厉害，但没有其他人的分工协作，也是不可能取得胜利的。同样，如果在沙盘模拟经营中，一个小组全靠CEO一个人忙前忙后，显然是很难取得好的成果的，毕竟一个人的能力、精力、时间是有限的。所以沙盘模拟经营是一个集体项目，需要靠团队协作才可能取得好的成果。

中国全民抗疫的胜利，得益于政府的统一领导，得益于全国上下的团队协作，全民共同抗疫就是团队协作的成功典范。

【链接案例】

众志成城，全民防疫

新冠病毒感染疫情是新中国成立以来我国遭遇的传播速度最快、感染范围最广、防控难度最大的一次重大突发公共卫生事件。“一方有难，八方支援”。面对突如其来的新冠疫情，在党中央坚强领导下，中国人民风雨同舟、众志成城，发扬一方有难、八方支援精神，构筑起疫情防控的坚固防线。

中国疫情防控实践充分证明，中国的防控政策科学有效，显示了中国政府和中国人民超强的执行力。在党的坚强领导下，从城市到乡村，从内地到边疆，形成了全民动员、全民参与的疫情防控格局，构筑了群防群控抗击疫情的严密防线，为打赢疫情防控阻击战奠定了群众基础。

启示与总结：

（1）一方有难，八方支援。中国抗疫成效彰显众志成城的团结力量，彰显“集中力量办大事”的中国制度优势。在全国各地抗疫过程中，组织开展大规模核酸检测、快速建设方舱医院、医务人员驰援等抗疫行动凝聚起团结一心、共克时艰的强大合力。全国一盘棋，上下一条心。在这场没有硝烟的战争中，14亿中国人都是战士，共同构筑起疫情防控的人民防线。

（2）伟大抗疫精神是中国爱国主义、集体主义、社会主义精神的传承和发展，是中国精神的生动诠释。

（3）我们要在全社会大力弘扬伟大抗疫精神，使之转化为全面建设社会主义现代化国家、实现中华民族伟大复兴的强大力量。

（资料来源：网络资料整理。）

沙盘模拟经营团队也要学习伟大抗疫精神，在CEO的正确领导下，上下一心，众志成城，才能发挥团队的巨大合力，小组才可能取得优异的成绩。

二、团队协作的难点

团队协作是现代组织中不可或缺的能力，但在实际操作中，往往会遇到各种挑战和障碍。这些难点可能源于个体差异、文化背景或管理方式的不同，但归根结底都影响了团队的整体效率和绩效。下面从缺乏信任、惧怕冲突、欠缺投入、逃避责任、无视结果五个主要方面详细阐述团队协作的难点，并结合ERP沙盘模拟中的现实情况说明，沙盘模拟经营过程中，有些小组为什么自始至终都相互配合欠佳，团队合作效果较差。

1. 缺乏信任

缺乏信任是指团队成员之间未能建立深厚的信任关系，导致彼此怀疑、猜忌甚至对立。这种状态下，信息传递不畅，合作意愿降低，最终影响整体目标的实现。

（1）具体表现

成员不愿意分享敏感信息或关键数据；对他人能力或意图持保留态度，倾向于独立完成任务；遇到问题时互相推诿，而非共同寻找解决方案。

（2）原因分析

第一，个人因素。部分成员可能性格内向或防御性强，难以快速融入团队。第二，历史遗留问题。如果过去曾发生背叛或失误事件，可能会留下阴影。第三，沟通不足。缺乏开放的交流环境，使得误解逐渐积累。

（3）ERP沙盘模拟中的体现

在ERP沙盘模拟中，缺乏信任的问题尤为突出。例如，财务部门未能及时向生产部门提供准确的资金预算，可能导致原材料采购延误。此时，生产部门可能会对财务部门产生不满情绪，认为其工作不够细致；而财务部门则可能辩称自己已经尽力，只是信息更新滞后。这种相互指责的现象正是缺乏信任的表现。若不及时解决，将直接影响后续环节的顺利推进。

2. 惧怕冲突

惧怕冲突是指团队成员为了避免争执或尴尬局面，选择压抑真实想法或隐藏分歧。然而，这种行为实际上阻碍了问题的暴露和解决，反而让矛盾更加恶化。

（1）具体表现

在讨论会上保持沉默，不愿表达不同意见；表面上附和领导或同事的观点，私下却持反对态度；对潜在风险视而不见，只追求表面和谐。

（2）原因分析

第一，文化影响。某些文化背景下，人们更倾向于避免直接对抗，以维护“面子”或关系。第二，经验不足。一些成员可能缺乏处理冲突的经验，担心失控后无法收拾局面。第三，恐惧心理。部分成员害怕因提出异议而被孤立或惩罚。

（3）ERP沙盘模拟中的体现

在ERP沙盘模拟中，惧怕冲突可能导致团队错失优化决策的机会。例如，在制定年度营销策略时，销售部门建议加大广告投放力度，而研发部门则主张优先改进产品质量。由于双方都不愿公开争论，最终只能妥协于一个折中方案，既没有充分利用广告资源，也没有显著提升产品竞争力。这种情况不仅浪费了宝贵的时间和资金，还可能使团队陷入平庸状态。

3. 欠缺投入

欠缺投入是指团队成员未能全身心地参与到团队活动中，表现为消极怠工、敷衍了事或频繁缺席。

（1）具体表现

对团队目标漠不关心，缺乏主人翁意识；工作中偷懒或拖延，需要他人不断催促才能行动；缺乏主动性，总是等待上级分配任务。

（2）原因分析

一方面，是动力不足。部分成员可能对当前工作缺乏兴趣或成就感。另一方面，是外部的干扰。个人生活、学习压力也可能分散注意力。

（3）ERP沙盘模拟中的体现

在ERP沙盘模拟中，欠缺投入的情况通常出现在某些成员对模拟游戏规则理解不清或兴趣不高时。例如，有些成员可能觉得ERP沙盘过于复杂或枯燥，因此在整个过程中表现得敷衍了事，既不主动参与讨论，也不认真记录数据。这种态度不仅拖累了团队进度，还可能引发其他成员的不满，进一步加剧内部矛盾。

4. 逃避责任

逃避责任是指团队成员在面对问题或失败时，试图将责任转嫁给他人或外界环境，而不是勇于承认自己的失误并采取补救措施。

（1）具体表现

出现问题时首先寻找借口，而非解决问题；将失败归咎于不可控因素，如市场变化或竞争对手；拒绝接受批评或反馈，认为自己无过错。

（2）原因分析

第一，心理防御机制。部分人可能害怕承担责任带来的负面后果，如遭受处罚或丢脸。第二，激励机制缺失。如果团队缺乏明确的责任划分或奖惩制度，成员可能会选择“明哲保身”。第三，领导力不足。领导者未能树立榜样作用，导致团队整体风气不佳。

（3）ERP沙盘模拟中的体现

在ERP沙盘模拟中，逃避责任的行为经常发生在团队遭遇挫折时。例如，某轮模拟中，由库存积压导致现金流紧张。面对这一局面，部分成员开始互相指责：“是生产部门过度生产导致的！”“不，是销售部门没能按时完成订单！”这种推卸责任的做法不仅浪费了宝贵的讨论时间，还破坏了团队凝聚力，使得问题迟迟得不到有效解决。

5. 无视结果

无视结果是指团队成员对最终目标缺乏关注，更多地关注短期利益或个人得失，从而忽视了团队的整体利益。

（1）具体表现

只顾眼前利益，不顾长远规划；在决策时忽略对全局的影响，仅考虑局部效益；对失败后的教训总结不够重视，重复犯同样的错误。

（2）原因分析

一方面，短视思维。部分成员可能缺乏战略眼光，过于注重短期指标，可能会引导成员偏离正确方向，无法预见长期发展的潜力。另一方面，缺乏危机意识。当团队处于相对稳定的状态时，成员可能放松警惕，低估潜在风险。

（3）ERP沙盘模拟中的体现

在ERP沙盘模拟中，无视结果的现象可能体现在多个层面。例如，为了短期内提高销售额，团队可能决定大幅降价促销，但却忽略了对利润空间的压缩和对品牌形象的损害；或者在设备升级投资上犹豫不决，仅仅因为短期内看不到明显回报，结果错过了抢占市场的最佳时机。这些问题往往会在后期暴露出严重后果，导致团队整体排名下滑。

团队协作的难点可以从缺乏信任、惧怕冲突、欠缺投入、逃避责任、无视结果等多个维度进行分析。这些难点虽然看似独立，但实际上相互交织，共同影响着团队的运作效率和最终成果。通过ERP沙盘模拟这一实践平台，我们可以更直观地观察到这些难点的具体表现及其深远影响。因此，作为领导者或团队成员，我们需要正视这些问题，并通过建立信任、鼓励开放沟通、激发内在动力、明确责任划分以及强化结果导向等方式，逐步克服这些障碍，推动团队迈向更高水平的合作与发展。

三、实现真正高效的团队合作的要点

在现代组织中，团队合作是实现目标和提升绩效的核心驱动力。然而，要实现真正高效的团队合作并非易事，需要从多个方面进行系统性设计与实践。下面详细阐述实现高效团队合作的关键要点，并结合ERP沙盘模拟中的现实情况加以说明。

1. 明确共同目标

明确共同目标是高效团队合作的基础。只有当所有成员都清楚地知道团队的整体目标以及自己在其中的角色时，才能形成合力，避免资源浪费和内耗。目标必须具体、可衡量、可实现、相关性强且有时间限制（SMART原则）；每个成员的目标应与团队整体目标保持一致。

在ERP沙盘模拟中，明确共同目标尤为重要。例如，在一次模拟比赛中，某团队设定了“三年内成为行业领导者”的总体目标，并将其分解为每一轮的具体指标。通过这种方式，每个部门都能清楚自己的职责所在，从而更高效地配合工作。如果目标模糊或不统一，则可能导致各部门各自为政，最终影响整体表现。

2. 建立信任关系

信任是团队合作的基石。缺乏信任会导致信息传递不畅、协作效率低下甚至内部冲突频发。团队成员间构建信任需要保持透明沟通，及时分享相关信息；履行承诺，展现可靠性；尊重每名成员的意见和贡献。

在ERP沙盘模拟中，信任关系直接影响团队决策的质量。例如，财务部门需要向生产部门提供准确的资金预算数据，而生产部门则需要据此制订采购计划。如果财务部门未能及时更新信息，可能会导致原材料短缺或过剩，进而影响交货期和客户满意度。因此，通过定期召开跨部门会议并建立标准化的信息共享机制，可以有效增强彼此间的信任感。

3. 鼓励开放沟通

开放沟通是指团队成员能够自由表达意见、提出问题并分享反馈的过程。它有助于消除误解、解决问题并激发创新。促进开放沟通应创建安全的交流环境，让每个人都有机会发言；积极倾听他人的观点，避免打断或批评；鼓励建设性冲突，而非个人攻击。

在ERP沙盘模拟中，开放沟通可以帮助团队更好地应对复杂多变的市场环境。例如，在制定年度营销策略时，销售部门建议加大广告投放力度，而研发部门则主张优先改进产品质量。通过充分讨论各自的依据和逻辑，双方最终达成了一个兼顾短期收益与长期发展的折中方案。如果没有这种开放沟通，可能会由意见分歧导致决策延误或执行偏差。

4. 合理分配角色与职责

合理分配角色与职责确保了团队成员各司其职，充分发挥自身优势，同时避免重复劳动或职责不清。角色与职责分配应根据成员的能力和兴趣安排合适岗位；明确界定每项任务的责任人及其权限范围；定期评估角色匹配度，适时调整分工。

在ERP沙盘模拟中，合理分配角色与职责对于团队成功至关重要。例如，某团队将CEO定位为战略规划者，负责把握大局方向；CFO专注于财务管理，监控现金流状况；生产经理则侧重于优化生产流程，控制成本。这种清晰的分工使每名成员都能专注于自己的领域，从而提高了整体效率。如果职责划分混乱，例如CEO过多干涉具体操作细节，则可能导致管理失控。

5. 注重团队文化建设

团队文化是指团队成员共同遵守的价值观、行为规范和工作方式。积极健康的团队文化能够增强凝聚力、激发创造力并提升士气。塑造团队文化需要强调协作精神，倡导共赢理念；表扬优秀表现，树立正面榜样；组织团建活动，增进相互了解。

在ERP沙盘模拟中，团队文化直接影响成员的合作意愿和投入程度。例如，某团队在每次模拟结束后都会举行复盘会议，总结经验教训。这种做法不仅帮助大家快速成长，还营造了一种积极向上的氛围。相反，如果团队内部存在明显的等级差异或竞争压力过大，则可能削弱成员之间的信任感和归属感。

6. 强化执行力与责任感

执行力与责任感决定了团队是否能够将计划转化为实际成果。没有强大的执行力，再完美的战略也只能停留在纸上谈兵阶段。执行力的提升要求制订详细的行动计划，明确时间节点；跟踪任务进度，及时发现并解决障碍；对完成情况进行评估，落实奖惩机制。

在ERP沙盘模拟中，执行力与责任感直接关系到团队能否顺利完成各项任务。例如，在一次模拟比赛中，某团队制订了详细的季度经营计划，包括生产排程、库存管理及客户服务标准。然而，在执行过程中，部分成员未能按时提交所需数据，导致整体进度滞后。为避免类似情况再次发生，明确规定每项任务的责任人及其完成时限，从而显著提升了工作效率。

7. 灵活应对变化

灵活应对变化要求团队具备快速适应外部环境的能力。在当今瞬息万变的商业环境中，这一能力显得尤为重要。应定期分析市场趋势，调整战略方向；鼓励尝试新方法，容忍合理范围内的失败；加强跨部门协作，整合多方资源。

在ERP沙盘模拟中，灵活应对变化是团队制胜的关键之一。例如，在某一回合中，市场需求突然发生变化，导致某些产品滞销而另一些产品供不应求。面对这种情况，某团队迅速召开紧急会议，重新调整生产计划并将多余库存转售给其他企业。这种敏捷反应使他们成功化解了危机，并赢得了额外利润。如果团队固守原有方案，则很可能遭受重大损失。

实现真正高效的团队合作需要从多个维度入手，包括明确共同目标、建立信任关系、鼓励开放沟通、合理分配角色与职责、注重团队文化建设、强化执行力与责任感以及灵活应对变化。通过ERP沙盘模拟这一实践平台，我们可以更加直观地观察到这些要点的具体应用及其深远影响。无论是虚拟环境还是真实世界，只有当团队成员齐心协力、协同作战时，才能最大限度地释放潜力，创造卓越业绩。

第三节　团队领导

“火车跑得快，全凭车头带”。一个优秀团队能够共同协作，取得不俗成就，并长久发展下去，团队中的优秀领导者必不可缺。所以一个ERP小组是否能够团结协作并取得好成果，优秀的CEO很重要。

一、谁是领导者

领导者就是指挥、带领、引导和鼓励部下为实现目标而努力的人。领导力本质在于影响力，而影响力是无法被委任的，必须靠自己去赢得。一个优秀的领导者，不仅要自己能干、会干，更要做好识人、用人、管人，激发团队的活力和动力，带领团队不断成长、成就卓越。

【链接案例】

《亮剑》中李云龙的领导魅力

电视剧《亮剑》中的李云龙之所以能带出一支高效忠诚的团队，就是以身作则去影响每个成员。他的“亮剑”精神深深影响着每名战士。那么李云龙究竟具有哪些领导魅力，能够让独立团空前团结，战斗力爆表呢？他的领导魅力包括：

（1）业务精通，部下服气。李云龙作为一团之长，带领的是一线作战部队，如果自己没有硬实力，光靠耍嘴皮子，是不会让部下服气的。所以，他自身本领也是过硬的，在独立团除了警卫员魏和尚、段鹏，一营营长张大彪，武力上没人是他的对手。在战争中，他多次充当突击队队长，真敢玩命。战斗激烈时，他都是抡着大刀冲入敌阵。另一方面，他能打仗、会打仗，具有较强的指挥能力，能带领队伍打胜仗。所以部下服他，听他的。

（2）精神塑造，上下同欲。“兵熊熊一个，将熊熊一窝”。有什么样的将军就有什么样的士兵。李云龙的部队能够有“逢敌必亮剑”“狭路相逢勇者胜”的精神，主要靠他本人那种不怕牺牲、敢于战斗的精神带领。李云龙是一名善于营造氛围的领导者，他着力打造的“亮剑”精神，使部队上下同欲。这种精神在企业里面，就是企业文化。

（3）有效沟通，激励部下。李云龙和他的搭档赵刚政委都是沟通的好手。赵刚是燕京大学出来的，抗日军政大学毕业的，政策水平和文化水平高，善于讲道理、讲政策。而李云龙是“泥腿子”出身，文化水平不高，但是讲话、与人沟通简单明了，直指人心，从不拖泥带水。

（4）知人善任，强化团队。李云龙很会识人用人。张大彪因为表现得好，服从能力强，打仗从来不怂，然后被李云龙一步一步提拔起来。张大彪也从未让李云龙失望。虽然李云龙读书不多，但在选人用人上可以做到知人善任，为他取得一系列胜利奠定了基础。

（5）能屈能伸，放眼大局。上级把李云龙调到独立团后，孔捷的威信仍然深入人心，李云龙能够放下身份与孔捷商量，“要不然你当正的，我当副的也行”这句话打动了孔捷，并在旅长那里保住了孔捷的位置，也为日后与孔捷的生死之交打下了坚实的基础。他不计较个人的名利，放眼大局。

为了保证作战物资，李云龙找负责后勤的老乡张万和要手榴弹，死磨硬泡兼耍赖。最后用一把还在日本人手中的佐官指挥刀换来了20箱手榴弹。他不考虑个人的面子，不端团长的架子，时刻把团队的利益放在第一位。

这些举动帮助李云龙迅速掌握独立团情况，赢得了整个独立团的信任。

（6）关爱下属，凝聚人心。李云龙平时关心部下，想尽办法给部下搞福利，办实事儿，打起仗来，不丢下一个战士，部下犯了错误，能为部下扛下事儿，教育其改正错误。他的警卫员段鹏武艺高强，但参加八路军后，心里放不下老娘，李云龙就让魏和尚陪他回家看老娘，还跟地方政府的同志打好招呼，照顾老人家，消除了段鹏的后顾之忧。

李云龙在新一团任团长时，因抗命被撤职，当了不到半年的被服厂厂长，又被起用，要到独立团任团长，还不忘带走200套新军装给独立团的战士。独立团被日军包围，李云龙带领一支部队冲出包围圈，可一营长却被鬼子重兵包围，他知道冲回去可能全军覆没，但还是带兵冲回去救出张大彪。他说：“咱们独立团从成立那天起，就没丢下过自己的弟兄！”

综上所述，由李云龙这样的领导带的团队，一定有超强的凝聚力，跟这样的领导肯定放心、开心、舒心，干起活来一定是不遗余力拼命的。

（资料来源：根据网络资料整理。）

作为领导者，通过自己的组织协调能力以及令人拥戴的领导魅力去影响和引导团队成员按照既定的方向完成组织目标，而不是监管、控制的心态。没有人愿意被“管理”，人们只愿意接受“影响和指引”。李云龙就是这样能够影响和指引下属的人。每个ERP小组的CEO除了要具备优秀的业务能力外，更要思考如何塑造如李云龙那样的领导魅力，影响和指引自己的团队共同前进。

当然独立团能够具有强大的战斗力，除了团长李云龙的领导能力很关键之外，政委赵刚等人组成的领导团队的力量也是功不可没的。现代企业创业和经营管理，更多的是领导团队的形式，而很少是单枪匹马一个人。下面了解领导团队的主要类型。

二、领导团队组合类型

在沙盘模拟经营中，各小组成员分别扮演不同的角色，如CEO、财务总监、生产总监等，实际上就是模拟创业公司的领导团队。什么样的领导团队才是一个好团队呢？以一把手与高管团队成员之间的能力差距为标准，基本存在四种组合。

（1）强干弱枝

“强干弱枝”指一把手与团队其他成员之间能力差距巨大，一把手粗如树干，而其他成员则细若树枝。这样的组合好处是稳定，因为团队成员不会对一把手构成威胁和挑战，执行力较强；但其脆弱之处在于组织的成败得失系于一人，如果一把手英明，那么组织可能发展得很好，一旦一把手出现失误，组织就有可能出现问题甚至陷于灾难。

秦朝的兴起与灭亡就是“强干弱枝”组合的典型代表。秦始皇一统江山，建立大秦王朝，但秦始皇一死，秦朝到秦二世就灭亡了。部分企业也是一样，创始人或核心领导一旦离开企业，企业就大不如前，比如联想的柳传志、娃哈哈的宗庆后，都是退居二线后，迫于企业经营困境再次出山。

（2）一超多强

“一超多强”组合里，一方面一把手比团队其他成员具有一些突出或优越的地方，而这些优越之处恰恰是一把手能够被大家接受和拥戴的原因；另一方面，团队的其他成员也很优秀，群星璀璨。这个组合在编者看来是最好的组合。

中国著名优秀企业的领导团队多数是一超多强的组合，比如华为任正非领导团队、阿里巴巴马云领导团队、腾讯马化腾团队、小米雷军团队等。他们都是各自团队不可或缺的领袖人物，同时高管团队中其他成员也在不同领域具有突出能力和专长，从而构成了一个优势互补的团队。

（3）强强联合

“强强联合”指一把手与团队其他成员之间没有能力差距（或者团队成员不认为一把手比他们强）的组合。与一般人的想象不同的是，这种组合很可能是一个比较差的组合。原因很简单，一把手没有权威，无法产生秩序，甚至会产生各种内斗。

在新东方的发展过程中曾经出现过这么一段时期，著名的新东方“三驾马车”——俞敏洪，王强和徐小平可以说就是“强强联合”的组合，但正因为都强，他们之间很难建立起上下级关系这样明确的管理秩序，决策效率十分低下，并导致他们之间产生了尖锐的内部矛盾，俞敏洪一度从管理位置上退出。后来“元老”逐渐退出，新生代进入以后，俞敏洪才树立起其权威，新东方也才建立起完善的管理架构和决策秩序，新东方的领导团队才开始进入“一超多强”时代。

（4）主弱臣强

一把手相对较弱，其他成员强。“主弱臣强”是一种最差的组合。很显然，在这种组合里，居上位者不安全，居下位者不甘心，如果上下缺乏沟通信任，领导团队内部的猜忌、冲突和权力斗争就会频繁上演。隋末瓦岗寨的翟让和李密，水泊梁山的王伦与晁盖、晁盖与宋江等都属于这种组合。

从以上简单分析可以看出，一把手与高管团队成员之间的能力差距过大或者过小都会出现问题，差距过大会造成一人独尊，一把手累死，其他人闲死；差距过小或者负向差距则会出现权威真空，权力斗争。因此，领导团队内部的能力差距（和由此带来的权力差距）与组织业绩（成功）之间可能存在倒U形关系，差距适中的“一超多强”是一种最好的组合。

三、团队领导如何更好地管理和分配工作

在《哈佛商业评论》上曾经有一篇文章，讲到很多团队的领导都被“猴子”所困扰：有各种各样的猴子爬在团队领导的脖子上、扒在团队领导的后背上，让团队领导不胜其扰、不堪重负。其实，这些“猴子”是一种隐喻，比喻下属将本属于自己职责范围内的事情，以能力经验不足等为由头，甚至有的根本不想去思考怎么解决，都抛给上司去做。最后导致上司终日焦头烂额。

团队领导宝贵的精力，就这么消耗在为下属解决问题的过程中，自身也难以得到更好更快的发展。那么，对于职场中的团队领导而言，应当怎样更好地管理和分配工作，以尽可能地提升自身工作效率？我们可以用象限法以及影响力大小、能学到的东西多少这两个指标来解决这个问题。

第一，影响力比较大、能学到的东西很多的工作。这一类工作应当自己亲力亲为、全力以赴去完成，例如开拓新事业、与重要客户举行商务谈判等。

第二，影响力比较大、能学到的东西很少的工作。这一类工作一般对组织、团队的运行有着重要的影响，所以团队领导应当对这一类工作保持高度的监控状态。因此，适合将这些工作交给有责任心、上进心，愿意从中学习经验的人去做，自己则应当保持一定频次的监控，并给予指导，努力确保工作质量。

第三，影响力比较小、能学到的东西很少的工作。这一类工作通常属于惯例性的工作，甚至是因为一些特殊的组织文化、惯例习俗而产生的无用功，或者是为了满足大型组织内复杂的流程管理需要而从事的低效率工作。对待这一类工作，首先团队领导要将这些工作从自己的职责范围内全部排除，或者全面授权、委托给他人去完成。如果团队领导手中有充分的资源，可以采用信息化手段对组织、团队的流程进行再造，降低团队从事该类工作的频次，提升团队的整体工作效率。

第四，影响力比较小，能学到的东西很多的工作。抱着参与、学习的心态，利用空余时间，用心学习。

只有领导者能够合理分配自己有限的时间和精力，学会合理授权，他才能集中精力仔细思考企

业战略发展规划，才能打造执行力强的队伍。那么该如何打造高执行力团队呢？

四、领导如何打造高执行力团队

在团队管理中，有不少管理者经常会心存疑惑：为什么现在的员工越来越难管了？为什么团队的凝聚力越来越差？为什么人心涣散，士气不振，任务布置不下去？……

其实，这一切的根源都在领导力上。若管理层缺乏足够的领导力，在团队管理上势必会比较吃力；若管理层拥有强大的领导力，在团队中必定说一不二，员工们肯定心服口服，听从号令。下面我们看汉高祖刘邦是怎么带团队的。

【链接案例】

刘邦是怎么带团队的

管理学上有一个“奥格威法则”，是指一种人才现象，大致意思是：“每个企业家都雇用比自己更强的人，企业就能发展成为巨人公司；如果你所用的人都比你还差，那么他们就只能做出比你更差的事情。”楚汉相争，刘邦能够得天下，成就汉室大业，除历史的原因外，少不了张良、韩信、萧何等良臣勇将的鼎力相助。

汉高祖刘邦沛城举义，文武平平，“智不比张良、勇不如韩信、才不敌萧何”，但他善用人才，能够把天下人才都集结在自己的周围，利用秦末衰败之机，兴汉灭秦，成为中国历史上第一个平民皇帝。

纵观刘邦的团队和人才管理，大致有以下几个方面的特点：

（1）知人善任，论功行赏。刘邦非常清楚，一个领导最重要的才能是调动部下的积极性。他用韩信带兵，张良出谋，萧何保后，一切工作都安排得有条不紊，由此他成为这个集团的核心。

使用人才，首先要信任他，尊重他，同时也应该奖励，因为奖励对一个人才的贡献是实实在在的肯定。刘邦夺取天下以后，根据每个人的不同功绩，对功臣论功行赏，封赏了萧和、张良、韩信、彭越等一批人。

（2）不拘一格，不计前嫌。刘邦有一个很大的优点，即不拘一格地使用人才。他把贵族张良、游士陈平、县吏萧何、狗屠樊哙、商贩灌婴、强盗彭越等各种各样的人组合起来，使其各就其位，使所有人才都能够最大限度地发挥作用。历史证明，他的用人策略是十分英明的。

刘邦的队伍里，有很多人曾经在项羽手下，因为在项羽的部队里待不下去才跑过来投奔刘邦，刘邦敞开大门，不计前嫌，一视同仁表示欢迎。如韩信、陈平等。一个领导者如果总是小肚鸡肠、计较甚多，能招募来好的人才吗？恐怕连帐下之人也会离他而去。

（3）坦诚相待，用人不疑。坦诚相待，不仅仅是反映一个人的素质问题，更是为人处世的一条原则。人才不仅需要应得的酬劳，更需要尊重和信任。刘邦之所以能够得到张良、韩信等人的帮助，就是因为刘邦信任对方、尊重对方。这是我们非常值得借鉴的经验。

做一个领导最忌讳的，就是一天到晚觉得所有人都很可疑，今天猜忌这个，明天猜忌那个。刘邦就有一种魄力，他一旦决定用某人，绝不怀疑，放手使用。

（4）虚心纳谏，知错就改。刘邦豪爽大方，对自己手下都是有福同享，有难同当，所以在当时很多将领都愿意跟着刘邦一同出生入死。他虽然生性傲慢，但是始终从谏如流。凡是萧何提的建议，刘邦都会尊重。

尽管已经位高权重，但是刘邦能够知错就改，并且重用一批文人，为以后汉朝的建立奠定了坚实基础。不得不说的是，身为一个小亭长的刘邦，竟然得到天下这么多英雄好汉的爱戴，可以说刘邦身上确实有很多值得我们去学习的东西。

总结与启示：

刘邦战胜项羽的原因之一就是刘邦能够团结韩信、彭越、英布等人。刘邦的胜利是团队对个人英雄主义的胜利。而现代的竞争因为环境更加复杂多变，团队尤其是领导团队对组织成功的重要性就更加凸显。因此，组建一个有战斗力的领导团队就成为企业和组织能够不断成长和走向伟大的重要基础。

（资料来源：根据相关资料整理。）

五、领导者该如何提升自己的领导力

作为一个领导者，培养和提升领导力是必修功课。而应该从哪些方面去培养和提升，可能众说纷纭。以下是可以选择的几个方向。

（1）公正严明

领导无论是做人还是做事都应该公正严明，不徇私枉法，这样才能服众。有员工犯了错，按照规章制度进行处理，不能因为任何原因而有违法度。只要你有一次破例，就意味着后续有无数次破例。所以，口子千万不能开，否则会对自身的领导力造成非常严重的打击。身为领导，要公正严明，对事不对人，任何人犯了错，都按照制度来惩罚；无论谁做出了成绩，都按照制度来奖赏。只有这样，才能服众，才能让所有员工心服口服。

（2）知道距离

领导身为团队管理层的一员，要想提升个人领导力，必须学会和下属保持适当距离，这样工作才好开展。不能为了彰显自己的亲和力而去和员工打成一片，那样不仅无法起到任何效果，反而会有损自身的领导力。否则，一旦出现事情，领导会非常为难。若是严肃处理和自己亲近的员工，他心中肯定会有抱怨，甚至怀恨在心。可若是不严肃处理，又难免会让其他人产生不满。私人的感情牵扯到工作中，是最不明智的做法。

（3）懂得放权

管理层要想提升领导力，就必须懂得放权，这样既能从琐碎工作中脱离出来，集中精力思考长远战略发展等大事，同时又能给予团队下属锻炼成长的机会。不要任何事都去亲力亲为，多给下属一些锻炼的机会，也算是对他们的培养，下属也必然心存感激。

（4）合理激励

身为领导者，多激励员工，才能激发他们的工作热情。下属有了积极的态度和源源不断的动力，工作上自然会顺手许多，管理也会相对容易。此时此刻，领导要做的就是适当的引导。

（5）任人唯贤

对于一个领导来说，选人、用人、驭人是管理团队的关键要素。若是领导能够根据每一个员工的特点来安排工作，就能有效发挥他们身上的优势，创造最大的价值。不仅能给团队带来更多的利益，而且也能帮助员工建立信心，获得成就感。善于用人的领导，往往更容易获得员工的支持与拥戴，有了这一基础，管理起来无疑会相对轻松许多。

（6）善于倾听

谁都喜欢别人赞同自己，不同的声音听起来总有点刺耳，作为领导比一般人更难做到倾听不同的声音，尤其是来自下属的。作为领导要注意求同存异，保留不同的思想，善于接受不同的意见和观点，并加以重视和思考，这样既有利于防范决策风险，又能赢得下属的尊敬，发挥好团队合力。

第四节　沙盘模拟团队管理

通过多年沙盘模拟课程教学中对各小组经营过程的实际观察，总结出沙盘模拟典型的团队类型和团队成员类型。

一、沙盘模拟典型的团队类型

根据沙盘模拟经营过程中各小组的整体表现特点，可以把团队类型粗分为以下四种：

（1）积极型团队

该类团队的所有成员都能够积极参与小组经营全过程。根据以往经验来看，因为积极型团队的所有成员都能够主动认真参与，热烈讨论，密切协作，因此相对来说，该类团队的经营业绩通常是比较好的。当然，经营业绩的达成是综合因素的结果，团队成员积极参与只是其中的一个重要影响因素，但不是唯一决定因素。

（2）家长型团队

该类团队内只是个别成员或少数成员如家长一样几乎负责小组全部角色工作，其他小组成员大部分时候都在“划水”，基本不实质参与。所以该类小组业绩高低完全依靠少数成员的经营能力和贡献，存在较高的不确定性。如果家长经营能力强一些，则小组最终业绩可能会好些；如果家长经营能力差一些，决策失误比较多，则最终业绩也就比较差。

（3）娱乐型团队

该类团队的几乎所有成员把模拟经营当作一种娱乐，完全是“玩”的态度，对于经营决策不深入思考、不认真参与，整体较为随意。因为该类团队整体成员专注力和投入度不够，所以通常小组经营业绩不佳或因为缺乏规划，过于激进而破产。

（4）佛系型团队

该类团队的成员对于模拟经营过程和结果看淡一切，无欲无求，不争不抢，不在乎输赢，完全是陪跑心态。因为该类团队整体成员对于经营活动、小组业绩、小组竞争等各方面都没有什么欲望和想法，活动参与动力不足，所以小组经营业绩通常不佳。

以上是沙盘模拟中几种典型的团队类型，下面介绍小组内团队成员的主要类型。

二、沙盘模拟经营团队成员类型

通过长期观察对比小组经营过程中成员个体参与度、热情、特点等总结出团队成员大致可以分为以下五种类型：

（1）领导型

该类成员在小组中处于领导地位，任CEO或者实际掌权，有热情、有想法，胜负心较强，乐于发挥领导者作用，在小组经营过程中全程主导和带领本团队制定经营战略和决策。

（2）积极型

该类成员在小组经营过程中参与度较高，有一定的想法，团队意识较强，愿意发表自己的建议和意见，积极参与和执行小组的经营决策。

（3）热闹型

该类成员完全以娱乐态度参与，凑热闹，似乎积极，但实际提供有价值的建议和贡献不多。在团队内主要起《西游记》中八戒的部分作用，更多的是起团队润滑协调作用。

（4）飘忽型

该类成员对于经营过程参与度主要随心情和状态，飘忽不定，时而积极参与，时而精神脱离团队，梦游在自己的世界，专注力不足。

（5）自我型

该类成员对于小组经营活动持“与我无关”的态度，对于团队活动完全没有一点兴趣，几乎全程“划水”，完全沉浸于自我的快乐，基本不参与小组经营活动。

归根到底，沙盘模拟是一个团队协作活动。在企业运营这艘大船上，CEO是舵手、CFO保驾护航、营销总监冲锋陷阵……每一个角色各司其职，相互协作，才能赢得竞争，实现目标。而以上介绍的一些团队和成员类型的表现显然是不利于小组团队协作的。

一个小组团队成员的专业能力和有效协作能力，决定了该小组是不是一个具有竞争力的团队，而这种团队竞争力也在很大程度上影响着该小组经营业绩的高低。

三、如何成为竞争力团队

首先，从《西游记》取经团队来看唐僧等是怎么做的。

【链接案例】

《西游记》取经团队的团队管理

说起《西游记》，相信每个人都非常熟悉。一心求取真经的唐三藏，会七十二变的孙悟空，好吃懒做的猪八戒，任劳任怨的沙和尚。下面从团队管理角度来分析唐僧取经团队的成功经验。

1. 取经团队管理可取之处

（1）团队构成恰当。观音菩萨为取经团队精心挑选了团队成员。唐僧作为团队的领导者，论降妖除魔等业务能力，远不及他的徒弟，但是，他是决定取经团队存亡的关键，有唐僧在，团队就在，反之，则团队散伙。正是在唐僧个人魅力的感召下，整支取经队伍才会以他为核心不断凝聚在一起，发挥出最大的潜力。

孙悟空作为团队的业务骨干，能力超强，保护唐僧靠他，斩妖除魔靠他，去请救兵也靠他。他负责解决取经途中的各种艰难险阻。如果没有孙悟空，唐僧可能早就被妖怪吃掉了，取经目标也就无法实现了。

猪八戒作为团队中的气氛担当，负责调节团队氛围，增加团队凝聚力。同时，八戒的业务能力尽管比大师兄孙悟空要弱，但在斩妖除魔过程中，也能帮得上忙。另外，他敢于挑战权威，无论是师父的过失还是悟空破戒，八戒总是敢于直言曝光，起到监督作用。所以猪八戒并不是只会好吃懒做，他在团队中的作用也是很重要的。

沙僧勤勤恳恳，任劳任怨，负责团队的后勤保障工作，哪里需要就出现在哪里。他一方面能够支持唐僧的领导，维系团队的目标；另一方面则能协调团队关系，消除唐僧和孙悟空在取经路上的一些分歧和误会。可以说沙僧总是能够从大局出发，努力维护团队和谐。也正是因为有了他的付出，其他人才能充分发挥自己特长，形成团队合力。

师徒四人各有所长，功能互补，共同协作，最后才能成功取得真经。因此，在团队成员选择上，要充分考虑性格、知识、技能等多方面的互补问题，这样团队能够充分发挥成员各自的专长，形成团队合力。

（2）目标一致认同。取得真经是师徒四人共同认定的目标，这也是取经团队形成的基础。不管历经多少磨难，自始至终坚持。所以只有大家目标一致，人心才能齐，团队协作效果才可能好。如果小组内一个人目标是这样，另一个人是那样，难以统一，互不认同，那根本无法实现真正的团队协作。

（3）职责分工明确。正如前面所介绍的，取经团队职责分工很明确，唐僧作为团队核心，负责目标引领，魅力感召；孙悟空作为业务精英，负责斩妖除魔；猪八戒能当业务助手，还能协调团队氛围；沙僧主业是做好后勤保障。

（4）制度规范约束。团队在磨合发展过程中，可能因为看待问题的角度不同，性格、经历、修养等不同而出现这样那样的矛盾、冲突，为了引导和规范成员的思想和言行，需要逐步制定制度规范，无规矩不成方圆。就像唐僧会念紧箍咒，就治得了不听话的孙悟空。

（5）相互沟通信任。取经团队在前期磨合时就因为相互间沟通和信任不足，出现很多矛盾冲突，差点散伙。但经过共患难和不断磨合之后，成员间能够相互信任，沟通也很顺畅，团队问题和矛盾自然就少了。因此，相互信任，遇事充分沟通，这样的团队才能长久，决策和执行才能更科学、更有效。

2. 案例总结

在《西游记》中，观音菩萨精心挑选的取经团队成员，性价比超高，少而精；团队成员对于西天取经的目标一致认同；并且团队逐步形成了有效管理机制。比如，唐僧直接管理孙悟空，若孙悟空冲破底线则动用紧箍咒（这是团队建立制度规范），同时又能给予孙悟空一定的指挥权力（这是领导的充分授权）；孙悟空可以对猪八戒“吆五喝六”，但不限制他的言论自由，反而自己又受到猪八戒的舆论监督，等等。正是取经团队长期形成的这种有效管理机制，良好的团队整合，保证了团队的高效运转，取经任务才能最终圆满完成。

（资料来源：根据网络资料整理。）

如何才能在沙盘模拟经营过程中建立一个如《西游记》取经队伍那样的竞争力团队？这里重点从团队组建以及角色成员的注意事项方面来阐述。

1. 团队组建成员选择很关键

团队内谁适合做CEO，谁适合做营销总监，谁适合做生产总监、采购总监等，个性、优点、专长等是否匹配，相互之间能否合得来，能否配合融洽，等等都很关键。一个有能力、有热情，优势互补、团结一致的团队无疑在日后模拟竞争中会占有一定的先天优势。所以，首先得会选人。

2. 团队领导者注意事项

CEO是团队的核心，是从全局角度把握整个团队经营方向的人。他的一言一行对整个团队竞争力至关重要。在团队协作过程中，CEO应注意以下几个方面。

（1）分工明确但不呆板

明确分工，确定负责人，可以让每一名成员清楚地知道自己要做什么，什么时候做完，做到什么程度。这样就能够避免由分工不明确造成的部分人员闲置问题。这里强调不能呆板是说，当分工确定后，如果某一任务的负责人员遇到了某种困难而无法按期完成任务，应该适当地调整分工或者让其他成员帮助其完成，而不是死守原来的分工，各顾各的。就像小组的营销总监遇到复杂的市场预测问题时，CEO要组织其他角色成员参与进来，给予建议帮助其完成工作。

（2）加强团队成员的日常交流

团队成员的日常交流可以让他们更加亲近，从而在工作中更容易进行合作。如果平时他们之间就有默契，在工作时的表现就更容易提高。所以CEO要引导小组成员间平时多交流、多讨论，群策群力，这样小组才能更团结，协作效果才会更好。

（3）让每个人感觉到自己很重要

作为领导者，要知道成员是需要激励的，是需要“哄”的。要让团队中的每一个人都感到自己很重要，这样他们做事才会更有成就感，也更有紧迫感。一个人一旦觉得自己不重要，往往会非常沮丧，失去激情，导致工作效率和创造力显著下降。所以CEO要学会夸人、哄人、激励人，要会说“你真棒！”“你太厉害了！”

3. 团队成员注意事项

沙盘模拟经营是团体战，要求每一个团队成员都具有团队合作的意识。无论你自身能力多强，团队少了你依然会继续运行，所以不要妄自尊大。要注意以下几个方面。

（1）做好自己的事情

团队合作中，每个成员首先把自己的本职工作做好。团队的任务都是有分工的，分配给自己的任务要按时做好。作为财务总监，要把资金使用规划好，账目算清楚；作为营销总监，要做好市场预测与分析、制定合适的销售策略……只有这样，你才能不给别人带来麻烦；也只有在这个前提下，你才能去帮助其他成员。

（2）信任你的伙伴

既然是团队成员，就要相信自己的伙伴，相信他们能够与你协调一致，相信他们会理解你、支持你。一个团队只有在信任的氛围中才可能高效地工作。如果大家相互猜忌、互不信任，团队合作就无从谈起。

（3）为他人着想

不要事事都从自己的角度考虑。如果遇到什么问题，先从别人的角度想一想，看看怎样能让他人更加方便。这样的人在团队中会很受欢迎，同时也更有亲和力，而亲和力对于团队合作来说是很重要的。

（4）愿意多付出

付出并不是什么坏事。多做一些，可以让团队的工作进展更快，你也会得到更多好评，能力也会提高；当然并不是付出得越多越好，也要把握分寸，如果让对方感觉你越俎代庖就不好了，所以要把握好“度”。

综上所述，如果你的团队成员构成合理，成员有热情有能力，CEO知道注意什么，小组成员知道自己该怎么做，那么你的小组一定是一个具有竞争力的团队。

四、正确认识领导和团队关系

1. 错误倾向

创业者或管理者容易产生的两个错误倾向是：要么低估团队的作用，认为自己一个人就可以包打天下，什么都靠自己就行，一切都能搞定；要么高估团队的作用，贬低领导者价值，搞成了团队集体领导、投票经营。这都是不对的。

2. 领导与团队的关系

（1）团队的重要性

中国传统文化对于团队重要性的俗语或谚语有“一个篱笆三个桩，一个好汉三个帮”“众人拾柴火焰高”“三个臭皮匠顶个诸葛亮”“人心齐，泰山移”等，大意都是指，再有能力的一个人，力量也是有限的，但是众人团结起来就能众志成城，攻坚克难。

（2）领导的重要性

对于领导重要性的俗语或谚语有“火车跑得快，全靠车头带”“兵熊熊一个，将熊熊一窝”“兵无将而不动，蛇无头而不行”“擒贼先擒王”等，都强调了领导对于整个组织的地位和价值，强调坚强的、有能力的领导班子是带领团队走向胜利的关键。但从谚语里能看到，领导的重要性都是结合团队来说的，而不是单纯说光杆司令一个人如何如何重要。

（3）团队与领导的关系

联想的柳传志曾讲过，人是企业第一位的，合适的人是阿拉伯有效数值的1，后面带一个0是10，带两个0是100，带三个0是1000，没有合适的人做1，再多的0也没用。

因此，领导者和团队的关系，就是1和0的关系。领导者是1，团队是0，没有领军人物，再多的团队也是0，领军人物越强大，团队的整体实力就越强大。同样地，光有领导者的1，而后面没有团队的很多0，领导也只能是个微小的数字，无法发挥他的价值。

建立一个志同道合、优势互补的团队是创业成功的前提。管理者的能力不在于自己能够做多少事，也不在于比部下强多少。管理者的核心能力是知道自己需要什么样的人，能够找到自己需要的人并激发他们的工作热情，让他们彼此认可、相互配合着展开工作、达成整体目标。

【链接案例】

中国女足与中国抗疫中的1和0

对于多场比赛逆转对手最终赢得亚洲杯的中国女足来说，主教练水庆霞就是领导的那个1，而所有队员就是团队的那些0。有了水庆霞为首的教练团队的赛前战略部署以及临场的正确指挥和换人，女足姑娘的坚决执行，中国女足才能取得最后的胜利。光有主教练的英明领导，没有团队成员的强执行力，或者光有球员场上拼杀，没有主教练的正确布置和临场指挥，中国女足都不可能取得那么好的成绩。

对于中国抗疫来说，党中央就是领导的那个1，人民群众就是团队的那些0。正是在党中央的坚强领导下，中国人民风雨同舟、众志成城，全国一盘棋，上下一条心，形成强大合力，才有了14亿战士，才能打赢疫情防控阻击战。如果光有党中央的正确领导，没有社会各界广大群众的理解和支持配合，或者光有广大群众的执行配合，没有党中央的坚强领导，都不可能打赢这场没有硝烟的战争。

（资料来源：根据网络资料整理。）

有一个好的领导，却没有一个好的团队，那么最终的成就不会很大，这时就体现出一个团队的重要性了。就像张艺兴在某综艺节目中经常提的一个口头禅：“不会带团队，你就只能干到死！”反过来，有一个好的团队，却没有一个好的领导，那么这个团队是没有方向的，组织也可能会混乱，最终的成就也不会大到哪里去。

显而易见，团队和领导者都很重要。领导者+团队=无限价值。

没有完美的个人，只有完美的团队。无论是领导者还是团队，没有最完美的，无论是谁，都是在进步的，团队里的每一个人都不断努力，团队会越来越厉害，领导时刻充实自己，就能带领团队走得更远。两者缺一不可，相辅相成！

第四篇　模拟实操

第十六章　ERP沙盘模拟实训手册

ERP沙盘

公司名：

CEO：____

财务总监：____________________________________

销售总监：____________________________________

生产总监：____________________________________

采购总监：____________________________________

ERP沙盘实训规则

1. 市场划分与市场准入规则

市场	开拓费用	持续时间
区域	1M	1年
国内	2M	2年
亚洲	3M	3年
国际	4M	4年

企业目前在本地市场经营，新市场包括区域、国内、亚洲、国际市场，不同市场投入的费用及时间不同，只有市场投入全部完成后，方可接单所有已进入的市场，每年最少投入1M维持，否则视为放弃该市场。

2. 生产线购买、转产维护与出售

生产线	买价	安装周期	生产周期	转产周期	转产费用	维护费用	出售残值
手工线	5M	无	3Q	无	无	1M/年	1M
半自动线	8M	2Q	2Q	1Q	1M	1M/年	2M
全自动线	16M	4Q	1Q	2Q	4M	1M/年	4M
柔性线	24M	4Q	1Q	无	无	1M/年	8M

所有生产线都能生产所有产品，所需支付的加工费相同，1M/产品。

① 购买。投资新生产线时按安装周期平均支付投资，全部投资到位的下一季度领取产品标识，开始生产。

② 转产。现有生产线转产新产品时可能需要一定转产周期并支付一定的转产费用，最后一笔支付到期一个季度后，方可更换产品标识。

③ 维护。当年在建的生产线和当年出售的生产线不用交维护费。

④ 出售。出售生产线时，如果生产线净值小于残值，将净值转换为现金；如果生产线净值大于残值，将相当于残值的部分转换为现金，将差额部分作为费用处理（综合费用—其他）。

⑤ 折旧。每年按生产线净值的1/3取整计算折旧，当年建成的生产线不提折旧，当生产线净值小于3M时，每年提1M折旧。

3. 厂房购买、租赁与出售

厂房	买价	租金	售价	容量
大厂房	40M	5M/年	40M(4Q)	6条生产线
小厂房	30M	3M/年	30M(4Q)	4条生产线

年底决定厂房是购买还是租赁，出售厂房计入4Q应收款，购买后，将购买价放在厂房价值处，厂房不提折旧。

4. 产品研发

产品	P2	P3	P4
研发时间	6Q	6Q	6Q
研发投资	6M	12M	18M

新产品研发投资可以同时进行，按季度平均支付或延期，资金短缺时可以中断，但必须完成投资后，方可接单生产。

研发投资计入综合费用，研发投资完成后，持全部投资换取产品生产资格证。

5. 市场开发和认证

市场	区域	国内	亚洲	国际
完成时间	≥1年	≥2年	≥3年	≥4年
投产规则	1M/年	1M/年	1M/年	1M/年

管理体系	ISO 9000	ISO 14000
建立时间	≥2年	≥3年
所需投资	1M/年	1M/年

市场开发：市场开发投资按年度支付，允许同时开发多个市场，但每个市场每年最多投资为1M，不允许加速投资，但允许中断，市场开发完成后，持开发费用到指导教师处领取市场准入证，之后才允许进行该市场竞单。

ISO认证：两项认证投资可同时进行或延期，相应投资完成后，领取ISO资格。研发投资与认证投资计入当年综合费用。

6. 产品成本构成

产品	成本构成				总成本
P1	1M人工	1R1			2M
P2	1M人工	1R1	1R2		3M
P3	1M人工	2R2	1R3		4M
P4	1M人工	1R2	1R3	2R4	5M

其中：

① R1红币，R2橙币，R3蓝币，R4绿币均为原材料（假设成本价格与人工相同，均为1M）。

② 1M即为100万元，灰币代表。

③ R1，R2提前一期下订单，R3，R4提前二期下订单，到期方可取料。

7. 融资贷款与资金贴现

贷款类型	办理时间	最大额度	利息率	还本付息时间	贷/息
长贷5年	年末	权益2倍	10%	年底付息，到期还本	20M/2M
短贷1年	季初	上年权益2倍	5%	到期还本付息	20M/1M
资金贴现	随时	视为收款额	1:6	变现付息	1/6现值

8. 选单规则

在一个回合中，投放1M广告费理论上将获得一次选单机会，此后每增加2M，理论上多一次选单机会。如：本地P1投入3M表示最多有2次选单机会，但是能否选到2次，取决于市场需求及竞争态势。

选单时，首先以当年本市场本产品广告额投放大小顺序依次选单；如两队本市场本产品广告额相同，则看本市场广告投放总额；如本市场广告投放总额也相同，则看上年本市场销售排名；如仍无法决定，则先投广告者先选单。

9. 按订单交货和更新应收款

订单必须在规定季或提前交货，应收账期从交货季开始算起。

10. 订单违约

订单必须在规定季或提前交货，应收账期从交货季开始算起。超过既定的时间，则算违约。

11. 取整规则（均精确或舍到个位整数）

违约金扣除——四舍五入（违约订单总价合计扣除）；

库存拍卖所得现金——向下取整；

贴现费用——向上取整；

扣税——四舍五入；

长短贷利息——四舍五入。

12. 关于违约问题

所有订单要求在本年度内完成（按订单上的产品数量和交货期交货）。如订单没有完成，则视为违约订单。

分别按违约订单销售总额的20%（四舍五入）计算违约金，并在当年第四季度结束后扣除，违约金记入“损失”。

13. 竞赛排名

完成预先规定的经营年限，将根据各队的最后分数进行评分，分数高者为优胜。如分数相同，则优先经营完成的队伍排名靠前。

$$总成绩 = 所有者权益 \times (1 + 企业综合发展潜力/100) - 罚分$$

企业综合发展潜力如下：

项目	综合发展潜力系数
手工线	+5/条
半自动线	+10/条
自动线	+15/条
柔性线	+15/条
区域市场开发	+10
国内市场开发	+15
亚洲市场开发	+20
国际市场开发	+25
ISO 9000	+10
ISO 14000	+10
大厂房	+15
小厂房	+10
P2产品开发	+10
P3产品开发	+10
P4产品开发	+15

报表项目详解及公式：

销售收入 = 今年所卖订单总额。比如，今年卖了2个P1，总价是12W，销售收入即12W。

直接成本 = 所卖产品总成本。比如，卖了2个P1，1个P1成本是2W，直接成本即4W。

毛利 = 销售收入 − 直接成本。

综合费用＝综合费用表里的合计。

折旧前利润＝毛利－综合费用。

折旧＝今年计提的生产线折旧。

支付利息前利润＝折旧前利润－折旧。

财务费用＝长短贷利息和贴息。

税前利润＝支付利息前利润－财务费用。

所得税＝应缴所得税。计算公式为税前利润×25%，但是要有5年补亏，即超过初始权益的部分才缴税。

年度净利润＝税前利润－所得税。

在制品＝正在加工生产的产品成本。

生产线＝生产线净值的价值。

应缴所得税＝利润表里的所得税。

利润留存＝去年的利润留存＋去年的年度净利。

市场预测

这是由一家权威的市场调研机构对未来六年里各个市场的需求的预测，应该说，这一预测有着很高的可信度。但根据这一预测进行企业的经营运作，其后果将由各企业自行承担。

P1产品是目前市场上的主流产品，P2作为对P1的技术改良产品，也比较容易获得大众的认同。

P3和P4产品作为P系列产品里的高端产品，各个市场对它们的认同度不尽相同，需求量与价格也会有较大的差异。

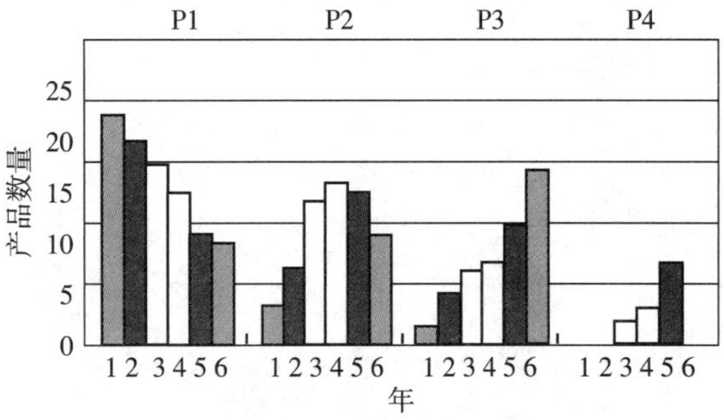

(a) 本地市场P系列产品需求量预测

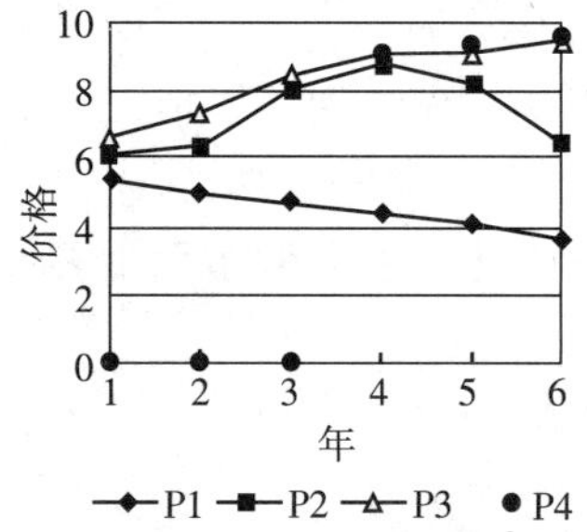

(b) 本地市场产品价格预测

本地市场将会持续发展，客户对低端产品的需求可能要下滑。伴随着需求减少，低端产品的价格很有可能会逐步走低。后几年，随着高端产品成熟，市场对P3和P4产品的需求将会逐渐增大。同时，随着时间推移，客户的质量意识将不断提高，后几年可能会对厂商是否通过ISO 9000认证和ISO 14000认证有更多的要求。

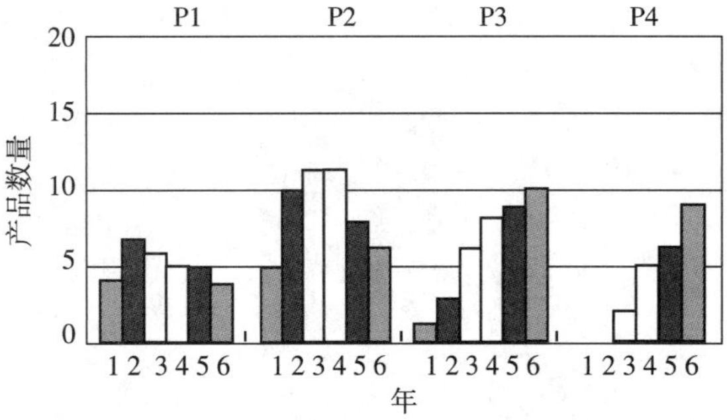

(a) 区域市场P系列产品需求量预测

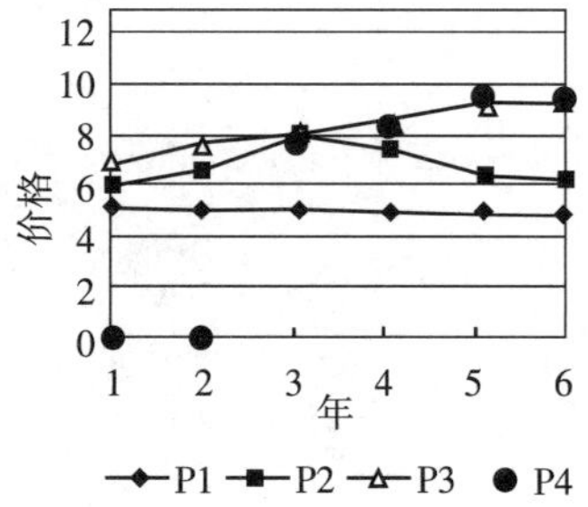

(b) 区域市场产品价格预测

区域市场的客户对P系列产品的喜好相对稳定，因此市场需求量的波动也很有可能会比较平稳。因其紧邻本地市场，所以产品需求量的走势可能与本地市场相似，价格趋势也应大致一样。该市场的客户比较乐于接受新的事物，因此对于高端产品也会比较有兴趣，但由于受到地域的限制，该市场的需求总量非常有限。并且这个市场上的客户相对比较挑剔，因此在后几年客户会对厂商是否通过ISO 9000认证和ISO 14000认证有较高的要求。

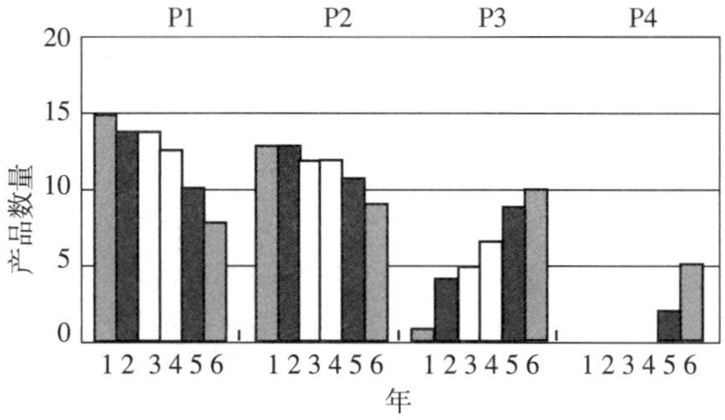

（a）国内市场P系列产品需求量预测

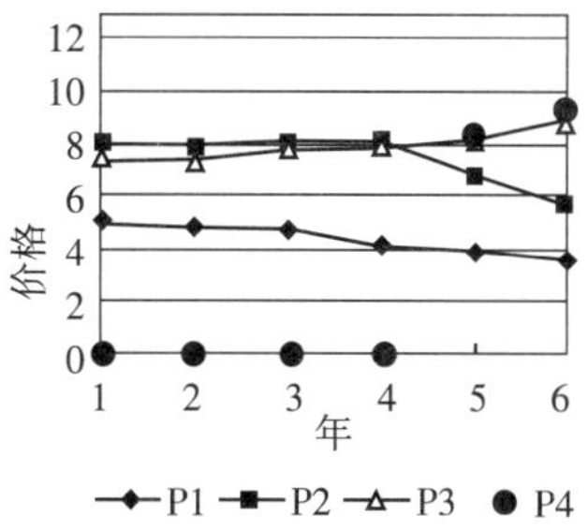

（b）国内市场产品价格预测

因P1产品带有较浓的地域色彩，估计国内市场对P1产品不会有持久的需求。但P2产品因为更适合国内市场，所以估计需求会一直比较平稳。随着对P系列产品新技术的逐渐认同，估计对P3产品的需求会发展较快，但这个市场上的客户对P4产品却并不是那么认同。当然，对于高端产品来说，客户一定会更注重产品的质量保证。

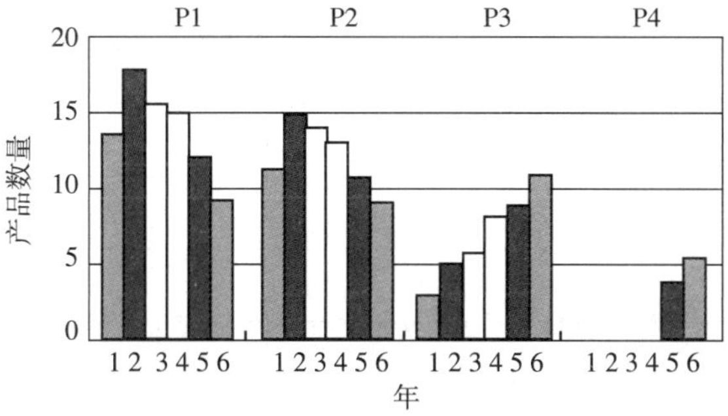

（a）亚洲市场P系列产品需求量预测

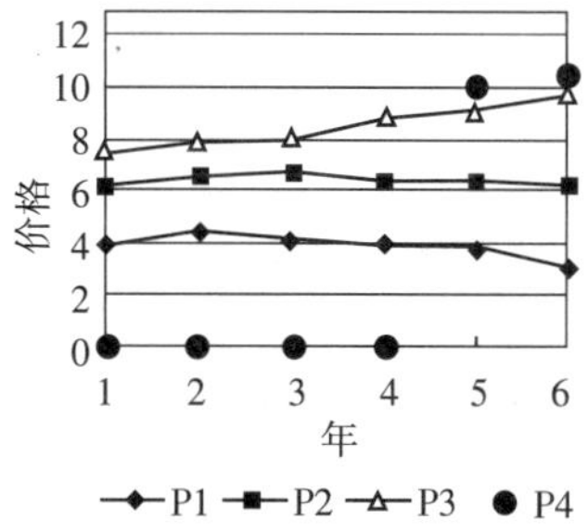

（b）亚洲市场产品价格预测

这个市场上的客户喜好一向波动较大，不易把握，所以对P1产品的需求可能起伏较大，估计P2产品的需求走势也会与P1相似。但该市场对新产品很敏感，因此估计对P3和P4产品的需求会发展较快，价格也可能不菲。另外，这个市场的消费者很看重产品的质量，所以在后几年里，如果厂商没有通过ISO 9000认证和ISO 14000认证，其产品可能很难销售。

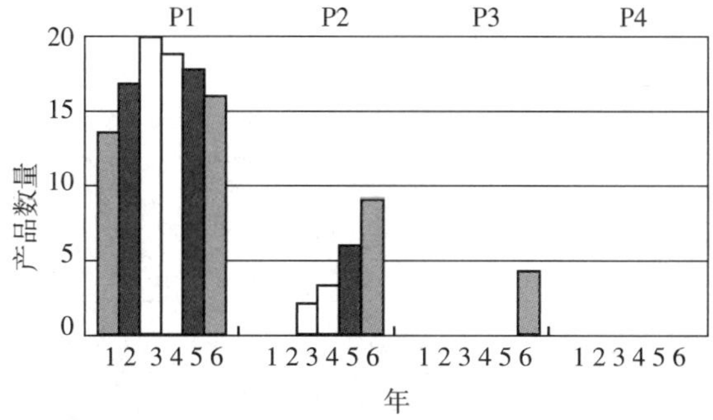

（a）国际市场P系列产品需求量预测

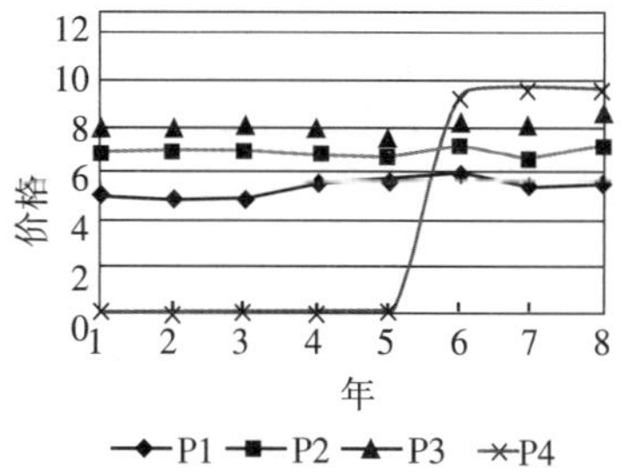

（b）国际市场产品价格预测

进入国际市场可能需要一个较长的时期。有迹象表明，目前这一市场上的客户对P1产品已经有所认同，需求也会比较旺盛。对于P2产品，客户将会谨慎地接受，但仍需要一段时间才能被市场所接受。对于新兴的技术，这一市场上的客户将会以观望为主，因此对于P3和P4产品的需求将会发展极慢。因为产品需求主要集中在低端，所以客户对于ISO的要求并不如其他几个市场那么高，但也不排除在后期会有这方面的需求。

起始年

企业经营流程 请按顺序执行下列各项操作。	每执行完一项操作，CEO请在相应的方格内打"√"。 财务总监（助理）在方格中填写现金收支情况。			
新年度规划会议				
参加订货会/登记销售订单				
制订新年度计划				
支付应付税				
季初现金盘点（请填余额）				
更新短期贷款/还本付息/申请短期贷款（高利贷）				
更新应付款/归还应付款				
原材料入库/更新原料订单				
下原料订单				
更新生产/完工入库				
投资新生产线/变卖生产线/生产线转产				
向其他企业购买原材料/出售原材料				
开始下一批生产				
更新应收款/应收款收现				
出售厂房				
向其他企业购买成品/出售成品				
按订单交货				
产品研发投资				
支付行政管理费				
其他现金收支情况登记				
支付利息/更新长期贷款/申请长期贷款				
支付设备维护费				
支付租金/购买厂房				
计提折旧				
新市场开拓/ISO资格认证投资				
结账				
现金收入合计				
现金支出合计				
期末现金对账（请填余额）				

订单登记表

订单号											合计
市场											
产品											
数量											
账期											
销售额											
成本											
毛利											
未售											

产品核算统计表

	P1	P2	P3	P4	合计
数量					
销售额					
成本					
毛利					

综合管理费用明细表

单位：百万元

项目	金额	备注
管理费		
广告费		
保养费		
租金		
转产费		
市场准入开拓		□区域　□国内　□亚洲　□国际
ISO资格认证		□ISO 9000　□ISO 14000
产品研发		P2（　）　P3（　）　P4（　）
其他		
合计		

利润表

项目	上年数	本年数
销售收入	35	
直接成本	12	
毛利	23	
综合费用	11	
折旧前利润	12	
折旧	4	
支付利息前利润	8	
财务收入/支出	4	
其他收入/支出		
税前利润	4	
所得税	1	
净利润	3	

资产负债表

资产	期初数	期末数	负债和所有者权益	期初数	期末数
流动资产：			负债：		
现金	20		长期负债	40	
应收款	15		短期负债		
在制品	8		应付账款		
成品	6		应缴税金	1	
原料	3		一年内到期的长期负债		
流动资产合计	52		负债合计	41	
固定资产：			所有者权益：		
土地和建筑	40		股东资本	50	
机器与设备	13		利润留存	11	
在建工程			年度净利	3	
固定资产合计	53		所有者权益合计	64	
资产总计	105		负债和所有者权益总计	105	

第一年

企业经营流程 请按顺序执行下列各项操作。	每执行完一项操作，CEO请在相应的方格内打“√”。 财务总监（助理）在方格中填写现金收支情况。			
新年度规划会议				
参加订货会/登记销售订单				
制订新年度计划				
支付应付税				
季初现金盘点(请填余额)				
更新短期贷款/还本付息/申请短期贷款(高利贷)				
更新应付款/归还应付款				
原材料入库/更新原料订单				
下原料订单				
更新生产/完工入库				
投资新生产线/变卖生产线/生产线转产				
向其他企业购买原材料/出售原材料				
开始下一批生产				
更新应收款/应收款收现				
出售厂房				
向其他企业购买成品/出售成品				
按订单交货				
产品研发投资				
支付行政管理费				
其他现金收支情况登记				
支付利息/更新长期贷款/申请长期贷款				
支付设备维护费				
支付租金/购买厂房				
计提折旧				
新市场开拓/ISO资格认证投资				
结账				
现金收入合计				
现金支出合计				
期末现金对账(请填余额)				

订单登记表

订单号										合计
市场										
产品										
数量										
账期										
销售额										
成本										
毛利										
未售										

产品核算统计表

	P1	P2	P3	P4	合计
数量					
销售额					
成本					
毛利					

综合管理费用明细表 单位：百万元

项目	金额	备注
管理费		
广告费		
保养费		
租金		
转产费		
市场准入开拓		□区域 □国内 □亚洲 □国际
ISO资格认证		□ISO 9000 □ISO 14000
产品研发		P2（ ） P3（ ） P4（ ）
其他		
合计		

利润表

项目	上年数	本年数
销售收入		
直接成本		
毛利		
综合费用		
折旧前利润		
折旧		
支付利息前利润		
财务收入/支出		
其他收入/支出		
税前利润		
所得税		
净利润		

资产负债表

资产	期初数	期末数	负债和所有者权益	期初数	期末数
流动资产：			负债：		
现金			长期负债		
应收款			短期负债		
在制品			应付账款		
成品			应缴税金		
原料			一年内到期的长期负债		
流动资产合计			负债合计		
固定资产：			所有者权益：		
土地和建筑			股东资本		
机器与设备			利润留存		
在建工程			年度净利		
固定资产合计			所有者权益合计		
资产总计			负债和所有者权益总计		

实习心得

指导教师签字：________________

第二年

企业经营流程 请按顺序执行下列各项操作。	每执行完一项操作，CEO请在相应的方格内打“√”。 财务总监（助理）在方格中填写现金收支情况。			
新年度规划会议				
参加订货会/登记销售订单				
制订新年度计划				
支付应付税				
季初现金盘点（请填余额）				
更新短期贷款/还本付息/申请短期贷款（高利贷）				
更新应付款/归还应付款				
原材料入库/更新原料订单				
下原料订单				
更新生产/完工入库				
投资新生产线/变卖生产线/生产线转产				
向其他企业购买原材料/出售原材料				
开始下一批生产				
更新应收款/应收款收现				
出售厂房				
向其他企业购买成品/出售成品				
按订单交货				
产品研发投资				
支付行政管理费				
其他现金收支情况登记				
支付利息/更新长期贷款/申请长期贷款				
支付设备维护费				
支付租金/购买厂房				
计提折旧				
新市场开拓/ISO资格认证投资				
结账				
现金收入合计				
现金支出合计				
期末现金对账（请填余额）				

订单登记表

订单号											合计
市场											
产品											
数量											
账期											
销售额											
成本											
毛利											
未售											

产品核算统计表

	P1	P2	P3	P4	合计
数量					
销售额					
成本					
毛利					

综合管理费用明细表

单位：百万元

项目	金额	备注
管理费		
广告费		
保养费		
租金		
转产费		
市场准入开拓		□区域 □国内 □亚洲 □国际
ISO资格认证		□ISO 9000 □ISO 14000
产品研发		P2（ ） P3（ ） P4（ ）
其他		
合计		

利润表

项目	上年数	本年数
销售收入		
直接成本		
毛利		
综合费用		
折旧前利润		
折旧		
支付利息前利润		
财务收入/支出		
其他收入/支出		
税前利润		
所得税		
净利润		

资产负债表

资产	期初数	期末数	负债和所有者权益	期初数	期末数
流动资产：			负债：		
现金			长期负债		
应收款			短期负债		
在制品			应付账款		
成品			应缴税金		
原料			一年内到期的长期负债		
流动资产合计			负债合计		
固定资产：			所有者权益：		
土地和建筑			股东资本		
机器与设备			利润留存		
在建工程			年度净利		
固定资产合计			所有者权益合计		
资产总计			负债和所有者权益总计		

实习心得

指导教师签字：

第三年

企业经营流程 请按顺序执行下列各项操作。	每执行完一项操作，CEO请在相应的方格内打“√”。 财务总监（助理）在方格中填写现金收支情况。			
新年度规划会议				
参加订货会/登记销售订单				
制订新年度计划				
支付应付税				
季初现金盘点（请填余额）				
更新短期贷款/还本付息/申请短期贷款（高利贷）				
更新应付款/归还应付款				
原材料入库/更新原料订单				
下原料订单				
更新生产/完工入库				
投资新生产线/变卖生产线/生产线转产				
向其他企业购买原材料/出售原材料				
开始下一批生产				
更新应收款/应收款收现				
出售厂房				
向其他企业购买成品/出售成品				
按订单交货				
产品研发投资				
支付行政管理费				
其他现金收支情况登记				
支付利息/更新长期贷款/申请长期贷款				
支付设备维护费				
支付租金/购买厂房				
计提折旧				
新市场开拓/ISO资格认证投资				
结账				
现金收入合计				
现金支出合计				
期末现金对账（请填余额）				

订单登记表

订单号											合计
市场											
产品											
数量											
账期											
销售额											
成本											
毛利											
未售											

产品核算统计表

	P1	P2	P3	P4	合计
数量					
销售额					
成本					
毛利					

综合管理费用明细表

单位：百万元

项目	金额	备注
管理费		
广告费		
保养费		
租金		
转产费		
市场准入开拓		□区域 □国内 □亚洲 □国际
ISO资格认证		□ISO 9000 □ISO 14000
产品研发		P2（ ） P3（ ） P4（ ）
其他		
合计		

利润表

项目	上年数	本年数
销售收入		
直接成本		
毛利		
综合费用		
折旧前利润		
折旧		
支付利息前利润		
财务收入/支出		
其他收入/支出		
税前利润		
所得税		
净利润		

资产负债表

资产	期初数	期末数	负债和所有者权益	期初数	期末数
流动资产：			负债：		
现金			长期负债		
应收款			短期负债		
在制品			应付账款		
成品			应缴税金		
原料			一年内到期的长期负债		
流动资产合计			负债合计		
固定资产：			所有者权益：		
土地和建筑			股东资本		
机器与设备			利润留存		
在建工程			年度净利		
固定资产合计			所有者权益合计		
资产总计			负债和所有者权益总计		

实习心得

指导教师签字：

第四年

企业经营流程 请按顺序执行下列各项操作。	每执行完一项操作，CEO 请在相应的方格内打“√”。 财务总监（助理）在方格中填写现金收支情况。			
新年度规划会议				
参加订货会/登记销售订单				
制订新年度计划				
支付应付税				
季初现金盘点（请填余额）				
更新短期贷款/还本付息/申请短期贷款（高利贷）				
更新应付款/归还应付款				
原材料入库/更新原料订单				
下原料订单				
更新生产/完工入库				
投资新生产线/变卖生产线/生产线转产				
向其他企业购买原材料/出售原材料				
开始下一批生产				
更新应收款/应收款收现				
出售厂房				
向其他企业购买成品/出售成品				
按订单交货				
产品研发投资				
支付行政管理费				
其他现金收支情况登记				
支付利息/更新长期贷款/申请长期贷款				
支付设备维护费				
支付租金/购买厂房				
计提折旧				
新市场开拓/ISO 资格认证投资				
结账				
现金收入合计				
现金支出合计				
期末现金对账（请填余额）				

订单登记表

订单号											合计
市场											
产品											
数量											
账期											
销售额											
成本											
毛利											
未售											

产品核算统计表

	P1	P2	P3	P4	合计
数量					
销售额					
成本					
毛利					

综合管理费用明细表 单位：百万元

项目	金额	备注
管理费		
广告费		
保养费		
租金		
转产费		
市场准入开拓		□区域 □国内 □亚洲 □国际
ISO资格认证		□ISO 9000 □ISO 14000
产品研发		P2（ ） P3（ ） P4（ ）
其他		
合计		

利润表

项目	上年数	本年数
销售收入		
直接成本		
毛利		
综合费用		
折旧前利润		
折旧		
支付利息前利润		
财务收入/支出		
其他收入/支出		
税前利润		
所得税		
净利润		

资产负债表

资产	期初数	期末数	负债和所有者权益	期初数	期末数
流动资产：			负债：		
现金			长期负债		
应收款			短期负债		
在制品			应付账款		
成品			应缴税金		
原料			一年内到期的长期负债		
流动资产合计			负债合计		
固定资产：			所有者权益：		
土地和建筑			股东资本		
机器与设备			利润留存		
在建工程			年度净利		
固定资产合计			所有者权益合计		
资产总计			负债和所有者权益总计		

实习心得

指导教师签字：

第五年

企业经营流程 请按顺序执行下列各项操作。	每执行完一项操作，CEO请在相应的方格内打“√”。 财务总监（助理）在方格中填写现金收支情况。			
新年度规划会议				
参加订货会/登记销售订单				
制订新年度计划				
支付应付税				
季初现金盘点（请填余额）				
更新短期贷款/还本付息/申请短期贷款（高利贷）				
更新应付款/归还应付款				
原材料入库/更新原料订单				
下原料订单				
更新生产/完工入库				
投资新生产线/变卖生产线/生产线转产				
向其他企业购买原材料/出售原材料				
开始下一批生产				
更新应收款/应收款收现				
出售厂房				
向其他企业购买成品/出售成品				
按订单交货				
产品研发投资				
支付行政管理费				
其他现金收支情况登记				
支付利息/更新长期贷款/申请长期贷款				
支付设备维护费				
支付租金/购买厂房				
计提折旧				
新市场开拓/ISO资格认证投资				
结账				
现金收入合计				
现金支出合计				
期末现金对账（请填余额）				

订单登记表

订单号											合计
市场											
产品											
数量											
账期											
销售额											
成本											
毛利											
未售											

产品核算统计表

	P1	P2	P3	P4	合计
数量					
销售额					
成本					
毛利					

综合管理费用明细表　　单位：百万元

项目	金额	备注
管理费		
广告费		
保养费		
租金		
转产费		
市场准入开拓		□区域　□国内　□亚洲　□国际
ISO资格认证		□ISO 9000　□ISO 14000
产品研发		P2（　）　P3（　）　P4（　）
其他		
合计		

利润表

项目	上年数	本年数
销售收入		
直接成本		
毛利		
综合费用		
折旧前利润		
折旧		
支付利息前利润		
财务收入/支出		
其他收入/支出		
税前利润		
所得税		
净利润		

资产负债表

资产	期初数	期末数	负债和所有者权益	期初数	期末数
流动资产：			负债：		
现金			长期负债		
应收款			短期负债		
在制品			应付账款		
成品			应缴税金		
原料			一年内到期的长期负债		
流动资产合计			负债合计		
固定资产：			所有者权益：		
土地和建筑			股东资本		
机器与设备			利润留存		
在建工程			年度净利		
固定资产合计			所有者权益合计		
资产总计			负债和所有者权益总计		

实习心得

指导教师签字：

第六年

企业经营流程 请按顺序执行下列各项操作。	每执行完一项操作，CEO请在相应的方格内打“√”。 财务总监（助理）在方格中填写现金收支情况。			
新年度规划会议				
参加订货会/登记销售订单				
制订新年度计划				
支付应付税				
季初现金盘点（请填余额）				
更新短期贷款/还本付息/申请短期贷款（高利贷）				
更新应付款/归还应付款				
原材料入库/更新原料订单				
下原料订单				
更新生产/完工入库				
投资新生产线/变卖生产线/生产线转产				
向其他企业购买原材料/出售原材料				
开始下一批生产				
更新应收款/应收款收现				
出售厂房				
向其他企业购买成品/出售成品				
按订单交货				
产品研发投资				
支付行政管理费				
其他现金收支情况登记				
支付利息/更新长期贷款/申请长期贷款				
支付设备维护费				
支付租金/购买厂房				
计提折旧				
新市场开拓/ISO资格认证投资				
结账				
现金收入合计				
现金支出合计				
期末现金对账（请填余额）				

订单登记表

订单号											合计
市场											
产品											
数量											
账期											
销售额											
成本											
毛利											
未售											

产品核算统计表

	P1	P2	P3	P4	合计
数量					
销售额					
成本					
毛利					

综合管理费用明细表　　单位：百万元

项目	金额	备注
管理费		
广告费		
保养费		
租金		
转产费		
市场准入开拓		□区域　□国内　□亚洲　□国际
ISO资格认证		□ISO 9000　□ISO 14000
产品研发		P2（　）　P3（　）　P4（　）
其他		
合计		

利润表

项目	上年数	本年数
销售收入		
直接成本		
毛利		
综合费用		
折旧前利润		
折旧		
支付利息前利润		
财务收入/支出		
其他收入/支出		
税前利润		
所得税		
净利润		

资产负债表

资产	期初数	期末数	负债和所有者权益	期初数	期末数
流动资产：			负债：		
现金			长期负债		
应收款			短期负债		
在制品			应付账款		
成品			应缴税金		
原料			一年内到期的长期负债		
流动资产合计			负债合计		
固定资产：			所有者权益：		
土地和建筑			股东资本		
机器与设备			利润留存		
在建工程			年度净利		
固定资产合计			所有者权益合计		
资产总计			负债和所有者权益总计		

实习心得

指导教师签字：

六年总结报告

指导教师签字：________________

广告费投放表

用户：

年份：第一年　　　　　　　　　　　　　　　　　上交时间：

	本地	区域	国内	亚洲	国际	9K	14K
P1							
P2							
P3							
P4							

年份：第二年　　　　　　　　　　　　　　　　　上交时间：

	本地	区域	国内	亚洲	国际	9K	14K
P1							
P2							
P3							
P4							

年份：第三年　　　　　　　　　　　　　　　　　上交时间：

	本地	区域	国内	亚洲	国际	9K	14K
P1							
P2							
P3							
P4							

年份：第四年　　　　　　　　　　　　　　　　　上交时间：

	本地	区域	国内	亚洲	国际	9K	14K
P1							
P2							
P3							
P4							

年份：第五年　　　　　　　　　　　　　　　　　上交时间：

	本地	区域	国内	亚洲	国际	9K	14K
P1							
P2							
P3							
P4							

年份：第六年　　　　　　　　　　　　　　　　　上交时间：

	本地	区域	国内	亚洲	国际	9K	14K
P1							
P2							
P3							
P4							

原材料采购表

项目		第一年				第二年			
		1季	2季	3季	4季	1季	2季	3季	4季
生产产品	P1								
	P2								
	P3								
	P4								
应订原料	R1								
	R2								
	R3								
	R4								

项目		第三年				第四年			
		1季	2季	3季	4季	1季	2季	3季	4季
生产产品	P1								
	P2								
	P3								
	P4								
应订原料	R1								
	R2								
	R3								
	R4								

项目		第五年				第六年			
		1季	2季	3季	4季	1季	2季	3季	4季
生产产品	P1								
	P2								
	P3								
	P4								
应订原料	R1								
	R2								
	R3								
	R4								

第十七章　数智企业经营管理沙盘实验指导书

一、比赛结果评分

按照企业经营发展指数进行排名。

企业经营发展指数=第四年企业商誉值×（第四年企业权益-系统扣分）×（1+第四年碳中和率+第三年碳中和率）。

二、市场调研

市场	产品	特性	总量	平均价格/元
国内市场	P1	T1	6000	3000
国内市场	P1	T2	5000	3000
亚洲市场	P1	T2	6000	3000

① 市场调研用于分析市场，在投放促销广告前调研市场需求，明确每个市场的产品、特性、价格和数量需求。

② 市场。表示哪个市场的需求。

③ 产品。表示该订单是对哪个产品的需求。

④ 特性。与产品组合，表示这张订单是该产品+该特性的需求。

⑤ 总量。表示在本市场中此类产品+特性的总需求数量。

⑥ 平均价格。表示在本市场中此类产品+特性的平均价格。

注：市场调研中的数量和价格并非详单中的具体价格和数量，要了解更多可查看规则表。

三、商誉

企业的商誉用于计算企业经营成果得分，具体扣减情况如下：

① 订单未按时交货视为违约，切换季度时系统强制扣除违约金，每张订单商誉值-1。

② 未按时支付工人工资，切换季度时系统强制发薪，商誉值-5。

③ 原材料未按时收货，切换季度时系统自动收货，每条记录商誉值-1。

④ 未按时支付贷款利息和本金，切换季度时强制扣除，每条记录商誉值-1。

⑤ 未按时支付应付账款，切换季度时系统自动扣除，每笔账款商誉值-1。

⑥ 未按时支付管理费用，切换季度时系统自动扣除，商誉值-1。

⑦ 设各部门预算资金使用率为X，当$X<80\%$或$X>120\%$时，均扣减10000分。

四、社会责任

① 思政页面。包含一流企业、勇于创新、诚信守法、社会责任、国际视野页面。

② 一流企业。将本企业经营结果与知名企业进行对比，查看本企业在知名企业中的排名。

③ 勇于创新。查看当前企业创新度。

④ 诚信守法。用于查看企业当前商誉值，页面中也可查看商誉扣除明细。

⑤ 社会责任。为企业经营履行的社会责任，当教师开启“精准扶贫”事件，下一季度“捐款”按钮变亮，各企业可在该页面进行捐款，捐款可减免纳税，具体按下列公式执行：

- 设捐款金额为X；
- 若$X \geq$税前利润×12%，按税前利润12%扣除。应交税费=税前利润×(1−12%)×20%。
- 若$X <$税前利润×12%，按实际X值扣除。应交税费=(税前利润−X)×20%；

⑥ 国际视野。提示企业应当具备国际视野，拓宽市场渠道。

五、碳中和

① 碳中和。企业使用生产线和生产产品时均会产生碳排放，具体碳排放量可查看规则（产品和产线规则中有），第二年实现碳达峰，第三年开始中和。

② 碳达峰。以所有企业前两年的碳排放为总量，碳排放量=产品数量×产品排放量+生产次数×产线排放量；如P1产品碳排放量为5，自动线碳排放量为30，实际产量为5，那么使用2条自动线生产P1产生的碳排放量为5×2×5+2×30=110。

③ 分配算法。碳排放越少的，次年分配的碳排放量越高，公式为：

- 设定上一次（第三年按前两年计算，第四年按第三年计算）总碳排量为A，N支队伍为A_1，A_2，A_3，…，A_n。
- A_x是某支队伍上年的碳排放量。
- 给每支队伍的碳排放量=$A\times(1-A_x/A)/(N-1)$。
- 需注意，第一次（第三年）分配时，在原有碳分配量的基础上加初始碳排放量，第二次（第四年）分配时按实际分配。

④ 当碳排放不足时，无法进行生产。

⑤ 破产组破产当年产生的碳排放不累计到碳总额计算也不参与碳分配。

注：碳中和是一种责任，可通过植树造林进行中和，若企业已无碳排放额度，中和碳无法增加企业排放额度。

六、基本规则

规则名称	规则值
违约金	40
税率	25
碳中和费用	10
咨询费	10000
生产线上限	16
材料紧急采购倍数	2
产成品紧急采购倍数	4
初始碳排放量	3000

① 基本规则。为模拟企业经营中一些基本的规则要求。

② 违约金。违约金比率，规则不同则违约金比率不同，用于销售订单未按时交货计算违约金费用，如2年3季度订单未能按时交货，则在跳2年4季度时扣除违约金（订单收入×违约金比率，如出

现小数则四舍五入取整）。

报表影响：现金减少、营业外支出增加。

③ 税率。计算应交税费时的税率，规则不同则所得税率不同，企业盈利时需缴纳税金，缴纳金额为税前利润×所得税税率25%（如出现小数则四舍五入取整）。

报表影响：现金减少、净利润减少。

注：缴纳所得税应当先弥补以前年度亏损，直至弥补完才需缴纳税费。

④ 碳中和费用。用于中和企业排放的碳量，表示每中和1吨碳需要支付的现金，规则不同则碳中和费用不同。

报表影响：现金减少、综合费用增加。

注：中和掉的碳量不会增加企业可以排放的碳量，只用于计算碳排放率。

⑤ 咨询费。购买其他企业信息需要花费的现金，表示购买一个企业需花费的资金，规则不同则咨询费不同；

报表影响：现金减少、综合费用增加。

注：每次购买有效期为1个季度。

⑥ 生产线上限。表示本场实训中，最多能够购买的生产线数量。

报表影响：现金减少、土地与设备或在建工程增加。

⑦ 材料紧急采购倍数。用于紧急购买原材料，购买后立刻到货，购买价格为材料成本×材料紧急采购倍数，规则不同则倍数不同。

报表影响：现金减少、原材料成本增加。

⑧ 产成品紧急采购倍数。用于紧急购买产成品，购买后立刻到货，购买价格为产品成本×产成品紧急采购倍数，规则不同则倍数不同。

报表影响：现金减少、产品成本增加。

⑨ 初始碳排放量。用于第一次分配时，为每个企业增加初始的碳排放量，即使所有组都不排放，在第三年分配时也能分配到初始的碳排放额度。

（一）取整规则

① 贷款利息：向上取整。

② 贴息：向上取整。

③ 违约金：四舍五入。

④ 税金：四舍五入。

⑤ 出售：向下取整。

注：现金为负视为破产。

（二）营销总监相关技术规则

1. 销售渠道规则

渠道名称	开拓周期	需要资金/元
国内市场	1 季度	10000
亚洲市场	3 季度	30000
国际市场	5 季度	60000

①渠道开拓。用于开拓新销售渠道，满足企业销售需求。

②渠道名称。各销售渠道的名称。

③开拓周期。开拓时需要经过开拓周期企业才能获得市场资质，只有获得市场资质后才允许在该市场销售产品。

④需要资金。开拓时需要支付的资金，为一次性费用，其间无须追加。

报表影响：现金减少、综合费用增加。

2. 产品资质规则

资质名称	申请时间	需要资金/元
P1	1季度	10000
P2	3季度	20000
P3	6季度	50000

①产品资质。用于研发新产品资质，满足企业生产需求。

②资质名称。各产品资质的名称。

③申请时间。申请时需要经过申请时间企业才能获得产品资质，只有获得产品资质后才允许生产该产品。

④需要资金。申请时需要支付的资金，为一次性费用，其间无须追加。

报表影响：现金减少、综合费用增加。

3. ISO资质规则

ISO认证名称	认证周期	需要资金/元
ISO 9000	1季度	10000
ISO 14000	3季度	20000
ISO 26000	6季度	40000

①ISO资质认证。只有满足订单中ISO资质需求才能获取订单。

②ISO认证名称。ISO资质名称，不同的订单ISO资质需求不同。

③认证周期。认证时需要经过认证周期企业才能获得ISO资质。

④需要资金。认证时需要支付的资金，为一次性费用，其间无须追加。

报表影响：现金减少、综合费用增加。

4. 促销广告规则

市场名称	当前知名度	当前排名	操作
国内市场	0	1	投放
亚洲市场	0	1	投放
国际市场	0	1	投放

①促销广告。用于提升企业知名度，其比例为1:1，企业知名度越高，越有机会获得该市场中的订单。

②市场名称。不同市场内的订单不同，促销广告分市场投放。

③当前知名度。为在本市场投放的广告额度，每个市场投放的广告只影响本市场内的知名度，对其他市场不产生影响。

④ 当前排名。默认为1，随着其他企业投放促销广告，当前排名上下浮动，也可通过投放促销广告的方式提高排名，排名第一有优先分得订单权。

⑤ 操作。实施投放促销广告的按钮，可在竞单开始前多次投放，总额度依次累计增加。

报表影响：现金减少、综合费用增加。

注：只有拥有市场资质才有机会获得该市场的订单，促销广告有效期为一次竞单，竞单后知名度归零。

5. 选单广告投放规则

最小广告额/元	选单时间/秒	首单补时/秒	市场同开数量	得单公差/元
10000	40	15	2	20000

① 广告投放。选单前必须投放广告，否则不能选单，只有对应市场和产品投放广告后才能选单。

② 产品市场。表示选单时应当对应产品和市场进行投放，如希望在区域市场选 P2 产品的订单，则需在对应的单元格投放广告。

③ 操作。广告只能提交一次，提交后不可更改。

报表影响：现金减少、综合费用增加。

④ 最小广告额。获得一次选单机会最少需要投放的额度。

⑤ 选单时间。各组每次选单的时间，应当在40秒倒计时结束前选中订单。

⑥ 首单补时。每个产品第一个选单的小组拥有15秒补时。

⑦ 市场同开数量。为每次选单几个市场同时选单。

⑧ 得单公差。每增加一次选单机会需要增加的广告额度（如投10000元有一次选单机会，投20000元还是一次选单机会，投30000元有两次选单机会）。

注：只有拥有市场资质才能在该市场投放广告，广告有效期为一次选单，下次选单需要重新投放，几次选单机会不代表能选中几张订单。

6. 竞单规则

订单编号	市场	产品	特性需求	参考价/元	数量	交货期	账期	ISO要求	申报数量	操作
1	国内市场	P1	T1	3000	3000	4季度	2季度	ISO 9000	0	申报

① 竞单。即参加订货会，教师开启后所有企业一起竞单，根据分单规则获得订单。

② 订单编号。每张订单都有一个编号，用于区分每张订单。

③ 市场。表示这张订单属于哪个市场，申报时应当获得这个市场的资质。

④ 产品。表示这张订单是对哪个产品的需求。

⑤ 特性需求。表示这张订单是对哪个特性的需求。

⑥ 参考价。本张订单的价格，申报时不得超过此价格。

⑦ 数量。本张订单的总价格，申报时不得超过此数量。

⑧ ISO要求。本张订单对ISO资质的要求，如申报本订单企业应当拥有该资质。

⑨ 申报数量。为学生主动申报的数量。

⑩ 操作。点击申报后填写申报价格和申报数量。

- 申报价格不得低于参考价的90%。
- 申报数量不得超过订单中的数量。

⑪ 以企业为单位进行订单申报，可同时对所有市场、产品的订单申报，当多次对同一张订单申报时，系统只接受最新一次申报的数量和价格，若在申报时填写0，则为取消该市场申报的订单。

⑫ 订单分配规则。

- 并非企业申报即入围，入围需要条件。
- 入围有三个条件：企业有订单中市场资质；企业有订单中ISO 资质；企业报价未超过参考价。
- 每个订单生成入围列表。

⑬ 标的分配。

- 根据公式Y=知名度（等同于广告费）+市场占有率（初始值为1）× 商誉值 ×（参考价-报价）+1000 × 特性值（生产管理特性研发值），算出各队伍得分。
- 得分最高的队伍，可以获得所申报的全部数量。
- 按照排名顺次分配，直到数量不足。
- 当所剩数量不足分配时，只分配剩余数量。
- 当N组分数相同时，分配顺位相同，当剩余数量A不满足其申报数量时，抽取其中最小的申报数量M，每队分配M数量，若A还小于NM，则每队分配A/N（向下取整）的订单。

7. 选单规则

① 选单。即参加订货会，教师开启后所有企业一起参加订单或会，选取订单。

② 订单编号。每张订单都有一个编号，用于区分每张订单。

③ 市场。表示这张订单属于哪个市场。

④ 产品。页面上方展示正在选择哪个产品的订单。

⑤ 总价。本张订单的总价格。

⑥ 数量。本张订单的数量。

⑦ 交货期。表示这张订单应当在本年的哪个季度完成交货（如本次选单为2年选单，选中的订单交货期为3，则需要在2年3季度或之前完成交货，否则视为违约）。

⑧ 账期。表示订单完成交货后，再经过几个季度可以收到应收款。

⑨ 认证。表示只有拥有该ISO资质才能选中这张订单（1表示规则中第一个ISO资质要求、2表示规则中第二个ISO资质要求）。

⑩ 轮到选单时，“选单”按钮亮起，直接点击选单即可。

⑪ 选单规则。

选单排名：

- 并非投了广告就可以随便选单。
- 选单时需要对比各组的广告。先对比产品广告，产品广告高的优先选单；产品广告相同则对比市场广告，市场广告高的优先选单；市场广告相同则对比销售额，销售额高的优先选单。
- 次数。根据产品广告额度计算得出，表示能够在本市场选中几张订单，在订单数量足够的情况下能够选中足够次数的订单。

选单方式：

- 各企业根据排名依次选单。
- 选中订单的小组次数减1，排至队尾，等待下面小组选单。
- 点击“选单”按钮，提示操作完成，视为选单成功，每次只能选中1张订单。
- 次数为0表示该组已无选单机会。
- 所有小组次数为0或者订单为0，本市场本产品选单结束，开始选哪个产品的订单。

• 点击“放弃选单”按钮，视为放弃选单，放弃选单小组在选单排名中删除，次数清零，将无法继续选单。

• 当选单倒计时为0后，小组仍未选单也视为放弃选单；

订单编号	市场	产品	特性需求	总价/元	数量	交货期	账期	认证	成本	操作
1	本地市场	P1	T1	162000	3	2季度	1季度	无	0	交货

8. 销售订单交付

① 销售订单为企业在“竞单”中申请，并完成分配后，企业所获取的订单。

② 市场。表示这张订单属于哪个市场的订单。

③ 产品。表示这张订单是对哪个产品的需求。

④ 特性需求。表示这张订单是对哪个特性的需求。

⑤ 总价。表示这张订单的总价值。

⑥ 数量。表示这张订单的交货数量，不可拆分交货。

⑦ 交货期。表示订单的最晚交货季度，可提前交货，不可延后，若超过本季度则视为违约。如1年2季度获得的交货期为2的订单，则必须在1年2季度交货，否则视为违约。

⑧ 账期。表示交货后需要经营与账期相等的季度后，企业能够收到这笔应收款。

⑨ 认证。表示这张订单对ISO资质的需求。

⑩ 成本。订单交货前成本为0，交货后显示交货的产品成本。

⑪ 操作。交货按钮，需严格按照订单中的产品、特性、数量进行交货，无法拆分交货。

报表影响：产品成本减少、销售收入增加、直接成本增加。

（三）生产总监相关技术规则

1. 设备管理规则

线型	安装时间	购买价格/元	生产时间	基础产量	转产时间
传统线	0	50000	2	40	0
自动线	1	120000	1	20	0
智能线	2	250000	1	30	0

转产价格/元	残值/元	维修费用/元	手工工人/人	高级技工/人	碳排放量	折旧年限
5000	20000	100000	3	1	60	4
10000	20000	20000	0	2	30	4
0	30000	30000	1	1	10	4

① 设备相关规则为企业购买设备时的规则，描述设备的安装与使用情况。

② 安装时间。表示安装产线需要消耗的时间，购买产线后需经过安装时间才能使用产线（如1年1季度购买安装全自动线，1年2季度即安装完成可以使用）。

③ 购买价格（元）。购买生产线的价格，为一次性价格，其间无须追加。

④ 生产时间。产线生产需要耗费的时间，自产线开产起，经过生产时间产品下线入库。

⑤ 基础产量。生产线的基础产量，为计算实际产量的基数。

⑥ 转产时间。生产线由一种产品转为另一种产品需要花费的时间，只能在停产状态下进行转产。

⑦ 转产价格。生产线转产时需要花费的资金，为一次性费用。

⑧ 残值。产线折旧到此价值时不再折旧，且出售时能够获得等于残值的现金。

⑨ 维修费用。产线建成满一年开始维修，1年1季度建成，2年1季度缴纳维修费，每年缴纳一次（1年4季度跳2年1季度时扣除）。

⑩ 手工工人、高级技工。使用生产线时，需要配置手工工人和高级技工的数量。

⑪ 碳排放量。使用产线生产一次产生的碳排放量。

⑫ 折旧年限。为生产线需要折旧的年限。生产线建成满一年开始折旧，1年1季度建成2年1季度计提折旧，折旧=(产线净值-残值)/折旧年限，每年计提折旧。

⑬ 开产。需拥有产品资质、充足的原材料、停产状态、配置好工人、BOM更新完成、现金充足才能开产成功。

- 开产时支付计件工资和开产费。
- 计件工资=实际产量×(手工工人计件工资×手工工人数量+高级技工计件工资×高级技工数量)。
- 在制品成本=原材料成本+工人月薪×生产周期（月）+计件工资+开产费，如传统线的生产周期为2，则应当按6个月计算。
- 开产费从产品规则表中查看，规则中为单件产品花费的开产费。

注：关于产线操作产生的报表影响如下：

- 购买时，现金减少、土地与设备或在建工程增加。
- 开产时，现金减少、原材料减少、其他应付款增加、在制品增加。
- 转产时，现金减少、综合费用增加。
- 拆除时，现金增加、固定资产减少、营业外支出增加。
- 缴纳维修费时，现金减少、维修费增加。
- 产线折旧时，土地和设备减少、折旧增加。

2. 人工管理规则

线型	安装日期	基础产量	状态	产品标识	班次	手工工人	高级技工	实际产量	操作
智能	2年1	1	停产	P1				0	保存

① 每次生产时，需先进行工人配置，参照规则在对应的产线配置工人和班次。

② 状态。分停产、开产和转产，只有停产状态下才能配置班次和工人。

③ 班次。选择工人生产班次。

④ 手工工人、高级技工。选择与产线规则要求相等的工人数量。

⑤ 实际产量。按规则要求配置的工人数量和种类，一致时点击“保存”则出现实际产量，与规则要求不符则实际产量为0。

实际产量=基础产能×(1+手工工人效率/4+高级技工效率)×班次加成（如出现小数则向下取整）。

⑥ 操作。班次和工人配置成功后，点击“保存”。

⑦ 招聘需求填报。填写需要招聘的工人种类和数量，保存后生成一条数据传送到人力资源总监页面。

3. 库存管理规则

材料名称	基础价格/元	数量	送货周期/季	账期/季
R1	10000	50000	1	1
R2	10000	50000	1	1
R3	10000	50000	2	1
R4	10000	50000	1	1

① 库存管理分为原料订单、原料库存、产品库存三个模块。

② 基础价格（元）。为购买单件材料需要支付的价格。

③ 数量。为初始材料数量，随着企业的购买逐渐减少，每季度刷新恢复到初始数量。

④ 送货周期（季）。订购的原材料需要经过送货周期才能收货。

⑤ 账期。原材料收货后，经过账期时间支付材料费。

原材加、短期负债增加。

支付时，报表影响：现金减少、短期负债减少。

⑥ 原料库存。展示企业拥有的原材料数量；在库存中可对材料进行出售，出售时获得原材料价值80%的货款（如出现小数则向下取整）。

报表影响：现金增加、原材料减少、营业外支出增加。

⑦ 产品库存。展示企业拥有的产品数量；可对产品进行出售，出售时获得产品价值 80%的货款（如出现小数则向下取整）。

报表影响：现金增加、产成品减少、销售收入增加、直接成本增加。

4. 产品图纸规则

产品名	碳排放量	开产费用	开产成本/元	R1	R2	R3	R4
P1	7	0	800	1	0	1	0
P2	5	0	2000	2	2	0	1
P3	3	0	4000	2	4	1	4

① 产品图纸规则用于查看产品的构成。

② 碳排放量。为生产单件产品产生的碳排放量。

③ 开产费用。用于生产单件产品需支付的费用（如这里有值，则产品成本=原材料费用+计件工资+工人工资+开产费）。

④ 开产成本。用于计算紧急采购产品的成本，如P1为800，紧急采购倍数为4，则紧急采购1个P1的成本为3200（此成本不代表实际的产品成本，仅用于计算紧急采购的产品成本价值）。

⑤ R1、R2、R3、R4。表示生产产品所需用到的原材料个数，此个数为单件产品的材料数量。

特性名称	设计费用/元
T1	200
T2	200
T3	200

5. 设计管理规则

① 与产品搭配使用，设计出最新的BOM表。

② 设计费用：为设计此特性时需要花费的资金。

报表影响：现金减少、综合费用增加。

③ 设计完成生成新的版本号。每次设计需重新支付设计费用（无论之前是否设计过）。

6. 特性研发管理规则

特性名称	初始研发值	当前研发值	单位研发费用	研发上限
T1	1	1	500	100
T2	1	1	1000	100
T3	1	1	2000	100

①用于提升企业特性等级，有助于企业获得订单。

②初始研发值。默认的研发值。

③当前研发值。展示当前经营状况中企业的研发值。

④单位研发费用。表示每提高1个研发值需要花费的资金，费用=(目标值-当前值)×单位研发费用。

报表影响：现金减少、综合费用增加。

⑤研发上限。表示每种特性最高的研发等级，不可超过此等级。

（四）人力资源总监相关技术规则

名称	初始期望工资/元	计件	每季度数量	效率
手工工人	1500	50	20	60%
高级技工	6000	150	20	60%

1. 招聘管理规则

①工人招聘时的规则。

②初始期望工资（元）。表示工人的平均月薪，市场中的工人月薪以此规则为基础，上下浮动。

③计件。表示工人生产时，单件产品的计件工资。

④每季度数量。市场中初始的工人数量，假设1年2季度招了4个手工工人、5个高级技工，则在1年3季度工人数量仍会恢复到初始。

⑤效率（%）。表示工人的平均效率，市场中工人效率在20%上下浮动。

⑥发放录用通知。企业给工人定制薪酬，工人是否入职规则如下：

- 设公司提供的薪资为X；
- 当$X/M<70\%$时，工人一定不会入职；
- 当X/M取值在70%~100%时，工人随机入职，M取值为开出的期望工资和中位工资孰低计量；
- 当$X/M \geq 100\%$时，工人一定入职。

⑦录用通知发放完成可修改工人薪资，以最后一次录入的薪资为准。

⑧开出录用通知后，下季度入职，入职后下季度发放薪资。

注：“人力资源市场”无竞争，工人不会随各企业提供的薪资不同而择优入职。

2. 员工管理规则

①用于管理工人，为工人发放薪资和决定是否解聘工人。

②工人状态。工作中（表示工人正在生产中）、培训中（表示员工正在接受培训）、空闲。

③统一发薪。一键发放所有工人的工资（月薪×3）。

报表影响：现金减少、其他应付款减少。

④解雇。解雇时需要支付赔偿金，赔偿金=$(N+1)$×月薪。N=员工入职年限，向上取整。只有“空闲”状态的工人可被解聘。（若解聘时，工人处于欠薪状态，则同时需要支付欠薪）

报表影响：现金减少、综合费用增加。

⑤若一季度未主动给工人发放薪资，工人效率减半；持续两季度未主动给工人发放薪资，工人自动离职，并且强制扣除等同于解聘的赔偿金。

3. 培训管理规则

培训名称	消耗现金/元	消耗时间/季	原岗位	培训后岗位	工资涨幅
升级培训	5000	1	手工工人	高级技工	100%

① 培训管理是指提升工人等级，对低等级员工进行培训。

② 消耗现金（元）。表示培训一个工人需要花费多少资金，为一次性费用。

报表影响：现金减少、综合费用增加。

③ 消耗时间（季）。表示培训工人需要消耗多长时间，经过此时间后工人等级升级。

报表影响：现金减少、综合费用增加。

④ 工资涨幅。表示培训后工人的工资涨薪比率，工人效率不变。

注：只有状态为空闲的手工工人能够参加培训，培训期间无法上工生产。

4. 激励管理规则

激励名称	提升效率比例
激励	30%
涨薪	60%

① 激励管理用于提升工人的工作效率，分为奖金激励和涨薪激励两种方式。

② 激励。激励费为一次性费用，需立即支付，对薪资无影响。

报表影响：现金减少、综合费用增加。

③ 涨薪。涨薪方式为增加工人的月薪，所以涨薪后不会直接支付费用，自涨薪季度起，之后每月月薪都需加上涨薪金额。

④ 提升效率比例（%）。表示每一万元所提升的工人效率，如给某工人涨薪10000元，则该工人的效率增加60%，如果想通过涨薪的方式给某工人提升1%的效率，则需给该工人涨167元的薪资（如出现小数则向上取整）。

（五）财务总监相关技术规则

1. 融资管理规则

贷款名称	额度上限/倍	贷款时间/季	还款方式	利率
直接融资	3	1	本息同还	5%
短期银行融资	3	4	本息同还	10%
长期银行融资	3	8	每季付息，到期还本	2%

① 融资管理。即贷款，为企业提供贷款的地方。

② 额度上限（倍）。表示贷款的最高额度，贷款上限=上年所有者权益×额度上限（倍）。

③ 贷款时间（季）。表示贷款后，需要经过贷款时间（季）才需要偿还贷款。

④ 还款方式。有以下两种方式：

- 本息同还。表示贷款到期时一次性支付本金和利息。
- 每季付息，到期还本。表示贷款期间需每季度支付利息，到期后偿还本金。

⑤ 利率（%）。用于计算贷款利息。

⑥ 贷款对报表的影响。现金增加、长期借款或短期借款增加。

2. 应收账款管理规则

① 应收账款为交付订单后产生的应收款项，到期后可直接收款。

报表影响：现金增加、应收账款减少。

② 若应收账款未到期，可参照贴现规则进行贴现。

名称	收款期/季	贴息
4季贴现	4	8%
3季贴现	3	6%
2季贴现	2	4%
1季贴现	1	2%

贴现，企业立刻获得款项的一种方式，需支付一些贴息立刻获得现金。

收款期（季）：表示这笔货款还需经过收款期才能收款（需主动收款，到期后不主动收款）。

贴息（%）：指债权人在应收账期内，贴付一定利息提前取得资金的行为。不同应收账期的贴息不同，如3季度贴现10000元，则需支付600元（10000×6%）的贴息（如出现小数则向上取整）。

应收账款对财务报表的影响：

- 收款时：现金增加、应收账款减少。
- 贴现时：现金增加、财务费用增加，应收账款减少。

3. 应付账款管理规则

① 应付账款。为原材料的货款，材料收货后生成应付账款，应当及时缴纳。

② 应付账款可提前支付，不可延期，延期后系统强制扣除。

报表影响：现金减少、短期负债减少。

4. 费用管理规则

① 缴纳日常费用。如管理费、贷款本金和贷款利息。

② 管理费。从规则表中查看，规则中为月度管理费，缴纳时应当×3报表影响；现金减少、综合费用增加。

③ 贷款本金。为企业申请的贷款，到期后需要支付的本金。

报表影响：现金减少、长期负债或短期负债减少。

④ 贷款利息。为企业贷款的利息（如出现小数则向上取整）。

报表影响：现金减少、财务费用增加。

5. 预算控制规则

部门	上季度预算	上季度使用	上季度使用率	本季度预算
市场营销部	1000	500	50%	3000
生产设计部	1000	500	50%	3000
人力资源部	1000	500	50%	3000

① 预算控制用于管理各个部门的预算使用。

② 上季度预算。表示该部门上季度发放的预算额度是多少。

③ 上季度使用。表示该部门上季度实际使用的预算额度是多少。

④ 上季度使用率。由上季度使用除以上季度预算计算得出，有如下规则：

- 若上季度预算使用率小于80%或大于120%则扣除企业10000分。
- 只有预算使用率在80%~120%才不会扣企业得分。

⑤ 本季度预算。即项目总监为各个部门发放的预算使用额度，每季度应当先发放预算，否则其他总监无法花费资金。

注：运营总监收货时，虽然未实际支付材料款，但属于运营总监的费用，故发放预算时应当计

算在内。

⑥ 预算额度用完时，可再次向项目总监申请预算，待审批通过后可使用。

6. 财务报关规则

① 每年第四季度开启，填写后提交，自动判断正误。

② 提交后其他任务锁定，只能查看不能操作。

③ 交税前先弥补以前年度亏损，弥补完成后直接按税率缴纳税金（四舍五入），从规则表中查看税率。

7. 财务指标规则

① 提交完报表后开启，填写后提交，自动判断正误。

② 提交意为本年结束。

③ 流动比率=(现金+应收账款+在制品+产成品+原材料)/(短期负债+其他应付款+应交税金)。

④ 速动比率=(现金+应收账款)/(短期负债+其他应付款+应交税金)。

⑤ 资产负债率=负债总额/资产总额。

⑥ 产权比率=负债总额/所有者权益总额。

⑦ 营业净利率=(销售收入-直接成本-综合管理费用)/销售收入。

⑧ 成本费用利润率=(销售收入-直接成本-综合管理费用±营业外收支)/(直接成本+综合管理费用+财务费用)。

⑨ 资产报酬率=支付利息前利润/[(期初资产总计+期末资产总计)/2]。

⑩ 净资产收益率=净利润/[(期初所有者权益+期末所有者权益)/2]。

⑪ 营业收入增长率=(本年销售收入-上年销售收入)/上年销售收入。

⑫ 资本保值增值率=年末所有者权益/年初所有者权益。

⑬ 总资产增长率=(本年资产总计-上年资产总计)/年初资产总额。

⑭ 存货周转率=销售成本/[(期初在制品+期初产成品+期初原材料+期末在制品+期末产成品+期末原材料)/2]。

⑮ 存货周转天数=365/存货周转率。

⑯ 应收账款周转率=销售收入/[(期初应收账款+期末应收账款)/2]。

⑰ 应收账款周转天数=365/应收账款周转率。

⑱ 现金周转期=应收账款周转天数+存货周转天数-365/[销售成本/(期初材料应付款+期末材料应付款)/2]。

注：括号内除不尽的值先保留两位小数，再进行下一步计算（四舍五入）。

（六）数字化建设相关规则

1. 财务数字化

（1）风险监控

“风险监控”下有9个财务指标：“资产负债率”“速动比率”“已获利息倍数”“现金总资产比”“存货周转率”“应收账款周转率”“净资产收益率”“营业利润比重”“主营业务利润率”。各财务指标反映不同的财务状况，当指标外框变红时，表示该企业此项风险过高，应当马上降低。当指标外框变黄时，表示该指标存在轻微风险，应当注意。当指标外框变绿时，表示该指标正常。

（2）财务大数据

在财务大数据下可查看企业的“总收入”“总成本”“总利润”“权益”“费用结构”“各企业净利润对比”“资金来源统计”“各季度总预算使用情况”“收入和资金需求”“资产构成”，便于分析本企业与其他企业的财务状况，便于制定战略。

（3）财务RPA

在“财务总监”—“应付账款”页面，增加“一键付款”按钮，可通过RPA机器人批量支付本季度或全部应付账款。

2. 人力数字化

（1）智能招聘

在智能招聘中，上半部分显示人力资源需求，点击“智能筛选”按钮，进行按需筛选，原则如下。

① 效率优先原则，筛选出来的结果，效率大于或等于需求值。

② 数量最多展示8个，可点击“更多”，展示所有符合要求的人员。

③ 智能招聘节省了人力总监招聘工人的时间，简化了人力总监工作。

④ 发放薪资时可参照薪资推荐，为工人发放中位工资，中位工资和期望月薪孰低计量。

（2）人力大数据

人力大数据中可查看“总人数”“本年工资支出累计”“平均工龄”“人均工资”“岗位类别结构”“各企业平均工资”“人力资源现状”“各季度人员增长情况”“每季度计件工资和固定工资”“人力资源费用结构”，可根据人才市场现状，调整及聘用员工，可降低人工成本。

（3）人力资源RPA

“一键激励”：企业可直接选择要激励的工人种类和要达到的效率，点击“确定”后，RPA机器人会自动算出费用，自动涨薪或激励。

3. 生产数字化

（1）智能生产

智能生产如同一个自动化脚本，会自动帮用户进行生产。

① 工厂一旦进入数智化时代，所有材料的送货周期为0，所有产线的转产周期为0，且转产不需要支付转产费。

② 在每条生产线上选择一种产品，点击“开启智能生产”，产线自动更新最新的BOM表，配置效率最高的工人，自动购买原材料。智能生产不会持续进行，每季度都需要操作一次（智能生产并非持续功能）。

③ 当出现以下情况时，无法开启自动生产：

- 企业现金、预算不足；
- 工人不足；
- 市场无法购买足够的材料；
- 无图纸；
- 无产品资质。

（2）生产大数据

在生产大数据看板中可查看“上季度产能”“产线数量”“工人数量”“原料库存”“产品生产结构”“各企业产线数量对比”“各特性的特性值对比”“各季度总产能”“各季度出库入库产品数量”“资产构成”。可依照大数据调整订单价格，以合理安排产能。

4. 营销数字化

（1）网络营销由“网络投放”和“新媒体广告”组成

① “网络投放”可针对不同产品进行投放，每个产品输入两个值：“定价”“投放数量”（应输入正整数）；“定价”不可高于本产品原材料成本的5倍，不可低于本产品原材成本；“投放数量”不得超过现有库存量。

② 可在“新媒体广告”中输入投放金额（正整数），该金额转化为等量的热度值；“会员指数”代表会员数量，其公式为：会员指数=热度×商誉×引流参数×0.0001，向下取整（引流参数从规则表中查看）。

引流参数	引流名称
0.5	吸引会员

（2）零售市场规则示意

季度	目标产品	单价承受能力/元	看重特定	每季购买数量
6	小羊摩托	5000	酷炫外形	2000
6	小羊摩托	5100	领先科技	2000
8	小羊摩托	5000	酷炫外形	2000
8	小羊摩托	5100	领先科技	2000
10	小羊摩托	5200	酷炫外形	2000
10	小羊摩托	4900	领先科技	3000
10	小羊电动	7300	结实耐用	3000
10	小羊电动	7200	领先科技	3000

① 根据企业上架的种类，决定去满足哪些市场需求。

② “单价承受能力”是用户在零售市场销售产品可承受的最高价格。

③ 企业在申请订单时，所输入的价格具备两个条件：

- 不应高于“单价承受能力”中所列的价格；
- 定价的取值范围：设M=该产品图纸的原料价值之和（从规则表里读取），输入范围为M~$5M$。

④ 根据会员指数得出“零售指数”，零售指数Y=会员指数×(单价承受能力-定价)×0.01。

⑤ 根据各队的上架量，得出“竞争指数”：

- 零售指数小于或等于上架量，则竞争指数=零售指数；
- 零售指数大于上架量，则竞争指数=上架量。

⑥ 根据入围队伍的“竞争指数”，计算出“销量”：

- 若各队伍的竞争指数之和小于或等于市场需求数量，则销量=竞争指数；
- 若各队伍的竞争指数之和大于市场需求数量，则按照比例进行分配（向下取整），得出“销量”。

⑦ 季度跳转时，自动扣除等同于实际销量的相应产品，入库日期早的优先。

（3）营销大数据

① 营销大数据可查看本季度“总销售额”“上季度销售额”“零售销售额”“上季度零售销售额”“销售结构”“各企业销售额对比”“资金来源统计”“各季度销售额”“各季度销售额和成本”“市场占有率”等多个板块。

② 各板块可看到其他企业经营情况，便于利用更多资源制定企业经营战略。

参考文献

[1] 张前,张守凤.管理类专业引入ERP沙盘模拟课程教学探索[J].中国成人教育,2009(11):113-114.
[2] 董雪,张前.基于ERP沙盘模拟的会计实验教学探讨[J].山东纺织经济,2010(1):92-93.
[3] 张前.论会计学专业ERP沙盘模拟的学与教[J].新会计,2014(2):62-64.
[4] 张前.企业沙盘模拟课程建设研究[J].山东纺织经济,2013(6):97-99.
[5] 张前.引入沙盘模拟对抗 创新企业培训模式[J].中国商贸,2014(1):98-99.
[6] 张前.ERP沙盘模拟对抗中的团队建设研究[J].人力资源管理,2014(1):39-40.
[7] 张前,常阳春.浅析ERP沙盘模拟中的所得税问题[J].中国乡镇企业会计,2014(1):171-172.
[8] 张前,刘国栋.ERP电子沙盘系统的特点及模拟对抗规则拓展[J].电子商务,2013(7):95-96.
[9] 张前.ERP沙盘模拟对抗中的筹资与投资攻略[J].财会月刊,2013(20):126-128.
[10] 张前.ERP沙盘模拟对抗中的市场博弈[J].实验室研究与探索,2014(8):258-261.
[11] 刘春燕,康欣.专注兴趣 前行无惧:访管理学院张前老师[N].济南大学报,2013-05-16(2).
[12] 王新玲,柯明,耿锡润.ERP沙盘模拟学习指导书[M].北京:电子工业出版社,2005.
[13] 何晓岚.ERP沙盘模拟实用教程[M].北京:北京航空航天大学出版社,2010.
[14] 夏远强,叶剑明.企业管理ERP沙盘模拟教程[M].北京:电子工业出版社,2007.
[15] 朱春燕.ERP教育在中国:360°谈信息化人才的需求与培养[M].北京:清华大学出版社,2006.
[16] 何雪.航空业财务风险分析及管控:以H公司为例[D].哈尔滨:哈尔滨商业大学,2020.
[17] 康馨元.上市公司财务舞弊与审计失败研究:以康美药业为例[J].财务管理研究,2022(3),7-12.
[18] 孙荣培.审计失败对公司财务危机的影响:基于康美药业的案例研究[D].武汉:中南财经政法大学,2021.
[19] 王伟.海航内部控制问题及对策研究.财会研究[J],2021(10),23-25.
[20] Edvance International.(2023).财务报告[R].https://www.edvanceintl.com/zh-hans/investor-relations/financial-reports
[21] VieworksCo.,Ltd.(2023).Investors-FinancialStatements[R].https://www.vieworks.com/cn/investors/financial
[22] Moomoo.(2023).爱仕达(002403)资产负债表[R]. https://www.moomoo.com/hans/stock/002403-SZ/financial/balance-sheet
[23] 同花顺金融服务网.(2023).英视睿达(A05869)财务概况[R]. https://basic.10jqka.com.cn/A05869/finance.html
[24] 同花顺金融服务网.(2023).公司公告[R]. https://basic.10jqka.com.cn/api/stockph/pubInfo/42419623/
[25] 小牛行研.(2021年7月).星巴克完善的供应链体系[R].https://www.hangyan.co/charts/2608894239114790818

[26] 网易订阅.(2021年6月).星巴克全球扩张启示录[N].https://www.163.com/dy/article/J8DN-QDF90519QIKK.html

[27] 腾讯新闻.(2021年5月25日).星巴克专题研究报告:星巴克如何成长为连锁咖啡巨头[R].https://news.qq.com/rain/a/20210525A05K9J00

[28] 新浪网.(2018年9月29日).星巴克供应链改革之路值得借鉴[N].https://k.sina.com.cn/article_3815756286_e36fd1fe00100aksw.html

[29] 易成管理工具分享. 独家揭秘:复仇者联盟究竟如何搞定了灭霸?[EB/OL]https://baijiahao.baidu.com/s?id=1632048773241302080&wfr=spider&for=pc.

[30] 张建君. 打造"一超多强"的领导团队[EB/OL]. https://www.thepaper.cn/newsDetail_forward_9760514.